鉴定式民事案例研习报告精选

主　编◉孙政伟

副主编◉高丰美　杨元元

中国政法大学出版社

2025·北京

**图书在版编目（CIP）数据**

鉴定式民事案例研习报告精选 / 孙政伟主编. -- 北京 ：中国政法大学出版社, 2025. 1. -- ISBN 978-7-5764-1978-8

Ⅰ. D925.105

中国国家版本馆 CIP 数据核字第 2025B5K946 号

--------------------------------------------------------------------------------

| | |
|---|---|
| 书　名 | 鉴定式民事案例研习报告精选<br>JIANDINGSHI MINSHI ANLI YANXI BAOGAO JINGXUAN |
| 出版者 | 中国政法大学出版社 |
| 地　址 | 北京市海淀区西土城路 25 号 |
| 邮　箱 | bianjishi07public@163.com |
| 网　址 | http://www.cuplpress.com (网络实名：中国政法大学出版社) |
| 电　话 | 010-58908466(第七编辑部) 010-58908334(邮购部) |
| 承　印 | 保定市中画美凯印刷有限公司 |
| 开　本 | 720mm×960mm　1/16 |
| 印　张 | 22.75 |
| 字　数 | 385 千字 |
| 版　次 | 2025 年 1 月第 1 版 |
| 印　次 | 2025 年 1 月第 1 次印刷 |
| 定　价 | 98.00 元 |

# 编 委 会

# 序一 

　　我国现今的法律服务市场要求从业人员有越来越精细化的案例分析操作技能。尤其是在面对疑难案件的时候，结论一望而知的可能性越来越低，仅依靠模糊的法感情和粗糙的法经验已无法满足案件分析论证的要求。在案件事实确定的前提下，法律适用是否正确，主要依赖法律人对于具体规范的解释能力。

　　实践中，疑难复杂争议解决案件往往杂糅交织着多重法律问题，借助鉴定式案例分析这样一套精细的方法，更有助于提高发现问题的敏感性和分析问题的精准性。针对复杂案件，分析者需要穷尽一切问题和规范，经过严格的说理和论证，才能避免可能被忽略、被遮蔽掉的问题。律师只有具备在短时间内全面、准确定位问题并分析问题的专业能力，才能持续赢得市场和客户的信赖。因此，相较于法学教育，肇始于德国的鉴定式案例分析方法同样应当受到我国法律实务界的高度关注。

　　但开设鉴定式案例研习课的难度极大，不但要求有专业的教师团队，还要求一定资金的支持。我们深知，法律人才的培养一直以来也是律师及律师事务所的社会责任担当。因此，我们与西北政法大学深度合作，资助开设了我国西北地区高校中首门鉴定式案例研习课。在提供资金支持的同时，我们充分发挥专业优势，以日常办理的经典案例为依托，参与教学案例的编写及讨论，引导学生更早地适应法律实务需求。

　　截至目前，为期三年的鉴定式民事案例研习课已圆满收官。此刻，我们高兴地看到有一批优秀的学生涌现。将他们的优秀作品集结出版，一方面可以让这些学生的成果被广泛熟知，另一方面能够充分说明我们的合作是极其成功的，在法律人才的培养方面取得巨大成果。

　　以此为开端，我们期待越来越多的熟练掌握鉴定式案例研习方法的学生毕业后涌入法律服务市场，也期待鉴定式案例研习方法能够为更多的法律实务工作者所熟知，并为其专业赋能。我们坚信，这会进一步提升我国法律服务市场的整体水平。

中华全国律师协会副会长
陕西省律师协会会长　韩永安
陕西永嘉信律师事务所主任

# 序二

　　这是一部学生的作品集，用来展示西北政法大学近年来鉴定式案例研习教学的成果。关于这本书的出版，有必要作一些简要的说明。

　　第一，关于本书的缘起。

　　本书的主编和副主编之一的高丰美老师分别于 2017 年和 2016 年博士毕业后进入西北政法大学民商法学院任教。彼时鲜有人在西北政法的课堂上教授鉴定式案例研习方法，并以请求权基础思维方法为中心展开教学活动。于是我们先是本着自娱自乐的精神，分别在本科生导师制下和自己所带的研究生当中开展读书会，推广鉴定式案例研习方法和请求权基础思维。在这一过程中，我们不但积累了丰富的教学经验，还结交了一些优秀的学生朋友，并将他们培养成了助教。更加幸运的是，此项教学活动获得了西北政法大学高等教育研究所的认可，以重点教改项目的形式获得资助。后来，陕西永嘉信律师事务所慧眼识珠，慷慨解囊，提供了大量的资金支持，最终促成了西北政法大学鉴定式案例研习课的正式开设。

　　艰难的起步后，我们终于取得了不错的成果。从 2020 年开始，中国政法大学、中南财经政法大学和华东政法大学联合举办的鉴定式案例研习大赛在全国产生了巨大的影响力，是规模最大、影响最深的鉴定式案例研习赛事，迄今已举办三届。我们的学生从首届大赛开始参赛，并连续在 2021 年的第二届和 2023 年的第三届取得全国前十名的好成绩。另外可能更加值得"炫耀"的是，从我们课堂上走出去的葛浩南同学获得了第二十五届江平民商法奖学金。

　　本书就是将我们近年来在西北政法大学发现和培育的优秀鉴定式案例研习

作品集结出版的结果。本书所收录的报告作者都是我们教过的学生，是西北政法大学优秀的学生代表。他们在西北政法大学学习期间及继续深造后均表现出极其优秀的品质。

第二，关于本书案例的设计思路。

关于民法案例设计，诚如王泽鉴老师指出，"案例设计是具有创意的案例，整合判决与学说，尤其是将重要判决和理论上的争议问题予以案例化；案例设计应着眼于考察学生对法律基本概念、法律体系、法律原则的了解，以及法律适用和法学论证能力，应避免细节、特殊、记忆性的问题；案例内容应涵盖民法典各编，考察学生对民法典各编体系构成的认识及综合运用能力"。[1] 鉴定式案例往往是复杂性、综合性的案例。在民法案例设计中，一方面需要融入制度交叉、融合的相关知识点；另一方面应注意整合判决和学说，在案例中融入判决和理论上的争议点。《民法典》[2] 许多条文存在法律规范宽泛抽象的特点，对于法律条文的解释工作仍在进行，目前成熟的法教义学及其通说难说已经形成。从运用请求权基础分析法解答民法案例的研习角度，请求权基础研究在形成较为统一成熟的学说或者判例方面仍有欠缺。融入判决和理论上的争议点，符合民法典实施初期阶段的法律适用特点，有助于训练学生的法律适用能力、文献资料检索能力等综合法律能力。民法鉴定式综合案例的设计，有助于训练学生体系化的思考，加强对《民法典》法律规范的综合运用能力，让学生将讲授课堂中所学的"平面化和碎片化"知识予以"立体化和体系化"。

第三，关于本书案例的编写。

本书所收录的优秀作品共 12 篇。这 12 篇报告所涉及的案例主要有以下四个来源。一是前述获得全国鉴定式案例研习大赛组委会认可的获奖作品，如本书第 1 篇和第 2 篇作品。二是我们所教过的已经毕业的学生在继续深造的过程中所撰写的作品，如本书第 7 篇作品。三是我们创作的案例，如本书第 4、第 8 和第 9 篇作品。尤其是第 4 篇作品"王五的课酬"一案，来自本书主编的真实经历，后觉得好玩便经过改编后放到课堂上让学生讨论，最终形成了教学案例。当然，需要澄清的是，真实情况是案中所涉公司并未"欠债不还"，案中"王五"也就是主编本人也从未在教学活动中侵犯他人著作权。四是我们改编

---

[1] 王泽鉴：《民法思维：请求权基础理论体系》，北京大学出版社 2009 年版，第 30 页。
[2] 本书中所引用的中国法律法规，为行为方便，省略"中华人民共和国"字样。

的案例，如本书第 3、第 5、第 6、第 10、第 11 和第 12 篇作品。改编案例的途径有以下四种：一是改编自德国民法案例研习书籍中的案例；二是改编自人民法院年度案例选、指导性案例等；三是改编自类案调研的总结案例；四是改编自陕西永嘉信律师事务所提供的实务案例。例如，第 9 篇作品"情非得已的谎言"一案，对于"重大疾病"的事实设计，就是对 100 多个案例调研总结后，将精神类疾病这一典型案例事实融入案例。再如，第 3 篇"雕塑家的烦恼"一案，关于房屋交易的具体操作模式参考了重庆的"串串"房，作为监护人处置登记在被监护人名下的房产这一情节来自某明星购房案的真实情节〔1〕。关于雕塑赠与的事实环节，则是改编自陕西永嘉信律师事务所提供的真实案例。我们这么做，是为了尽量避免研习案例与司法实践脱节。

当然，这里还应当单独强调一下家事法案例的特点。相较于财产法的案例设计，家事法鉴定式的综合性研习案例的设计困难更大。本书所收录的作品主要包括以下三类。第一类是纯粹基于家事法请求权基础的综合案例，该类案例综合多个家事法律关系于一个案例中。例如，在"情非得已的谎言"研习案例中，涉及婚姻效力、无过错方损害赔偿请求权等内容。〔2〕第二类是起因于家事纠纷但是基于民法其他请求权基础的案例。例如，在"彩礼返还"研习案例中，虽然案例是因婚约、彩礼给付引起的纠纷，但是请求权基础涉及不当得利返还（《民法典》第 122 条）、原物返还请求权（《民法典》第 235 条）等；在"欺诈性抚养"的研习案例中，虽然案例是因夫妻关系、亲子关系引发的纠纷，但请求权基础可能涉及一般侵权（《民法典》第 1165 条）、共同侵权（《民法典》第 1168 条）、无因管理（《民法典》第 121 条、第 979 条）；在"朝秦暮楚"的研习案例中，虽然案例是夫妻一方擅自将夫妻共同财产赠与婚外第三人的问题，但是涉及不当得利返还（《民法典》第 122 条）、夫妻婚内共同财产分割（《民法典》第 1066 条）等请求权基础问题。第三类是融合合同关系、物权关系或侵权关系的研习案例。例如，在"磐石转移"研习案例中，涉及违反夫妻忠诚协议的请求权基础是离婚损害赔偿请求（《民法典》第 1091 条）、侵权损害赔偿请求（《民法典》第 1165 条），还有合同的履行请求及其违约赔偿请

〔1〕 该案件是主编于 2023 年 7 月参加于华东政法大学召开的第三届全国鉴定式案例研习大赛论坛时，从中南财经政法大学陈大创老师的发言中得知，在此一并致谢。

〔2〕 该案改编自北京市第三中级人民法院（2014）三中民终字第 9467 号：唐某诉李某、唐某某夫妻财产约定纠纷案。

求等问题。

第四，关于书中的观点。

在编辑本书的过程中，除非遇到"硬伤"，否则我们尽力对作者的学术观点采取宽容的态度，不做过多的"指指点点"，以避免我们成为作品中另一种意义上的合作作者。比如，在分析物权变动的时候，是否采取物权行为理论全凭作者的学术偏好，尽管作为物权行为理论的拥趸，我们在课堂上一再强调它精巧的分析结构。再如，在分析有关违法建筑物的租赁合同效力时，《最高人民法院关于审理城镇房屋租赁合同纠纷案件具体应用法律若干问题的解释》中"白纸黑字"关于合同无效的规定，也可猛烈抨击并弃之不用。当然，作品的各位作者在大部分情形下还是接受了我们的"教诲"，给足了我们"面子"。我们更加强调本书当中的观点并不是所谓的"正确答案"，很多地方还有继续改进的空间。每一个具体的鉴定式案例都应当有一个开放式的答案。我们期待读者猛烈"拍砖"，为这些案例提供更好的分析思路。

第五，关于报告字数。

近年来似乎有一种趋势，那就是报告的字数越多似乎代表作者（尤其指学生作者）的阅读量越多，知识储备越丰富。他们分析起案例来各种比较法上的资料信手拈来，旁征博引，文章气势恢宏。反观一些成熟教授的文章，却是以简洁著称的，只需三言两语便可将问题解答清楚。究竟哪一种写作风格才是该追求的？我们认为，或者学生的学习正是需要一个从"不知该从何说起"到"满眼皆是重点"再到"删繁就简、直击要害"的蜕变过程才能完成。知识的积累和沉淀需要时间，写作风格的造就也同样需要时间。因此，我们对所提交的报告字数没有过多的限制，全凭作者喜好。只是限于全书的篇幅，我们要求每篇报告不能超过三万字。

第六，关于感谢。

首先，本书要特别感谢第二届和第三届全国鉴定式案例研习大赛的组委会和赛题编写者。本书在编纂之初，我们联系了中南财经政法大学的陈大创教授和华东政法大学的姚明斌教授。他们与赛题的其他作者慷慨地允许我们在本书中使用赛题案例。同时，本书第7篇作品所涉案例的作者是吉林大学法学院的吕强师兄。该案例在他与王俐智师弟共同开设的合同法案例研习课上使用过。他们同样慷慨地授予我们该案例的使用权。我们深知每一个鉴定式教学案例的编写所要耗费的心血和付出的精力。表达谢意的语言略显苍白，我们本想支付一定金额的"使用费"，但他们都拒绝了我们的这一项要约。

其次，感谢西北政法大学教务处在课程改革方面的支持。一直以来，教师面对学生选课只有被选择的地位，从来没有选择的权利。我们害怕精心准备的鉴定式案例研习课堂因为选课系统的随机性而被"浪费"。因此，我们向西北政法大学教务处申请了本门课程选课制度的改革。教务处最终允许我们任性地采取了"互选制"的选课模式，即不但学生选老师，老师也反过来选学生。[1]这让我们在教学过程中享受到来自学生的充分尊重，保护了开课热情。

再次，感谢三年来出任助教的同学们，他们是邢晨、徐源宏、黄雨婷、马莹婧、罗可心、张家栋、包佳华、程希曦、张亚杭、赵梓骁、李彦莹、罗竣、周芷萱、郭帅、帅若兰。感谢曾经每一位在西北政法的课堂及讲座上听过我们讲授鉴定式案例研习方法的同学们。感谢张亚杭同学在考研复习的紧张过程中协助进行文字编辑整理工作。

复次，感谢中国政法大学出版社对本书的出版。在本书出版之前，已有同类图书在法大出版社出版，质量均属上乘。本书的两位编辑牛洁颖和崔开丽为本书的编辑和出版付出了辛苦的工作。

最后，感谢陕西永嘉信律师事务所的律师同仁，他们从实务的角度与我们共同讨论了案例分析思路的裁判倾向。感谢陕西永嘉信律师事务所、西北政法大学人事处及高等教育研究所。本书的出版经费由以上三家单位共同资助。

第七，一点希望。

上鉴定式案例研习这样一门极其消耗时间和精力的课，主编和出版这样一本学生的文集，在现今的评价体系内对于我们争取更高一级的头衔是没有任何帮助的。但我们自信这些年是用了心、尽了力，扎扎实实地做了一些事情的。未来几年，希望自己能够继续"安贫乐教"。

孙政伟　高丰美

---

[1] 关于本课程的选课程序、课程内容与考核方法更加详细的说明，参见孙政伟："本科生导师制下法学案例研习教学的创新实践"，载《西北高教评论》2021年第1期。

# 目 录

# 1 "疯狂的担保"案<sup>*</sup>

**【案情】**

2018 年 7 月，长宁投资与南湖集团洽谈融资事宜，南湖集团携子公司南湖租赁、南湖保理与长宁投资及其子公司松江矿业、长宁担保商定合作框架。7月 12 日，南湖集团委托南湖租赁与松江矿业签订一份《融资租赁协议》。双方约定：松江矿业将"松江 1 号"项目全套设备转让给南湖租赁，然后回租该设备，融资金额 10 亿元，租赁年利率 20%，租金总额为 12 亿元，分四期付清，租赁期限自 2018 年 7 月 12 日至 2019 年 7 月 12 日；租赁期内，若遇基准利率上调，南湖租赁将对租赁利率作出等额上调；松江矿业付清租金等款项后，本合同项下租赁物由松江矿业按 10 000 元名义价款留购。松江矿业出具一份设备明细单作为《融资租赁协议》附件，南湖租赁未实地查验评估相关设备。

2018 年 7 月 12 日，南湖租赁与长宁担保签订《保证合同》，约定：长宁担保就松江矿业在《融资租赁合同》项下对南湖租赁所负全部债务提供连带责任保证，保证期间为主债务到期日起 2 年。

2018 年 7 月 12 日，南湖集团指示南湖租赁与南湖保理签订《公开型有追索权国内保理合同》，将《融资租赁合同》项下全部债权转让给南湖保理，由南湖保理直接将 10 亿元打入松江矿业账户。松江矿业将该笔资金转入长宁投资的银行账户。长宁投资后将该笔资金投入旗下小月河地产项目。

2019 年 7 月 12 日，松江矿业尚拖欠 5 亿元租金，南湖保理与松江矿业、长宁投资磋商，由长宁投资向南湖保理出具一份《承诺函》，承诺"愿意督促松江矿业切实履行还款义务，若最终未能按时归还本息，由本公司协助解决，

---

    * 邢晨，北京大学法学院 2024 级法学博士研究生，2022 级法律硕士法学研究生，西北政法大学民商法学院 2018 级本科生。本报告为第二届全国鉴定式案例研习大赛全国前十名获奖作品。

不让贵司蒙受损失"。同时，长宁投资的股东金飞勇与南湖保理签订《股权转让协议》，约定金飞勇将其持有的长宁投资49%的股权转让给南湖保理，若松江矿业不履行债务，金飞勇须按欠款数额回购股份，若金飞勇不履行回购义务，南湖保理有权以股权直接折抵欠款。南湖保理将债务展期至2020年7月12日。事后，金飞勇协助办理完毕股权变更登记。

2020年8月12日，因松江矿业未能还款，南湖保理与松江矿业交涉，被告知"松江1号"项目全套设备为松江矿业于2018年6月12日从昌平重科以所有权保留之方式购买，总价5亿元。因松江矿业拖欠剩余2亿到期价款，昌平重科已于2020年7月12日通知松江矿业解除双方买卖合同并拉走全套设备。松江矿业同时表示自己无力还款。

2020年8月15日，南湖保理要求金飞勇回购股权，得知金飞勇转让之股权是姚晗香无偿委托其代持，姚晗香事先不知情，并拒绝承认《股权转让协议》。

经查，案涉全套设备现价值3亿元，上述融资租赁、保理和所有权保留交易均未办理登记，各企业皆为有限责任公司。

【问题】

各当事人依法得提出何种主张？

【要求】

1. 运用请求权基础方法以鉴定式体裁解题。
2. 以《民法典》及其他现行有效规范为解题的法条依据。

## 第 1 部分　南湖保理对南湖租赁享有的请求权

### 一、南湖保理可能依据《民法典》第 766 条第 1 句对南湖租赁主张给付剩余保理融资款本息

（一）大纲

> 1. 请求权审查
> 2. 请求权是否产生？
> (1)《公开型有追索权国内保理合同》是否成立、有效？
> (2) 保理合同服务期限是否届满？
> 3. 请求权是否消灭？
> 4. 请求权是否可实现？
> **关键点：**南湖租赁得否以应收账款债权变更抗辩？
> (1) 有追索权的保理人是否有权变更应收账款债权？
> A. 有追索权的保理人是否为应收账款债权人？
> B. 有追索权的保理人能否为实现应收账款利益而变更债权？
> (2) 南湖保理的债权变更行为是否构成对南湖租赁的不利益？

（二）正文

1. 请求权审查

《民法典》第 766 条第 1 句赋予保理人对应收账款原债权人可选择的两项请求权：请求返还保理融资款本息，或者请求其回购应收账款债权。此即追索权之权利内容。本案中有追索权之保理的交易结构，实质上是借贷合同与附属的应收账款让与担保的一体化，故在本质上，应将追索权认定为向债权人请求归还融资款本息的债权。[1]

---

〔1〕 参见何颖来："《民法典》中有追索权保理的法律构造"，载《中州学刊》2020 年第 6 期。

2. 请求权是否产生？

（1）《公开型有追索权国内保理合同》是否成立、有效？

根据本案案情，该合同成立、生效，无效力瑕疵。

（2）松江矿业的债务履行期限是否届满？

本案中，松江矿业的债务履行期限已经届满。

3. 请求权是否消灭？

案中无涉，无须检验。

4. 请求权是否可实现？

**关键点**：南湖租赁得否以应收账款债权变更抗辩？

南湖保理的债务展期行为，对债权人而言属于一种不利益的债权变更。南湖租赁得否以此为由提出抗辩，应检讨以下要件。

（1）有追索权的保理人是否有权变更应收账款债权？

A. 有追索权的保理人是否为应收账款债权人？

检讨该要件，须确定有追索权的保理的交易构造。域外法（如德国法）以"真正的保理""非真正保理"的形式对保理进行二元区分。这种区分的根本意义在于，真正的保理属于买卖行为，标的物为债权；非真正保理，涉及信贷行为与担保性债权让与相连接，在法律上归类为贷款合同。[1]在中国法中，保理制度采二元构造，区分为无追索权的保理与有追索权的保理。虽然语词概念不尽相同，但依据有追索权保理之追索权特点，有追索权的保理即为"非真正保理"。在有追索权的保理交易中，融资款以债权让与的对价形式出现，但当事人进行交易的目的并非移转应收账款，而是获取融资款项。[2]易言之，有追索权的保理的主法律关系为金融借贷，从法律关系为债权让与担保。[3]

有追索权的保理人仅为应收账款的让与担保权利人，仅在外观上"占有"应收账款，但并非真正的应收账款债权人。

B. 有追索权的保理人能否变更债权？

诚然，有追索权的保理人并非真正的应收账款债权人，但依据《民法典》

---

〔1〕参见林秀榕、陈光卓："有追索权国内保理的法律性质"，载《人民司法（案例）》2016年第32期。

〔2〕参见何颖来："《民法典》中有追索权保理的法律构造"，载《中州学刊》2020年第6期。

〔3〕参见林秀榕、陈光卓："有追索权国内保理的法律性质"，载《人民司法（案例）》2016年第32期。

第766条第1句，其能够直接向应收账款债务人主张实现债权，此条赋予了有追索权的保理人以债权实现的方式消灭债权的权利，意即有追索权的保理人得通过接受债务人的清偿来实现对债权广义上的变更。

然而，若据此认为有追索权之保理人拥有变更债权的权利，则过于武断。在利益平衡上，为保护原债权人之利益，还应在变更债权的目的上加以限制：有追索权之保理人对应收账款债权的处分，仅限于以应收账款债权利益实现为目的。

(2) 南湖保理的债权变更行为是否以实现应收账款债权为目的？

南湖保理对应收账款债权主要作出以下变更：将债务展期一年，接受长宁投资提供保证，接受金飞勇提供的债权让与担保。除债务展期外，其余变更均有利于债权利益的实现，故考量南湖保理的债权变更行为是否以实现应收账款债权为目的，需权衡多种变更对债权实现的多方影响。

笔者认为，南湖保理展期债务带来的不利益，远小于接受担保带来的利益。这是因为，是否展期债务并未真正影响松江矿业的清偿能力，松江矿业自债务展期发生时就无法清偿债务，至债务清偿期届满后仍如此，松江矿业不能清偿债务与南湖保理的债务展期行为没有因果关系；然而，松江矿业接受的两份担保则为债务的完全清偿提供了更为广泛的责任财产范围，显著增加了债务清偿的可能性，故综合判断，南湖保理对债务的变更更有利于债权实现。

综上所述，南湖保理有权变更债权，且南湖租赁并未因此遭受不利益，债权因南湖保理的变更而更易于实现，因此南湖租赁不得以此为由抗辩。

## 二、结论

南湖保理能够依据《民法典》第766条第1句主张南湖租赁给付剩余保理融资款本息。

# 第2部分　南湖保理对松江矿业

## 一、南湖保理可能依据《融资租赁协议》约定、《民法典》第766条第1款、《融资租赁合同司法解释》〔1〕第9条对松江矿业主张给付拖欠租金本息

（一）大纲

> 1. 请求权是否产生？
>
> （1）《公开型有追索权国内保理合同》是否成立、生效？
>
> （2）《融资租赁协议》是否成立、生效？
>
> ①形式主义上的买卖合同与租赁合同是否成立、生效？
>
> A. 买卖合同是否成立、生效？
>
> B. 南湖租赁得否通过买卖合同取得标的物所有权？
>
> 　a. 松江矿业是否具有设备的所有权？
>
> 　b. 南湖租赁得否善意取得设备所有权？
>
> 　c. 该设备是否已交付给南湖租赁？
>
> C. 租赁合同是否成立、有效？
>
> ②功能主义下的借款合同与担保合同是否成立、生效？
>
> A. 借款合同是否成立、生效？
>
> B. 担保合同是否成立、生效？
>
> ③是否应采功能主义视角？
>
> A. 形式主义视角的局限性突出
>
> B. 功能主义视角的立法导向
>
> （3）松江矿业所负债务之清偿期是否届满？
>
> 2. 请求权是否消灭？
>
> 3. 请求权是否可实现？

---

〔1〕《最高人民法院关于审理融资租赁合同纠纷案件适用法律问题的解释》以下简称《融资租赁合同司法解释》。

**关键点：** 松江矿业得否以保理人未表明身份主张抗辩？

4. 小结

**（二）正文**

1. 请求权是否产生？

（1）《公开型有追索权国内保理合同》是否成立、生效？

根据本案案情，该合同成立、生效，无效力瑕疵。

（2）《融资租赁协议》是否成立、生效？

在《民法典》中，融资租赁法律关系既受合同编调整，此时融资租赁合同被视为与合同约定一致的标的物买卖合同及买卖后的租赁合同；亦受物权编及《最高人民法院关于适用〈中华人民共和国民法典〉有关担保制度的解释》（以下简称《民法典担保制度解释》）调整，此时融资租赁合同则被视为具有担保功能的借贷合同。

在一般情况下，即使融资租赁合同具有形式与功能视角上的不同特征，其在合同效力的判断上基本同步。但在本案中，标的物"松江1号"项目全套设备（以下简称设备）尚有"前手"昌平重科的"所有权"影响，故《融资租赁协议》在双重视角下是否成立、生效，或在何一视角下《融资租赁协议》的效力判断更为重要，是检讨南湖保理是否具有《融资租赁协议》下债权请求权的前置问题。

①形式主义上的买卖合同与租赁合同是否成立、生效？

本案中，南湖租赁与松江矿业的融资租赁模式，属两方结构"售后回租"构造：[1] 松江矿业既是设备的出卖人，亦是该设备的承租人。由此可见，从形式外观角度出发，《融资租赁协议》包含双重法律关系，即在先的买卖合同与在后的租赁合同。

A. 买卖合同是否成立、生效？

根据区分原则，买卖合同仅具有负担行为之效力，意即无论设备的所有权归属如何，买卖合同的效力均不会受其影响。故依据《民法典》第490条第1

---

〔1〕 参见高圣平，王思源："论融资租赁交易的法律构造"，载《法律科学（西北政法大学学报）》2013年第1期。

款第 1 句、第 502 条第 1 款之规定，买卖合同于《融资租赁协议》订立时成立、生效。

B. 南湖租赁得否通过买卖合同取得标的物所有权？

a. 松江矿业是否具有设备的所有权？

在《融资租赁协议》签订时，松江矿业直接占有设备；但设备系由松江矿业以所有权保留买卖的形式从昌平重科处买受，根据《民法典》第 641 条第 1 款及合同约定，在松江矿业给付设备全部价金前，设备所有权属于昌平重科。截至争议发生，松江矿业尚未将设备价金给付义务完全履行，故昌平重科基于所有权保留买卖合同享有设备所有权。从形式视角出发，松江矿业自始不具有设备所有权。

b. 南湖租赁得否善意取得设备所有权？

松江矿业并无设备所有权，其与南湖保理订立设备买卖合同，性质属于出卖他人之物的负担行为。南湖保理能否在松江矿业无设备处分权的前提下善意取得该设备，需对《民法典》第 311 条第 1 款规定的三项要件进行鉴定。[1]

（a）南湖保理受让该设备时是否善意？

南湖保理在受让设备时对松江矿业不具有设备所有权的事实并不知情，较易判断。首先，昌平重科未将其保留所有权予以登记，依据《民法典》第 641 条第 2 款之规定，该保留所有权不得对抗善意第三人，意即不具有客观的公示公信力，南湖保理无知悉的应然性；其次，该设备由松江矿业直接占有、使用，而客观实在上的占有是动产所有最为普遍、直观的公示方式，南湖保理可据此相信松江矿业即为该设备之所有人。

（b）南湖保理是否以合理的价格受让该设备？

《最高人民法院关于适用〈中华人民共和国民法典〉物权编的解释（一）》（以下简称《民法典物权编解释（一）》）第 18 条仅列举了判断合理价格时应考量的各种因素，较为抽象，在个案中仍需司法者根据实际情况综合判断。本案中，南湖保理对该设备支付的买价远高于市场价格，亦远高于该设备的实际价值，此种情况下价格是否属于"合理"，需对该要件的立法目的进行考量。

---

〔1〕 参见刘家安：《物权法论》，中国政法大学出版社 2015 年版，第 103-108 页。完整的动产善意取得构成要件共有 7 项，除文中列举的 3 项外，尚有标的物属动产、出让人具有权利外观、存在转移所有权合意、出让人不具有处分权 4 项要件。本案中后 4 项要件或仅需简单的事实判断，或已于前文鉴定之，结果均为要件达成，故不再赘述。

合理价格受让作为善意取得制度的构成要件之一，其必要性主要有二：首先，"合理价格"被定位于一个"理性人"（reasonable person）的"合理的"（reasonable）注意义务，[1] 即通过买受人是否以等值交易取得标的物判断买受人是否"善意"；其次，以有偿性来平衡真实权利保护与交易安全这两项价值也更加符合我国国民的心理。[2] 易言之，"合理价格"要件是判断无权处分物的受让人是否存在值得保护的法律利益的因素之一。

因此，判断买受人受让物的价格是否满足善意取得制度的"合理价格"要求，应关注该价格能否反映出买受人对出卖人拥有标的物之所有权的信任，意即买受人是否"善意"。在判断价格是否合理之时，学说上常有主观等值性（以当事人的主观判断为准）与客观等值性（以社会观念和标的物的实际价值为准）。通说认为，合同法以对待给付之间的主观等值性为原则，客观等值性为例外，这与我国善意取得制度中"合理价格"要件的立法目的相契合。

本案中，判断南湖租赁是否以合理价格受让设备的难点在于，南湖租赁以10亿元的价格买受了原价仅为5亿元的设备，此种畸态的高价，是否在"合理价格"的涵摄之中？

笔者认为，畸高的价格虽在现实意义上难以被纳入"合理价格"的范畴之中，但可被赋予与"合理价格"相同的法律效果。易言之，对"合理价格"的"合理"应作扩张解释，不仅包括等价交易，更包括高于等价的情形，证成如下：从"合理价格"要件的立法目的出发，无论是买受人对标的物权属的认知情况，还是追求真实权利与交易安全的利益平衡，高于等价的交易均可达到等价交易所能实现的状态，所谓"举轻以明重"。即使买受人意欲以高于等价的价格受让物的意思是可疑的，但这种怀疑并不足以影响善意制度下"合理价格"要件本身所要追求的目的，故不得认为畸高的价格不满足"合理价格"要件。

（c）该设备是否已交付给南湖租赁？

本案中，南湖租赁与松江矿业通过占有改定的方式完成了设备所有权的转让，而占有改定能否符合善意取得制度对"交付"要件的需求是该检讨的重点。

---

〔1〕 参见赵燕、李广："论善意取得制度中的'以合理价格转让'要件"，载《新疆师范大学学报》（哲学社会科学版）2013年第3期。

〔2〕 参见程啸："论不动产善意取得之构成要件——《中华人民共和国物权法》第106条释义"，载《法商研究》2010年第5期。

我国《民法典》未如《德国民法典》第 932—934 条一般分别就交付与简易交付、返还请求权让与和占有改定规定善意取得的构成，而仅有"已交付"之规定，从而导致此处的"交付"是否包含若干观念交付在内的解释问题。[1]

交付，意即"转移占有"，作为法律行为，尚可继续解构为三项要件：出让人对占有的放弃、受让人取得占有、受让人取得占有系由让与人的意愿促成。[2]占有改定是否能够成为善意取得制度中交付的替代手段，须从"出让人对占有的放弃"要件入手，检讨占有改定与交付是否存在显著的性质差异。

通说认为，出让人对占有的放弃，须永久、全部地放弃占有，而非暂时、部分地放弃占有，[3]或者如德国帝国法院认为的那样，"出让人不得留有占有的丝毫残余"。[4]在占有改定的情形中，让与人通过创建与受让人的占有媒介关系，为自己保留了直接占有，不存在放弃占有的意思，因此不能将其归入交付的范畴。[5]此外，根据《民法典物权编解释（一）》第 17 条第 2 款之规定推断，最高人民法院以沉默表明其对以占有改定的方式善意取得动产的否定，故将占有改定排除在善意取得制度下的动产交付之外，具有法律依据。

综上所述，南湖租赁不能通过善意取得获得设备的所有权。

C. 租赁合同是否成立、有效？

依据区分原则，虽然南湖租赁并不具有设备的所有权，其与松江矿业订立的租赁合同的效力却不受租赁物权属的影响。易言之，租赁他人之物的合同具有负担行为效力。

然而，本案牵涉南湖租赁的意思表示是否真实之问题。松江矿业自始知晓昌平重科拥有其占有设备的所有权，却向南湖租赁隐瞒这一事实，致使南湖租赁产生设备已被其买受的假象，并在此基础之上与松江矿业订立租赁合同。松江矿业作为交易主体，负有真实描述标的物状况的义务，但向南湖租赁隐瞒真

---

〔1〕 参见税兵："占有改定与善意取得——兼论民法规范漏洞的填补"，载《法学研究》2009 年第 5 期。

〔2〕 参见刘家安："论动产所有权移转中的交付——若干重要概念及观念的澄清与重构"，载《法学》2019 年第 1 期。

〔3〕 参见郑冠宇：《物权法》，新学林出版股份有限公司 2020 年版，第 78 页。

〔4〕 参见［德］鲍尔、施蒂尔纳：《德国物权法》（下册），申卫星、王洪亮译，法律出版社 2006 年版，第 363 页。

〔5〕 参见刘家安："论动产所有权移转中的交付——若干重要概念及观念的澄清与重构"，载《法学》2019 年第 1 期。

情,已然构成《民法典》第 148 条所规定的"欺诈手段",南湖租赁享有对合同的撤销权,故租赁合同属成立但可撤销的状态。

综上所述,在形式主义视角下,买卖合同成立、有效,租赁合同成立、可撤销。

②功能主义下的借款合同与担保合同是否成立、生效?

在《民法典》第 388 条的功能主义视域下,融资租赁协议是典型的"其他具有担保功能的合同",易言之,该合同是由借款合同和担保借款人履行债务的担保合同构成。

A. 借款合同是否成立、生效?

南湖租赁与松江矿业同属公司企业,非自然人,故双方订立的借款合同不适用《民法典》第 679 条之规定,而适用《民法典》第 502 条第 1 款,自合同订立时生效。本案中,融资租赁协议已签订,南湖租赁业已借南湖保理之手向松江矿业支付融资款 10 亿元,故借款合同成立、有效自不待言。

B. 担保合同是否成立、生效?

融资租赁协议的担保功能与借贷功能密不可分,具有一体性。然而,在判断融资租赁协议的效力时,则须将借贷功能与担保功能区分审查:若缺失担保功能(如虚构租赁物,担保物自始不存在),融资租赁协议仅被定性为纯粹的借贷合同。[1]由此可见,将融资租赁协议从"借贷的一侧"与"担保的一侧"分别审查,具有合理性。

融资租赁协议下的担保功能以"所有权担保"形式实现。南湖租赁通过形式上的买卖合同获得设备所有权,目的是担保其在借贷合同中债权的实现,并非真正取得设备的所有权人地位。易言之,南湖租赁从松江矿业处获得"担保性所有权",此种所有权不具有传统所有权的全部权能,仅具有类似动产抵押权的权利内容:担保性所有权尚需登记方能对抗善意第三人,若认为这种公示对抗的制度设计为普通的动产所有权服务则十分荒谬,但若将此处所有权理解为一种独特的担保物权,则与物权法体系完全协调。

在本案中思考担保合同是否成立、生效,须考量南湖租赁能否取得担保所有权,证成如下:担保所有权作为一种不移转动产占有的担保物权,自相关合同生效时设立,意即融资租赁协议担保一侧的债权效力与物权效力同

---

[1] 参见《民法典》第 737 条。

步;因此,考察融资租赁协议是否产生物权效力,即可明晰债权效力是否产生。

本案中,影响南湖租赁取得担保所有权的是昌平重科在先的保留所有权。从功能主义的视角出发,所有权保留买卖合同亦属于具有担保功能的合同,保留所有权亦属于担保所有权,应以不转移动产占有的担保物权视之。于担保物权而言,仅需考虑顺位问题,无需考虑排他效力。因此,昌平重科的保留所有权不会对南湖租赁取得担保所有权产生影响,故担保合同已然产生物权效力,其成立、生效自不待言。

③是否应采功能主义视角?

A. 形式主义视角的局限性突出

若仅采形式主义视角解决非典型担保的法律适用问题,其弊端较为显著:首先,形式主义严格遵循物权法定原则,担保交易的结构形态被人为限缩,新类型的担保交易结构缺乏存身之地,无法充分回应商事实践中暴露的问题;[1]其次,由于形式主义仅认典型担保物权,其对于非典型担保合同的理解完全从交易构造的外观本身出发,不仅使交易构造的法律效果与债权担保的法律目的的偏离难以得到校正,[2]而且使交易构造的瑕疵危及担保目的的实现,更难以解决虚伪意思表示外观与真实意思表示的效力判断。

在本部分检讨中,形式主义视角的局限性集中体现在昌平重科的保留所有权与南湖租赁的所有权取得的冲突上。若严格遵循合同约定所体现的当事人意思,仅适用合同编有关于"所有权保留买卖"与"融资租赁合同"的法律规定,会造成法律行为效力判断混乱、权属确认不明等多方面的矛盾,更无法讨论所有权缺失登记所带来的法律效果。

B. 功能主义视角下的立法导向

相较于物权法与担保法,《民法典》第388条第1款更明确地允许当事人自由安排具有担保功能的内容,从而更为尊重当事人的意思表示。[3]《民法

---

〔1〕 参见王利明:"担保制度的现代化:对《民法典》第388条第1款的评析",载《法学家》2021年第1期。

〔2〕 参见王贺:"股权让与担保法律构成的检视与完善",载《甘肃政法学院学报》2020年第3期。

〔3〕 See Harry C. Sigman, "Security in Movables in the United States-Uniform Commercial Code Article 9: A Basis for Comparison", in Eva-Maria Kieninger (ed.), Security Rights in Movable Property in European Private Law, New York: Cambridge University Press, 2004, p. 59. 转引自王利明:"担保制度的现代化:对《民法典》第388条第1款的评析",载《法学家》2021年第1期。

典》肯认了具有担保功能的合同能够设立担保物权的功能主义视角，并解决了诸如公示登记、清偿顺序、权利内容等制度体系内洽，使得非典型担保合同真正拥有了创设担保物权的法律保障。

虽然形式主义视角仍保留在《民法典》中，但其显然不能否认非典型担保合同具有实质上的担保功能，更不能否定其在担保物上设定担保物权的效力。虽然形式主义视角在解决单一的非典型担保合同问题时尚有适用的可能性，但在多个典型担保物权与非典型担保合同竞存的情形下，形式主义视角难以提供体系化的法律适用解释。综上所述，在检讨本案中非典型担保合同的效力、法律效果等问题时，从功能主义视角出发，更为系统化，也更为合理。

综上所述，南湖租赁与松江矿业间的融资租赁协议已经成立、生效。

（3）松江矿业所负债务之清偿期是否届满？

根据本案事实，松江矿业所负债务的清偿期已全部届满。

综上所述，该项请求权已经产生。

2. 请求权是否消灭？

案中无涉，无须检验。

3. 请求权是否可实现？

**关键点**：松江矿业得否以保理人未表明身份主张抗辩？

本案中，虽未见直接描述南湖保理表明身份之事实，但南湖保理曾向松江矿业给付 10 亿元融资款，且在债权清偿期届满后与松江矿业协商将债务展期，种种事实均表明松江矿业已经知晓南湖保理的保理人身份，故松江矿业不得以此作为抗辩。

综上所述，该项请求权可实现。

4. 小结

南湖保理能够依据《融资租赁协议》约定、《民法典》第 766 条第 1 款和《融资租赁合同司法解释》第 9 条，请求松江矿业给付拖欠租金本息。

## 二、南湖保理可能依据《民法典》第752条第2句对松江矿业主张实现担保物权

（一）大纲

> 1. 请求权是否产生？
> （1）《融资租赁协议》是否成立、生效？
> （2）南湖保理是否取得设备上的担保物权？
> （3）松江矿业是否怠于履行租金给付义务？
> 2. 请求权是否消灭？
> 3. 请求权是否可行使？
> 4. 小结

（二）正文

1. 请求权是否产生？

依据《民法典》第752条第2句之规定，融资租赁的出租人可以收回标的物的形式实现担保物权，而收回标的物需以解除合同为前提。本案中，检讨请求权产生所需的构成要件，并不包括解除合同这一要件。这是因为，从合同约定的形式上出发，本案中《融资租赁协议》约定的租赁期限已经于2019年7月12日届满，出租人已经完全履行租赁设备的义务，承租人不再有偿占有设备，出租人收回标的物的权利不再受合同约定的限制，故本案中，收回标的物的请求权的产生不以解除合同为前提，而应对以下要件进行检讨：

（1）《融资租赁协议》是否成立、生效？

根据本案事实，《融资租赁协议》已经成立、生效，且合同双方已经开始履行合同义务，该要件已经成立。

（2）南湖保理是否取得设备上的担保物权？

本案中，《融资租赁协议》即为典型的具有担保功能的合同，能够设立非典型担保物权。因《融资租赁协议》成立、生效，南湖保理已经取得设备上的所有权担保，该要件成立。

（3）松江矿业是否怠于履行租金给付义务？

根据本案事实，松江矿业经债务展期仍不能履行拖欠的到期租金，该要件构成违约。

2. 请求权是否消灭？

案中无涉，无须检验。

3. 请求权是否可行使？

案中无涉，无须检验。

4. 小结

南湖保理能够依据《民法典》第752条第2句之规定，对松江矿业主张实现担保物权。

## 三、南湖保理可能依据《民法典》第583条对松江矿业主张损害赔偿

（一）大纲

1. 请求权是否产生？

（1）松江矿业是否未履行合同义务，或者履行合同义务不符合约定？

（2）南湖保理是否因松江矿业的违约而受到损失？

2. 请求权是否消灭？

3. 请求权是否可实现？

4. 小结

（二）正文

1. 请求权是否产生？

（1）松江矿业是否未履行合同义务，或者履行合同义务不符合约定？

根据本案事实，松江矿业经债务展期后仍不能履行拖欠的到期租金，未履行合同义务。

（2）南湖保理是否因松江矿业的违约而受到损失？

南湖保理于债务履行期限届满后无法获得到期价款，其当然受到损失，如南湖保理损失了在松江矿业迟延履行期间所拖欠租金的利息等。

2. 请求权是否消灭？

案中无涉，无须检验。

3. 请求权是否可实现？

案中无涉，无须检验。

4. 小结

南湖保理能够依据《民法典》第583条之规定，对松江矿业主张损害赔偿。

# 第3部分　南湖保理对长宁担保

## 一、南湖保理可能依据《民法典》第688条第2款对长宁担保主张给付松江矿业拖欠的租金本息

### （一）大纲

1. 请求权是否产生？

（1）《保证合同》是否成立、生效？

（2）松江矿业是否不履行到期债务？

2. 请求权是否消灭？

**关键点**：长宁担保得否依据《民法典》第693条第2款、第695条第2款之规定主张不承担保证责任？

（1）南湖保理的债务展期是否影响长宁担保的保证期间？

（2）长宁担保的保证期间是否届满？

3. 请求权是否可实现？

（1）长宁担保得否依据《民法典》第392条第1句第2段之规定进行抗辩？

①南湖保理、松江矿业、长宁担保是否未对担保物权的实现顺序进行约定？

②是否存在债务人自己提供的物的担保？

③南湖保理是否未就该债务人提供的物的担保实现债权？

（2）长宁担保得否依据《民法典》第696条进行抗辩？

①南湖租赁是否转让债权？

②该"债权转让"是否通知长宁担保？

（二）正文

1. 请求权是否产生？

（1）《保证合同》是否成立、生效？

根据本案事实，《保证合同》已经成立、生效。

（2）松江矿业是否不履行到期债务？

根据本案事实，截至 2020 年 7 月 12 日债务到期时，松江矿业尚拖欠南湖保理租金 5 亿元，该要件成立。

2. 请求权是否消灭？

**关键点**：长宁担保得否依据《民法典》第 693 条第 2 款、第 695 条第 2 款之规定主张不承担保证责任？

（1）南湖保理的债务展期是否影响长宁担保的保证期间？

根据本案事实，未见有长宁担保对债务展期书面同意，南湖保理的债务展期不能影响长宁担保的保证期间。

（2）长宁担保的保证期间是否届满？

根据《保证合同》约定，长宁担保的保证期间从松江矿业的债务到期之日起计算，意即 2019 年 7 月 12 日。南湖保理的债务展期不能对保证期间的起算造成影响，故截至 2020 年 8 月 15 日，长宁担保的保证期间已经过 1 年有余。南湖保理与长宁担保在《保证合同》中对保证期间有约定，约定长宁担保的保证期间为 2 年，故长宁担保的保证期间未届满。

综上所述，长宁担保不能依据《民法典》第 693 条第 2 款、第 695 条第 2 款之规定主张不履行保证责任，该项请求权未消灭。

3. 请求权是否可实现？

（1）长宁担保得否依据《民法典》第 392 条第 1 句第 2 段之规定进行抗辩？

本案涉及多种担保形式，南湖保理因此也具有多项担保权利。原则上，南湖保理可自行选择实现任意一项担保权，但如若存在债务人提供的物的担保，则有法定清偿顺序的制约。判断长宁担保能否拥有此项抗辩权，应检讨以下要件：

①南湖保理、松江矿业、长宁担保是否未对担保物权的实现顺序进行约定？

本案事实未见有对债务清偿顺序、担保实现顺序的当事人约定，故可推知该要件已满足。

②是否存在债务人自己提供的物的担保？

松江矿业以融资租赁的方式从南湖租赁处取得融资款，同时也以融资租赁的方式向债权人提供了担保：若松江矿业怠于清偿到期债务，债权人得就设备的拍卖、变卖的价值优先受偿。

根据《民法典》第388条第1款的规定，担保物权可以订立具有担保功能的合同的方式设立，肯认了"非典型担保"的担保物权属性。通过订立融资租赁合同的方式设立担保是典型的"非典型担保"，其当然属于《民法典》第388条第1款中以订立"具有担保功能的合同"的方式设立担保物权的范畴，故债权人享有一项由债务人松江矿业提供的物的担保。

③南湖保理是否未就该债务人提供的物的担保实现债权？

根据案情可知，南湖保理未就债务人提供的物的担保实现债权。

综上所述，长宁担保得以依据《民法典》第392条第1句第2段进行抗辩，南湖保理需在就松江矿业提供的物的担保实现债权后，方可向长宁担保主张连带保证责任。

（2）长宁担保得否依据《民法典》第696条进行抗辩？

①南湖租赁是否转让债权？

南湖租赁以有追索权的保理的形式将应收账款债权转让至南湖保理名下，名义上是债权转让，实质上是让与担保。

然而，对于保证人长宁担保而言，即使该有追索权的保理并非债权转让，南湖保理依旧可以依据保理人的身份请求债务人实现债权、请求保证人承担保证责任，其在外观上具有债权受让人的特征与权利（意即"表见债权人"）。从长宁担保的视角出发，南湖租赁已经"转让债权"。

②该"债权转让"是否通知长宁担保？

根据本案事实，未见有南湖租赁将保理交易通知长宁担保的事实。即使在后续的磋商中，南湖保理也仅与长宁投资、松江矿业进行了磋商，未见有长宁担保的参与，故无法推知长宁担保知晓保理事实。该项要件不能成立。

综上所述，长宁担保未收到通知，能够依据《民法典》第696条进行抗辩。

## 二、结论

综上所述，南湖保理不能对长宁担保主张承担连带保证责任。

## 第4部分　南湖保理对长宁投资

**一、南湖保理可能依据《公司法》[1]第20条第3款对长宁投资主张给付松江矿业欠款本息**

（一）大纲

> 1. 请求权是否产生？
> （1）长宁投资是否滥用松江矿业的法人独立地位？
> （2）长宁投资的行为是否严重损害南湖保理利益？
> （3）松江矿业所负债务之清偿期是否届满？
> 2. 请求权是否消灭？
> 3. 请求权是否可实现？
> 4. 小结

（二）正文

1. 请求权是否产生？

（1）长宁投资是否滥用松江矿业的法人独立地位？

《全国法院民商事审判工作会议纪要》（以下简称《九民纪要》）将滥用行为归纳为人格混同、过度支配与控制、资本显著不足等情形。松江矿业获得10亿元融资后，直接将该笔资金转入长宁投资的银行账户供其使用，这符合股东无偿使用公司资金或者财产且不作财务记载的情形，满足《九民纪要》第10条对人格混同的认定，该要件成立。

（2）长宁投资的行为是否严重损害南湖保理利益？

长宁投资的行为导致了松江矿业资金短缺，丧失清偿能力，致使南湖保理的债权无法实现，损害了南湖保理作为公司债权人的利益。

（3）松江矿业所负债务之清偿期是否届满？

根据本案事实，松江矿业所负债务的清偿期已经届满。

---

[1]　本书中所引用的《公司法》，如无特殊说明，为2018年10月26日颁布的《公司法》。

综上所述，该项请求权已经产生。

2. 请求权是否消灭？

案中无涉，无须检验。

3. 请求权是否可实现？

案中无涉，无须检验。

4. 小结

南湖保理能够依据《公司法》第20条第3款，对长宁投资主张承担连带责任。

## 二、南湖保理可能依据《承诺函》之约定、《民法典》第681条之规定对长宁投资主张给付松江矿业欠款本息

（一）大纲

> 1. 请求权是否产生？
>
> （1）《承诺函》是否成立、生效？
>
> （2）松江矿业是否在债务清偿期届满后未清偿债务？
>
> 2. 请求权是否消灭？
>
> 3. 请求权是否可实现？
>
> （1）长宁投资得否依据《民法典》第687条第2款之规定，以先诉抗辩权进行抗辩？
>
> **关键点**：长宁投资承担的是否为一般保证责任？
>
> （2）长宁投资得否依据《民法典》第392条第1句第2段之规定进行抗辩？
>
> 4. 小结

（二）正文

1. 请求权是否产生？

（1）《承诺函》是否成立、生效？

根据本案事实，《承诺函》已经成立、生效。

（2）松江矿业是否在债务清偿期届满后未清偿债务？

根据本案事实，松江矿业在债务清偿期届满后未清偿债务。

综上所述，该项请求权已经产生。

2. 请求权是否消灭？

案中无涉，无须检验。

3. 请求权是否可实现？

（1）长宁投资得否依据《民法典》第 687 条第 2 款之规定，以先诉抗辩权进行抗辩？

**关键点**：长宁投资承担的是否为一般保证责任？

连带保证责任和一般保证责任的关键区别和区分意义在于保证人承担保证责任的前提条件不同。易言之，承担一般保证责任的保证人享有顺序利益和先诉抗辩权，连带保证责任的保证人则不具有。承担连带保证责任的保证人虽然"有责任但无债务"，但在债权人面前基本处于相同地位，故连带保证责任是一种加重的保证责任。对于这种加重责任，原则上应当由当事人约定或者基于极为特殊的考虑，否则动辄让当事人承担连带保证责任也是不公平的。[1]

本案中，长宁投资与南湖保理在《承诺函》中约定："愿意督促松江矿业切实履行还款义务，若最终未能按时归还本息，由本公司协助解决，不让贵司蒙受损失。"《承诺函》中未明确约定长宁投资承担的保证责任的形式，但描述了长宁投资承担保证责任的条件："松江矿业最终未能按时归还本息"。这种描述，属于对一般保证的约定，还是对连带保证的约定，还是约定不明，是本部分鉴定的关键问题。

在学理上，对于"债务人未能按时归还本息"这一约定的解释众说纷纭，笔者采纳解释为连带责任保证的观点。当事人约定保证人承担一般保证责任的标志之一，即承担保证责任的前提是债务人"不能履行债务"。"不能"履行债务是指，债务人客观上不能履行或者履行不能，即债务人客观上不具备履行债务的能力，其具体表现是经过诉讼或仲裁，并就债务人财产依法强制仍不能履行的情形，相应的评价标准是客观的，而不是主观上的"不"履行或"不愿"履行。[2]在本案中，"未能按时归还"虽然也使用了"未能""不能"这一类语词，但因其与"按时"前后搭配使用，故不能将其简单解释为前述意思。该"不能"字样是与"按期"结合在一起使用，则不能将其理解为确实无力偿还借款的客观能力的约定，仅是表明只要债务人未按期偿还借款，保证

---

［1］ 参见黄薇主编：《中华人民共和国民法典合同编解读》（上），中国法制出版社 2020 年版，第 704 页。

［2］ 参见四川省高级人民法院（2014）川民提字第 106 号民事判决书。

人即应向债权人承担保证责任，故"未能按时归还"此类表述并不含有保证人有先诉抗辩权的意思。[1]"不能"系修饰"按期""如期""按时"等词，不能理解为主债务人须处于客观上不能履行债务的事实状态，仅表明主债务人未按期偿还即产生保证责任，故应认定为连带责任保证。[2]

综上所述，长宁投资与南湖保理在《承诺函》中约定的"未能按时归还"可被解释为长宁投资承担连带保证责任，因此，长宁投资不具有先诉抗辩权，不能以此为由抗辩。

（2）长宁投资得否依据《民法典》第 392 条第 1 句第 2 段之规定进行抗辩？

依据前文第三部分所述，在未有特殊约定的前提下，南湖保理尚未就债务人松江矿业的担保物权实现债权，故长宁投资拥有该项抗辩。

4. 小结

综上所述，南湖保理不能依据《承诺函》约定、《民法典》第 681 条对长宁投资主张承担保证责任，清偿松江矿业拖欠的租金本息。

## 三、结论

综上所述，南湖保理能够依据《公司法》第 20 条第 3 款，对长宁投资主张承担连带责任，清偿松江矿业拖欠的租金本息。

# 第 5 部分　南湖保理对金飞勇

**一、南湖保理可能依据《民法典担保制度解释》第 68 条第 1 款、《民法典》第 388 条第 1 款第 2 句对金飞勇主张实现担保物权**

（一）大纲

> 1. 请求权审查

---

〔1〕参见最高人民法院（2008）民二终字第 106 号判决书。

〔2〕参见高圣平：《担保法前沿问题与判解研究——最高人民法院新担保制度司法解释条文释评》（第五卷），人民法院出版社 2021 年版，第 200 页。

2. 请求权是否产生？

（1）南湖保理是否取得股权上的担保物权？

①"大同"之认可：担保物权能否适用善意取得制度？

②"小异"之校正：担保物权的善意取得是否需满足"以合理价格有偿受让"要件？

③南湖保理得否善意取得该担保物权？

A. 金飞勇是否具有股权所有人的权利外观？

B. 《股权转让协议》是否成立、有效？

　a. 金飞勇处分他人股权之行为能否影响《股权转让协议》的效力？

　b. 其他股东的优先购买权能否影响《股权转让协议》的效力？

C. 股权是否已经变更登记？

D. 南湖保理是否善意？

E. 被担保债权是否合法存在？

（2）松江矿业是否在债务清偿期届满后未清偿债务？

3. 请求权是否消灭？

4. 请求权是否可行使？

**关键点**：金飞勇得否依据《民法典》第 392 条第 1 句第 2 段之规定进行抗辩？

（二）正文

1. 请求权审查

关于请求权相对人的辨明：

金飞勇仅为股权的名义股东，其背后隐藏着隐名股东姚晗香。虽然南湖保理的该项主张的主要请求权基础为股权转让协议之约定，但该请求权实则是一项担保物权请求权，这就引发了一个确认请求权相对人的困难：南湖保理的该项请求权，是应向合同相对人金飞勇主张，还是应向股权真正的所有人姚晗香主张？

与其说这一问题是由股权让与担保引发，不如说股权代持才是始作俑者。对于交易中的善意第三人而言，拥有外观公信力的名义股东显然比隐名股东更像是股权的所有权人。隐名股东的身份从未披露于公司的股东名册或登记簿中，即使交易相对人随后知悉了股权代持的事实，其亦无必要为这一隐情承担交易风险。因此，根据公示公信力原则，交易相对人向名义股东主张请求权有其法理依据。此外，依据《最高人民法院关于适用〈中华人民共和国公司法〉若干问题的规定（三）》第24条第3款、第26条之规定，实际出资人并不当然具有股东资格，名义股东与实际出资人之间的代持约定不能约束包括公司债务人在内的交易第三人；因此，南湖保理直接向金飞勇主张该项请求权，而非向姚晗香主张，具有法律依据。

2. 请求权是否产生？

南湖保理的该项请求权为物权请求权，故南湖保理拥有该股权上的担保物权是该请求权产生的前提条件。本案中，金飞勇并非股权之实际所有人，南湖保理不能从金飞勇处继受取得股权上的担保物权，故需检讨南湖保理得否以原始取得，意即善意取得的方式获得该项担保物权。此外，由担保物权衍生出物权请求权尚需满足主债务人于债务清偿期届满后怠于履行债务这一要件，故也需对该要件进行检讨。

（1）南湖保理是否取得股权上的担保物权？

根据《民法典》第115条第2句、第440条第1款第4项之规定，我国法律肯认以股权作为担保物权客体。本案所涉股权转让，实则是一种股权让与担保，即债务人或第三人为担保债务人之债务，将担保标的物之财产权移转于担保权人，而使担保权人在不超过担保之目的的范围内，取得担保标的物之财产权，于债务清偿后，标的物应返还于债务人或第三人，债务人不履行时，担保权人就该标的物受偿之非典型担保。[1] 南湖保理虽通过股权变更登记在名义上取得股权，但实则仅取得一项当松江矿业不履行到期债务时就该股权优先受偿的担保物权。

① "大同"之认可：担保物权能否适用善意取得制度？

根据《民法典》第311条第1款之规定，我国善意取得制度以所有权的善意取得为模板，同时通过该条第3款扩张至其他物权的取得，意即其他物权的取得可参照适用该条第1款之规定。需明确的是，其他物权，是否包括担保物权？

抵押是担保之王。有关于担保物权是否适用善意取得制度的争鸣，常以动

---

〔1〕 参见谢在全：《民法物权论》（下册），中国政法大学出版社2011年版，第1100页。

产抵押权能否善意取得为主题进行探讨。究其原因，首先，动产抵押权相较于诸如质权、留置权在内的其他担保物权，缺失占有权能，仅依其于债务不履行时变价受偿的权利内容对物产生管领支配力，具有纯粹的担保物权特征；其次，动产抵押权仅需合意即可设立，无须公示公信力；最后，举轻以明重，若抵押权可适用善意取得制度，则其他或兼具占有权能、或公示成立、或与抵押权同质的担保物权当然适用。因此，该问题可聚焦于抵押权能否适用善意取得制度之上。

抵押权能否通过《民法典》第 311 条第 3 款参照适用所有权善意取得制度，须考量抵押权取得与所有权取得的"大同中的小异"。由于"小异"在法律上常常有足够的意义和要求，如何将被参照的规范相应于此"小异"作必要的限制或修正并适用到待决的案例之上，是授权式类推适用的思考重心。[1]动产抵押权取得与所有权取得的主要差异，在于动产抵押权的从属性、无偿性与仅需合意即可取得。此种差异得否影响动产抵押权参照适用所有权善意取得制度，须结合善意取得制度的内在逻辑进行思考。

权利外观之公信力得以弥补处分权的缺失，是善意取得制度的根本所在；信赖利益之保护连同利益平衡之需求，共同成为善意取得制度的价值追求。否认动产抵押权之取得的学说常从利益平衡入手，认为动产抵押权之取得既非有偿，又无转移占有，实在不具有利益保护之必要与公示公信力。[2]实则不然。忽视制度构筑之根本，仅着眼于制度之价值，常会作出受制于主观的局限性。无论是动产抵押权的取得，还是物之所有权之取得，权利外观对受让人的影响都十分重大。问题的关键在于审视出现无权处分之事实时，善意信赖无权处分人占有的债权人、买受人在利益衡量上是否居于同等的地位，而对这样的设问显然无法作出否定回答。[3]无权处分人在占有的他人动产上设定抵押权时，债权人对于占有表征的善意信赖足以弥补担保人处分权的欠缺，此时占有的公信力发挥作用，因而动产抵押权可以经设定或受让而善意取得。[4]因此，担保物权的取得能够参照适用善意取得制度。

---

〔1〕 参见叶金强：《公信力的法律构造》，北京大学出版社 2004 年版，第 184 页。

〔2〕 参见崔建远：《物权：规范与学说——以中国物权法的解释论为中心》（下），清华大学出版社 2011 年版，第 768-769 页；参见王泽鉴：《民法物权》，北京大学出版社 2010 年版，第 516-517 页。

〔3〕 参见孙鹏：《物权公示论：以物权变动为中心》，法律出版社 2004 年版，第 356-357 页。

〔4〕 参见叶金强："动产他物权的善意取得探析"，载《现代法学》2004 年第 2 期。

②"小异"之校正：担保物权的善意取得是否需满足"以合理价格有偿受让"要件？

诚然，担保物权可参照适用善意取得制度，但如何修正担保物权与所有权之差异对善意取得制度适用的影响，仍需解决：担保物权合同具有无偿性，能否因对价的缺失，直接在担保物权善意取得中排除"以合理价格有偿受让"要件？

在前文中，笔者曾探讨过合理价格要件对于善意取得制度的意义。简述之，合理价格有偿受让是判断受让人是否善意的一个标准，也是利益平衡中的一个考量；担保物权的取得本身就不存在对价，因此根本不存在合理之价格，遑论其对受让人善意的反映。因此，问题便聚焦在缺失"合理价格有偿受让"要件是否会影响利益平衡之上。

一说认为，善意取得是为了实现交易安全而设计的法律制度，只适用于有偿的交易行为；对于无偿的转让行为，即使不适用善意取得，受让人也并未因此而受损失。[1]担保物权的设立缺乏对价，仿佛落入无偿的转让行为之中，实则不然。理解担保物权设立的无偿性，需结合担保物权的从属性。担保物权的设立并非没有对价，其对价在担保物权设立之外，在主债权债务关系之中。担保物权不能脱离主债权存在，除最高限额抵押等个别情况外，二者甚至有固定的产生顺序。在不承认"土地债务"与证券化的不动产抵押权的我国，从属性是担保物权的基本属性。取得担保物权对于债权人而言是一种未来利益，这种利益可因主债务逾期不履行而实现，亦可因主债务人的及时清偿而归于消灭，故取得担保物权也是一种风险利益；对于担保人而言，其或因主债权债务关系本身复杂的影响获得利益（如本案中，金飞勇的担保延缓了南湖保理对其具有股份的公司的债权主张），或因其与主债务人的其他合意获得经济利益（如委托担保）。无论对价的样态如何，其都基于主债权债务关系的存续而维持，易言之，只要主债权债务关系存续，担保物权的设立就并非没有对价。因此，在担保物权善意取得的构成要件中，基于担保合同的无偿性，"有偿"为"被担保债权合法存在"所替代。[2]

---

〔1〕 参见王利明：《物权法研究》（上卷），中国人民大学出版社 2013 年版，第 443-444 页。

〔2〕 参见甄增水："双轨制：我国善意取得制度设计的应然路径——兼析《中华人民共和国物权法》第 106 条"，载《法商研究》2014 年第 4 期。

③南湖保理得否善意取得该担保物权？

A. 金飞勇是否具有股权所有人的权利外观？

金飞勇作为该股权的名义股东，被记载于股东名册与公司登记簿上，具有股权所有人的权利外观；此外，金飞勇能协助南湖保理完成股权变更登记，更证明了金飞勇拥有的股东所有人权利外观具有公信力；该要件当然成立。

B. 《股权转让协议》是否成立、有效？

a. 金飞勇处分他人股权之行为能否影响《股权转让协议》的效力？

金飞勇虽无股权之处分权，但依据《民法典》第 597 条，出卖他人之物的买卖合同具有负担行为效力，不因金飞勇缺失处分权而无效。

b. 其他股东的优先购买权能否影响《股权转让协议》的效力？

根据《公司法》第 71 条第 3 款、《最高人民法院关于适用〈中华人民共和国公司法〉若干问题的规定（四）》第 21 条第 1 款之规定，有限责任公司长宁投资的股东在其他股东对外转让公司股权时享有优先购买权，但在本案情形下，金飞勇并未真正转让股权，因此，其他股东在金飞勇与南湖保理的交易中不享有优先购买权，不能影响《股权转让协议》的效力。

C. 股权是否已经变更登记？

根据本案事实，股权已完成变更登记至南湖保理名下。

D. 南湖保理是否善意？

南湖保理自始对金飞勇代持姚晗香股权的事实不知情，且金飞勇所拥有之股权所有人的权利外观足以使南湖保理产生信赖，可推知南湖保理取得股权上担保物权是善意的。

E. 被担保债权是否合法存在？

截至鉴定时，松江矿业尚未清偿债务，且未见有影响债权债务关系的事实出现，故被担保债权合法存在。

综上所述，南湖保理已经善意取得股权上的担保物权。

（2）松江矿业是否在债务清偿期届满后未清偿债务？

根据本案事实，松江矿业在债务清偿期届满后未清偿债务。

综上所述，该项请求权已产生。

3. 请求权是否消灭？

案中无涉，无须检验。

4. 请求权是否可行使?

(1) 金飞勇得否依据《民法典》第 392 条第 1 句第 2 段之规定进行抗辩?

依据前文第 3 部分所述,在未有特殊约定的前提下,南湖保理尚未就债务人松江矿业的担保物权实现债权,故长宁投资拥有该项抗辩权。

## 二、结论

南湖保理不能对金飞勇主张给付松江矿业的欠款本息。

# 第 6 部分　南湖集团对南湖租赁

## 一、南湖集团可能依据《民法典》第 929 条第 2 款对南湖租赁主张损失赔偿

### (一) 大纲

> 1. 请求权是否产生?
>
> (1) 无偿委托合同是否成立、生效?
>
> (2) 南湖租赁是否具有重大过失?
>
> ①南湖租赁主观上对风险及损害是否有认识?
>
> A. 对损害后果发生的高度盖然性的认识。
>
> B. 对行为非正当性的认识。
>
> ②南湖租赁是否在客观上造成了一种巨大的风险?
>
> A. 该行为所带来的损害风险在客观上转变为实际损害的可能性非常高,即损害的发生率是"高度的盖然性"。
>
> B. 该风险一旦现实化为损害,则这种损害的后果绝不是轻微的,而是十分严重。
>
> (3) 南湖租赁的重大过失是否给南湖集团造成损失?
>
> 2. 请求权是否消灭?
>
> 3. 请求权是否可实现?

（二）正文

1. 请求权是否产生？

（1）无偿委托合同是否成立、生效？

根据本案事实，无偿委托合同已经成立、生效。

（2）南湖租赁是否具有重大过失？

南湖保理的行为是否属于重大过失，应从以下要件进行检讨：[1]

①南湖租赁主观上对风险及损害是否有认识？

A. 对损害后果发生的高度盖然性的认识

南湖租赁在与松江矿业订立《融资租赁协议》前，未尽到基本的注意义务，即未对南湖租赁提供的设备进行实地查验、估价，仅凭借松江矿业提供的书面资料估测了设备的价值。作为成熟的商法人，南湖租赁的主营业务范围即开展融资租赁交易活动，其当然对商事交易中租赁物价值估算的重要性具有认识，更对因高估租赁物价值而导致的商业损失的高度风险有明确的认识。因此，南湖租赁对损害后果发生的高度盖然性具有认识。

B. 对行为非正当性的认识

南湖租赁接受南湖集团的委托与松江矿业进行融资租赁，有义务在被委托的权限内履行基本的注意义务，避免南湖集团受到利益损失。在本案的无偿委托中，南湖租赁的注意义务即履行一个理性商主体在融资租赁交易中应尽到的基本注意义务，考察、明确标的物的基本性质当然包含其中。南湖租赁在融资租赁交易中，并未履行该项基本注意义务，其行为具有非正当性，南湖租赁作为商法人，应当认识到不履行该项注意义务是不正当的，也是违反委托合同约定的。

②南湖租赁是否在客观上造成巨大的风险？

A. 损害发生是高度盖然的

在商事交易中，未对标的物的价值进行精确评估、未对标的物的质量、属性进行实地查验所带来的错误估算是致命的。高估标的物的价值，必然会使当事人在交易中支付更加高昂的对价，或者对标的物的价值产生更高期望的信任。

在本案中，南湖租赁的行为致使松江矿业提供的担保物价值远低于南湖租

---

[1] 要件参见叶名怡："重大过失理论的构建"，载《法学研究》2009 年第 6 期。

赁提供的融资款总额，若松江矿业丧失清偿能力，南湖租赁无法实现合同全部利益的盖然性是极高的。

B. 损害后果十分严重

《融资租赁协议》中约定，南湖租赁向松江矿业提供 10 亿元融资款，松江矿业需返还融资款本息共计 12 亿元，松江矿业以设备作为担保。然而，松江矿业的设备总价值最高为 5 亿元，且截至鉴定时，设备价值已损耗至 3 亿元，与其担保的融资款本息金额有较大差距。一旦松江矿业丧失清偿能力，南湖租赁极可能面临 9 亿元难以实现的债权，这无疑是十分严重的。

综上所述，南湖租赁具有重大过失。

（3）南湖租赁的重大过失是否给南湖集团造成损失？

截至鉴定时，松江矿业已经失去清偿能力，尚拖欠租金 5 亿元。即使南湖保理能够就设备的价值（3 亿元）完全受偿，仍有 2 亿元债权无法实现，这对于母公司南湖集团而言，无疑已经造成了损失。

2. 请求权是否消灭？

案中无涉，无须检验。

3. 请求权是否可实现？

案中无涉，无须检验。

## 二、结论

南湖集团能够基于《民法典》第 929 条第 2 款之规定对南湖租赁主张赔偿损失。

# 第 7 部分　松江矿业对昌平重科

## 一、松江矿业可能依据《民法典》第 235 条对昌平重科主张返还设备

（一）大纲

> 1. 请求权是否产生？
>
> **关键点**：昌平重科是否"侵占"松江矿业所有的设备？

> （1）松江矿业是否拥有设备的所有权？
>
> ①所有权保留买卖的法律行为是否成立、有效？
>
> ②昌平重科是否为设备的原所有权人？
>
> ③设备是否已经交付？
>
> ④所有权保留的约定能否阻却松江矿业取得所有权？
>
> （2）昌平重科是否占有该设备？
>
> 2. 请求权是否消灭？
>
> 3. 请求权是否可行使？
>
> **关键点**：昌平重科得否以有权占有设备进行抗辩？
>
> （1）取回权能否作为占有本权？
>
> （2）昌平重科的占有是否基于取回权？

（二）正文

1. 请求权是否产生？

检讨松江矿业在昌平重科自行拉回设备后是否拥有向其主张返还原物请求权，仅需审查设备是否出现了被侵占的情形。大部分学说和裁判认为，返还原物请求权的产生包含请求权人拥有物权，以及被请求权人无权占有物两个构成要件。[1]此说虽然在实务中被广泛应用，但在学理上有割裂原物返还请求权内涵之嫌。

原物返还请求权的构成应如何构建，须考察该项请求权的立法目的：所有权人或物权人享有返还占有的权利，以恢复与所有权或物权对应的占有状态。[2]返还原物请求权的终极目的在于消灭物之权利与物之占有不匹配的"侵占"状态，是物之占有权能回归到物之权利人的手中。此处的"侵占"是一个中性的法律概念，是指"所有无权占有人抽走占有或者扣留占有（besitzentziehung

---

〔1〕 参见崔建远：《物权法》，中国人民大学出版社 2009 年版，第 126 页；王利明：《物权法研究》（上卷），中国人民大学出版社 2007 年版，第 219 页；谢在全：《民法物权论》（上册），中国政法大学出版社 2011 年版，第 170 页；王洪亮："原物返还请求权构成解释论"，载《华东政法大学学报》2011 年第 4 期。

〔2〕 Staudinger, 985, Rn. 1. 转引自王洪亮："原物返还请求权构成解释论"，载《华东政法大学学报》2011 年第 4 期。

und besietzvorenthaltung）而不返还的情况。[1]需解释的是，梅迪库斯此处使用的"无权占有人"语词，意指没有占有权能的占有人，而非没有占有权利的占有人，前者的本权是物权，后者的本权范围则更加广泛。所以，原物返还请求权的构成要件只有一个，即出现了"侵占"之情况，具体如何判断"侵占"，自应确认原物所有权人或物权人享有物权，而请求权相对人享有占有。[2]

**关键点：**昌平重科是否"侵占"松江矿业所有的设备？

（1）松江矿业是否拥有设备的所有权？

松江矿业能否从昌平重科处继受取得设备之所有权，应从以下要件入手进行鉴定：[3]

①所有权保留买卖合同是否成立、生效？

根据案情可知，该合同成立、生效。

②昌平重科是否为设备的原所有权人？

根据本案事实，在订立《所有权保留买卖合同》时，昌平重科拥有设备之所有权。

③设备是否已经交付？

合同签订后，昌平重科已将设备交付松江矿业。

④所有权保留的约定能否阻却松江矿业取得所有权？

所有权保留买卖的特点在于，约定标的物虽交付，但所有权于价款清偿前保留在出卖人手中。出卖人因此拥有保留所有权，相对地，买受人拥有一项所有权取得的期待权。然而，这种基于意思自治的约定能否突破物权变动的基本原则，能否使出卖人在交付标的物后真正"保留"物的所有权，尚需讨论。

所有权保留买卖，本质上具有显著的设立担保的目的：出卖人以其保留的所有权获得充分的保护，买受人在价款未获（足额）清偿的情况下获得对物的用益，其实质是出卖人以其保留的所有权为其价款债权或其他权利的实现提供担保，从而以制度设计的内在合理性为契机，一经运用，就发挥了巨大的信用

〔1〕 MünchKomm. Medicus，§ 986 Rn. 1. 转引王洪亮："原物返还请求权构成解释论"，载《华东政法大学学报》2011 年第 4 期。

〔2〕 参见王洪亮："原物返还请求权构成解释论"，载《华东政法大学学报》2011 年第 4 期。

〔3〕 物权变动要件参见刘家安：《物权法论》，中国政法大学出版社 2015 年版，第 55–68 页。

供给功能。[1]与典型担保的定限物权之构成不同的是，所有权保留是权力本身移转之构成。出卖人保留的物的所有权，超过了为担保目的所应取得的权利，此即"手段超过目的"。为校正手段与目的的不匹配，必须对出卖人保留的所有权进行担保物权化的理解：出卖人所保留的所有权已被功能化为担保物权，标的物的所有权从属于价款债权。出卖人对标的物所有权的范围和强度，就不得超过价款债权。

在功能主义上，将保留所有权视为担保物权并与担保物权适用相同的法律规范，是域内外的普遍共识。国际统一私法协会、联合国国际贸易法委员会和世界银行集团等国际组织建议，各国在动产担保法制改革中应采行交易类型化的功能主义立法方法：不管交易的形式如何，只要在市场上发挥相同的担保功能，就应适用相同的法律。[2]诚然，在形式主义上，《民法典》合同编赋予了出卖人诸多如所有权人一般的权利，如取回权和再出卖权，但由于物权法定原则的统摄，[3]这些权利徒有所有权外观，内核却是实现担保物权的路径。

综上所述，昌平重科依据合同约定保留的所有权实则是一种担保物权，其作为一项定限物权，自然无法阻止松江矿业取得设备之所有权，松江矿业因满足所有权取得的各项要件，已经取得设备的所有权。

（2）昌平重科是否占有该设备？

昌平重科已将设备从松江矿业处拉回，昌平重科已占有该设备。

2. 请求权是否消灭？

案中无涉，无须检验。

3. 请求权是否可行使？

**关键点：**昌平重科得否以有权占有设备进行抗辩？

根据《民法典》第642条第1款第1项，保留所有权买卖的出卖人享有取回权。昌平重科可否以松江矿业经催告未在合理期限内履行价款为由，主张行使取回权而取回设备，因此有权占有设备？

---

[1] 参见王轶："论所有权保留的法律构成"，载《当代法学》2010年第2期。

[2] 参见高圣平："美国动产担保交易法与我国动产担保物权立法"，载《法学家》2006年第5期。

[3] 物权法定原则不仅对物权的种类进行严格界定，亦通过《民法典》第224条对物权变动的时点进行了严格界定。所有权保留买卖似乎是对物权变动的时点"另有约定"，这种约定得否为《民法典》第224条所排除，在学界上尚有争议。参见高圣平："《民法典》视野下所有权保留交易的法律构成"，载《中州学刊》2020年第6期。

（1）取回权能否作为占有本权？

在所有权保留交易中，出卖人行使取回权的权利基础是形式意义上的所有权，也即，出卖人行使取回权是基于所有权人的地位而重新恢复其对标的物的占有，取回权在性质上属于物上请求权。[1]因此，通过取回权而获得的占有具有恢复占有的特点，故可将其视作占有本权。

（2）昌平重科的占有是否基于取回权？

根据《民法典》第642条第2款之规定，出卖人行使取回权需以与买受人协商一致为前提。本案中，昌平重科直接与松江矿业解除所有权保留买卖合同，并同时拉回设备，未见与松江矿业协商一致之事实。因此，本案中昌平重科占有设备的行为，并非基于取回权而占有，而是通过自力救济而占有。而这种自力救济并无法律依据可循，不得作为有权占有之占有本权。

综上所述，昌平重科不能以有权占有设备进行抗辩，松江矿业的该项请求权可行使。

## 二、结论

松江矿业能够依据《民法典》第235条对昌平重科主张返还设备。

# 第8部分　昌平重科对松江矿业

## 一、昌平重科可能依据《民法典》第579条对松江矿业主张给付拖欠到期价款

（一）大纲

> 1. 请求权是否产生？
> （1）所有权保留买卖合同是否成立、生效？
> （2）松江矿业负担的是否为金钱债务？
> （3）松江矿业是否违约？
> 2. 请求权是否消灭？

---

〔1〕 参见高圣平：“《民法典》视野下所有权保留交易的法律构成”，载《中州学刊》2020年第6期。

> **关键点**：所有权保留买卖合同是否存续？
>
> 昌平重科能否法定解除合同？
>
> （1）松江矿业是否迟延履行主要债务？
>
> （2）松江矿业是否经催告在合理期限内仍未履行债务？
>
> 3. 请求权是否可实现？
>
> 4. 小结

（二）正文

1. 请求权是否产生？

（1）所有权保留买卖合同是否成立、生效？

所有权保留买卖合同已经成立、生效。

（2）松江矿业负担的是否为金钱债务？

松江矿业负有向昌平重科给付买受设备的剩余价款的义务，该项给付属于金钱债务。

（3）松江矿业是否违约？

松江矿业拖欠设备价款，未在履行期限届满时向昌平重科履行合同义务，已经违反合同约定。

综上所述，该项请求权已经产生。

2. 请求权是否消灭？

**关键点**：所有权保留买卖合同是否存续？

昌平重科能否法定解除合同？

根据本案事实，昌平重科于松江矿业违约后，单方面通知松江矿业解除合同。昌平重科得否法定解除该合同，须依据《民法典》第563条第1款第3项进行检讨。

（1）松江矿业是否迟延履行主要债务？

松江矿业迟延履行债务，已既成事实。本要件检讨的关键在于，松江矿业迟延履行的是不是该合同项下的主要债务。

依据《最高人民法院关于审理买卖合同纠纷案件适用法律问题的解释》（以下简称《买卖合同司法解释》）第26条第1款之规定，当买受人支付价款达到标的物总价款75%以上，出卖人不能行使取回权。从该条的立法目的中能够看出，司法机关认为当买受人支付价款超过总价款75%时，其对所有权的期待应受到法律保护，而这种足以对抗保留所有权的期待权，正来自对买卖合同主要债务的履行。由此可推知，当买受人支付价款超过总价款75%时，可视为已经履行合同的主要债务，出卖人不得法定解除合同。

在本案中，松江矿业仅履行了60%总价款的合同义务，未达总价款75%的标准，迟延履行主要债务。

（2）松江矿业是否经催告在合理期限内仍未履行债务？

在本案事实中，未见昌平重科催告松江矿业履行债务的事实。

综上所述，昌平重科不能法定解除合同，该项请求权依然存续。

3. 请求权是否可实现？

案中无涉，无须检验。

4. 小结

昌平重科能够基于《民法典》第579条之规定，对松江矿业主张继续履行合同义务，给付拖欠的到期价款。

## 二、昌平重科可能依据《民法典》第583条对松江矿业主张赔偿损失

（一）大纲

> 1. 请求权是否产生？
> （1）所有权保留买卖合同是否成立、有效？
> （2）松江矿业是否违约？
> （3）松江矿业的违约行为是否给昌平重科造成损失？
> 2. 请求权是否消灭？
> **关键点**：合同法定解除是否会使该项请求权消灭？
> 3. 请求权是否可实现？
> 4. 小结

（二）正文

1. 请求权是否产生？

（1）所有权保留买卖合同是否成立、有效？

该合同已经成立、生效。

（2）松江矿业是否违约？

松江矿业拖欠到期价款2亿元，已经构成违约。

（3）松江矿业的违约行为是否给昌平重科造成损失？

昌平重科于债务履行期限届满后无法获得到期价款，其当然受到损失，如昌平重科损失了在松江矿业迟延履行期间剩余价款的利息等。

**2. 请求权是否消灭？**

**关键点**：合同法定解除是否会使该项请求权消灭？

由于昌平重科未在松江矿业迟延履行债务后进行催告，昌平重科无法法定解除合同，其通知松江矿业解除合同不能达到合同解除的法律效果，该所有权保留买卖合同依然存续。

**3. 请求权是否可实现？**

案中无涉，无须检验。

**4. 小结**

昌平重科能够基于《民法典》第583条之规定，对松江矿业主张违约损害赔偿，赔偿其损失。

### 三、昌平重科可能依据《民法典》第388条第1款、第642条第1款、第642条第2款对松江矿业主张实现担保物权

（一）大纲

1. 请求权是否产生？

（1）所有权保留买卖合同是否成立、有效？

（2）昌平重科是否具有保留所有权？

（3）松江矿业是否不履行到期债务？

2. 请求权是否消灭？

3. 请求权是否可实现？

（1）松江矿业得否基于2020年《买卖合同司法解释》第26条第1款进行抗辩？

①2020年《买卖合同司法解释》第26条第1款能否作为阻却保留所

有权人实现担保物权的抗辩？

②松江矿业是否已支付标的物总价款的75%以上？

（2）昌平重科与南湖保理的担保物权的清偿顺序确定。

①昌平重科的保留所有权、南湖保理对租赁物的所有权是否未登记？

②融资租赁的租赁物所有权、保留所有权买卖的保留所有权是否属于《民法典》第414条第2款的"其他可以登记的担保物权"范畴？

A.《民法典》第388条第1款第2句肯认融资租赁合同、所有权保留买卖合同设立担保物权。

B.《民法典担保制度解释》第56条第2款第2句直接表明了融资租赁的出租人、所有权保留买卖的出卖人的担保物权人身份。

C.《民法典》第641条第2款、第745条规定了保留所有权、融资租赁合同的出租人所有权的登记的公示方法。

4. 小结

（二）正文

1. 请求权是否产生？

（1）所有权保留买卖合同是否成立、有效？

该合同已经成立、生效。

（2）昌平重科是否具有保留所有权？

根据《民法典》第388条第1款，因所有权保留买卖合同已成立、生效，昌平重科取得保留所有权。

（3）松江矿业是否不履行到期债务？

松江矿业尚拖欠昌平重科价款2亿元，该要件成立。

2. 请求权是否消灭？

案中无涉，无须检验。

3. 请求权是否可实现？

（1）松江矿业得否基于2020年《买卖合同司法解释》第26条第1款进行抗辩？

①2020年《买卖合同司法解释》第26条第1款能否作为阻却保留所有权人实现担保物权的抗辩？

2020 年《买卖合同司法解释》第 26 条第 1 款之立法目的，在于保护买受人对取得标的物所有权的期待利益，避免保留所有权人恢复占有的请求权过度侵害买受人的期待利益，故此种保护，实则是一种对物权利益的保护，一种对买受人物权人地位的保护。然而，保留所有权人以实现担保物权的方式实现保留所有权，恰是对买受人"期待"的所有权人地位的尊重和认可，不应为该条所阻却。

审视《民法典》第 642 条第 2 款的条文设置，以分号将取回权的行使方式与担保物权的实现方式进行了区分，这实则是规定了两种实现保留所有权的请求权：一种以协商为构成要件，以恢复标的物占有为法律效果；另一种则无须与买受人协商，且在法律效果上与担保物权的实现无异。2020 年《买卖合同司法解释》第 26 条第 1 款仅能对第一种请求权进行抗辩与阻却，却不能针对第二种请求权。此时，虽然出卖人不得行使取回权，但其就未受清偿的价款仍可参照担保物权实现程序的规定，对标的物进行变价并优先受偿。[1]

②松江矿业是否已支付标的物总价款的 75% 以上？

松江矿业共需向昌平重科支付价款 5 亿元，尚有 2 亿元未支付，已支付价款仅达总价款的 60%，未满足该要件。

综上所述，松江矿业的该项抗辩不成立。

（2）昌平重科与南湖保理的担保物权的清偿顺序确定。

根据《民法典》第 641 条第 2 款，昌平重科的保留所有权未经登记，不得对抗善意第三人。又根据《民法典》第 414 条第 1 款第 3 项、第 2 款，多种可登记的担保物权并存于一物之上时，若均未登记，则按照债权比例清偿。确定昌平重科与南湖保理实现担保物权的清偿顺序问题，应考虑以下因素：

①昌平重科的保留所有权、南湖保理对租赁物的所有权是否未登记？

根据本案事实，融资租赁和所有权保留交易均未办理登记。

②融资租赁的租赁物所有权、保留所有权买卖的保留所有权是否属于《民法典》第 414 条第 2 款的"其他可以登记的担保物权"范畴？

融资租赁的租赁所有权和所有权保留买卖的保留所有权属于"其他可以登记的担保物权"范畴，可从以下三个方面证成。

A.《民法典》第 388 条第 1 款第 2 句肯认融资租赁合同、所有权保留买卖合同设立担保物权。

---

[1] 参见高圣平："《民法典》视野下所有权保留交易的法律构成"，载《中州学刊》2020 年第 6 期。

《民法典》第 388 条第 1 款第 2 句将非典型担保纳入担保法律规范规制的范畴之中。若将"其他具有担保功能的合同"进行一定的类型化，在学界与实务界的普遍共识中，融资租赁合同、所有权保留买卖合同以及保理合同、让与担保合同必然属于具有担保功能的合同。因此，由其所设立的租赁所有权、保留所有权当然属于担保物权。

B.《民法典担保制度解释》第 56 条第 2 款第 2 句直接表明了融资租赁的出租人、所有权保留买卖的出卖人的担保物权人身份。

"前款所称担保物权人，是指已经办理登记的抵押权人、所有权保留买卖的出卖人、融资租赁合同的出租人。"[1]《民法典担保制度解释》第 56 条虽然是对《民法典》第 404 条，即有关于正常经营活动买受人保护规定的解释，但从担保制度法律规范的体系化、统一化的角度审视，该条规定不是仅在判断正常经营买受人时将非典型担保的权利人视为担保物权人，而是在调整具有担保功能的法律关系的法律规范下，均赋予非典型担保以担保物权属性。这也与现代动产担保交易法的发展趋势相吻合：不关注当事人采取的法律构造，只要在事实上起到相同的功能，就适用相同的法律。[2]

C.《民法典》第 641 条第 2 款、第 745 条规定了保留所有权、融资租赁合同的出租人所有权的登记的公示方法。

所有权保留买卖合同下的保留所有权、融资租赁合同下的出租人的所有权不仅是担保物权，而且是可以登记的担保物权。此处对登记可能性的要求，一方面意在说明该类担保物权的设立不以公示为要件，仅依靠合意即可；另一方面说明此类担保物权遵循公示对抗原则，未经登记，不可对抗善意第三人，更不可对抗其他担保物权人。此种"可登记"的属性，在典型担保物权中，仅动产抵押权具有，此亦彰显其非转移占有、不具有占有权能的特性。对比之，保留所有权、融资租赁出租人的所有权不仅同样具有非转移占有的特征，甚至被《民法典》直接规定了"公示对抗"的登记效力，其当然属于"其他可以登记的担保物权"范畴，可参照适用《民法典》第 414 条第 1 款之规定。

综上所述，融资租赁的租赁所有权和保留所有权买卖的保留所有权属于"其他可以登记的担保物权"范畴。昌平重科与南湖保理按照债权比例就变卖

---

[1] 参见《民法典担保制度解释》第 56 条第 2 款。

[2] 参见高圣平：《担保法前沿问题与判解研究——最高人民法院新担保制度司法解释条文释评》（第五卷），人民法院出版社 2021 年版，第 404 页。

设备的价款清偿。

4. 小结

昌平重科能够基于《民法典》第 642 条第 1 款第 1 项、第 642 条第 2 款后段之规定，对松江矿业主张实现担保物权，但昌平重科仅能与南湖保理按照债权比例就变卖设备的价款清偿。

# 第 9 部分　姚晗香对金飞勇

## 一、姚晗香可能依据《民法典》第 929 条第 2 款对金飞勇主张损害赔偿

（一）大纲

> 1. 请求权是否产生？
> （1）无偿委托合同是否成立、生效？
> （2）金飞勇处分股权的行为是否超越权限？
> （3）姚晗香是否因金飞勇的行为受到损失？
> 2. 请求权是否消灭？
> 3. 请求权是否可实现？
> 4. 小结

（二）正文

1. 请求权是否产生？

（1）无偿委托合同是否成立、生效？

根据本案事实，该合同已经成立、生效。

（2）金飞勇处分股权的行为是否超越权限？

金飞勇仅代持姚晗香之股权，无处分其股权之权限，故其行为当然超越了无偿委托法律关系赋予其的权限。

（3）姚晗香是否因金飞勇的行为受到损失？

金飞勇的无权处分行为造成了姚晗香的股权的价值减损，当然使姚晗香受到了财产损失，该要件成立。

2. 请求权是否消灭？

案中无涉，无须检验。

3. 请求权是否可实现？

案中无涉，无须检验。

4. 小结

姚晗香能够依据《民法典》第 929 条第 2 款之规定，对金飞勇主张违约损害赔偿。

## 二、姚晗香可能依据《民法典》第 985 条、第 987 条对金飞勇主张损害赔偿

（一）大纲

> 1. 请求权是否产生？
>
> （1）金飞勇是否受利益？
>
> （2）金飞勇是否因侵害他人权益归属而受利益，致他人受损害？
>
> ①金飞勇是否侵害姚晗香之权益？
>
> ②金飞勇是否直接致姚晗香损害？
>
> （3）金飞勇的受利益是否无法律依据？
>
> （4）金飞勇是否恶意？
>
> 2. 请求权是否消灭？
>
> 3. 请求权是否可实现？
>
> 4. 小结

（二）正文

1. 请求权是否产生？

初步考察金飞勇的行为，属非给付不当得利类型，即权益侵害不当得利。姚晗香是否拥有该项请求权，应从以下要件进行检讨：[1]

---

[1] 构成要件参见王泽鉴："不当得利类型论与不当得利法的发展——建构一个可操作的规范模式（下）"，载《甘肃政法学院学报》2015 年第 6 期。

（1）金飞勇是否受利益？

根据本案事实可知，金飞勇无权处分股权，在股权上为南湖保理设立股权让与担保的行为，目的是在磋商中换取南湖保理对松江矿业债务的展期。金飞勇作为松江矿业的名义股东，与松江矿业具有一定的利害关系。南湖保理的债务展期行为避免了松江矿业及时清偿债务，亦避免了金飞勇担保义务的履行。

然而，依据《民法典》第985条之不当得利返还请求权的立法目的，不当得利中的"受利益"须为直接的、事实上的获得利益。易言之，不当得利人因不当得利行为而获得的利益是明显的，因果关系是直接而短促的，而非经由多层逻辑关系推导而来的。本案中，金飞勇的得利是间接的，无法满足"受利益"这一构成要件，故该项要件不能满足。

（2）金飞勇是否因侵害他人权益归属而受利益，致他人受损害？

①金飞勇是否侵害姚晗香之权益？

金飞勇无权处分姚晗香之股权，当然侵犯了姚晗香的股权权益，此要件满足，自不待言。

②金飞勇是否直接致姚晗香损害？

金飞勇的无权处分行为造成了姚晗香的股权的价值减损，当然使姚晗香受到了财产损失，该要件成立。

（3）金飞勇的受利益是否无法律依据？

金飞勇处分股权之行为超出了委托权限，无合意支撑，没有法律依据。

（4）金飞勇是否恶意？

金飞勇自始知道其行为属无权处分，亦认识到其无权处分行为可对姚晗香造成权益侵害，符合"知道或者应当知道取得的利益没有法律根据"的要件。

2. 请求权是否消灭？

案中无涉，无须检验。

3. 请求权是否可实现？

案中无涉，无须检验。

4. 小结

姚晗香不能依据《民法典》第985条、第987条之规定，对金飞勇主张损失赔偿。

## 三、姚晗香可能依据《民法典》第1165条第1款对金飞勇主张损害赔偿

### (一) 大纲

> 1. 请求权是否产生？
> (1) 客观要件是否满足？
> ①行为人是否存在行为？
> ②行为是否加害行为？
> A. 姚晗香的股权是否受到了侵害？
> B. 行为与权益侵害间是否有因果关系？
> ③行为是否造成了损害？
> (2) 主观要件是否满足？
> 2. 请求权是否消灭？
> 3. 请求权是否可实现？
> 4. 小结

### (二) 正文

1. 请求权是否产生？

一般侵权行为的构成要件可以分为两类：其一，客观要件，即行为、因果关系（加害行为与民事权益被侵害的因果关系以及民事权益被侵害与损害的因果关系）；其二，主观要件，即行为人存在过错，包括故意和过失。[1]

(1) 客观要件是否满足？

①行为人是否存在行为？

金飞勇在未得到姚晗香授权的前提下，擅自与南湖保理签订股权让与担保合同，并将股权转让至南湖保理名下。因此，金飞勇的行为是客观存在的。

②行为是否加害行为？

加害行为，即行为人的行为必须是侵害民事权益的行为。考察该要件，应从姚晗香的何种民事权益受到了侵害和行为人之行为与姚晗香之权益侵害间的

---

〔1〕 参见程啸：《侵权责任法》，法律出版社2021年版，第215页。

因果关系入手进行考察。

A. 姚晗香的股权是否受到了侵害？

金飞勇的行为使姚晗香所有的股权在外观上被转移登记到了第三人南湖保理的名下，在实质上被设立了一项担保物权。对于姚晗香的股权而言，这种未经所有人同意的处分当然侵犯了所有人对股权的管领、支配，侵犯了姚晗香的股权。

B. 行为与权益侵害间是否有因果关系？

本案中，金飞勇的无权处分行为与姚晗香的股权收到侵害之间有明显的因果关系，自不待言。

③行为是否造成了损害？

有损害才有赔偿，过错责任原则是损害赔偿的归责原则。[1]姚晗香股权受侵害，主要体现在以下两点：其一，名义上的第三人股权登记使其无法立即行使对股权财产属性上的权能（如处分、占有等）；其二，担保物权的设立则使股权在未来有被变卖、价值优先抵偿第三人债权的可能性（且以松江矿业目前的清偿能力，此种可能性十分显著），股权的价值减损明显。

（2）主观要件是否满足？

根据本案事实，金飞勇在行为时为故意，其明知此种无权处分会给姚晗香带来损害，仍采取此种行为。故金飞勇在主观上具有过错，主观要件满足。

2. 请求权是否消灭？

案中无涉，无须检验。

3. 请求权是否可实现？

案中无涉，无须检验。

4. 小结

综上所述，姚晗香能够依据《民法典》第 1165 条第 1 款之规定，对金飞勇主张侵权损害赔偿。

## 四、结论

综上所述，姚晗香能够依据《民法典》第 583 条、第 929 条第 2 款之规定对金飞勇主张违约损害赔偿；或基于《民法典》第 1165 条第 1 款之规定，对金飞勇主张侵权损害赔偿。

---

〔1〕 参见程啸：《侵权责任法》，法律出版社 2021 年版，第 215 页。

# 2 "辗转的登记"案<sup>*</sup>

**【案情】**

甲自有一套房屋，原市价 300 万元。

2021 年 6 月，甲的堂弟乙赴甲家参加家宴，借甲正在招待宾客之机，以假证调包，窃得甲的房产证。7 月，乙凭房产证和伪造的甲的身份证，冒充甲与不知情的丙订立了房屋买卖合同，约定以 310 万元价格出售房屋予丙。8 月，乙继续冒充甲与丙办理了房屋所有权转移登记手续，并向丙交付了其私下配制的房屋钥匙，丙向乙支付了 310 万元。

2021 年 9 月，房屋市价上涨至 340 万元，丙将房屋以 345 万元出卖予丁。同月，丙和丁办理了房屋所有权转移登记手续，并向丁交付了钥匙，丁向丙支付了 345 万元。11 月，丁收房时发现甲居住在内，方知事情有异。丁遂联系丙一同前往要求甲搬出，甲主张自己是所有权人，拒绝搬出，丙才知道之前的交易系乙冒名所为。此时，同地段同类房屋的市价已经上涨至 352 万元。

**【问题】**

各当事人依法可以提出何种请求？

**【要求】**

运用请求权基础方法以鉴定式体裁解题。

---

  * 张亚杭，西北政法大学经济法学院 2020 级本科生。本报告为第三届全国鉴定式案例研习大赛全国前十二名并获得三等奖的作品。

# 第1部分　丁对甲

请求权基础预选与排序：本案中，丁可能向甲请求返还房屋的占有，可纳入本案预选的请求权基础为[1]：第一，占有回复请求权（《民法典》第235条）；第二，权益侵害型不当得利返还请求权（《民法典》第985条）；第三，侵权损害赔偿请求权（《民法典》第1165条第1款）。

另需说明，《民法典》第462条第1款第1分句亦涉及占有返还，但其适用的前提为"占有的动产或不动产被侵占"。结合案情可知，丁并未取得过对房屋的占有（见本文第3部分），无"非经法律许可且非基于占有人意思的占有剥夺"之情事，[2]因而本文不作展开。

## 一、丁可能依据《民法典》第235条向甲请求返还房屋占有

（一）大纲

> 1. 请求权已成立
>
> （1）丁为房屋所有权人。
>
> ①丙从甲处取得房屋所有权。
>
> A. 物权行为成立。
>
> B. 特别生效要件。
>
> C. 无效力瑕疵事由。
>
> D. 物权行为无因性？
>
> ②丁从丙处取得房屋所有权。
>
> A. 物权行为成立。

---

[1]　若无特别说明，在同一请求权目标（目的）内，本文采如下检索顺序：（1）契约上请求权；（2）缔约过失等类似契约关系上请求权；（3）无因管理上请求权；（4）物权关系上请求权；（5）不当得利请求权；（6）侵权行为损害赔偿请求权；（7）其他请求权。参见王泽鉴：《民法思维：请求权基础理论体系》，北京大学出版社2009年版，第64~68页。

[2]　参见吴香香："《物权法》第245条评注"，载《法学家》2016年第4期。

> B. 特别生效要件。
>
> C. 无效力瑕疵事由。
>
> D. 小结。
>
> （2）甲为无权占有人。
>
> ①甲的占有。
>
> ②无占有之本权。
>
> 2. 请求权未消灭
>
> 3. 请求权可行使
>
> 4. 小结

（二）正文

1. 请求权已成立

《民法典》第 235 条规定的"占有回复请求权"的构成要件有二：（1）丁须为房屋所有权人；（2）甲须为无权占有人。[1]在具备上述构成要件后，丁得请求甲返还房屋占有。

（1）丁为房屋所有权人。

丁是否为房屋的所有权人，涉及房屋的所有权变动问题。而就所有权变动关系的讨论，得在请求权基础上依"历史方法"加以认定，[2]亦即依据当事人间作成法律行为的时序，依序判断所有权的变动。

本案中，甲本为房屋的原所有权人，后乙冒充甲将房屋出卖予丙，丙复将房屋出卖予丁。因此，待讨论的是，在甲、丙间的买卖合同中，丙是否从甲处取得房屋所有权，以及在后续的丙、丁间的买卖合同中，丁是否从丙处取得房屋所有权。

①丙从甲处取得房屋所有权。

本案中，乙冒充甲与丙订立买卖合同，后又继续冒充甲与丙办理了房屋所

---

〔1〕 无占有本权究竟应为占有回复请求权的构成要件，还是应设计为权利障碍抗辩，存有争议。参见［德］鲍尔、施蒂尔纳：《德国物权法》（上册），张双根译，法律出版社 2004 年版，第 196 页；王洪亮："原物返还请求权：物上请求权抑或侵权责任方式"，载《法学家》2014 年第 1 期。本文采前种观点。

〔2〕 参见王泽鉴：《民法思维：请求权基础理论体系》，北京大学出版社 2009 年版，第 60 页。

有权转移登记手续，并向丙交付了其私下配制的房屋钥匙，显符合基于法律行为取得所有权的特征。而就如何依法律行为发生物权变动，学界讫无定论，讨论颇多。大体而言，目前有"物权行为理论""纯粹的债权形式主义"以及"修正的债权形式主义"三种主流学说。〔1〕本文无意也不可能在此对如此宏大之问题展开讨论，本文仅想表明如下立场：只要在形式上接受德国式债物二分的概念体系，处分行为与负担行为的分离便是题中之义。这是逻辑上的必然要求，无论立法者的独断意志有多强大，都不可能在承认债物二分的前提下，逻辑周延地否认物权行为的独立性。〔2〕因此，本文采物权行为理论展开分析。〔3〕究其旨趣，产生债法效力者与产生物法效力者分属两项相互独立的法律行为；欲使物权发生变动，不能借由债权行为而作成，而须完成使物权发生变动的物权行为。〔4〕因此，余下要分析的便是，甲、丙之间是否存在有效的物权行为从而使丙取得房屋所有权。

法律行为如何发生效力，自民国至今日，汉语民法学界一直刻意区分成立要件与生效要件，〔5〕在此传统理解下，"法律效果发生之前提，要件未备，效果即不发生"。〔6〕然而，即便是作为法律行为理论策源地的德国，如今亦未见作此严密区分。事实上，唯有奉行法律行为"有效推定"原则，方能与私法自治的理念相契合。〔7〕法律行为成立后，如果不存在法律或当事人所设定的特别生效要件以及效力障碍事由，法律效力随之而生。因此，本文按以下思路展开

---

〔1〕 对各说的详细介绍，可详参葛云松："物权行为：传说中的不死鸟——《物权法》上的物权变动模式研究"，载《华东政法大学学报》2007 年第 6 期；吴香香："中国法上物权合同的适用范式"，载《中国法律评论》2024 年第 1 期。

〔2〕 参见杨代雄："负担行为与处分行为"，载《燕大法学教室》2021 年第 3 期。

〔3〕 值得一提的是，根据 2022 年 10 月 30 日自然资源部发布的《不动产登记法》（征求意见稿）第 37 条第 1 项之规定，不动产登记机构在办理登记时应当审查"申请登记的事项是否是申请人的真实意思表示"。而所谓"真实意思表示"，理应指向权利之变动，这也意味着存在独立于负担行为之外的处分行为。倘该条最后得以通过，或可为物权行为理论提供实证法上的规范依据。即便该条最后未获通过，也不妨碍从登记申请本身推断出物权合意的存在，但此种模式已近似于瑞士民法，参见常鹏翱："另一种物权行为理论——以瑞士法为考察对象"，载《环球法律评论》2010 年第 2 期。同旨亦可参叶名怡："中国物权变动模式的实然与应然"，载《中国法律评论》2024 年第 1 期。

〔4〕 参见郑冠宇：《民法物权》，新学林出版股份有限公司 2023 年版，第 32 页。

〔5〕 对各学说的详细梳理，参见朱庆育：《民法总论》，北京大学出版社 2016 年版，第 127 页。

〔6〕 陈自强：《债权法之现代化》，北京大学出版社 2013 年版，第 33 页。

〔7〕 参见易军："法律行为生效要件体系的重构"，载《中国法学》2012 年第 3 期；易军："法律行为生效：一种新要件体系的证成"，载《法商研究》2012 年第 3 期。

分析：法律行为成立、特别生效要件、效力瑕疵事由。[1]

A. 物权行为成立。

本文认为，法律行为成立要件仅包括一项，即意思表示之作出或意思表示之合致；未能满足这一要件，不存在法律行为。[2]回到本案，即意味着甲、丙之间应存在物权合意。但实际上，甲并未作出任何意思表示，物权合意系由乙、丙达成；由于乙并非法律行为主体，因而该意思表示合致并不当然导致法律行为成立，仅在乙享有代理权的情况下，法律行为才在甲、丙之间成立。本文在此选取少数说展开分析，亦即代理权并非代理行为之特别生效要件（或效力障碍事由）；相反，代理制度补足了本人未作出意思表示的要件缺失，反言之，欠缺代理权时有关法律行为未在本人与相对人之间成立。[3]

a. 冒名行为的法律适用。

在代理法律关系中，原则上需遵循"显名原则"之要求，[4]亦即要求代理人"以被代理人名义实施法律行为"（《民法典》第162条）。然而，本案中乙并非以甲的名义作出意思表示，而是使用甲的名义作出意思表示；这种冒用

———————————

[1] 从有效推定原则出发，德国学者莱嫩以及汉语学者苏永钦、陈自强、朱庆育、章程等人，均有意识地对传统法律行为要件理论进行了重构。不过，各阶层的划分标准以及同一阶层内各个要素的配置，上述学者间大相径庭。例如，不同学者对于"成立要件"应包含哪些要素的看法并不一致。莱嫩明确区分了意思表示与法律行为，法律行为的成立端赖于意思表示生效后效果的发生。因此，凡是影响意思表示生效的因素（如行为能力和部分意思表示瑕疵）均应在法律行为成立要件中加以判断。苏永钦同样将行为能力、意思表示瑕疵置于法律行为的成立要件中加以考察。与之相反，陈自强与朱庆育二人则完全将法律行为的成立要件限定于意思表示或意思表示的集合，而不作关涉效力上的任何考察。此外，在如何构建特别（积极）有效要件与效力障碍事由上，上述学者亦莫衷一是。莱嫩及陈自强从举证责任着眼；而苏永钦与朱庆育则从法律行为的效力得否补正着眼（但二者结论完全不同）。分类标准的不同直接决定了不同要件下各种要素的配置亦有所不同。详参朱庆育：《民法总论》，北京大学出版社2016年版，第118-122页，以及所引文献；章程："论行政行为对法律行为效力的作用——从基本权理论出发的一个体系化尝试"，载《中国法律评论》2021年第3期。本文多借鉴了上述学者的思想，但又不完全相同，特此说明。

[2] 不同学者对于"成立要件"应包含哪些要素的看法并不一致。一方面涉及意思表示与法律行为的关系；另一方面涉及形式瑕疵、要物契约等具体制度，这已超出本文所要讨论的范围，因而不作详细分析。

[3] 参见许德风："合同效力的类型界分"，载《中国法律评论》2023年第6期。同旨亦可参见杨代雄：《法律行为论》，北京大学出版社2021年版，第372页；葛云松："意思表示的生效要件——兼论代理的概念"（未刊稿），转引自金可可："《民法总则》与法律行为成立之一般形式拘束力"，载《中外法学》2017年第3期。

[4] 参见［德］本德·吕特斯、阿斯特丽德·施塔德勒：《德国民法总论》，于馨淼、张姝译，法律出版社2017年版，第499页以下。

他人名义从事相关法律行为的行为因不符合"显名原则"的要求从而不构成代理，而属"冒名行为"。[1]在教义学上如何对"冒名行为"的法律适用问题进行解释作业，系判例与学说上的重点任务之一。就本案所涉及的"冒名实施处分行为"（以下简称冒名处分）而言，学说[2]以及司法判例[3]上存在诸多观点，颇为混乱，尚未形成统一的教义学分析框架。本文认为：

第一，冒名行为与代理类似，均为民法上的归属规范，其核心是回答冒名人（行为人）的意思表示在何程度上可以归属于被冒名人（名义载体）。倘发生冒名行为，此时需要判断的是，究竟是在冒名人与相对人之间成立的法律行为，还是在被冒名人与相对人之间成立的法律行为。关于冒名行为法律效果的归属，学说上存在众多标准，不一而足。[4]本文认为，应以冒名人与相对人的意愿为断：其一，若冒名人欲将效果归属于被冒名人，基于私法自治的要求，无论相对人是否在乎行为人名义，均认为此时在被冒名人与相对人间成立法律行为，同时类推无权代理规则（包括表见代理）。[5]其二，若冒名人欲将效果归属于自己，则接下来考虑相对人意愿：若相对人并不在乎行为人的名义，则此时法律行为效力在行为人与相对人之间发生；[6]反之，在相对人只愿意与被冒名人交易时，应认为此时在被冒名人与相对人之间成立法律行为，并类推无权代理规则。至于名义载体的意愿、相对人是否善意等标准，无疑是在确定法律行为在被冒名人与相对人之间成立后，在无权代理规则之下展开，依其判断是否追认、是否构成表见代理等。

第二，在负担行为与处分行为二分的脉络之下，由于负担行为仅令当事人负担给付义务，而不直接变动权利，故无处分权之要求；相反，处分行为之有

---

〔1〕 参见 ［德］赫尔穆特·科勒：《德国民法总论》，刘洋译，北京大学出版社 2022 年版，第 259 页。

〔2〕 详细学说介绍可参见冉克平："论冒名处分不动产的私法效果"，载《中国法学》2015 年第 1 期。

〔3〕 观点截然不同的几组判例：（1）北京市高级人民法院（2017）京行终 2832 号判决书；（2）浙江省杭州市中级人民法院（2020）浙 01 民再 3 号判决书；北京市高级人民法院《关于审理房屋买卖合同纠纷案件若干疑难问题的会议纪要》（京高法发〔2014〕489 号）之八"冒名签订房屋买卖合同的效力"；（3）北京市第二中级人民法院（2016）京 02 行初 446 号判决书；（4）上海市嘉定区人民法院（2019）沪 0114 民初 16031 号判决书。

〔4〕 详细学说介绍可参见杨代雄："使用他人名义实施法律行为的效果——法律行为主体的'名'与'实'"，载《中国法学》2010 年第 4 期。

〔5〕 参见纪海龙："《合同法》第 48 条（无权代理规则）评注"，载《法学家》2017 年第 4 期。

〔6〕 参见 ［德］汉斯·布洛克斯、沃尔夫·迪特里希·瓦尔克：《德国民法总论》，张艳译，中国人民大学出版社 2019 年版，第 236 页。

效以处分权为必要，而适用善意取得之前提是存在一项物权处分行为。[1]因此，至少在负担行为层面，根本不会涉及善意取得问题。在处分行为层面，则需经上述解释工作后，视不同情况而定：其一，若冒名处分行为被解释为在冒名人与相对人之间成立，则仅存在善意取得的适用空间。盖因处分行为的当事人为冒名人与相对人，而被处分之标的为被冒名人财产，冒名人对其自不享有处分权。其二，若冒名处分行为被解释为在被冒名人与相对人之间成立，则在此种情况下，仅得类推适用无权代理制度，而根本无善意取得适用之空间。此时当事人即为标的之所有权人，不存在处分权缺失的情况，相对人系基于有效的处分行为而取得所有权，而不是无权处分情形中的善意取得。[2]

b. 本案分析。

回到本案，依上述步骤分析，乙显然欲将该处分行为的法律效果归属于甲。乙冒充甲的目的就在于使丙取得房屋所有权，以此换取房屋价款；若非如此，丙便无法从甲处取得房屋所有权。[3]在此情况下，应准用无权代理规范，即类推《民法典》第171、第172条。无权代理有狭义无权代理（第171条）与表见代理（第172条）之别。[4]二者在法律适用上的顺序为：先判断是否构成表见代理，若构成，将排除狭义无权代理的适用。[5]我国实证法上关于表见代理的规范见于第172条，其构成要件包括：欠缺代理权、具有代理之法律外观、代理之法律外观可归责于被代理人、第三人善意信赖法律外观。唯应注意，第172条虽未明确要求可归责性这一要件，但解释时应作限缩，即将不可归责于被代理人之法律外观排除出"有理由相信"范围之外，如此方才合乎表见代理之规范意旨。[6]

---

[1] 参见［德］M. 沃尔夫：《德国物权法》，吴越、李大雪译，法律出版社2004年版，第253页。

[2] 参见杨代雄："使用他人名义实施法律行为的效果——法律行为主体的'名'与'实'"，载《中国法学》2010年第4期。

[3] 参见孙维飞："冒名出售房屋案型之法律适用"，载《法律适用（司法案例）》2017年第22期。对此不同观点则认为对冒名人而言，其虽然使用被冒名人的姓名，但显然是为自己而非为被冒名人实施法律行为。参见戴永盛"论不动产冒名处分的法律适用"，载《法学》2014年第7期。

[4] 参见史尚宽：《民法总论》，中国政法大学出版社2000年版，第545页。

[5] 参见张谷："略论合同行为的效力"，载《中外法学》2000年第2期。对此不同观点可参李宇：《民法总则要义：规范释论与判解集注》，法律出版社2017年版，第830—833页。

[6] 参见朱庆育：《民法总论》，北京大学出版社2016年版，第370页。当然，这并非唯一的解释方案，教义学上其他的解释路径，亦可参见叶金强："表见代理构成中的本人归责性要件——方法论角度的再思考"，载《法律科学（西北政法大学学报）》2010年第5期；朱虎："表见代理中的被代理人可归责性"，载《法学研究》2017年第2期。

就要件一、要件二而言，在无权代理中表现为代理人虽无代理权，却拥有代理之法律外观，以至于"相对人有理由相信行为人有代理权"。而在冒名行为中，亦可作相应类比：冒名人虽非被冒名人，却拥有身份表象的外观，以至于相对人有理由相信行为人即为真实的交易对象。虽然两者依赖的外观内容不同，但是在性质和考察方法上都具有类似性，存在类推的基础。[1]本案中，乙窃得甲的房产证并伪造甲的身份证，并依此在不动产登记部门成功地办理了房屋所有权转移登记手续，应当认为，乙存在甲的身份表象外观。

就要件三而言，对可归责的判断存在若干学说。[2]本案中，乙借甲招待宾客之机，以假证调包，窃得甲的房产证，此时可考虑风险的因素。[3]大体而言，可从以下几个方面评价是否可将此风险归责于甲：甲是否制造了不必要的风险、甲与丙谁更容易控制产生风险、甲与丙哪一方承担风险符合公平原则。[4]其一，倘甲主动将房产证等证件交由乙保管，此时甲制造了不必要的风险，应当自己承受该风险，如果符合表见代理的其他构成要件，应当认定表见代理成立；倘甲乙二人素不相识，乙只是行窃于甲家中并将房产证等证件窃取，此时只要甲尽到诸如锁好门窗等注意义务，即不具有可归责性。本案之情形介于二者之间，甲主动邀请乙至家中吃饭，甲之行为虽没有过失，但是可认为其引发（开启）了该风险。其二，与交易相对人丙相比，显然甲更容易控制证件被窃取之风险。既然有在家中宴请客人之意愿，即便具有此等特别关系，将房产证等重要物品置放于妥当之处亦属理性人所能为之。然而，乙却可在甲家中成功窃得房产证等证件，无论是甲将房产证等证件存放位置告知于乙，抑或因甲之疏忽未将其置放于妥当之处，理应由甲承受房产证等证件被盗用的不利后果。其三，从"成本—收益"的角度考量，甲的防免成本以及救济成本远低于丙的信息获取成本。同时与相对人丙相比，甲更容易在事后追索到行为人乙以获救济。毕竟甲之行为开启了该不当风险，其也有更好的转嫁风险的能力，故将此风险分配给甲并无不当，符合公平原则。

就要件四而言，依《最高人民法院关于适用〈中华人民共和国民法典〉总

---

〔1〕 金印："冒名处分他人不动产的私法效力"，载《法商研究》2014年第5期。

〔2〕 大体可归纳出如下标准：（1）外观形成说〔朱庆育：《民法总论》，北京大学出版社2016年版，第370页〕；（2）过错说〔杨芳："《合同法》第49条（表见代理规则）评注"，载《法学家》2017年第6期〕；（3）风险责任说〔杨代雄：《民法总论》，北京大学出版社2022年版，第473页〕。

〔3〕 参见冉克平："论冒名处分不动产的私法效果"，载《中国法学》2015年第1期。

〔4〕 参见杨代雄：《民法总论》，北京大学出版社2022年版，第473-475页。

则编若干问题的解释》（以下简称《民法典总则编解释》）第28条第1款第2
项规定，以相对人"不知且非因过失而不知"为据。根据《不动产登记暂行条
例》第16条第1款、第17条以及《不动产登记暂行条例实施细则》第15条
之规定，不动产登记部门对申请人的身份负有核查义务，即仅有在申请人与申
请主体一致时方能办理不动产登记。本案中，乙持房产证和伪造的身份证，成
功地办理了房屋所有权转移登记手续。可见，不动产登记部门已然无法识别乙
系冒充甲之身份，对于交易相对人丙来说，无论如何丙之审查义务也不应高于
不动产登记部门，因此，丙足以信赖与之交易的乙即为房屋所有权人甲，对于
不能辨别出乙系假冒甲之身份不存在过失。

综上，乙之行为构成表见代理，乙作出意思表示之效力可归属于甲，物权
行为在甲、丙间成立。

B. 特别生效要件。

对不动产物权变动而言，登记为不动产物权变动的特别生效要件。[1]非经
登记，不动产物权变动不发生效力（《民法典》第209条第1款）。本案中，乙
已为丙完成房屋所有权转移登记手续，且其登记的内容与物权行为一致，"符
合"特别生效要件。

C. 无效力瑕疵事由。

本案中，无效力瑕疵事由甲、丙之间的处分行为自办理房屋所有权移转登
记时即发生效力。

D. 物权行为无因性？

处分行为有效，并不意味着丙必然取得房屋所有权。接下来需要追问的
是，物权变动之完成，是否以其原因行为（债权行为）有效为基础，此涉及物
权行为无因性问题。对此问题，本文有以下两点见解：

第一，有学者依据《民法典物权编解释（一）》第20条认为，"由于善
意取得只是补足处分行为层面欠缺处分权这一瑕疵，故在不涉及善意取得的有
权处分场合，无效原因行为对物权变动效果的阻断效应也应该一以贯之，即债

---

〔1〕 另有观点认为客体特定系处分行为的特别生效要件〔孙宪忠：《中国物权法总论》，法律出版
社2018年版，第315页〕。本文认为此系意思表示的解释工作，只有对意思表示解释后，方能得知当事
人究竟欲处分何种权利。若经解释后，无法得知当事人所为处分行为之标的，此时应当认为当事人间的
意思表示不合致，法律行为因此而未成立。

权合同无效，物权无从变动。"[1]显然，此推论体现的是有因原则的立场。

然而，能否将此针对善意取得所设的特殊规则推及至一般情况，殊成疑问。首先，从其他国家和地区的立法上看，即便是承认无因性的立法例在此问题上亦存在争论。以我国台湾地区"民法"为例，其通说认为民法上的处分行为均属无因行为，[2]但就善意取得是否须以有效的原因行为为要件，则存在不同见解。[3]由是观之，二者系属不同问题。其次，从价值判断上看，作此特别规定之目的在于维持善意受让人终局取得所有权的法律局面。[4]既如此，其当然也不会采债权合同效力瑕疵不影响善意取得的立场，否则，善意受让人终局性取得的效果即不能得到维持。而在有权处分之中，无此法律政策目标——无论是否采无因原则，在债权行为归于无效时，让与人均可要求返还（唯其规范基础不同）。既然二者存在不同的价值评价，将此特殊规则推及至一般情况，在方法论上未必站得住脚。[5]最后，若采无因立场，可将"转让合同"解释为"处分行为性质的物权合同"，从而该项规范意味着，如果物权合同有无权处分之外的其他效力瑕疵，则无法发生善意取得效力。[6]

第二，在债物二分的立场之下，与是否采纳物权行为理论不同，是否采取无因性理论存在选择空间。实际上，无因性理论需要以物权公示公信主义作为"技术前提"，若登记簿无法准确提供物权变动的真实信息，无因性理论缺乏制度基础。[7]然而，我国实证法早已承认善意取得制度（尽管未对动产与不动产加以区分从而明确依不动产登记簿公信力之取得），其制度背后的立法理由主要是承认公式方法所具有的公信力。[8]至少在此等格局之下，无因原则有其制度基础。

一言以蔽之，既然已由上文得出，甲、丙之间的处分行为已生效，自应当

---

〔1〕 姚明斌："民法典体系视角下的意思自治与法律行为"，载《东方法学》2021年第3期。同旨亦可参见叶名怡："中国物权变动模式的实然与应然"，载《中国法律评论》2024年第1期。

〔2〕 参见陈聪富：《民法总则》，元照出版有限公司2023年版，第259页。

〔3〕 参见王泽鉴：《民法物权》，北京大学出版社2023年版，第666页。

〔4〕 参见刘家安：《民法物权》，中国政法大学出版社2023年版，第101页。

〔5〕 正是因为未注意到二者的价值评价基础不同，有学者才会忧虑到："不区分负担行为无效或被撤销之事由一律对善意受让人作此劣待，并不具有实质正当性，故在有权处分场合也应当遵行无权处分场合的阻断效果"。参见姚明斌："民法典体系视角下的意思自治与法律行为"，载《东方法学》2021年第3期。

〔6〕 吴香香："中国法上物权合同的适用范式"，载《中国法律评论》2024年第1期

〔7〕 参见朱庆育：《民法总论》，北京大学出版社2016年版，第179页。

〔8〕 参见谢在全：《民法物权论》（上），新学林出版股份有限公司2023年版，第94页。

认为丙从甲处取得房屋的所有权。至于丙是否能保有之，非属本部分所要处理的问题。

②丁从丙处取得房屋所有权。

A. 物权行为成立。

本案中，丙、丁之间存在物权合意，物权行为成立。

B. 特别生效要件。

本案中，丙为丁办理了房屋所有权转移登记手续，"符合"特别生效要件。

C. 无效力瑕疵事由。

本案中，不存在无效力瑕疵事由。

D. 小结。

综上，丙、丁之间的物权行为自办理房屋所有权转移登记时生效，丁从丙处取得房屋所有权。接下来需要考虑，甲是不是占有人以及甲是否享有占有之本权或有抗辩权以对抗丁的返还请求权。

（2）甲为无权占有人。

①甲的占有。

占有，是对物的事实上的管领和控制，其要件有二：一为对有体物事实上的管领支配，二为占有意思。[1]本案中，甲实际居住于房屋内，足以认定该房屋为甲事实上所管领；后甲主张自己是所有权人，拒绝搬出，亦可解释（观察）出甲对房屋存在"据为己有"的占有意思。综上，甲系房屋的占有人。

②无占有之本权。

对物权人负占有返还义务的，仅限于无权占有之人（《民法典》第235条）。本案中，甲不存在基于用益物权、抵押权等物权以及租赁、借用等债之关系的占有本权，构成无权占有。

2. 请求权未消灭

本案中，不存在权利消灭抗辩。

3. 请求权可行使

本案中，不存在阻碍权利行使的抗辩权。

4. 小结

综上，丁得依据《民法典》第235条向甲请求返还房屋占有。

---

〔1〕 参见刘家安：《民法物权》，中国政法大学出版社2023年版，第329-331页。

## 二、丁可能依据《民法典》第985条向甲请求返还房屋占有

### (一) 大纲

> 1. 请求权已成立
> (1) 甲受有利益。
> (2) 无法律上之原因。
> 2. 请求权未消灭
> 3. 请求权可行使
> 4. 小结

### (二) 正文

1. 请求权已成立

《民法典》第985条规定的不当得利返还请求权的一般构成要件有二：(1) 得利人受有利益；(2) 没有法律根据。[1]

(1) 甲受有利益。

不当得利请求权的成立，首先需要确定的是债务人是否受有利益。[2]依主流观点，"得利"不必是为法律所保护的"法益"，依此，即便是事实上的占有，亦可以作为得利客体。[3]本案中，甲已非房屋之所有权人，但仍占有该房屋，可认为其受有利益。

(2) 无法律上之原因。

如何判断法律上之原因，学说上存在统一说和非统一说之争。[4]本文采非统一说，亦即法律上原因之有无，应根据造成财产权益变动的具体类型加以判

---

〔1〕 传统民法理论认为，除正文所述的要件外，还包括"损失"以及"损失和得利的因果关系"两个要件〔姚志明：《无因管理与不当得利》(修订二版)，元照出版有限公司2016年版，第133页以下〕。但亦有学者认为此种见解缺乏实益〔谢鸿飞、朱广新主编，《民法典评注．合同编．典型合同与准合同》(4)，中国法制出版社2020年版，第628页〕。本文采后种观点，特此说明。

〔2〕 参见王泽鉴：《不当得利》，北京大学出版社2015年版，第51页。

〔3〕 参见刘昭辰：《不当得利》，五南图书出版股份有限公司2018年版，第28-29页。

〔4〕 关于学说上的争论，详参黄茂荣：《债法通则之四：无因管理与不当得利》，厦门大学出版社2014年版，第42页；叶名怡："不当得利法的希尔伯特问题"，载《中外法学》2022年第4期。

断。本案中，甲利益之获得显然非基于丁之给付，故为非给付型不当得利。又依《民法典》第240条规定，所有权人对自己的不动产或者动产，依法享有占有、使用、收益和处分的权利。可见，甲剥夺了丁作为所有权人得以对房屋进行占有的权利，侵害了丁之所有权，构成权益侵害型不当得利。在权益侵害型不当得利中，所谓的无法律上之原因即侵害他人法律地位之归属内容。[1]本案中，如上所述，甲不享有占有本权，故而欠缺法律上之原因。

2. 请求权未消灭

本案中，不存在权利消灭抗辩。

3. 请求权可行使

本案中，不存在阻碍权利行使的抗辩权。

4. 小结

丁得依据《民法典》第985条向甲请求返还房屋占有。

## 三、丁可能依据《民法典》第1165条第1款向甲请求返还房屋占有

（一）大纲

> 1. 请求权已成立
> （1）事实要件
> （2）违法性
> （3）过错
> （4）损害及责任范围的因果关系
> 2. 请求权未消灭
> 3. 请求权可行使
> 4. 小结

（二）正文

本案中，丁向甲请求返还房屋占有的请求权规范基础，亦可能为《民法典》第1165条第1款规定的侵权损害赔偿请求权。事实上，损害赔偿的方法

---

[1] 参见［德］汉斯·约瑟夫·威灵：《德国不当得利法》，薛启明译，中国法制出版社2021年版，第53页。

不仅限于金钱赔偿，还包括回复原状，二者分别保护受害人的价值利益与完整利益，发挥不同之功用。[1]虽然《民法典》第 179 条将"金钱赔偿""恢复原状""消除影响、恢复名誉"以及"赔礼道歉"——列举，但在法律适用中不宜将其作为独立的"民事责任承担方式"，无疑应在统一的（广义的）损害赔偿概念下理解，使它们作为损害赔偿的方法之一。[2]回复原状的方法，在不法侵占或无权占有他人之物时，应返还其物。

1. 请求权已成立

（1）事实要件。

事实构成（事实要件）指侵害他人之权益的行为，其要件因素包括行为、侵害权益及（责任成立的）因果关系。[3]首先，甲拒绝向丁返还房屋占有之行为系在甲的意志控制下所为。其次，依《民法典》第 240 条之规定，丁本可在取得房屋所有权后，实现对房屋的管领和支配，并在此基础上对房屋进行使用和受益。然而因甲之行为，丁丧失了对房屋的占有。进言之，甲之行为侵害了丁对房屋的所有权，唯其态样表现为对房屋占有的丧失。[4]最后，甲之行为与丁未能取得房屋占有之间存在责任成立上的因果关系。

（2）违法性。

大陆地区民法学界历来就违法性要件是否为独立的要件存在争议，本文采

---

[1] 参见程啸、王丹："损害赔偿的方法"，载《法学研究》2013 年第 3 期。

[2] 参见杨旭："论民法典中请求权规范的体系构造"，载《中国法律评论》2022 年第 3 期；李承亮："损害赔偿与民事责任"，载《法学研究》2009 年第 3 期。

[3] 参见王泽鉴：《侵权行为》，北京大学出版社 2016 年版，第 104 页。

[4] 本文之所以将其定性为对所有权的侵害，系因占有能否作为侵权法所保护的对象，不可一概而论。(1) 在有权占有的情况下，学说上一般承认侵权法对占有人之保护，唯解释方案有所不同。一种观点认为此时对占有的侵害即意味着对本权的侵害，以所有权的侵害为例，其不仅指物之实体的毁损灭失，亦包含对于物之使用、收益及处分权能的侵害。参见陈聪富："物之损害赔偿"，载《月旦法学杂志》2016 年第 10 期；苏永钦："侵害占有的侵权责任"，载苏永钦：《私法自治中的经济理性》，中国人民大学出版社 2004 年版，第 71 页。另一种观点认为此时系将占有强化为一种应受侵权法保护的权利，因此，侵害他人占有者，依其情形，应依第 184 条第 1 项前段或第 2 项（保护他人之法律）负损害赔偿责任。参见王泽鉴："侵害占有之侵权责任与损害赔偿"，载王泽鉴：《民法学说与判例研究》，北京大学出版社 2015 年版，第 551 页。(2) 在无权占有的情况下，占有人是否受到侵权法之保护，存在分歧。一种观点认为无论是善意占有还是恶意占有，因其不具有任何财产归属内容，不能以损害赔偿的方式予以保护，占有人仅享有《民法典》第 462 条第 1 款的权利。参见吴香香："论侵害占有的损害赔偿"，载《中外法学》2013 年第 3 期；相反观点则认为无权占有人亦享有损害赔偿请求权，参见王利明：《物权法研究》（下卷），中国人民大学出版社 2018 年版，第 1510 页。

肯定观点。[1]权利作为一种主观的法，其和客观的法是一枚硬币的两面。[2]因此，"权益侵害"就是"违法性"要件的另外一种表述。[3]

如上所述，此处所讨论的，非属侵权法对占有的保护，实质上系侵权法对所有权的保护。所有权作为典型的"受侵权法保护的权利"（或曰"侵权法上的权利"），[4]在满足上述事实构成的前提下，违法性直接被证引。[5]本案中，甲亦不存在某种违法阻却事由，故该要件符合。

（3）过错。

本案中，甲对拒绝向丁返还房屋占有的行为有明确的认知，且具有实现该后果的决意或意愿，似可构成故意。但在此可考虑的是，甲是否存在"禁止错误"以排除故意。本案中，甲错误地认为自己仍为房屋所有权人，得继续保有占有权源，依通说故意理论，甲不成立故意；但甲同时未尽到交易上必要注意，构成过失。[6]

（4）损害及责任范围的因果关系。

在我国"大的侵权责任体系"背景下，由于《民法典》第1167条将防御性请求权纳入"侵权责任"形式，使得并不是所有的侵权责任都涉及损害赔偿。如此一来，《民法典》中的"侵权责任"便可以分为两个层次，即"狭义

---

〔1〕 否定违法性要件独立的学者又有不同的进路，一说主张以过错吸收违法性，参见王利明："我国《侵权责任法》采纳了违法性要件吗？"，载《中外法学》2012年第1期。一说主张以"义务违反"作为统摄过错与违法性的统一要件，参见朱岩：《侵权责任法通论·总论》（上册），法律出版社2011年版，第272-273页；朱虎："过错侵权责任的发生基础"，载《法学家》2011年第1期。

〔2〕 参见［德］魏德士：《法理学》，吴越、丁晓春译，法律出版社2005年版，第32页。

〔3〕 参见方新军：《侵权责任利益保护的解释论》，法律出版社2021年版，第125页。同旨参见胡长清：《中国民法债篇总论》，商务印书馆1935年版，第142页；张俊浩：《民法学原理》（下），中国政法大学出版社2000年版，第910页；叶金强："侵权构成中违法性要件的定位"，载《法律科学（西北政法学院学报）》2007年第1期。

〔4〕 侵权法上"权利保护"的核心问题是，什么是"法律所保护的权利"，换言之，是否所有的权利都受侵权法的保护（或者说保护程度是否相同）。这并非不言自明的范畴，对此，学说上存有"形式标准"与"实质标准"二说。对此可分别参见方新军：《侵权责任利益保护的解释论》，法律出版社2021年版，第157页以下；于飞："侵权法中权利与利益的区分方法"，载《法学研究》2011年第4期。

〔5〕 尽管学说上对于违法性的判断存在诸多标准，但在此情况下，大致认可此项结论。对学说的梳理，参见李昊："德国侵权行为违法性理论的变迁——兼论我国侵权行为构成的应然结构"，载田士永等主编：《中德私法研究》（第3卷），北京大学出版社2007年版，第8页以下。

〔6〕 参见黄茂荣：《侵权行为法》，2022年自版发行，第24页。

的侵权责任"与"广义的侵权责任"。[1]在此意义上，损害要件不是一般侵权责任（"广义的侵权责任"）的成立要件，而是损害赔偿责任（"狭义的侵权责任"）的成立要件。[2]因此，损害不在事实要件当中，而是在三层结构之外的一个"附加的请求权构成要件"。[3]本案中，丁所受损害为占有权能之丧失，[4]且与甲之行为存在责任范围的因果关系。

2. 请求权未消灭

本案中，不存在权利消灭抗辩。

3. 请求权可行使

本案中，不存在阻碍权利行使的抗辩权。

4. 小结

丁得依据《民法典》第1165条第1款向甲请求返还房屋占有。

**四、结论**

综上，丁有权向甲请求返还房屋占有，相应的请求权基础为《民法典》第235条或《民法典》第985条或《民法典》第1165条第1款。上述三种请求权内容相同，均指向房屋占有的返还，构成请求权竞合，丁得择一行使。

# 第2部分 甲对丁

请求权基础预选与排序：本案中，甲因乙的"冒名处分"行为丧失房屋所有权，最后丁取得房屋所有权，故甲可能向丁请求回复房屋所有权，可纳入本案预选的请求权基础为：第一，权益侵害型不当得利返还请求权（《民法典》

---

　　[1] 张谷教授将"侵权责任"分为狭义、中义、广义三种类型，同时又对应了"真正的侵权责任"以及"非真正的侵权责任"两种责任方式。参见张谷："论《侵权责任法》上的非真正侵权责任"，载《暨南学报（哲学社会科学版）》2010年第3期。

　　[2] 参见方新军：《侵权责任利益保护的解释论》，法律出版社2021年版，第156页。实际上，在考察防御性请求权等"非真正侵权责任"时，不仅不需要损害这一要件，过错这一要件也不需要。

　　[3] Vgl. Larenz/Canaris, Lehrbuch des Schuldrechts, Band H: Besonderer Teil, Halbband 2, 13. Aufl., Verlag C. H. Beck, München 1994, S. 363. 转引自于飞：《权利与利益区分保护的侵权法体系之研究》，法律出版社2012年版，第186页。

　　[4] 还值得讨论的是，丁就此能否主张物之抽象使用利益的损害赔偿。对此参见王泽鉴：《损害赔偿》，北京大学出版社2017年版，第185-186页。

第985条）；第二，侵权损害赔偿请求权（《民法典》第1165条第1款）。

## 一、甲可能依据《民法典》第985条向丁请求移转房屋所有权

（一）大纲

> 1. 请求权已成立
> 2. 小结

（二）正文

1. 请求权已成立

本案中，丁对房屋所有权的取得系丙、丁之间有效的买卖合同履行的结果（见本文第3部分）。因此，丁处存在权益变动的正当事由，甲对丁的不当得利返还请求权不成立。

2. 小结

甲不得依据《民法典》第985条向丁请求移转房屋所有权。

## 二、甲可能依据《民法典》第1165条第1款向丁请求移转房屋所有权

（一）大纲

> 1. 请求权已成立
> 2. 小结

（二）正文

1. 请求权已成立

本案中，丁对房屋所有权的取得系因丙、丁之间有效的处分行为所致，而甲之损害系因甲、丙间有效的处分行为所致，二者不存在条件因果关系。甲对丁的损害赔偿请求权不成立。

2. 小结

甲不得依据《民法典》第 1165 条第 1 款向丁请求移转房屋所有权。

### 三、结论

综上，甲对丁不享有任何请求权。

# 第 3 部分　丁对丙

请求权基础预选与排序：本案中，丙、丁之间曾订立买卖合同，据此，丁可能依据《民法典》第 598 条向丙请求交付房屋，并依据《民法典》第 583 条请求迟延损害赔偿。此外，丁亦可能依据《民法典》第 566 条第 1 款主张合同解除后的回复原状请求权，并依据《民法典》第 566 条第 1 款、第 2 款结合《民法典》第 577 条向丙主张违约损害赔偿请求权。

### 一、丁可能依据《民法典》第 598 条向丙请求交付房屋

（一）大纲

> 1. 请求权已成立
> （1）有效的买卖合同。
> （2）交付（移转占有）的义务。
> 2. 请求权未消灭
> 3. 请求权可行使
> 4. 小结

（二）正文

在正式分析之前，有必要先行讨论的是，合同一方当事人向他方请求履行合同原定给付义务的（"继续履行"），请求权规范基础如何选定。以本案中的买卖合同为例，实证法至少提供了以下四种方案：（1）基于法律行为的个别

规范属性，合同本身系当事人之间的请求权基础。[1]因此，"继续履行"的请求权规范基础仍在于该具体合同（或同时结合《民法典》第509条第1款）。(2)《民法典》第577条从债务人角度特别规定了继续履行责任（义务），可作"继续履行"的一般性请求权基础。[2](3)《民法典》第580条从债权人角度规定了非金钱债务的继续履行请求权及其排除规则，可独立用作请求权基础规范。[3](4)在典型合同编中，《民法典》第598条特别规定了买卖合同项下出卖人之主给付义务，可以作为相应的请求权基础。[4]合同本身固然属于当事人之间的请求权基础。不过，这并不意味着提及实证法中的具体请求权基础已无必要。[5]因此，仍须追问的是，《民法典》第577、第580、第598条之间是何关系。

论者以为，《民法典》第577条（以及第580条）与第598条分别体现的是合同的派生请求权（次给付请求权）基础规范与原生请求权（原给付请求权）基础规范。[6]准此而言，接下来需要回答的便是，"继续履行"的性质为何。

与支配权不同，债权之请求力系债权的重要权能之一。债之请求力，可包括两个方面内容：其一，在实体法上，表现为给付请求权，债权人得请求债务人履行债务；其二，在程序法上，表现为诉请履行力，它是一种联结实体与程序的效力，是引入作为"债务的影子"的责任的桥梁，给付请求权为其基础。[7]依此种效力，债权人可以启动公力救济的程序，得向法院诉请履行。在获得胜诉之给付判决（执行名义）的基础上，声请强制执行，以协助其实现债权（债权执行力）。因此，所谓"继续履行请求权"不过强调的是给付请求权的第二个内容，[8]本质上是给付请求权在程序法上的延伸，与所谓的"原给付请求权"并无任何实质差异，皆在实现当事人所安排的原定给付义务。可以这

---

〔1〕 参见朱庆育：《民法总论》，北京大学出版社2016年版，第113页。

〔2〕 参见姚明斌："民法典违约责任规范与请求权基础"，载《法治现代化研究》2020年第5期。

〔3〕 参见杨旭："论民法典中请求权规范的体系构造"，载《中国法律评论》2022年第3期。

〔4〕 参见吴香香："请求权基础视角下《民法典》的规范类型"，载《南京大学学报（哲学·人文科学·社会科学）》2021年第4期。

〔5〕 参见[德]尤科·弗里茨舍：《德国债法案例研习Ⅰ：合同之债》，赵文杰译，北京大学出版社2023年版，第4页。

〔6〕 参见吴香香：《请求权基础——方法、体系与实例》，北京大学出版社2021年版，第63页。

〔7〕 参见李永军主编：《合同法学》，高等教育出版社2011年版，第46页。

〔8〕 参见王洪亮：《债法总论》，北京大学出版社2016年版，第207页。

样认为，"继续履行请求权"是"原给付请求权"在违约环节的规范表达，仅此而已。[1]《民法典》之所以在第 577 条（以及第 580 条）中使用"继续履行"，无不在强调国家保障（承认）当事人通过法律行为这一工具安排私生活的正当性，强化债的约束力——强制债务人实际履行所负担的标的物给付义务——使债真正成为约束双方当事人的"法锁"。就此而言，《民法典》第 577 条、第 580 条仅具有宣示意义，无法为"继续履行请求权"提供请求权规范基础（因非次给付请求权）；在发生纠纷以及行使权利时，债权人真正的请求权基础规范或者在典型合同中为实证法以文字的方式所明确表述（如《民法典》第 598 条），或来源于当事人间的合同。而《民法典》第 577 条的意义，或仅在于赋予损害赔偿请求权（次给付请求权）的请求权基础地位。[2]

综上，本文选取《民法典》第 598 条作为丁向丙请求交付房屋的请求权基础规范。

1. 请求权已成立

上述对"继续履行"的定位（非"违约责任的承担方式"）对判定"继续履行"的构成要件至关重要。在谈论所谓"继续履行请求权"的构成要件时，主流学说认为应具备三个构成要件：一是存在违约行为；二是违约方能够继续履行合同；三是守约方请求继续履行合同。[3]但本文认为，所谓"继续履行"乃契约严守原则的题中之义，其行使与义务违反本身并无前提、效果关系。[4]故其构成并不需要以违约之构成为前提，[5]只要存在有效之合同且基

---

[1] 参见姚明斌："民法典违约责任规范与请求权基础"，载《法治现代化研究》2020 年第 5 期。虽然文中作者使用了同样的表达，但认为"继续履行请求权"与"原给付请求权"并不相同。韩世远教授亦持此种见解，参见韩世远：《合同法总论》，法律出版社 2018 年版，第 759、761 页。笔者认为此种区分缺乏实益。诚然，不可否认"原给付请求权"独立存在之价值，但是否有必要承认独立的"继续履行请求权"，值得深思。

[2] 实际上，《民法典》第 577 条究竟能否作为请求权基础，不无疑问。例如，朱广新教授在《合同法总则研究》一书中认为可将《民法典》第 577 条解释为确立了替代履行的损害赔偿责任 [朱广新：《合同法总则研究》（下册），中国人民大学出版社 2018 年版，第 669 页]。但在最新论著中，朱广新教授改采否定观点，进而认为《民法典》第 577 条之规范目的仅为对违约行为的法律后果——违约责任的承担方式——提出提纲挈领的规定，抑或对何谓违约责任作出定义性规定 [朱广新、谢鸿飞主编：《民法典评注.合同编.通则》（2），中国法制出版社 2020 年版，第 289 页以下]。

[3] 参见韩世远：《合同法总论》，法律出版社 2018 年版，第 761 页。

[4] 参见王洪亮：《债法总论》，北京大学出版社 2016 年版，第 207 页。

[5] 不同观点则认为实际履行责任的产生只需要满足一个条件，即须有违约。参见朱广新、谢鸿飞主编：《民法典评注.合同编.通则》（2），中国法制出版社 2020 年版，第 292 页。

于合同负有给付义务即可，债务人是否有过错，在所不问。[1]

（1）有效的买卖合同。

本案中，丙、丁之间存在有效的买卖合同。

（2）交付（移转占有）的义务。

本案中，丙依有效的买卖合同负有交付房屋义务（《民法典》第598条），丁对丙的给付请求权已成立。

2. 请求权未消灭

本案中，丙虽向丁交付了房屋钥匙，但甲始终占有该房屋，此不足以使丁取得对房屋事实上管领力。亦即丁并未取得房屋占有，丙未履行交付义务，不构成《民法典》第557条第1款中的清偿。

此外，《民法典》第580条第1款第1项对非金钱之债规定了一种特殊的权利消灭抗辩事由，即若于债务人处发生事实不能或法律不能，债务人之给付义务消灭，债权人不可以请求原定给付义务的实现。[2]本案中，丙之给付义务为向丁交付房屋，虽然丙未实际占有该房屋，但可基于与甲之间有效的买卖合同请求甲交付（见本文第6部分），其后再将房屋交付于丁，故此存在履行上的可能性。丙的一时给付障碍尚不构成永久不能，不足以排除履行请求权。不过，倘若丙依《民法典》第563条第1款之规定解除甲、丙之间的买卖合同（见本文第6部分），丙即丧失对甲的给付请求权，致使丙无法从甲处获得房屋占有，构成法律上不能。

3. 请求权可行使

如前文所述，所谓"继续履行请求权"的成立并不以债务人违约为要件。若债务人未违约，如未届清偿期，债权人虽可提起诉讼要求给付，但无疑会因债务人行使未届期抗辩权而承受败诉之判决。本案中，虽无从得知当事人对交付时间所作之具体约定，但可根据交付房屋钥匙的时间推知交付义务的履行期为2021年9月。故丙于此时不享有未届期抗辩权。另综合案情可知，丙亦不享

---

[1] 参见［日］中田裕康："《日本民法》之合同不履行"，张家瑜译，载《清华法学》2011年第3期。

[2] 参见王泽鉴：《民法思维：请求权基础理论体系》，北京大学出版社2009年版，第70页。另指出，同条第2条、第3项所规定的规范不能以及合理期限内未请求履行属于权利排除抗辩事由，故本处不予考虑。参见［德］迪尔克·罗歇尔德斯：《德国债法总论》，沈小军、张金海译，中国人民大学出版社2014年版，第170页。

有时效期间届满、规范上不能等其他抗辩权。

4. 小结

丁得依据《民法典》第 598 条向丙请求交付房屋。但是，该请求权之行使需以丙不解除甲、丙之间的买卖合同为前提。

## 二、丁可能依据《民法典》第 583 条向丙请求迟延给付的损害赔偿

（一）大纲

> 1. 请求权已成立
> 2. 小结

（二）正文

1. 请求权已成立

本案中，丙之债务已届清偿期，且给付亦为可能，具有可实现性，但丙未为给付，属给付迟延。依《民法典》第 583 条之规定，给付迟延的（"不履行合同义务"），除"继续履行"外，尚须赔偿债权人因迟延而生的损害（"其他损失"），债权人可以要求债务人赔偿"如果债务人按时履行"其应享有的利益。

基于全部赔偿原则，原则上损害赔偿的范围既包括积极损害（既有财产之丧失），也包括消极损害（可得财产之未能取得）。[1]本案中，未见丁因丙之迟延给付而受费用支出、转售利益丧失等具体损害。唯可能的是，因丙之迟延，丁未能及时占有该房屋，丧失了对房屋的使用利益。对于此种抽象之使用利益，主流观点认为原则上应不得请求赔偿；因其所涉及的实为非财产上损害，不能将之财产化，作为一种得请求赔偿的财产损害。[2]

综上，丁对丙的迟延损害赔偿请求权不成立。

2. 小结

丁不得依据《民法典》第 583 条向丙请求迟延给付的损害赔偿。

---

〔1〕 参见曾世雄：《损害赔偿法原理》，中国政法大学出版社 2001 年版，第 136 页。

〔2〕 参见王洪亮：《债法总论》，北京大学出版社 2016 年版，第 263 页。

三、丁可能依据《民法典》第 566 条第 1 款主张合同解除后的回复原状请求权，并依据第 566 条第 1 款、第 2 款结合第 577 条向丙主张违约损害赔偿请求权[1]

（一）大纲

> 1. 是否可以解除合同
> 2. 合同解除后的回复原状请求权
> 3. 合同解除后的损害赔偿请求权
> （1）请求权已成立。
> ①损害。
> ②因果关系。
> ③可归责性。
> A. 理论争议。
> B. 本案结论。
> （2）请求权未消灭。
> （3）请求权可行使。
> 4. 小结

（二）正文

1. 是否可以解除合同

依《民法典》第 563 条第 1 款第 3 项、第 4 项前段之规定，债权人可因债务人之给付迟延而解除合同。但在此情况，应首先判断债权人的利益与履行的

---

[1] 值得讨论的是，《民法典》第 577 条究竟能否作为损害赔偿的请求权规范基础，不无疑问。主流观点认为典型的履行不能（自始不能、嗣后不能）所引发的损害以《民法典》第 577 条为请求权基础 [姚明斌："民法典违约责任规范与请求权基础"，载《法治现代化研究》2020 年第 5 期]。但问题是，损害赔偿请求权必须具备违约给债权人造成损失这个条件，而《民法典》第 577 条并没有规定损失这个要件 [朱广新、谢鸿飞主编：《民法典评注·合同编·通则》(2)，中国法制出版社 2020 年版，第 289 页以下]。因此，少数学者否认《民法典》第 577 条的请求权基础规范属性，进而认为替代给付的损害赔偿之请求权规范是第 584 条第 1 分句 [杨旭："论民法典中请求权规范的体系构造"，载《中国法律评论》2022 年第 3 期；李永军："合同法上赔偿损失的请求权基础规范分析"，载《法学杂志》2018 年第 4 期]。鉴于篇幅原因，本文不作讨论，在此仍遵从主流观点，特此说明。

准时性是否有紧密关联：若一旦逾期履行，将剥夺债权人的履行利益，解除权立即成立（《民法典》第563条第1款第4项）；若逾期履行并未严重危害债权人的利益，则应经催告，在指定宽限期内仍不能履约的自动"升级"为根本违约（《民法典》第563条第1款第3项）。[1]

本案中，丙移转房屋所有权的义务已履行完毕，丁已取得房屋所有权。不仅丙可以基于甲、丙之间有效的买卖合同从甲处取得房屋占有后再向丁履行，且丁亦可以凭借房屋所有权人的身份向甲请求回复房屋占有。尽管丙迟延履行交付义务已构成义务违反，但尚未达到《民法典》第563条第1款第4项前段所规定的"致使不能实现合同目的"的程度。因此，丁不得直接解除合同。

但丁可以向丙发出催告，即明确要求丙在一定期限内履行，否则丁将享有解除权的警告。催告在内容上至少应满足三项要求：一是丁必须指明所涉债权；二是丁必须确定合理的宽限期；三是丁必须明确地让债务人丙注意到可能的法律后果。[2]丙超过指定的合理期限而仍未履行，丁得依据《民法典》第563条第1款第3项行使解除权解除合同。解除权为形成性单方法律行为，依权利人丁一方意思表示，即发生效力。解除的意思表示须向相对人丙作出（《民法典》第565条第1款"应当通知对方"），如为对话，则以相对人丙了解时发生效力；如为非对话，则以达到相对人丙时发生效力（《民法典》第137条）。

2. 合同解除后的回复原状请求权

在符合上述条件后，丁可依据《民法典》第563条第1款第3项行使解除权。合同解除后，合同并不溯及地归于消灭，而是向后发生一种回复原状的清算关系，原合同的基础仍然存在，债之同一性不因此而受影响。[3]依《民法典》第566条第1款规定，丁享有回复原状请求权。该回复请求权系《民法典》第566条赋予的独立的返还请求权，[4]其内容表现为全面回复至当事人订立合同之前的状态。本案中，丁解除合同后，可向丙请求返还购房款345万元以及自丙受领之日起的利息。不过，丙也可以向丁请求移转房屋所有权。二者

〔1〕 参见郝丽燕：《论宽限期设置解除合同》，载王洪亮等主编：《中德私法研究》（第15卷），北京大学出版社2017年版，第210页。

〔2〕 参见赵文杰："《合同法》第94条（法定解除）评注"，载《法学家》2019年第4期。

〔3〕 参见黄立：《民法债编总论》，中国政法大学出版社2002年版，第530页。

〔4〕 参见朱晓喆："《民法典》合同法定解除权规则的体系重构"，载《财经法学》2020年第5期。

构成对待返还义务，可准用同时履行抗辩权的规定（《民法典》第 525 条）。丙或丁任意一方违反此义务，可准用给付障碍的规则予以救济。

3. 合同解除后的损害赔偿请求权

《民法典》第 566 条第 2 款规定合同因违约解除的，解除权人可以请求违约方承担"违约责任"。另根据《民法典》第 577 条，违约责任包括"继续履行""采取补救措施""赔偿损失"等。其中，"继续履行""采取补救措施"皆旨在实现合同的原定给付义务，与解除制度旨趣迥异。因而，应当认为解除后果中的"违约责任"仅特指"赔偿损失"（包括违约金、定金等）。依此，债权人除通过"恢复请求权"恢复自己已给付的物之外，对于并不能由此而获涵盖的因义务违反而产生的损害，还享有损害赔偿请求权。在违约导致解除合同时，当事人享有的是替代给付的损害赔偿请求权，其内容是赔偿债权人的履行利益损失。[1]此项规定并非积极地肯认有新赔偿请求权发生，乃原已发生的赔偿请求权，不因解除权的行使而受妨碍。[2]

（1）请求权已成立。

①损害。

依据损害赔偿法的一般原理，履行利益的损害赔偿应使受害人（债权人）处于"如同合同恰当履行时合同相对人本应处于的经济状态"，包括所失利益和所受损失。关于损害数额的确定时间，《民法典》并未有所规定。对此，债权人可选择以什么时点作为计算损害赔偿的标准时点。[3]

本案中，可能考虑的损害是：丁以市价 345 万元购买丙之房屋，及至丙陷入迟延时，同地段同类房屋的市价已经上涨至 352 万。以此时间点为据，可认为，如果合同正常履行，扣除已支付的 345 万元购房款后，丁仍享有因房屋市价上涨而带来的 7 万元差价利益。此 7 万元，即丁所受之履行利益损害。

②因果关系。

与侵权损害赔偿中的相当因果关系不同，[4]针对因义务违反产生的损害赔偿，《民法典》第 584 条明确采取了"可预见性"作为因果关系的判断标准。

---

[1] 参见陆青："合同解除效果与违约责任——以请求权基础为视角之检讨"，载《北方法学》2012 年第 6 期。

[2] 参见孙森焱：《民法债编总论》（下册），法律出版社 2006 年版，第 635 页。

[3] 参见韩世远：《合同法总论》，法律出版社 2018 年版，第 822 页。对此不同观点可参见陆青：《合同解除论》，法律出版社 2022 年版，第 203 页。

[4] 参见程啸：《侵权责任法》，法律出版社 2021 年版，第 251 页。

在此，可从事实因果关系和法律因果关系两个视角进行分析。[1]

在事实因果关系上，本案中，丁之损失系为丙违反义务所致，应无疑问。在法律因果关系上，应满足《民法典》第 584 条但书规定的"可预见性"要求。具体而言，债务人仅为"订立合同时"处于违约人位置的理性第三人能够预见的损害负责。[2]但有疑问的是，"理性的违约方"究竟应当预见何种程度的损害——预见损害的类型即可，抑或及于损害的范围。《民法典》第 584 条未置一词，学说上存在不同观点。[3]事实上，既然将可预见性规则定位于法律因果关系之下，就意味着注定是一个考虑诸因素而综合衡量的过程，亦即在实现"限制赔偿范围"这一目的过程中，通过调整预见程度之要求，以平衡合同双方当事人的利益。[4]也正是在此意义上，有学者将其理解为一项概括授权，它授权法院将计算出来的赔偿金额减少到自认为公平合理的数额。[5]因此，难以对可预见的程度采取一个固定标准。在具体个案中，可考虑合同内、外两个方面因素综合衡量：前者如合同的类型与目的、合同对价的均衡性；后者如违约方的主观过错、损害的种类、损害发生的盖然性程度。[6]

就本案而言，房屋差价损失显然为房屋买卖合同的典型损失。因此，房屋差价损失这一风险已然内含于丙、丁之间的买卖合同中，基于"自己责任"之原则，买卖双方自应当受到拘束。此外，即便无法经由合同解释得出当事人对差价风险负责的意愿，但基于交易时所处的房价上涨的背景之下，房屋差价损

---

[1]　在此需说明的是，"事实因果关系"与"法律因果关系"的联结并不对应于"责任成立因果关系"和"责任范围因果关系"的联结（孙维飞："单独侵权视角下的共同侵权制度探析"，载《华东政法大学学报》2010 年第 3 期）。实际上，在因债务违反产生的损害赔偿中，由于当事人之间具有特别结合关系，可通过约定对损失进行特殊的风险分配安排。因此，"权益侵害"这一过滤要件在此不必考察，进而责任成立与责任承担的因果关系二分也无从成立。

[2]　参见姚明斌："《合同法》第 113 条第 1 款（违约损害的赔偿范围）评注"，载《法学家》2020 年第 3 期。

[3]　有观点认为仅需预见到损害的类型即可。参见韩世远：《合同法总论》，法律出版社 2018 年版，第 796 页。亦有观点认为可预见的内容也应包括损害的程度。参见孙维飞："《民法典》第 584 条（违约损害赔偿范围）评注"，载《交大法学》2022 年第 1 期。

[4]　参见叶金强："可预见性之判断标准的具体化——《合同法》第 113 条第 1 款但书之解释路径"，载《法律科学（西北政法大学学报）》2013 年第 3 期。

[5]　参见梁慧星："关于民法典分则草案的若干问题"，载《法治研究》2019 年第 4 期。

[6]　学说上关于可预见性规则中主观过错以及损害盖然性的讨论，分别参见张金海："可预见性规则的价值取向与制度安排——以法国与英美合同法的比较为中心"，载《经贸法律评论》2019 年第 6 期；朱广新：《合同法总则研究》（下册），中国人民大学出版社 2018 年版，第 717-718 页。

失在发生上具有高度盖然性。总之，一个理性的出卖人必然能够在合理损害范围内（如以同地段同类房屋的市价计算差价）预见房屋差价损失，丁所受之因房价上涨而带来的 7 万元差价损失与丙之违约行为具有法律上的因果关系。[1]

③可归责性。

A. 理论争议。

与侵权损害赔偿明定"过错"要件不同，在因合同产生的损害赔偿中，是否须具备可归责性要件，颇具争议。[2]实际上，"过错责任"抑或"严格责任"，只不过是立法政策选择问题，是规则预设问题，一旦规则确定，其适用是统一的和公平的。[3]但从实证法上的既有规定来看，采取"严格责任"仍存在不少的弊端；[4]因而可归责性这一因素作为损害赔偿请求权的构成要件更为优越，故本文采之。

B. 本案结论。

本案中，需考察丙是否存在故意或者过失。如前文所述，丙善意信赖乙为房屋所有权人，并与之进行交易，对于不能向丁交付房屋的事实，非在丙预料范围内，进而造成的义务违反行为，非属丙故意为之。

所谓过失，是指债务人没有尽到交易上必要注意的情况。一般情况下，民法中的过失遵循的是客观标准，其判断并不取决于个人能力，而是取决于特定交易范围内一般成员的能力。[5]因此，在本案中，丙个人能力可能的欠缺不予

---

〔1〕 参见陆青：《合同解除论》，法律出版社 2022 年版，第 203 页。此外，在司法实践中，法院多倾向于认定债务人对于房价的上涨具备可预见性。参见（2018）苏 03 民终 4513 号判决书，（2017）渝 01 民终 7697 号判决书，（2016）京 03 民终 16 号判决书，郑某安与某物业发展公司商品房买卖合同纠纷再审检察建议案，《最高人民检察院公报》2022 年第 6 号。

〔2〕 值得指出的是，我国学者在讨论"归责原则"时，多泛泛地谈"违约责任的归责原则"，实际上，归责原则是损害赔偿的专属概念；"继续履行"以及"采取补救措施"并不涉及。同旨参见朱广新：《合同法总则研究》（下册），中国人民大学出版社 2018 年版，第 648 页以下。

〔3〕 参见韩世远：《合同法总论》，法律出版社 2018 年版，第 749 页。

〔4〕 严格责任在我国实证法上存在的问题，可从"立法论"与"解释论"两个层面分别检讨。前者可参见韩世远：《合同法总论》，法律出版社 2018 年版，第 750 页；王洪亮：《债法总论》，北京大学出版社 2016 年版，第 225 页；王洪亮："试论履行障碍风险分配规则——兼评我国《合同法》上的客观责任体系"，载《中国法学》2007 年第 5 期；易军："慎思我国合同法上违约损害赔偿责任的归责原则"，载王洪亮等主编：《中德私法研究》（第 8 卷），北京大学出版社 2012 年版，第 24—28 页。后者可参见朱广新：《合同法总则研究》（下册），中国人民大学出版社 2018 年版，第 669 页。

〔5〕 参见〔德〕迪尔克·罗歇尔德斯：《德国债法总论》，沈小军、张金海译，中国人民大学出版社 2014 年版，第 185 页。

考虑，重要的是，与丙处于相同交易范围的一般人，应当遵循何种注意义务。第一，从风险分配的视角出发，在房屋价格上涨的背景下，丙在取得房屋所有权后即将该房屋转卖于丁，可见丙购买房屋非为个人居住，旨在获利。因此，丙理应较一般住房者负有更高的注意义务，即可以确保其能依约履行交付义务，使买受人取得房屋的实际占有。此亦符合利益与风险相一致原则，由丙承担此风险更为公平。第二，从信赖保护的视角出发，在房屋所有权移转奉行登记生效的公示要求之下，买受人丁不应负担调查房屋占有状况的义务，[1]因此，交易中的丁原则上应该相信对方当事人丙具有必备的能力和知识以履行其交付义务并且以促进交易的方式行事。此之信赖，应当予以保护。第三，从法经济学的视角出发，可通过比较预防事故成本与事故预期损失判断行为人是否具有过失：当加害人为避免事故需要所支付的成本低于事故预期损失时，具有过失。[2]本案中，丙对房屋实际查看的成本是微不足道的，而由此带来的损害是，丁不能取得对房屋的占有进而无法对房屋进行使用、受益。在强调"从归属到利用"的背景之下，这无疑造成了社会资源的极大浪费，不利于提高社会福利并增进经济这一目标。因此，丙在主观上存在过失。[3]

（2）请求权未消灭。

本案中，不存在权利消灭抗辩。

（3）请求权可行使。

本案中，不存在阻碍权利行使的抗辩权。

4. 小结

综上，丁可以向丙作出催告，若指定期间经过后，丙仍未向丁交付房屋，丁可解除合同。解除合同后，丁可以向丙请求返还房屋的购房款 345 万元以及自丙受领之日起的利息，同时并可请求 7 万元履行利益的损害赔偿。

---

〔1〕 参见吴香香："《民法典》第598条（出卖人主给付义务）评注"，载《法学家》2020年第4期。

〔2〕 参见［德］汉斯-贝恩德·舍费尔、克劳斯·奥特：《民法的经济分析》，江清云、杜涛译，法律出版社2009年版，第154页以下。

〔3〕 需要说明的是，此处结论（丙存在过失）系针对义务违反而言，与前文表见代理中的结论（丙不存在过失）并不矛盾。

### 四、结论

综上，在丙不解除其与甲之间的买卖合同的情况下，丁得依据《民法典》第 598 条向丙请求交付房屋，但不得依据《民法典》第 583 条请求迟延损害赔偿。若丁不愿继续等待给付，欲从合同中摆脱出来，可向丙作出催告；指定期间经过后，丙仍未向丁交付房屋，丁可依据《民法典》第 563 条第 1 款第 3 项解除合同。解除合同后，丁可依据《民法典》第 566 条第 1 款向丙请求返还房屋的购房款 345 万元以及自丙受领之日起的利息。同时得依据《民法典》第 577 条向丙请求 7 万元履行利益的损害赔偿。

## 第 4 部分　丙对丁

本案中，丙、丁之间存在有效的买卖合同，依此，丙得依据《民法典》第 626 条第 1 句向丁请求支付房屋价款。结合案情可知，在丙为丁办理房屋所有权转移登记手续并交付房屋钥匙后，丁已向丙支付了房屋价款 345 万元，丙对丁的价款请求权因清偿而消灭。当然，倘丁依据《民法典》第 563 条第 1 款第 3 项解除合同（见本文第 3 部分），丙自可以向丁请求移转房屋所有权。

## 第 5 部分　甲对丙

请求权基础预选与排序：本案中，尽管甲、丙之间的处分行为发生效力，使得丙取得房屋所有权，但甲仍可能否认买卖合同（负担行为）的效力，并依据《民法典》第 157 条向丙主张法律行为不成立、无效之后的返还财产（《民法典》第 157 条第 1 句第 1 分句）、折价补偿（《民法典》第 157 条第 1 句第 2 分句）和损害赔偿请求权（《民法典》第 157 条第 2 句第 1 分句）。此外，因房屋市场价格上涨，甲亦可能承认买卖合同（负担行为）的效力，并依据《民法典》第 626 条第 1 句向丙主张支付房屋价款 310 万元。

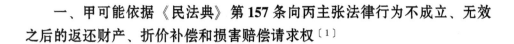

**一、甲可能依据《民法典》第 157 条向丙主张法律行为不成立、无效之后的返还财产、折价补偿和损害赔偿请求权[1]**

（一）大纲

> 1. 请求权已成立
>
> 2. 小结

（二）正文

1. 请求权已成立

与前述处分行为情形相同，在此负担行为（买卖合同）中乙同样构成冒名行为。在相对人方面，丙之所以会支付房屋价款，其目的在于获得房屋所有权；因此，究竟谁为房屋所有权人至关重要，亦即丙只愿与真实的房屋所有权人甲订立买卖合同。此时得类推无权代理规则（见本文第 1 部分）以判断法律行为是否在被冒名人（甲）与相对人（丙）间成立。[2]如前所述，因乙构成表见代理（见本文第 1 部分），故买卖合同在甲、丙之间成立并且发生效力。

2. 小结

甲、丙之间的买卖合同有效，甲不得依据《民法典》第 157 条向丙主张法律行为不成立、无效之后的返还财产、折价补偿和损害赔偿请求权。

---

〔1〕 关于《民法典》第 157 条第 1 句规定的回复原状性质，学说上存在不同观点，一种观点认为是物的返还请求权与不当得利请求权的合体，并非独立的请求权基础［王利明：《合同法研究》（第 1 卷），中国人民大学出版社 2002 年版，第 719 页］。另一种观点认为它是一项独立的请求权基础，其可分为二说：一为特殊的不当得利请求权［叶名怡："《民法典》第 157 条（法律行为无效之法律后果）评注"，载《法学家》2022 年第 1 期］，一为法定的回复原状之债［朱广新：《合同法总则研究》（下册），中国人民大学出版社 2018 年版，第 371 页］。

〔2〕 参见孙维飞："冒名出售房屋案型之法律适用"，载《法律适用（司法案例）》2017 年第 22 期。

## 二、甲可能依据《民法典》第 626 条第 1 句向丙主张支付房屋价款 310 万元

（一）大纲

> 1. 请求权已成立
> 2. 请求权未消灭
> 3. 小结

（二）正文

1. 请求权已成立

甲、丙之间存在有效的买卖合同，且依据《民法典》第 626 条第 1 句之规定，丙负有价款支付义务，甲对丙的给付请求权已成立。

2. 请求权未消灭

结合案情可知，丙已向乙支付房屋价款 310 万元，需追问的是，此给付行为是否对甲产生清偿之效力（《民法典》第 557 条第 1 款），从而使甲对丙的价金给付请求权归于消灭。

关于清偿（我国实证法上称为"履行"）的性质，理论上颇有争议。[1] 否定事实行为说（现实的给付实现说）的一个强有力主张为，事实行为说忽略清偿人清偿意思的重要性，而清偿意思对现代给付不当得利法给付概念的建立，不可或缺。[2]然而，此或有误解事实行为之嫌。判断一项行为是否属于事实行为，并不意味着其中不含任何"意思"（或不对"意思"作任何要求），而毋宁是法律效果的发生与当事人的意志无关（非含意思表示）。首先，事实行为是具有法律意义的行为，首应包含"行为意思"的要求。[3]其次，事实行为中可能具有"目的意思"。根据目的意思在构成要件中的作用，事实行为

---

[1] 详参刘春堂：《民法债编通则（中）》，新学林出版股份有限公司 2021 年版，第 399 页以下。理论上的最新研究成果，可参见孙维飞："论物权变动的'清偿模式'"，载《中外法学》2023 年第 1 期；缪宇："清偿性质'目的给付效果说'的展开"，载《法学家》2023 年第 6 期。

[2] 参见陈自强：《契约之内容与消灭》，元照出版有限公司 2018 年版，第 306 页；赵文杰："给付概念和不当得利返还"，载《政治与法律》2012 年第 6 期。

[3] 参见［德］卡尔·拉伦茨：《德国民法通论》（下册），王晓晔等译，法律出版社 2013 年版，第 451 页。

可分为不要求目的意思、目的意思不独立和目的意思独立三种类型，它们构成事实行为的规范体系。[1]而清偿正可归入此类。[2]因而，在客观方面，债务人须提出适格给付，亦即在主体、内容、期限、地点四个方面符合债之本旨；[3]在主观方面，仍须有清偿意思，但该意思并非意思表示，不以向债权人表示为要。

本案中，丙向乙支付 310 万元的目的在于清偿自身债务，自不待言。其他客观方面也不成问题，真正有疑问的是乙能否作为受领给付之人。受领给付，足以使债权消灭，可以说是处分债权的行为，因此，需要以受领给付人有受领权为要，如债权人或经债权人受领授权之第三人。虽未有受领权，但若清偿所为之给付行为为法律行为时，债权人之代理人代为受领的，亦生清偿之效力。盖因代理行为有直接对本人发生效力之效果，使债权人得受领清偿之利益。[4]本案中，虽未明确丙依何种方式向乙支付购房款 310 万元，或为现实中移转价金所有权，或为票据之背书转让，或为借助以债权让与或债务承担作为手段的借记卡或贷记卡支付，不一而足。但上述种种，皆为法律行为，存在代理之可能。又因乙对甲构成表见代理（见本文第 1 部分），故乙虽非债务关系中的债权人，但是可以债权人之代理人身份作为适格受领人。

综上，丙向乙给付 310 万元房屋价款的行为对甲发生清偿之效力，甲对丙的给付请求权归于消灭。

3. 小结

甲不得依据《民法典》第 626 条第 1 句向丙请求支付房屋价款 310 万元。

## 三、结论

综上，甲对丙不享有任何请求权。当然，倘丙依据《民法典》第 563 条第 1 款第 3 项解除合同（见本文第 6 部分），甲自可以向丙请求移转房屋所有权。

---

〔1〕 关于事实行为的分类，详参［德］维尔纳·弗卢梅：《法律行为论》，迟颖译，法律出版社 2013 年版，第 127-131 页；常鹏翱："事实行为的基础规范"，载《法学研究》2010 年第 1 期。

〔2〕 关于清偿属于目的意思独立的事实行为的论证，非本文所要讨论的范围之内，于此不赘。

〔3〕 在此需指出，尽管原则上债务人得为清偿之时期不以清偿期届至为要。但并不能因此否认期限对于清偿之意义，给付期限仍有过滤个别给付之功用。以绝对定期债务为例，债务人须于清偿期内而为给付：期前给付者，债务人得拒绝受领；期后给付者，构成给付不能［王泽鉴：《债法原理》，北京大学出版社 2013 年版，第 302 页］。二者皆不发生清偿效果。

〔4〕 参见孙森焱：《民法债编总论》（下册），法律出版社 2006 年版，第 846 页。

## 第 6 部分　丙对甲

请求权基础预选与排序：本案中，甲、丙之间曾订立买卖合同，据此，丙可能依据《民法典》第 598 条向甲请求交付房屋，并依据《民法典》第 583 条请求迟延损害赔偿。此外，丙亦可能依据《民法典》第 566 条第 1 款主张合同解除后的回复原状请求权，并依据《民法典》第 566 条第 1 款、第 2 款结合第 577 条向甲主张违约损害赔偿请求权。

### 一、丙可能依据《民法典》第 598 条向甲请求交付房屋

（一）大纲

> 1. 请求权已成立
> 2. 请求权未消灭
> 3. 请求权可行使
> 4. 小结

（二）正文

1. 请求权已成立

本案中，甲、丙之间存在有效的买卖合同，且依此甲负有交付房屋之义务。丙对甲的给付给付请求权已成立。

2. 请求权未消灭

本案中，不存在权利消灭抗辩。

3. 请求权可行使

本案中，不存在阻碍权利行使的抗辩权。

4. 小结

丙得依据《民法典》第 598 条向甲请求交付房屋。

## 二、丙可能依据《民法典》第 583 条向甲请求迟延给付的损害赔偿

### (一) 大纲

> 1. 请求权已成立
> 2. 小结

### (二) 正文

1. 请求权已成立

本案中，丙未因甲之迟延给付而受有损害，丙对甲的损害赔偿请求权不成立。

2. 小结

丙不得依据《民法典》第 583 条向甲请求迟延给付的损害赔偿。

## 三、丙可能依据《民法典》第 566 条第 1 款主张合同解除后的回复原状请求权，并依据第 566 条第 1 款、第 2 款结合第 577 条向甲主张违约损害赔偿请求权

### (一) 大纲

> 1. 是否可以解除合同
> 2. 合同解除后的回复原状请求权
> 3. 合同解除后的损害赔偿请求权

### (二) 正文

1. 是否可以解除合同

丙可向甲作出催告，指定期间经过后，甲仍未向丙交付房屋的，丙可解除合同（详细分析见本文第 3 部分）。

2. 合同解除后的回复原状请求权

若依上述情形解除合同后，丙可以向甲请求返还房屋的购房款 310 万元以

及自甲受领之日起的利息。

3. 合同解除后的损害赔偿请求权

（1）请求权已成立。

本案中，乙之损失表现为：因房价上涨而带来的房屋差价 30 万元、向丁出售房屋所带来的转售利益 5 万元以及需向丁赔偿的履行利益损害 7 万元。其中，上述三种类型损害均满足事实因果关系，即若甲依约履行，则上述损害即不会发生。在法律因果关系的判断上，与上述理由相同（见本文第 3 部分），一个理性的甲（或乙）对房屋差价损失（30 万元）具有可预见性，具有法律上的因果关系。不过，根据本案现有信息，丙未向甲（或乙）披露房屋转卖之情事，自不在甲（或乙）的可预见范围之内。因此，转售利益 5 万元以及需向丁赔偿的履行利益损害 7 万元均不在赔偿范围之列。最后，甲对义务违反存在过失。综上，丙对甲的损害赔偿请求权已成立。

（2）请求权未消灭。

本案中，不存在权利消灭抗辩。

（3）请求权可行使。

本案中，不存在阻碍权利行使的抗辩权。

## 四、结论

综上，丙得依据《民法典》第 598 条向甲请求交付房屋，但不得依据《民法典》第 583 条请求迟延损害赔偿。若丙不愿继续等待给付，欲从合同中摆脱出来，可向甲作出催告；指定期间经过后，甲仍未向丙交付房屋，丙可依据《民法典》第 563 条第 1 款第 3 项解除合同。解除合同后，可依据《民法典》第 566 条第 1 款向甲请求返还购房款 310 万元以及自甲受领之日起的利息，并同时依据《民法典》第 577 条向甲请求 30 万元履行利益的损害赔偿。

# 第 7 部分　甲对乙

请求权基础预选与排序：本案中，甲可能向乙请求返还房屋的购房款，可纳入本案预选的请求权基础为：第一，不法管理下的管理利益移交请求权（《民法典》第 980 条）；第二，权益侵害型不当得利返还请求权（《民法典》第 985 条）；第三，侵权损害赔偿请求权（《民法典》第 1165 条第 1 款）。

## 一、甲可能依据《民法典》第 980 条向乙请求 310 万元权利之移转

（一）大纲

> 1. 请求权已成立
> （1）规范基础
> （2）构成要件
> 2. 请求权未消灭
> 3. 请求权可行使
> 4. 小结

（二）正文

1. 请求权已成立

（1）规范基础。

我国实证法对于无因管理设有 6 个条文，根据立法机关的解释，《民法典》第 979 条为适法无因管理的请求权基础规范，《民法典》第 980 条为不适法无因管理的请求权基础规范，未见不法管理的请求权规范基础。[1]不过，这并不能得出我国实证法上不承认不法管理之结论，主流学说认为《民法典》第 980 条为其提供了规范基础。[2]具体而言，从条文表述上看，虽仅言明"受益人享有管理利益"，并未赋予被管理人以请求权。但在解释上应认为，应依立法目的将"享有"解释为"主张享有"。[3]由此，被管理人可选择是否依《民法典》第 980 条向管理人请求移交管理利益。

（2）构成要件。

依据《民法典》第 980 条之规定，其构成要件为"管理事务不属于前条规定的情形"，亦即明知为他人事务，仍作为自己事务而管理。本案中，乙明知房

---

〔1〕 参见黄薇主编：《中华人民共和国民法典合同编解读》（下册），中国法制出版社 2020 年版，第 1551、1562 页。

〔2〕 参见易军："无因管理制度设计中的利益平衡与价值调和"，载《清华法学》2021 年第 1 期。

〔3〕 参见谢鸿飞、朱广新主编：《民法典评注. 合同编. 典型合同与准合同》（4），中国法制出版社 2020 年版，第 591 页。

屋为甲所有，仍将之出售给丙，获取价金310万元，乃构成不法管理，应无异议。

2. 请求权未消灭

本案中，不存在权利消灭抗辩。

3. 请求权可行使

本案中，不存在阻碍权利行使的抗辩权。

4. 小结

综上，甲得依据《民法典》第980条向乙主张管理利益移交请求权。其内容为管理人所得之全部利益（310万元），而非仅限于物之市场价格（300万元）。因而，甲得向乙请求该310万元权利之移转。

## 二、甲可能依据《民法典》第985条向乙请求返还清偿利益310万元

（一）大纲

> 1. 请求权已成立
> 2. 请求权未消灭
> 3. 请求权可行使
> 4. 小结

（二）正文

1. 请求权已成立

本案中，乙冒充甲且在未经甲同意下将房屋所有权移转至丙处，致使甲丧失该房屋所有权。于此交易行为中，乙自丙处受有310万元价金的利益，系违反权益归属内容，致甲受损害，且并无法律上之原因，应成立权益侵害型不当得利。

2. 请求权未消灭

本案中，不存在权利消灭抗辩。

3. 请求权可行使

本案中，不存在阻碍权利行使的抗辩权。

4. 小结

综上，甲得依据《民法典》第985条向乙主张不当得利返还请求权。不

过，返还请求权的内容为何，仍有待明确。本案中，甲、丙之间的负担行为以及处分行为均因表见代理而有效。因此，乙所侵害的，并非甲对于房屋的所有权，而系甲基于有效的买卖合同而享有的清偿利益。因此，本案中乙之得利客体乃是房屋价金 310 万元（相反，若认为乙侵害的是甲对房屋的所有权，则得利客体为房屋的客观价值 300 万元）。依此，甲得依据《民法典》第 985 条向乙请求返还清偿利益 310 万元。

### 三、甲可能依据《民法典》第 1165 条第 1 款向乙请求赔偿 310 万元

（一）大纲

> 1. 请求权已成立
> 2. 请求权未消灭
> 3. 请求权可行使
> 4. 小结

（二）正文

1. 请求权已成立

因乙之受领，甲丧失了基于有效买卖合同而享有的 310 万元清偿利益，构成对甲债权之侵害。债权能否受侵权法的保护（准确说是受到何种程度的保护），取决于对"侵权法上的权利"采取"形式表示"还是"实质标准"。[1]不过，本案中乙之行为系出于故意且以悖于善良风俗的方法而为之，因此，即便采取实质标准，债权亦得以借助《民法典》第 8 条规定的公序良俗原则披上"合法性"的外衣进入侵权法的保护范围。[2]本案中，乙行为与甲损害之间存在相当因果关系，且乙主观上存在故意，构成侵权行为。

2. 请求权未消灭

本案中，不存在权利消灭抗辩。

---

〔1〕 对此可分别参见［德］马克西米利安·福克斯：《侵权行为法》，齐晓琨译，法律出版社 2006 年版，第 40 页；陈聪富：《侵权责任主体与客体》，元照出版有限公司 2019 年版，第 191 页。

〔2〕 参见方新军：《侵权责任利益保护的解释论》，法律出版社 2021 年版，第 318 页。

3. 请求权可行使

本案中，不存在阻碍权利行使的抗辩权。

4. 小结

甲得依据《民法典》第 1165 条第 1 款向乙请求赔偿 310 万元。

## 四、结论

甲得依据《民法典》第 980 条向乙请求管理利益 310 万元权利之移转；或依据《民法典》第 985 条向乙请求返还清偿利益 310 万元；或依据《民法典》第 1165 条第 1 款向乙请求 310 万元之赔偿。上述三种请求权内容相同，构成请求权竞合，甲得择一行使。另外，若丙依据《民法典》第 577 条向甲请求 30 万元履行利益的损害赔偿，就此部分损害，甲亦得依据《民法典》第 1165 条第 1 款向乙请求赔偿。

# 第 8 部分　乙对甲

依据《民法典》第 980 条之规定，若受益人主张管理利益，则应依《民法典》第 979 条负责（偿还费用与补偿损失）。但在本案中，未见乙有费用支出以及损失可资证明，故本文不作讨论。

# 第 9 部分　丙对乙

如本文第 1 部分所述，表见代理的构成排除狭义无权代理之适用，亦即在构成表见代理的情况下，相对人无选择权：无权选择是否承受代理行为的效力，以及无权选择谁可向何人主张权利；相对人在《民法典》第 172 条规定的"代理行为有效"和《民法典》第 171 条第 2 款规定的撤回权间不享有选择权，以及在本人拒绝追认时，无权（依据《民法典》第 172 条）选择被代理人或（依据《民法典》第 171 条第 3 款和第 4 款）代理人为请求权相对人。因此，在本案中，丙不得依据《民法典》第 171 条第 3 款向乙请求债务履行或损害赔偿。

## 第 10 部分　乙对丙

本案中，乙对丙不享有任何请求权。

## 第 11 部分　丁对乙

本案中，丁对乙不享有任何请求权。

## 第 12 部分　乙对丁

本案中，乙对丁不享有任何请求权。

# 3  "雕塑家的烦恼"案[1]

## 【案情】

本市著名雕塑家李阳光于1999年10月与前妻育有独生女李小花。后李阳光因丧偶，于2006年娶妻张美丽。

2010年11月，张美丽与李阳光共同购买商品房住宅一套，登记在李小花名下。2014年4月，李阳光、张美丽以李小花名义与房屋"串串"王小刚签订买卖合同，合同约定王小刚支付全部房款，但无须将房屋过户予王小刚，而是为王小刚办理卖房委托公证，并将房产证交予王小刚，待王小刚找到卖家后，再配合过户。同月，王小刚向李阳光交付了房屋价款450万元，李阳光与张美丽以李小花的名义与王小刚签订委托书，代为将该房屋出售，且由王小刚收取价款，并办理公证。2014年5月，王小刚代李小花与赵小五签订房屋买卖合同，赵小五向王小刚交付房屋价款500万元。但因赵小五在本市购房资格受限，暂时无法完成登记过户。李阳光、张美丽遂与赵小五约定，待赵小五取得本市购房资格后再完成登记过户手续。2014年6月，赵小五搬进该房屋居住。

李小花于2014年9月至2017年6月于英国私立中学读书，其所有费用均由卖房所得价款支付。2017年初，李阳光与张美丽夫妻二人因感情不和开始分居。李小花中学毕业后也一直居住在英国，后获得某私立大学录取继续攻读学士学位。

2017年6月，李阳光创作了雕塑作品"希望"，市场估价不菲。张美丽得知后表示想要欣赏一下，被李阳光拒绝。李阳光表示要将该作品赠与李小花，并将其放到某银行保险柜处进行保管，告知银行只有李小花来取方得打开保险

---

〔1〕 程希曦，西南政法大学民商法学院2024级法学硕士研究生，西北政法大学民商法学院2019级本科生。

柜。张美丽随即得知此事。2017年7月，张美丽电话询问李小花雕塑作品一事，并表示雕塑作品属于夫妻共同财产有自己的一半，不同意将雕塑作品无偿赠与李小花，希望李小花取得雕塑作品后能将前述之卖房款的一半返还给自己。李小花对于返还卖房款一事未置可否。2017年8月，李小花回国前往银行取得该雕塑作品后，随身带往英国，并一直摆放在自己家中。

2021年10月，赵小五取得本市购房资格，遂主张将房屋更名过户。此时因房价大涨，李小花以李阳光和张美丽无权处分自己的房屋为由拒绝办理过户手续。赵小五遂到法院起诉。

同月，张美丽到法院起诉离婚，主张该房屋实为自己和李阳光的共同财产，只是借名登记在李小花名下，要求进行财产分割；另外，还主张雕塑作品也有自己的一半，要求李小花返还并进行分割。

【问题】

1. 依据《民法典》赵小五可向谁基于何种依据主张何种请求？
2. 依据《民法典》张美丽可向谁基于何种依据主张何种请求？

# 赵小五之请求权基础预选与探寻

## 一、赵小五之请求权基础预选

依据学者观点[1]，应按照基于合同的请求权、类似合同的请求权、无因管理的请求权、基于物法的请求权、不当得利与侵权请求权的顺序进行检索。在本案中，王小刚虽然是以炒房为目的与李阳光、张美丽代李小花签订买卖合同（以下称为买卖合同1）以及委托代理合同，但暂不考虑合同实际效力，仅从案情来看，王小刚作为李小花的委托代理人受李小花父母委托与赵小五签订了房屋买卖合同（以下称为买卖合同2），赵小五可能基于买卖合同2享有请求权。综合案情，赵小五不享有基于类似合同或无因管理的请求权。且根据《民法典》第209条第1款第1分句："不动产物权的设立、变更、转让和消灭，经依法登记，发生效力。"因案涉房屋并未变更登记，赵小五不享有其物权。同时其也不享有基于侵权的请求权，即赵小五只可能享有基于房屋买卖合同或者不当得利产生的请求权。而因赵小五与受李小花父母委托代理李小花的王小刚签订房屋买卖合同2，其与李小花、李小花父母、王小刚均可能享有基于合同的请求权；又因王小刚代李小花以房屋买卖合同2为法律依据取得了赵小五所支付价款，该购房合同无效情况下[2]，赵小五可能对李小花或王小刚享有基于不当得利返还价款及其利息的请求权。

就赵小五对李小花可能的请求权而言。根据《民法典》第598条规定："出卖人应当履行向买受人交付标的物或者交付提取标的物的单证，并转移标的物所有权的义务。"本案中体现为，出卖人有交付房屋与转移房屋所有权的义

---

〔1〕　参见王泽鉴：《民法思维：请求权基础理论体系》，北京大学出版社2009年版，第57页。具体为"关于损害赔偿等请求权基础的检查，得依契约、无权代理等类似契约关系、物权关系、无因管理、不当得利、侵权行为等次序为多之。'民法'上主要请求权基础检查的次序，已详如前述"；吴香香："请求权基础视角下《民法典》的规范类型"，载《南京大学学报》（哲学·人文科学·社会科学）2021年第4期；王利明："民法案例分析的基本方法探讨"，载《政法论坛》2004年第2期。

〔2〕　此处未包括合同解除情况，因为对于合同解除后的财产返还请求权基础，存在直接效力说、间接效力说、折中说、清算关系说，笔者支持折中说，即尚未履行债务自合同解除时归于消灭，已履行债务不消灭而产生新的返还债务，即该情况下请求权基础并非不当得利，参见韩世远：《合同法总论》（第四版），法律出版社2018年版，第669-672页。

务[1]，因"赵小五搬进该房屋居住"，房屋已交付，出卖人仅有转移房屋所有权之义务。因李小花可能作为买卖合同的最终权利义务人即出卖人，①赵小五可能对其享有依据《民法典》第598条转移房屋所有权的继续履行请求权。根据《民法典》第577条："当事人一方不履行合同义务或者履行合同义务不符合约定的，应当承担继续履行、采取补救措施或者赔偿损失等违约责任。"李小花如果作为出卖人，也有可能因不履行转移房屋所有权的义务而承担违约责任，使得②赵小五可能对其享有直接根据《民法典》第577条的继续履行请求权。根据《民法典》第563条第1款第2项、第3项、第4项："（二）在履行期限届满前，当事人一方明确表示或者以自己的行为表明不履行主要债务；（三）当事人一方迟延履行主要债务，经催告后在合理期限内仍未履行；（四）当事人一方迟延履行债务或者有其他违约行为致使不能实现合同目的。"依照案情，李小花也可能违反以上规定，使得③赵小五可能享有法定解除权，并结合《民法典》第566条第1款："合同解除后，尚未履行的，终止履行；已经履行的，根据履行情况和合同性质，当事人可以请求恢复原状或者采取其他补救措施，并有权请求赔偿损失。"或第566条第2款："合同因违约解除的，解除权人可以请求违约方承担违约责任，但是当事人另有约定的除外。"再结合《民法典》第577条请求李小花返还购房所支付价款恢复原状。若王小刚享有李小花代理权，而买卖合同2无效，王小刚代李小花取得价款则丧失法律依据，④赵小五可能根据《民法典》第122条或第985条对李小花享有基于不当得利的返还价款请求权。

就赵小五对李阳光、张美丽可能享有的请求权而言。根据《民法典》第171条第3款第1句："行为人实施的行为未被追认的，善意相对人有权请求行为人履行债务或者就其受到的损害请求行为人赔偿。"该条虽然规定于委托代理，但是结合《民法典》第23条："无民事行为能力人、限制民事行为能力人的监护人是其法定代理人。"第35条第1款："监护人应当按照最有利于被监护人的原则履行监护职责。监护人除为维护被监护人利益外，不得处分被监护人的财产。"可见，若监护人非为被监护人利益处分其财产，则超越了其代理权限，而被监护人因民事行为能力之不足，无法进行追认，所以法定代理人是

---

[1] 参见吴香香："《民法典》第598条（出卖人主给付义务）评注"，载《法学家》2020年第4期。

存在无权代理情况的可能性[1]，自然要为这种可能情况寻求相关处理方式，因而在责任承担上，以第 171 条第 3 款进行类推适用是合理之意，本案中，李阳光、张美丽可能存在无权代理，所以赵小五可能参照适用《民法典》第 171 条第 3 款第 1 句对李阳光、张美丽享有继续履行或者损害赔偿的请求权。

就赵小五对王小刚可能的请求权而言。同样根据《民法典》第 171 条第 3 款第 1 句，如果王小刚代理权存在问题，①赵小五可能根据《民法典》第 171 条第 3 款第 1 句对王小刚享有继续履行或者损害赔偿的请求权。若王小刚未享有李小花代理权，且买卖合同 2 无效，②赵小五可能根据《民法典》第 122 条或第 985 条第 1 款对王小刚享有基于不当得利的返还价款请求权。

### 小结

（1）赵小五可能根据《民法典》第 598 条对李小花享有基于买卖合同转移房屋所有权的继续履行请求权。

（2）赵小五可能根据《民法典》第 577 条对李小花享有基于违约转移房屋所有权的继续履行请求权。

（3）赵小五可能根据《民法典》第 563 条第 1 款第 2 项、第 3 项、第 4 项结合第 566 条第 1 款或第 566 条第 2 款与第 577 条对李小花享有解除合同、返还价款请求权。

（4）赵小五可能根据《民法典》第 122 条或第 985 条对李小花享有基于不当得利的返还价款请求权。

（5）赵小五可能参照适用《民法典》第 171 条第 3 款第 1 句对李阳光、张美丽享有基于合同的继续履行或赔偿损失请求权。

（6）赵小五可能根据《民法典》第 171 条第 3 款第 1 句对王小刚享有基于合同的继续履行或赔偿损失请求权。

（7）赵小五可能根据《民法典》第 122 条或第 985 条对王小刚享有基于不当得利的返还价款请求权。

### 二、赵小五之请求权基础探寻

赵小五所有可能享有的请求权都是围绕房屋买卖合同 2 产生的，即使是可

---

[1] 参见纪海龙："《合同法》第 48 条（无权代理规则）评注"，载《法学家》2017 年第 4 期。

能享有的不当得利返还请求权也是以买卖合同2无效为前提。换言之，赵小五与其他人的关系均是在该合同基础上产生的，作为买卖合同2的当事人，赵小五对李小花、王小刚、李阳光与张美丽涉及该合同的各方人员，均可能享有请求权。而李小花作为被代理人，可能是该合同的最终权利义务人，只有当该买卖合同对李小花不发生效力的情况下，赵小五才可能对王小刚、李阳光与张美丽享有请求权。而房屋"串串"王小刚作为李小花的委托代理人，其代理权来源于李阳光、张美丽的复任代理，如果李阳光、张美丽的代理权限有异，才会导致王小刚无权代理，使得赵小五可能对其享有请求权。因而应按照赵小五对李小花可能享有的请求权、赵小五对李阳光和张美丽可能享有的请求权、赵小五对王小刚可能享有的请求权顺序进行检索。

而其中，赵小五对李小花可能依据多个条文享有不同的请求权，应对其检索顺序进行排列。依据《民法典》第598条、第577条产生的继续履行请求权都最终为达成合同目的，而依据《民法典》第563条第1款第2项、第3项、第4项享有的合同法定解除权和依据《民法典》第566条第1款或第566条第2款与第577条产生的返还价款、恢复原状请求权实则是在无法达成合同目的情况下的救济措施。根据《民法典》第122条或第985条第1款可能享有的不当得利返还请求权更是基于合同无效的情况。

因而应先检索《民法典》第598条、第577条的继续履行请求权，再检索解除合同、返还价款请求权，最后检索不当得利返还请求权。但是第598条与第577条产生的请求权均为继续履行请求权，对其检索顺序应进一步排列。本文认为，第598条应优先第577条适用，理由如下：第577条规定于合同编违约责任，是一方当事人在违约情况下承担的次给付义务，也规定了另一方当事人所享有救济性请求权；第598条规定于合同编买卖合同，是买卖合同中出卖人依照合同约定承担的主给付义务，也规定了买受人的原初请求权[1]。次给付义务是由于主给付义务的给付不能、给付迟延或者不完全给付而产生的损害赔偿义务，或者是由于合同解除所产生的回复原状义务，即次给付义务产生于主给付义务，同理，对应的另一方当事人享有的违约下的继续履行请求权也是在原履行请求权[2]的基础上产生，无后者则无前者，但需注意，虽然在实践

---

〔1〕 参见朱晓喆："请求权基础实例研习教学方法论"，载《法治研究》2018年第1期。

〔2〕 参见吴香香："民法典编纂中请求权基础的体系化"，载《云南社会科学》2019年第5期。

中两者差别不大，但是前者不能完全吸收后者，且后者为前者基础，[1]因此为确保结构完整性，本文仍将两者分别进行讨论，所以应先主张原生请求权，原生请求权无法主张再主张派生请求权。第 598 条作为对买受人原生的履行请求权的规定优于第 577 条对于派生的继续履行请求权规定适用[2]。需要注意的是，第 577 条规定于《民法典》合同编第一分编中，是对所有合同的规定；而第 598 条规定于《民法典》合同编第二分编的买卖合同一章中，是对买卖合同的规定。虽然房屋买卖合同是买卖合同，两者均可适用，但是两者并非一般规定与特殊规定的关系，而是总分关系，盖因第 577 条是对违约责任的规定，所有可能均可能产生违约责任，该条实际为所有合同所共用的违约请求权基础规范[3]；而第 598 条仅是对买卖合同中原给付义务规定，仅为买卖合同履行请求权基础规范。但第 577 条是买卖合同违约责任的"总"并非第 598 条对应的"总"。

而就多数学者之观点，第 122 条仅因《民法典》总分结构之惯例而规定，实质与第 985 条所规定的不当得利请求权并无区别，两者随意选用即可[4]。但该法条规定较为模糊，若要适用法条，需对其作出解释，因第 122 条与第 985 条无差别，此处选用第 985 条，不再单独对第 122 条进行解释。

《民法典》第 985 条作为不当得利的一般条款，并未对具体的不当得利之情形进行类型化划分[5]。但就通用学说而言，不当得利应采取"非统一说"，即区别不当得利的各种类型[6]。盖因不当得利情况不同，对应的法律要件也

---

〔1〕 参见姚明斌："民法典违约责任规范与请求权基础"，载《法治现代化研究》2020 年第 5 期。

〔2〕 参见朱晓喆："请求权基础实例研习教学方法论"，载《法治研究》2018 年第 1 期。

〔3〕 参见吴香香："民法典编纂中请求权基础的体系化"，载《云南社会科学》2019 年第 5 期。

〔4〕 参见吴香香："请求权基础视角下《民法典》的规范类型"，载《南京大学学报》（哲学·人文科学·社会科学）2021 年第 4 期；崔建远："不当得利规则的细化及其解释"，载《现代法学》2020 年第 3 期；陈自强："不当得利法体系之再构成——围绕《民法典》展开"，载《北方法学》2020 年第 5 期。但仍有少部分学者认为，《民法典》第 122 条为侵害型不当得利返还请求权基础规范，而第 985 条为给付型不当得利返还请求权基础规范，参见王洪亮："《民法典》中得利返还请求权基础的体系与适用"，载《法学家》2021 年第 3 期。

〔5〕 参见崔建远："不当得利规则的细化及其解释"，载《现代法学》2020 年第 3 期。

〔6〕 此处所说通说实为国际通说，尤其是在采用大陆法系之地，如德国、日本、瑞士。参见陈自强："不当得利法体系之再构成——围绕《民法典》展开"，载《北方法学》2020 年第 5 期；王泽鉴："不当得利类型论与不当得利法的发展——建构一个可操作的规范模式（上）"，载《甘肃政法学院学报》2015 年第 5 期。

不尽相同，不能直接一概论之，而不当得利类型又分为给付型不当得利[1]与非给付型不当得利[2]。[3]此处可能涉及的为给付型不当得利。拆分给付型不当得利成立要件应当为①相对人受有财产利益，②当事人间存在给付关系，③得利无法律上原因。而第 985 条但书部分，实际仅为对给付型不当得利的排除，为其成立抗辩。

综上，下文的请求权基础探寻顺序为：第一，赵小五根据《民法典》第598 条对李小花可能享有的基于合同的继续履行请求权；第二，赵小五根据《民法典》第 577 条对李小花可能享有的基于违约的继续履行请求权；第三，赵小五根据《民法典》第 563 条第 2 款、第 3 款、第 4 款对李小花可能享有的法定解除权与结合《民法典》第 566 条第 1 款或第 566 条第 2 款和第 577 条产生的返还价款恢复原状请求权；第四，赵小五根据《民法典》第 122 条或第985 条对李小花可能享有的不当得利返还请求权；第五，赵小五参照适用《民法典》第 171 条第 3 款第 1 句对李阳光与张美丽可能享有的继续履行或者损害赔偿的请求权；第六，赵小五根据《民法典》第 171 条第 3 款第 1 句对王小刚可能享有的继续履行或者损害赔偿的请求权；第七，赵小五根据《民法典》第122 条或第 985 条对王小刚可能享有的不当得利返还请求权。

对于每一项请求权的检讨均可分为三个层次：请求权是否成立、是否存在权利消灭抗辩使得请求权消灭与权利阻止抗辩使得请求权无法行使，以最终得出裁判结论。

---

[1] 基于给付而产生的不当得利请求权。

[2] 受益并非基于受损者给付而发生的不当得利，如行为、自然事件等，典型如权益侵害不当得利。参见王泽鉴："不当得利类型论与不当得利法的发展——建构一个可操作的规范模式（下）"，载《甘肃政法学院学报》2015 年第 6 期。

[3] 参见王泽鉴："不当得利类型论与不当得利法的发展——建构一个可操作的规范模式（上）"，载《甘肃政法学院学报》2015 年第 5 期。

## 第1部分　赵小五对李小花

### 一、赵小五可能根据《民法典》第598条对李小花享有继续履行请求权

（一）大纲

> 1. 请求权已成立
> （1）赵小五与李小花之间商品房买卖合同成立。
> ①一般成立要件——赵小五与李小花达成合意。
> ②特别成立要件——买卖合同2以书面形式。
> ③小结。
> （2）商品房买卖合同2有效。
> ①一般成立要件满足。
> A. 行为人具有相应民事行为能力。
> B. 意思表示真实。
> C. 未违反法律、行政法规强制性规定。
> D. 未违反公序良俗。
> E. 小结。
> ②特别成立要件满足。
> A. 法定代理人代理行为有效。
> 　a. 李阳光、张美丽享有李小花法定代理权。
> （a）父母为未成年子女利益处分其财产的司法观点。
> （b）本案中李阳光、张美丽是为李小花利益处分其财产。
> b. 李阳光、张美丽以李小花的名义实施复任代理。
> c. 李阳光、张美丽可以进行复任代理。
> d. 代理行为是否满足民事法律行为一般有效要件。
> e. 小结。
> B. 委托代理行为有效。

a. 王小刚享有李小花委托代理权。

（a）李阳光、张美丽享有代理李小花处分其房屋的代理权。

（b）李阳光、张美丽可以复任代理。

b. 王小刚以李小花的名义订立买卖合同。

c. 王小刚可以代理李小花签订房屋买卖合同。

d. 代理行为满足民事法律行为一般有效要件。

e. 小结。

C. 小结。

（3）买卖合同生效。

（4）小结。

2. 请求权未消灭

（1）债权债务未终止。

（2）不存在非金钱之债继续履行的例外情况。

李小花享有房屋处分权分析。

①学术界对父母出资买房登记在子女名下行为性质判定。

②实务界对涉及房屋性质判定。

③本文观点。

（3）小结。

3. 请求权可行使

4. 小结

（二）正文

《民法典》第598条规定："出卖人应当履行向买受人交付标的物或者交付提取标的物的单证，并转移标的物所有权的义务。"

上述请求权的成立需满足：李小花为买卖合同2出卖人，赵小五为买卖合同2买受人，即赵小五与李小花之间的买卖合同成立有效。而作为基于债权产生的请求权，其可能的权利消灭抗辩为《民法典》第557条债的一般消灭事由，再结合本案案情，也可能为《民法典》第580条非金钱债务继续履行的例外情形。可能存在的权利阻止抗辩则为《民法典》第192条诉讼时效届满效力。

1. 请求权已成立

赵小五是依据买卖合同得以享有该请求权，即该请求权成立的前提为，赵小五与李小花之间达成了买卖合同，且该买卖合同成立生效。

（1）赵小五与李小花之间商品房买卖合同成立。

根据学界通说，合同成立要件可分为一般成立要件与特别成立要件。依据合同的一般规定，根据《民法典》第137条第2款第1句、第471条、第483条前半句，合同双方当事人应当达成合意，合意达成合同即告成立，即合同一般成立要件为合意。而且在本案中，根据《民法典》第595条，赵小五与李小花之间可能存在的合同是商品房买卖合同，根据《民法典》第483条与《城市房地产管理法》第41条，商品房买卖合同必须以书面形式，即特别成立要件为合同书面形式。因此，需检索赵小五与李小花间是否达成合意以及该合同是否以书面形式。

①一般成立要件——赵小五与李小花达成合意。

《民法典》第137条第2款第1句规定："以非对话方式作出的意思表示，到达相对人时生效。"第471条规定："当事人订立合同，可以采取要约、承诺方式或者其他方式。"第483条前半句规定："承诺生效时合同成立。"

李阳光、张美丽作为李小花的法定代理人委托王小刚买卖房屋，王小刚作为李小花委托代理人与赵小五签订买卖合同，赵小五作出了买卖房屋之意思表示，李小花由王小刚代为作出了买卖房屋之意思表示，签订之时到达相对人意思表示生效，当事人双方达成买卖房屋之合意。

②特别成立要件——买卖合同2以书面形式。

《民法典》第483条规定："承诺生效时合同成立，但是法律另有规定或者当事人另有约定的除外。"第595条规定："买卖合同是出卖人转移标的物的所有权于买受人，买受人支付价款的合同。"《城市房地产管理法》规定"房地产转让，应当签订书面转让合同，合同中应当载明土地使用权取得的方式"。

王小刚代李小花与赵小五签订房屋买卖合同2，李小花将房屋出售给赵小五，赵小五支付价款并由王小刚代李小花收取，是买卖合同且以书面形式。

③小结。

该买卖合同成立要件满足，合同成立。

（2）商品房买卖合同2有效。

合同有效要件同样可分为一般有效要件与特别有效要件[1]。根据《民法典》第133条规定："民事法律行为是民事主体通过意思表示设立、变更、终止民事法律关系的行为。"该买卖合同实际是设立当事人双方债权债务的民事法律行为，则需满足《民法典》第143条之规定，此为该合同的一般有效要件。结合本案案情，"李阳光与张美丽以李小花的名义与王小刚签订委托书"，"王小刚代李小花与赵小五签订房屋买卖合同"，存在代理行为，则代理行为有效为该合同的特别有效要件。

①一般有效要件满足。

根据《民法典》第143条规定："具备下列条件的民事法律行为有效：（一）行为人具有相应的民事行为能力；（二）意思表示真实；（3）不违反法律、行政法规的强制性规定，不违背公序良俗。"该合同中一般有效要件为订立买卖合同2过程中行为人是否具有相应的民事行为能力，意思表示是否真实，是否违反法律、行政法规强制性规定以及公序良俗。

A. 行为人具有相应民事行为能力。

依照案情，未说明王小刚、赵小五具体民事行为能力，但委托代理出于对代理人的信赖，因李阳光、张美丽的委托推定王小刚有相应民事行为能力，又因未提及赵小五民事行为能力有缺，推定其有相应民事行为。

B. 意思表示真实。

结合案情，王小刚、赵小五买卖房屋之意思表示均为真实。

C. 未违反法律、行政法规强制性规定。

《民法典》第153条第1款规定："违反法律、行政法规的强制性规定的民事法律行为无效。但是，该强制性规定不导致该民事法律行为无效的除外。"

该条款之逻辑结构包括"本文"＋"但书"，而"但书"本质上是借由该条规定以外的其他法条对"本文"进行限制。同时该条款为概括性条款，若被违反，也并非直接违反该条款，而是违反了该条款以外具体的强制性规定。[2]由此，有必要探讨强制性规定及其判定标准，并进一步探讨此处所指违反后导致民事法律行为无效之强制性规定具体为何种强制性规定。

---

[1] 参见崔建远："合同效力规则之完善"，载《吉林大学社会科学学报》2018年第1期。

[2] 参见易军："论合同违反强制性规定无效的判断标准——以《民法典合同编通则解释》第16条为中心"，载《清华法学》2024年第1期。

强制性规定是指不能被行为人意志加以排除的法律规定。与之相对的概念为任意性规定，两者区别之本质在于规定是否能为行为人意志所排除。[1]因此有必要确定强制性规定之识别标准。

形式上来看，民法以强制性规定为当事人规定权利义务时，常使用"应当""不得""禁止"等词句，但不能认为含此类词句规定均为强制性规定。一些仅以该类词句起强调作用，仅倡导而不具有强制意义。同时，也并非不含有该类词句就不属于强制性规定，若不属于自治范围，即使未使用"应该""不得"等词句，亦可能为强制性规定。但若规定中含有"当事人另有约定除外"等表述，则可确定该规定为任意性规定，而非强制性规定，从而反面排除。

实质上来看，强制性规定之目的在于对行为人意志进行约束，因此可从规定意旨出发。若具有任意性质，则为任意性规定；若具有强制性质，则为强制性规定。若无法确定为任意性质或强制性质，亦可以优先认定为任意性规定，盖因民法为授权法，以私法自治为原则，限制意思自治为例外。[2]

确定违反后导致民事法律行为无效之强制性规定为何种强制性规定，则需提及《民法典》第153条第1款中"本文"与"但书"间关系，就此存在诸多学术观点[3]。此处，延续之前立法精神内核，即若该条文提及两个强制性规范，前者为效力性强制规定[4]，后者为管理性强制规定。[5]

---

〔1〕 亦有学者认为除强制性规范、任意性规范之外存在倡导性规范，如王轶教授，此处不对此进一步展开。

〔2〕 参见朱庆育：《民法总论》，北京大学出版社2013年版，第51页。

〔3〕 例如，有认为是原则+例外模式，在此基础上亦有认为是"违反强制性规定原则无效，例外有效"，参见杨代雄："《民法典》第153条第1款评注"，载《法治研究》2020年第5期，以及"违反强制性规定原则有效，例外无效"，参见冉克平："论效力性强制规范与私法自治——兼析《民法总则》第153条第1款"，载《山东大学学报（哲学社会科学版）》2019年第1期。同时，也有认为本款但书作用为区分类型，即将强制性规定区分为效力性强制规定与管理性强制规定，参见王利明："论效力性和非效力性强制性规定的区分——以《民法典》第153条为中心"，载《法学评论》2023年第2期。亦存在观点认为应当整体看待，违法强制性规定可能有效亦可能无效，效力取决于所违反的强制性规定具体解释，参见易军："论合同违反强制性规定无效的判断标准——以《民法典合同编通则解释》第16条为中心"，载《清华法学》2024年第1期。

〔4〕 该条文在《民法典》编纂中并未修改，沿袭原《合同法》第52条规定，虽然在《民法典》及相关司法解释中未对其作出规定，但并非抛却了其为效力性强制规定的观点，而应理解为自2009年司法解释实施以来，该强制性规定为效力性强制性规定已经深入人心，不再需要在相关法条中作出明文规定。2009年《最高人民法院关于适用〈中华人民共和国合同法〉若干问题的解释（二）》第14条规定，"合同法第五十二条第五项规定的'强制性规定'，是指效力性强制性规定"。

〔5〕 最高人民法院民法典贯彻实施工作领导小组主编：《中华人民共和国民法典总则编理解与适用》（下），人民法院出版社2020年版，第756页。

如上文所言，进一步确定效力性强制规定判定标准不能仅就该条款自身出发，联系《最高人民法院关于适用〈中华人民共和国民法典〉合同编通则若干问题的解释》（以下简称《民法典合同编通则解释》）第16条中频繁出现的"立法目的""强制性规定旨在"可见，是否使得违反强制性规定之法律行为无效，是否为效力性强制规定，与该强制性规定之规范目的直接相关。在2019年发布的《九民纪要》中对于强制性规范的识别规定中，将保护法益类型、违法行为法律后果以及交易安全保护等因素作为标准来认定强制性规范性质。而以上因素并未超过规范目的，某种程度上可以说规范目的确立了保护法益类型、范围以及程度。

同时，因私法自治，通过效力性强制规定使得民事法律行为无效本就属于公力介入，因而效力性强制规定之规范目的多为从公共角度出发，为保护社会公共利益、公序良俗等。但是不能仅因为某一强制性规定维护社会公共秩序等，就判定该强制性规定属于效力性强制规定，而需将其规范目的与保护私法自治进行价值选择，确定其规范目的较私法自治更有必要保护，且纯粹公法手段无法使该目的实现，方可确认其为效力性强制规定，影响民事法律行为效力。具体而言，可衡量违法行为主观恶意以及客观危害性等。

本案中，赵小五签订房屋买卖合同时，不具备购房资格，违反了关于房屋的限购令，可能违反法律、行政法规的强制性规定。所以需要判定以下两者，一是房屋限购令是不是法律、行政法规；二是房屋限购令是不是效力性强制性规定。结合有关规定，两者均满足则符合法条规定，买卖合同无效。

一是房屋限购令由地方作出，属于地方政策。而法律由全国人大制定，行政法规由国务院制定，因而房屋限购令不属于法律、行政法规。

二是房屋限购令属于规范性文件，规范目的为管理市场上的房屋买卖，实质是管理性强制规定，也不属于效力性强制规定。

房屋限购令两者均不满足，因而不属于效力性强制性规定。所以，该房屋买卖合同没有违反法律、行政法规的强制性规定。[1]

D. 未违反公序良俗。

《民法典》第143条第2款、第153条第2款表明违背公序良俗的民事法

---

〔1〕 在司法裁判中亦有如此观点，如俞建飞与华润置地（宁波）发展有限公司商品房销售合同纠纷（2014）浙甬民二终字第559号。

律行为无效。

公序良俗即公共秩序[1]与善良风俗[2]，从其定义可得其是通过长时间的实施与多数人的普遍观点共同固定下来的。赵小五规避购房政策购房无疑有违地方政府管理房屋购买规定，在道德上也可能受到指摘。但是可以确定的有两点，一是限购令是暂时性的、地方性的管理规则，并非长期实施固定下来的公共秩序；二是违反限购令在道德上只是可能受指摘，而非长期的、多数人的普遍观点，也并非违反善良风俗。当然在限购令实施已有一段时间的当下，已有司法判例认为限购令属于房地产市场的公序良俗[3]，但在笔者看来，其针对的应当是炒房和投机性购房行为，而非为居住进行购房的行为。再退一步讲，即便认为为居住而规避限购令进行买卖房屋的行为同样违反了公序良俗，赵小五在 2021 年 10 月已经取得了购房资格，消除了限购令障碍，补足了合同效力。

因此该买卖合同并未违反公序良俗。

E. 小结。

房屋买卖合同 2 一般有效要件满足。

②特别有效要件满足。

经检索，该合同的特别有效要件为代理行为有效。其中存在两次代理，一次为李阳光、张美丽根据《民法典》第 17 条、第 19 条第 1 分句、第 23 条、第 27 条第 1 款、第 163 条第 2 款、第 1072 条第 2 款，基于法定代理权实施的复任代理行为，另一次为王小刚基于委托代理权订立房屋买卖合同，在此分开讨论。

A. 法定代理人代理行为有效。

根据《民法典》第 162 条规定："代理人在代理权限内，以被代理人名义实施的民事法律行为，对被代理人发生效力。"结合第 133 条规定："民事法律行为是民事主体通过意思表示设立、变更、终止民事法律关系的行为。"代理人的代理行为有效，使得代理行为之法律效果归于被代理人，其要件为：（a）代

---

[1] 国家社会的存在及其发展所必需的一般秩序。

[2] 国家社会的存在及其发展所必需的一般道德规范。

[3] 见最高人民法院案例（2020）最高法民再 328 号，其中体现了如下精神：（1）为规避国家限购政策签订的《房产代持协议》因违背公序良俗应认定无效。（2）在借名买房并不违反公序良俗原则、不存在无效事由的情况下，借名人可以依据实质上的代持关系享有基于合同关系所产生的债权请求权。（3）借名人为规避国家房屋限购政策而借名买房，有违公序良俗原则，故借名买房合同应认定为无效，但其嗣后通过消除限购政策障碍补正了合同效力。

理人享有代理权；（b）代理人以被代理人的名义实施代理行为；（c）实施的代理行为在代理权限内；（d）代理行为满足民事法律行为一般有效要件。

a. 李阳光、张美丽享有李小花法定代理权。

《民法典》第17条规定："十八周岁以上的自然人为成年人。不满十八周岁的自然人为未成年人。"第19条第1分句规定："八周岁以上的未成年人为限制民事行为能力人，实施民事法律行为由其法定代理人代理或者经其法定代理人同意、追认。"第23条规定："无民事行为能力人、限制民事行为能力人的监护人是其法定代理人。"第27条第1款规定："父母是未成年子女的监护人。"第163条第2款："委托代理人按照被代理人的委托行使代理权。法定代理人依照法律的规定行使代理权。"第1072条第2款规定："继父或者继母和受其抚养教育的继子女间的权利义务关系，适用本法关于父母子女关系的规定。"

根据以上法条，在签订买卖合同时，李小花为限制民事行为能力人，李阳光、张美丽为李小花的监护人也为其法定代理人，代理李小花实施民事法律行为，即原则上李阳光、张美丽享有李小花的法定代理权。但又根据《民法典》第35条第1款第2句规定："监护人除为维护被监护人利益外，不得处分被监护人的财产。"在语义上"除……外"有两种解释，一种是扩充内容即原则上，监护人可以处分被监护人财产，但不是为被监护人利益时，不得处分；另一种是相反规定即原则上，监护人不可处分被监护人财产，除非为被监护人利益时，可以处分。[1]根据对法条的文义解释，《民法典》第35条第1款第2句中理解为相反规定更为合适[2]。即管理或保护被监护人的财产时，监护人不得代理被监护人处分其财产，但为维护其利益的情况下可以代理处分。由此可以看出，李阳光、张美丽的代理权范围是受限的，如果要代理李小花处分案涉房屋，必须是为维护李小花利益，否则其为无权代理[3]，因而需进一步讨论李阳光、张美丽处分案涉房屋是否为李小花利益。

以下分为司法观点与本案认定两部分进行论述。

---

〔1〕 参见朱广新："论监护人处分被监护人财产的法律效果"，载《当代法学》2020年第1期。

〔2〕 盖因举证责任分配，参见朱广新："论监护人处分被监护人财产的法律效果"，载《当代法学》2020年第1期。

〔3〕 参见夏昊晗："父母以其未成年子女房产设定抵押行为的效力——最高人民法院相关判决评析"，载《法学评论》2018年第5期。

（a）父母为未成年子女利益处分其财产的司法观点。

对于如何判定父母是不是为未成年子女利益处分其财产，各种司法观点可概括为以下四种。

第一种，是不是使被监护人纯获利的行为。如果父母处分未成年人子女的财产，最终结果是仅获得利益，而无任何损失，则属于为未成年子女利益处分其财产[1]。

第二种，会使被监护人利益遭受损失，但获得的利益大于遭受的损失。即未成年人在损失利益的同时，也会获得利益，并且最终获得利益大于损失利益。需要注意的是，应从监护人作出处分行为所处的环境以一般人的角度进行判断[2]。

第三种，是为了家庭的整体利益而处分该财产。[3]

第四种，以理性第三人的视角进行判断，即在其他一般理性的监护人遇到同等情况下是否会作出相应的选择，也就是罗马法中的"善良家父原则"[4]。

（b）本案中李阳光、张美丽是为李小花利益处分其财产。

根据《民法典》第35条第1款第1句："监护人应当按照最有利于被监护人的原则履行监护职责。"第2款："未成年人的监护人履行监护职责，在作出与被监护人利益有关的决定时，应当根据被监护人的年龄和智力状况，尊重被监护人的真实意愿。"可以总结出，《民法典》对于父母处分未成年子女财产为子女利益的判定，应当以"最有利于被监护人"为根本原则，同时以"尊重被监护人的真实意愿"为核心标准[5]。

本案中，无证据表明李阳光、张美丽的行为违反李小花的真实意愿，又因处分房屋目的是为李小花出国留学，因而推定符合李小花真实意愿。结合上述司法观点，李阳光、张美丽行为并非使李小花纯获利益行为，不符合第一种观

---

〔1〕 例如，厦门明瑞达投资咨询有限公司与福建省晋江市陈埭苏厝强达鞋塑服装厂、苏奋强等借款合同纠纷一案，最高法（2015）民申766号。

〔2〕 例如，作为监护人的父母需要出售旧房来为未成年人购买新房改善居住条件时，且购买的新房价值大于等于旧房的价值，而处理未成年人房产的。

〔3〕 一般是认为，家庭整体利益会间接有利于被监护人，所以认为是为被监护人利益。如（2017）沪02民终578号民事判决书。

〔4〕 例如，监护人为了未成年人的教育，如支付学费等；为了未成年人的健康，如治病等，需要处理未成年人房产的。

〔5〕 参见朱广新："论监护人处分被监护人财产的法律效果"，载《当代法学》2020年第1期。

点，但是以被监护人纯获利为被监护人利益未免对监护人过于苛刻，同时也不符合当代社会经济的一般规律，故不采用第一种观点；而在第二种观点中，同类利益容易判断获得利益与损失利益的大小，但是本案中实际为不同类利益，不易判断利益的得与失，故不采用第二种观点；第三种观点以家庭整体利益为先，不符合"最有利于被监护人"原则，故也不采用；在保护未成年人利益的同时，不能对监护人进行过度苛责，对监护人的责任设置适用"善良家父原则"的一般人标准要求更为合适，故本文采用第四种观点判定李阳光、张美丽处分案涉房屋是否为李小花利益。

案涉房屋处分所得价款全部用于李小花留学，根据《民法典》第 1067 条第 1 款："父母不履行抚养义务的，未成年子女或者不能独立生活的成年子女，有要求父母给付抚养费的权利。"《最高人民法院关于适用〈中华人民共和国民法典〉婚姻家庭编的解释（一）》（以下简称《民法典婚姻家庭编解释（一）》）第 42 条："民法典第一千零六十七条所称'抚养费'，包括子女生活费、教育费、医疗费等费用。"而对于其中教育费的通常解释，认为法条中规定的父母应承担义务的教育费指的是子女尚在校接受高中及以下学历教育的教育费[1]，但需要注意的是这里高中及以下学历教育的教育费仅指一般教育费，并不包括上贵族学校此类超过一般标准的教育费[2]，在本案中，李小花使用买卖合同所得金钱就学时期正是处于中学阶段，但首先其属于学费高昂的贵族学校，因而不能强制施加给李阳光、张美丽承担该笔费用的义务；其次从一般人角度来讲，综合判断为长远利益的教育是有利于被监护人利益。即使最终李小花所得 450 万元少于赵小五交付 500 万元房款，从本案现有案情也无法推知有损于李小花利益（亦可能为尽早获得房屋款项而为之）。综上，认为李阳光、张美丽是为李小花利益处分其财产。

因此，李阳光与张美丽享有代李小花处分房屋的代理权。

b. 李阳光、张美丽以李小花的名义实施复任代理。

根据案情，"李阳光与张美丽以李小花的名义与王小刚签订委托书，代为

---

[1] 因子女 18 岁成年，日常生活中此年龄一般处于高中毕业阶段，再结合《民法典婚姻家庭编的解释（一）》第 41 条"尚在校接受高中及其以下学历教育，或者丧失、部分丧失劳动能力等非因主观原因而无法维持正常生活的成年子女，可以认定为民法典第一千零六十七条规定的'不能独立生活的成年子女'"的规定中也是"尚在校接受高中及其以下学历教育"。

[2] 盖因超过普通必须标准，若强制父母承担不合情理。

将该房屋出售。"李阳光、张美丽以李小花的名义实施复任代理。

c. 李阳光、张美丽可以进行复任代理。

复任代理即转代理，根据《民法典》第169条第1款："代理人需要转委托第三人代理的，应当取得被代理人的同意或者追认。"表明原则上委托代理人不得进行复代理，但例外情况下可以进行复代理，即被代理人同意或追认。但是该条仅为对委托代理人的规定，法定代理人是否能够复代理，《民法典》并未直接规定，因此需对法定代理人的复代理进一步探讨。

我国学界通说认为法定代理人应当具有复任代理权[1]，理由如下：

第一，法定代理关系基于法律规定直接产生，不是以人身信赖关系为基础[2]。而委托代理则不同，被代理人是基于一定的人身信赖才委托代理人代其处理事物。这也是为何原则上委托代理人不适用复代理，因为被代理人对委托代理人所定之第三人并无人身信赖，当然，同意或追认除外。

第二，法定代理属于概括代理，并不是针对某项特定事物的代理，其代理范围广，而法定代理人由于多重限制，如精力、时间等，无法为被代理人实施其需要代理的全部法律行为，如果不允许法定代理人进行复代理，则被代理人就无法充分参与法律生活，因而法定代理有必要适用复代理[3]。

第三，《民法典》的立法目的可推断法定代理适用复代理。《民法典》虽未明确规定法定代理人拥有复任代理权，但从《民法典》第19条、第20条、第23条以及第35条，未成年人监护人是其法定代理人，其职责之一是代理被监护人实施法律行为，而未成年人监护人应按照最有利于监护人的原则履行监护职责，可推出法定代理人应当按照最有利于被代理人的原则代理其实施法律行为，且由《民法典》第36条第1款第2项规定可看出，法定代理人在无法实施代理行为时应当授权他人代为履行监护职责，否则将承担不利后果[4]。

〔1〕 参见汪渊智："论复代理"，载《苏州大学学报》（法学版）2018年第4期；徐海燕："复代理"，载《当代法学》2002年第8期。亦有相反意见，参见王利明：《民法总则研究》，中国人民大学出版社2018年版，第645页。

〔2〕 迟颖："代理授权无因性视角下的复代理——兼评《民法典》第169条"，载《法学》2020年第11期。

〔3〕 参见迟颖："代理授权无因性视角下的复代理——兼评《民法典》第169条"，载《法学》2020年第11期。

〔4〕 参见迟颖："代理授权无因性视角下的复代理——兼评《民法典》第169条"，载《法学》2020年第11期。

因此，法定代理人享有复任代理权，而且应是原则上可以进行复代理，除非不利于被监护人或者应由法定代理人亲自代理实施法律行为，不适用复代理。与域外法进行对比也同样如此，如德国民法典中同样原则上允许法定代理人享有复代理权，另有规定除外[1]。

在本案中，让他人代为处分房屋并不损害李小花利益，也并非李阳光、张美丽必须亲自代理实施法律行为，因而李阳光、张美丽可以委托王小刚代理李小花签订房屋买卖合同。

d. 代理行为是否满足民事法律行为一般有效要件。

经检索，李阳光、张美丽的复任代理行为满足行为人具有相应民事行为能力，意思表示真实，未违反法律、行政法规强制性规定以及公序良俗。

e. 小结。

李阳光、张美丽法定代理行为有效。

B. 委托代理行为有效。

根据上文，代理行为有效要件为：（a）代理人享有代理权；（b）代理人以被代理人的名义实施代理行为；（c）实施的代理行为在代理权限内；（d）代理行为满足民事法律行为一般有效要件。

a. 王小刚享有李小花委托代理权。

根据上述分析，王小刚的代理权来源于李阳光、张美丽的委托代理，虽然王小刚基于买卖合同1才与李小花签订了代理合同，但是由于代理无因性，买卖合同1[2]并不影响代理合同效力，亦不影响代理权是否授予。即王小刚是否享有李小花的委托代理权取决于两者，一是李阳光、张美丽是否享有代理李小花处分其房屋的代理权，二是李阳光、张美丽是否可以将代理李小花处分房屋的代理权进行复任代理。

（a）李阳光、张美丽享有代理李小花处分其房屋的代理权。

根据上文分析，李阳光、张美丽享有代理李小花处分其房屋的代理权，此

---

〔1〕《德国民法典》第 1596 条第 2 款关于父亲身份承认的规定以及第 1600A 条第 2、第 3 款关于父亲身份撤销的规定，此类法律行为必须由法定代理人亲自为之，法定代理人不得就此类法律行为的实施授予复代理权。《德国民法典》，台湾大学法律学院、台大法学基金会编译，北京大学出版社 2016 年版，第 1176 页、第 1181 页。

〔2〕此处的买卖合同 1 本质上并非买卖合同，盖因王小刚虽支付价款，但并非以占有房屋以及转移房屋所有权为目的，不符合前文中买卖合同之定义，而是属于无名合同，此处因该合同属于李小花与王小刚之间的合同，其效力不会影响第三人赵小五，所以无须进一步讨论。

处不再讨论。

（b）李阳光、张美丽可以复任代理。

根据上文分析，李阳光、张美丽可以进行复任代理。此处不再讨论。

综上，王小刚享有李小花出售房屋的委托代理权。

b. 王小刚以李小花的名义订立买卖合同。

根据案情，"王小刚代李小花与赵小五签订房屋买卖合同。"王小刚以李小花名义订立买卖合同。

c. 王小刚可以代理李小花签订房屋买卖合同。

根据上文分析，王小刚享有李小花委托代理权，其代理权限为代为出售房屋，因此王小刚可以代理李小花签订房屋买卖合同。

d. 代理行为满足民事法律行为一般有效要件。

经检索，王小刚的代理行为满足行为人具有相应民事行为能力，意思表示真实，未违反法律、行政法规强制性规定以及公序良俗。

e. 小结。

王小刚委托代理行为有效。

C. 小结。

买卖合同一般有效要件与特别有效要件均满足，买卖合同有效。

（3）买卖合同生效。

《民法典》第502条第1款规定："依法成立的合同，自成立时生效，但是法律另有规定或者当事人另有约定的除外。"本案中涉及的买卖合同法律并无其他规定，同时当事人也未另行约定合同附条件或附期限生效，所以合同成立即生效。

（4）小结。

请求权已成立。

2. 请求权未消灭

此处检索该请求权是否消灭，因该请求权为基于合同的债权请求权，所以可能导致该请求权消灭的情况有二，一是《民法典》第557条规定债的终止，二是《民法典》第580条对非金钱之债继续履行的例外情况。

（1）债权债务未终止。

《民法典》第557条规定："有下列情形之一的，债权债务终止：（一）债务已经履行；（二）债务相互抵销；（三）债务人依法将标的物提存；（四）债权人免除债务；（五）债权债务同归于一人；（六）法律规定或者当事人约定终止的其他情形。合同解除的，该合同的权利义务关系终止。"若为以上情况，该请求权消灭，但根据案件事实，本案并未存在相关的事由。

（2）不存在非金钱之债继续履行的例外情况。

根据《民法典》第580条第1款："当事人一方不履行非金钱债务或者履行非金钱债务不符合约定的，对方可以请求履行，但是有下列情形之一的除外：（一）法律上或者事实上不能履行；（二）债务的标的不适于强制履行或者履行费用过高；（三）债权人在合理期限内未请求履行。"根据案情，可以轻易判断本案中并未出现其规定的第二种、第三种情况，但可能出现第一种情况，即若房屋所有权不属于李小花，其没有对房屋处分权，就无法将房屋所有权转移给赵小五，出现法律上履行不能的情况，因而需进一步检索李小花是否享有房屋处分权。

李小花享有房屋处分权分析。

按照本案案情，李小花需享有案涉房屋所有权才会享有房屋处分权，案涉房屋的物权归属又取决于李阳光、张美丽出资买房登记在李小花名下的性质。

①学术界对父母出资买房登记在子女名下行为性质判定。

对李阳光、张美丽出资买房登记在李小花名下即父母出资购买房屋登记在未成年子女名下的行为性质，学术界有如下看法：

第一，认为是赠与[1]。即李小花作为无民事行为能力人，李阳光、张美丽夫妻将房屋登记在李小花名下是共同作出的赠与行为，并且作为李小花法定代理人代其办理过户登记，接受赠与。

第二，认为是代持[2]。即李小花作为无民事行为能力人，李阳光、张美丽夫妻将房屋登记在李小花名下是让李小花代其持有，并且作为李小花法定代理人作出同意该代持的意思表示。代持合同现今法律虽无明确规定，但从司法意见来看，更多认为代持合同有效，只要不违反相关政策、法规的强制性规定[3]。

---

[1] 此处属于自己代理的例外情形，因对子女而言属于纯获利行为，并不损害其利益，所以父母可以进行自己代理对子女进行赠与。参见夏昊晗："亲子间赠与、债权人保护与未成年人名下房产所有权归属的认定——王雲轩、贺珠明执行异议之诉一案评析"，载《华东政法大学学报》2019年第3期。

[2] 参见马强："借名购房所涉问题之研究——以法院裁判的案件为中心"，载《政治与法律》2014年第7期。

[3] 对于违反限购政策的借名买房合同，人民法院的判决鲜有认定无效的。参见马强："借名购房所涉问题之研究——以法院裁判的案件为中心"，载《政治与法律》2014年第7期。

②实务界对涉及房屋性质判定。

根据以上两种对于父母出资购买房屋登记在未成年子女名下的行为性质看法，实务界对涉及的房屋性质又有如下观点：

第一，认为应当是夫妻共同财产[1]。

理由一认为，父母出资购买房屋登记在未成年子女名下这一行为是赠与，但是根据《民法典》第 19 条、第 20 条，子女作为无民事行为能力人或者限制行为能力人，其法律行为由父母代理作出，又因《民法典》第 168 条，自我代理行为原则无效，且在子女作为无民事行为能力人或者限制民事行为能力人的情况下，无法进行追认，父母代其作出的接受赠与无效，房屋物权未变动，依然作为父母的夫妻共同财产。

理由二认为，父母出资购买房屋登记在未成年子女名下这一行为并非赠与而是代持，房屋仅是登记在子女名下，但是实际的物权人仍是父母。

第二，认为应当是未成年子女个人财产[2]。

理由一认为，父母出资购买房屋登记在未成年子女名下这一行为是赠与，而且根据《民法典》第 216 条，因为房屋已经登记在子女名下，所以应当认定房屋是未成年子女的个人财产。

理由二认为，父母出资购买房屋登记在未成年子女名下这一行为是赠与，而且根据《民法典》第 19 条、第 20 条，父母代理其作出接受赠与的意思表示并进行房屋登记，虽然《民法典》第 168 条规定自我代理原则无效，除非当事人追认，是因为在讨论情况中，子女是纯获利益，并未对其设置责任义务，出于对未成年人利益保护，应当视为特殊的自我代理，赠与有效，房屋属于子女个人财产。

第三，认为应当是家庭共有财产[3]。

认为未成年子女作为家庭成员，一般没有独立的经济来源，其名下财产自然是家庭共有财产的组成部分[4]。

---

〔1〕 江西省赣州市中级人民法院（2017）赣 07 民初 32 号民事判决书、江西省高级人民法院（2017）赣民终 463 号民事判决书、安徽省高级人民法院（2017）皖民终 383 号民事判决书。

〔2〕 浙江省高级人民法院（2017）浙民再 140 号民事判决书。

〔3〕 此类观点最站不住脚，盖因法条并未规定家庭共有财产这一财产制。

〔4〕 宜昌市中级人民法院（2016）鄂 05 民初 152 号民事判决书、浙江省高级人民法院（2017）浙民再 140 号民事判决书、浙江省高级人民法院（2017）浙民再 140 号民事判决书。

③本文观点。

本文认为，不动产物权登记产生的是将登记记载的权利人推定为真正权利人的效力，应分为对外效力和对内效力。对外效力是指根据物权公示公信原则，不动产物权经过登记后，善意第三人基于对登记的信赖而与登记权利人发生的不动产交易行为应受到法律保护；对内效力是指在权利人与利害关系人之间，应根据当事人的真实意思表示来确定真正的权利人〔1〕。所以在判断父母出资购买房屋登记在未成年子女名下的行为性质时应审查夫妻双方的真实意思表示，因为根据《民法典》第471条，合同的订立是基于当事人的意思表示，这也是合同的核心原则——意思自治。所以应综合判断父母是否有赠与的意思表示，以判断父母行为是赠与还是代持，但对此又有两种不同路径：

一是推定赠与为原则〔2〕，即除非有证据证明父母意思表示并非赠与，一般情况下应从未成年人利益出发认定该房屋系父母对子女的赠与。

二是推定赠与为例外，即有证据表示，才认为是赠与〔3〕。

因父母子女间特殊的人身关系，本文采取了第一种路径，推定赠与为原则。

因本案中除张美丽在向法院提起诉讼时的主张外，无其他证据能够证明李阳光、张美丽夫妻将房子登记在李小花名下的意思表示不是赠与所以推定其意思表示是将房产赠与李小花。

而案涉房屋物权是否归属李小花，物权变动原因与结果相区分原则，其内涵是物权变动的结果行为不影响原因行为，但是无论是司法判例还是学术研究都肯定我国现行制度下，原因行为会影响结果行为〔4〕，应按照李阳光、张美丽与李小花的赠与合同效力、房屋是否登记在李小花名下两步进行。

---

〔1〕 最高人民法院民事审判第一庭编：《民事审判实务问答》，法律出版社2021年版，第237页。

〔2〕 参见夏昊晗："亲子间赠与、债权人保护与未成年人名下房产所有权归属的认定——王雲轩、贺珠明执行异议之诉一案评析"，载《华东政法大学学报》2019年第3期。

〔3〕 此处实际适用《民法典》第657条："赠与合同是赠与人将自己的财产无偿给予受赠人，受赠人表示接受赠与的合同。"第140条："行为人可以明示或者默示作出意思表示。沉默只有在有法律规定、当事人约定或者符合当事人之间的交易习惯时，才可以视为意思表示。"因需要证据证明相对人有赠与之意思表示，才能推定赠与。

〔4〕 参见茅少伟："民法典编纂视野下物权变动的解释论"，载《南京大学学报（哲学·人文科学·社会科学）》2020年第2期；季境："物权变动立法模式在我国的修正及其完善"，载《法律适用》2015年第5期；最高人民法院研究室编著：《最高人民法院关于合同法司法解释（二）理解与适用》，人民法院出版社2009年版，第114-117页。

第一，李阳光、张美丽与李小花的房屋赠与合同是否成立有效。

首先，判定该赠与合同是否成立。根据《民法典》第657条："赠与合同是赠与人将自己的财产无偿给予受赠人，受赠人表示接受赠与的合同。"则赠与合同属于诺成、不要式合同，当事人达成合意，合同即告成立。又根据《民法典》第658条第1款："赠与人在赠与财产的权利转移之前可以撤销赠与。"即在赠与房屋所有权转移前，李阳光、张美丽可以撤销赠与。

其一，李阳光、张美丽是否作出了赠与的意思表示。按照上述分析，李阳光、张美丽作出了赠与给李小花的意思表示。

其二，李小花是否作出接受赠与的意思表示。李小花在赠与行为发生时仍未满14周岁，根据《民法典》第19条，其属于限制行为能力人，但可实行纯获利益的法律行为，同时也可由法定代理人代为实施，李小花虽未明确表示接受赠与，结合李阳光、张美丽将房屋登记在李小花名下事实，可推定李阳光、张美丽代其作出了接受赠与的意思表示。

其三，在赠与房屋所有权转移前，李阳光、张美丽是否撤销赠与。根据案情，李阳光、张美丽没有撤销赠与。所以该合同成立。

其次，判定该赠与合同是否有效。综合来看，李阳光、张美丽对房屋享有处分权，且未违反《民法典》第143条规定。所以该合同有效。

第二，房屋是否登记在李小花名下。根据案情，房屋登记在李小花名下。

综上所述，案涉房屋物权属于李小花。所以李小花享有房屋处分权，不存在《民法典》第580条第1款规定的法律履行不能的情况。

（3）小结。

该请求权未消灭。

3. 请求权可行使

可能阻却该请求权行使的情况为对于大多数债权请求权适用的诉讼时效制度，根据《民法典》第188条第1款规定："向人民法院请求保护民事权利的诉讼时效期间为三年。法律另有规定的，依照其规定。"本案由于当事人约定，李小花自赵小五取得购房资格后才应履行债务，所以诉讼时效应从2021年10月起算，没有超过三年的诉讼时效。

4. 小结

根据《民法典》第598条，赵小五对李小花享有基于买卖合同请求协助完成房屋登记变更的债权请求权，可以请求李小花继续履行，协助变更房屋登记。

## 二、赵小五可能根据《民法典》第577条对李小花享有继续履行请求权

（一）大纲

> 1. 请求权已成立
> （1）赵小五与李小花间买卖合同2成立、有效。
> （2）李小花不履行转移房屋所有权的义务。
> （3）小结。
> 2. 请求权未消灭
> 3. 请求权是否可行使
> 4. 小结

（二）正文

根据《民法典》第577条规定："当事人一方不履行合同义务或者履行合同义务不符合约定的，应当承担继续履行、采取补救措施或者赔偿损失等违约责任。"本案中，上述请求权的成立需满足：第一，赵小五与李小花之间的买卖合同成立、有效；第二，李小花不履行转移房屋所有权的义务。而作为基于债权产生的请求权，其可能的权利消灭抗辩为《民法典》第557条债的一般消灭事由，结合本案案情，还可能为第580条非金钱债务继续履行的例外情形。可能存在的权利阻止抗辩为《民法第》第192条诉讼时效届满效力。

1. 请求权已成立

（1）赵小五与李小花之间的买卖合同2成立、有效。

上文已论述赵小五与李小花之间的买卖合同2成立有效。

（2）李小花不履行转移房屋所有权的义务。

根据案情，李小花没有履行转移房屋所有权的义务。

（3）小结。

该请求权已成立。

2. 请求权未消灭

根据上文，不满足《民法典》第557条情形与第580条非金钱债务继续履行的例外情形，请求权未消灭。

3. 请求权是否可行使

根据上文，不满足《民法第》第192条诉讼时效届满效力。请求权可行使。

4. 小结

根据《民法典》第577条，赵小五对李小花享有基于买卖合同请求协助完成房屋登记变更的债权请求权，可以请求李小花继续履行，协助变更房屋登记。

### 三、赵小五可能对李小花享有法定解除权与恢复原状请求权

（一）大纲

1. 赵小五享有合同解除权

（1）合同解除权是否已成立。

①李小花迟延履行主要债务。

②赵小五催告李小花履行主要债务。

③李小花在合理期限仍未履行。

④小结。

（2）合同解除权未消灭。

（3）合同解除权可以行使。

（4）小结。

2. 若赵小五解除合同享有恢复原状返还房屋价款请求权

3. 小结

（二）正文

《民法典》第563条第1款第2项、第3项、第4项规定："（二）在履行期限届满前，当事人一方明确表示或者以自己的行为表明不履行主要债务；（三）当事人一方迟延履行主要债务，经催告后在合理期限内仍未履行；（四）当事人一方迟延履行债务或者有其他违约行为致使不能实现合同目的。"《民法典》第566条第1款规定："合同解除后，尚未履行的，终止履行；已经履行

的，根据履行情况和合同性质，当事人可以请求恢复原状或者采取其他补救措施，并有权请求赔偿损失。"《民法典》第 566 条第 2 款规定："合同因违约解除的，解除权人可以请求违约方承担违约责任，但是当事人另有约定的除外。"

根据案情，李小花的主要债务为转移房屋所有权，但是根据当事人约定，其债务是在赵小五取得本市购房资格后才应该履行，则李小花主要债务的履行期限为赵小五取得本市购房资格之日，在履行期限届满后，赵小五向李小花请求履行债务，而李小花表示拒绝履行，很明显不满足第 563 条第 1 款第 2 项规定，依据该条不能成立解除权。同时也不满足第 566 条第 4 款规定，因为赵小五的合同目的即取得房屋所有权仍有可能实现。唯有第 563 条第 1 款第 3 项可能产生解除权，因而进行进一步检索。

赵小五如果享有解除合同的解除权，行使该解除权的同时，才能根据第 566 条第 1 款或第 566 条第 2 款与第 577 条请求恢复原状返还房屋价款。而赵小五若享有解除合同请求权，需李小花迟延履行主要债务、赵小五催告李小花履行主要债务、李小花在合理期限仍未履行三者均满足。

1. 赵小五享有合同解除权

（1）合同解除权是否已成立。

①李小花迟延履行主要债务。

结合案情，当事人约定在赵小五取得购房资格后，李小花应履行其主要债务，即协助变更房屋登记，转移房屋所有权，但李小花并未履行，属于迟延履行主要债务。

②赵小五催告李小花履行主要债务。

2021 年 10 月，赵小五催告李小花将房屋更名过户，满足赵小五催告李小花履行主要债务。

③李小花在合理期限内仍未履行。

在赵小五催告后，李小花明确表示拒绝履行。

④小结。

合同解除权成立。

（2）合同解除权未消灭。

根据《民法典》第 564 条规定："法律规定或者当事人约定解除权行使期限，期限届满当事人不行使的，该权利消灭。法律没有规定或者当事人没有约定解除权行使期限，自解除权人知道或者应当知道解除事由之日起一年内不行使，或者经对方催告后在合理期限内不行使的，该权利消灭。"解除权作为形成权，可能因为超出除斥期间而消灭，本案中未超过 1 年，因而合同解除权未消灭。

（3）合同解除权可以行使。

经检索，合同解除权无权利阻止抗辩事由，可以行使。

（4）小结。

赵小五可以行使解除权解除合同。

*2. 若赵小五解除合同享有恢复原状返还房屋价款请求权*

根据《民法典》第 566 条第 1 款："合同解除后，尚未履行的，终止履行；已经履行的，根据履行情况和合同性质，当事人可以请求恢复原状或者采取其他补救措施，并有权请求赔偿损失。"赵小五若行使法定解除权，合同解除，则可以请求李小花返还购房所支付价款。

根据《民法典》第 566 条第 2 款："合同因违约解除的，解除权人可以请求违约方承担违约责任，但是当事人另有约定的除外。"与第 577 条："当事人一方不履行合同义务或者履行合同义务不符合约定的，应当承担继续履行、采取补救措施或者赔偿损失等违约责任。"赵小五若对李小花的违约行为行使法定解除权，合同解除，自然可以请求李小花解除合同并返还购房所支付价款恢复原状，且并不存在阻却该请求权产生与行使的事由。

*3. 小结*

赵小五可以根据《民法典》第 563 条第 1 款第 3 项结合第 566 条第 1 款或第 566 条第 2 款与第 577 条解除合同并请求李小花返还价款。

### 四、赵小五可能根据《民法典》第 122 条或第 985 条对李小花享有不当得利返还请求权

赵小五对李小花享有不当得利返还请求权之前提为王小刚享有李小花的代理权，而买卖合同 2 无效，前文已检索买卖合同 2 有效，则无须进行讨论，赵小五并未享有对李小花的不当得利返还请求权。

### 五、结论

综上，赵小五有权向李小花请求继续履行，协助变更房屋登记，相应请求权基础为《民法典》第 598 条或第 577 条，两者为原初履行请求权与违约后救

济的派生继续履行请求权之关系，前者适用优于后者，均符合赵小五之诉求，但两者请求权内容相同，赵小五择一选择即可。除去这两者以外，赵小五还享有其他请求权。具体而言，因李小花迟延履行转移房屋所有权的主要债务，且在赵小五催告后拒绝履行，赵小五可以根据《民法典》第563条第1款第3项结合第566条第1款或第566条第2款与第577条解除合同并请求李小花返还价款。

## 第2部分　赵小五对李阳光、张美丽

### 一、赵小五可能根据《民法典》第171条第3款第1句对李阳光、张美丽享有继续履行或赔偿损失请求权

《民法典》第171条第3款第1句："行为人实施的行为未被追认的，善意相对人有权请求行为人履行债务或者就其受到的损害请求行为人赔偿。"

赵小五享有该请求权的前提是李阳光、张美丽委托王小刚买卖李小花房屋为无权代理，买卖合同2对李小花不发生效力。

根据上文分析，李阳光、张美丽委托王小刚买卖李小花房屋为有权代理，此处不再过多赘述。

### 二、结论

本案中，李阳光、张美丽作为李小花法定代理人有代理权委托王小刚签订买卖合同，买卖合同对李小花发生效力，赵小五不得参照适用《民法典》第171条第3款第1句请求李阳光、张美丽继续履行或赔偿损失。

## 第3部分　赵小五对王小刚

### 一、赵小五可能根据《民法典》第171条第3款第1句对王小刚享有继续履行或赔偿损失请求权

该处请求权检索同上，不再过多赘述。

本案中，王小刚作为李小花委托代理人签订买卖合同，买卖合同对李小花

发生效力，赵小五不得根据《民法典》第 171 条第 3 款第 1 句请求王小刚继续履行或赔偿损失。

## 二、赵小五可能根据《民法典》第 122 条或第 985 条对王小刚享有不当得利返还请求权

赵小五对王小刚享有不当得利返还请求权之前提为王小刚没有李小花代理权，而买卖合同 2 无效，前文已检索王小刚享有李小花代理权、买卖合同 2 有效，则无须进行讨论，赵小五并不享有对王小刚的不当得利返还请求权。

## 三、结论

赵小五对王小刚未享有任何请求权。

# 张美丽之请求权基础预选及探寻

## 一、张美丽的请求权基础预选

在本案中，张美丽可能的请求权标的物为案涉房屋与雕塑。但前文已述明，案涉房屋由李阳光与张美丽共同赠与李小花，且登记于李小花名下，已完成交付，除非根据《民法典》第663条法定撤销权撤销赠与，张美丽可能根据《民法典》第665条指引到第235条请求李小花返还房屋，否则张美丽不再对案涉房屋享有物权，而本案中，未出现第663条所规定的情形，因此不再讨论张美丽以房屋为标的物所享有的请求权。

针对雕塑则需判断赠与前雕塑之物权归属。已知李阳光已将雕塑赠与李小花，若雕塑赠与前为李阳光个人财产，则张美丽对雕塑无任何权利。若雕塑赠与前为李阳光、张美丽夫妻共同财产，如果李小花未取得雕塑所有权，张美丽可能根据《民法典》第235条对李小花有请求返还雕塑的物权请求权，在此具体可能有两种路径，一则雕塑赠与合同无效，张美丽直接依据《民法典》第235条对李小花享有返还请求权；二则雕塑赠与合同有效，但张美丽依据《民法典》第663条撤销赠与合同，根据第665条指引到第235条对李小花享有返还请求权。但张美丽并非雕塑赠与合同相对人，本案中亦无突破合同相对性情形，即使该赠与合同有效，张美丽亦不能解除该赠与合同，因而实际上张美丽仅可能通过路径一依据《民法典》第235条对李小花享有返还雕塑请求权。或者根据《民法典》第122条或第985条因李小花占有雕塑对其有基于不当得利的返还雕塑请求权；如果李小花取得雕塑所有权，张美丽可能根据《民法典》第122条或第985条对李小花有基于不当得利的返还雕塑请求权；无论李小花是否取得雕塑所有权，只要李小花未返还雕塑，张美丽都可能因李阳光的行为利益受损，依据《民法典》第1165条第1款对李阳光有侵权损害赔偿请求权，但需对《民法典》第1165条第1款进行拆解。

《民法典》第1165条第1款规定："行为人因过错侵害他人民事权益造成损害的，应当承担侵权责任。"将该条文拆解可得，侵权责任为两部分，即责任成立部分与责任范围部分。责任是否成立，实际回应了请求权是否成立。责任成立部分可类比刑法三阶层理论，即该当性、违法性、有责性[1]。该当性为侵权事实构成，即受害人民事权益被侵犯、行为人有加害行为和受害人民事权益被侵犯与行为人的加害行为有因果关系；违法性为未出现不法性阻却事由，抗辩该侵权责任行为责任；有责性为可归责性，即行为人有过错且无责任能力抗辩事由。责任范围即侵权具体内容，实际回应请求权的范围大小。责任范围部分为实际产生的损害与实际产生损害与行为人加害行为有因果关系。[2] 该条文拆解后的每个部分应落实到《民法典》其他具体条文以确定是否满足。

**小结：**

1. 张美丽可能根据《民法典》第 235 条对李小花享有返还雕塑原物请求权。

2. 张美丽可能根据《民法典》第 112 条或第 985 条对李小花享有返还雕塑原物请求权。

3. 张美丽可能根据《民法典》第 1165 条第 1 款对李阳光享有基于侵权损害赔偿请求权。

### 二、张美丽享有的请求权探寻

当张美丽无法从李小花手中取回雕塑时，才可能产生损害，进而可能对李阳光享有损害赔偿请求权。因而，先检索张美丽对李小花享有的请求权，再检索张美丽对李阳光的请求权。

但张美丽对李小花可能享有多项请求权，应确定其检索顺序。张美丽对李小花可能享有的请求权都是基于张美丽对雕塑享有物权的基础上，在李小花不享有雕塑占有本权情况下，张美丽可以直接依据《民法典》第 235 条取回雕塑；《民法典》第 122 条或第 985 条则是基于张美丽无法请求返还雕塑，李小花侵犯张美丽权益情况下，张美丽可能基于侵权享有的请求权。根据上文对于不当得利之分析，张美丽与李小花实际并不存在给付关系，此处可能涉及的实为非给付型不当得利中的权益侵害不当得利，拆解其成立要件应为（a）相对人取得财产利益，（b）利益应当属于请求人，（c）存在权益侵害关系。因请求

---

[1] 此处归责制度适用过错归责原则，即无过错无责任。

[2] 参见吴香香："中国法上侵权请求权基础的规范体系"，载《政法论坛》2020 年第 6 期。

人与相对人并无给付关系，不存在因该关系可能享有法律上原因而得利，加之请求人合法权益应受保护，所以得利无法律上原因不为该类不当得利请求权的成立要件，而为其成立抗辩要件[1]。

所以按照请求权检索顺序，应先检索张美丽享有物权，即张美丽根据《民法典》第235条可能对李小花享有的物权返还请求权，再检索其基于不当得利的《民法典》第122条或第985条产生的返还请求权，最后检索根据《民法典》第1165条第1款享有对李阳光基于侵权的损害赔偿请求权。

---

[1] 参见吴香香：《民法典请求权基础检索手册》，中国法制出版社2021年版，第138页。

# 第4部分　张美丽对李小花

## 一、张美丽可能根据《民法典》第235条向李小花请求返还雕塑

### (一) 大纲

1. 请求权已成立
(1) 李小花占有雕塑。
(2) 张美丽为雕塑权利人。
①雕塑转移占有前张美丽是否为雕塑权利人。
②雕塑转移占有后物权是否变动。
A. 物权行为成立。
　a. 李阳光与李小花达成雕塑物权变动合意。
　b. 小结。
B. 物权行为是否有效。
　a. 当事人意思表示有效。
(a) 李阳光基于日常家事代理张美丽作出意思表示。
(b) 张美丽事后进行追认。。
(c) 小结。
　b. 李阳光享有处分权。
　c. 雕塑已交付。
　d. 赠与合同成立有效。
(3) 李小花无占有本权。
(4) 小结。
2. 请求权未消灭
(1) 雕塑已灭失。
(2) 债消灭。
(3) 小结。
3. 请求权可行使

（1）李小花享有并行使留置抗辩权。
（2）李小花可以诉讼时效抗辩。
（3）小结。
4. 小结

（二）正文

根据《民法典》第 235 条产生的请求权为返还原物请求权，为物权请求权之一，对其性质，理论上多种观点。[1]物权的最基本保护是通过排除第三人意思对物的干涉，贯彻物权人的意思，恢复物权的圆满状态。因此，权利人欲排除他人对自己所有之物的占有，必得基于其本身的物权，即返还原物请求权的提起必须依附于权利人所拥有的物权本身。可以看出符合"附属说"。同时，返还原物请求权源自所有权人对标的物所有权的排他性，旨在保护所有权人基于自身的主观法律地位而恢复对物的圆满支配状态。

1. 请求权已成立

根据《民法典》第 235 条规定："无权占有不动产或者动产的，权利人可以请求返还原物。"则该请求权成立的基础是（a）李小花现占有雕塑；（b）张美丽为雕塑权利人。可能成立抗辩为李小花享有占有本权。张美丽是否为雕塑权利人又可分为雕塑转移占有前张美丽是否为物权人与雕塑转移占有后物权是否变动两部分。

（1）李小花占有雕塑。

占有作为事实行为，根据案情可判断李小花已经占有雕塑。

（2）张美丽为雕塑权利人。

①雕塑转移占有前张美丽是否为雕塑权利人。

《民法典》第 1062 条规定了夫妻共有财产的四种基本表现形态即"（一）工资、奖金、劳务报酬；（二）生产、经营、投资的收益；（三）知识产权的收

---

[1] 主要存在三种观点，分别是债权说、附属说、物权效力说（否定说）。债权说，即认为物权的请求权系对特定人行使的独立的权利，属债权性质的权利；附属说为德国传统理论所赞同，即物权请求权是一种附属性权利，其目的是保证物权的圆满状态，并不得与物权本身相分离；物权效力说（否定说），即物权请求权不过是物权本身效力的体现。参见滕佳一："返还原物请求权体系解释论"，载《比较法研究》2017 年第 6 期。

益；（四）继承或者受赠的财产，但是本法第一千零六十三条第三项规定的除外"与一项兜底条款"（五）其他应当归共同所有的财产"。第 1063 条规定了夫妻个人财产的四项基本表现状态即"（一）一方的婚前财产；（二）一方因受到人身损害获得的赔偿或者补偿；（三）遗嘱或者赠与合同中确定只归一方的财产；（四）一方专用的生活用品"与一项兜底条款"（五）其他应当归一方的财产。"本案中的雕塑均不属于夫妻共同财产与夫妻个人财产中的基本表现状态，那么应该讨论其是被包括于夫妻共同财产中的兜底条款还是夫妻个人财产中的兜底条款。

虽然《民法典》没有明文规定，但是在特定财产是个人财产还是夫妻共有财产难以确定时，应当推定为夫妻共同财产，理由如下：

第一，《民法典》的立法目的决定。《民法典》的婚姻家庭编规定，除解决家庭成员的纠纷外，旨在维护家庭关系的稳定，无论是人身关系还是财产关系，在婚姻存续期间，以夫妻共有财产为原则，夫妻个人财产为例外，无疑有利于加强夫妻间人身关系与财产关系的联系[1]。

第二，我国司法实践决定。例如，《关于人民法院审理离婚案件处理财产分割问题的若干具体意见》第 7 条[2]，虽已失效，但可作参考。这是因为如果以夫妻个人财产为原则，容易导致夫妻一方利用举证困境将夫妻共同财产或另一方之夫妻个人财产据为己有。夫妻共同财产推定以为原则，虽然也可能侵犯夫妻个人财产，但两害相权取其轻[3]。

第三，我国的民族文化决定。几千年来，我国传统婚姻观念中有一个核心词汇——同财共居[4]，即家庭财产共有一同居住，在此基础上，难以确定是夫妻个人财产还是夫妻共同财产的特定财产自然应当推定为夫妻共同财产。

但需注意的一点是，本案中的雕塑并非一般的特定财产，而是具有人身专属性[5]，虽具有经济利益，但在转化为实际经济财产前，原应属于李阳光之

---

〔1〕 实为"婚姻保护"之原则。参见贺剑："夫妻财产法的精神——民法典夫妻共同债务和财产规则释论"，载《法学》2020 年第 7 期。

〔2〕 即"对是个人财产还是夫妻共同财产难以确定的，主张权利的一方有责任举证。当事人举不出有力证据，人民法院又无法查实的，按夫妻共同财产处理"。

〔3〕 参见贺剑："夫妻财产法的精神——民法典夫妻共同债务和财产规则释论"，载《法学》2020 年第 7 期。

〔4〕 "同居共财"的关系，在中国传统的家族生活中具有"原理性"的意义，参见韩伟："中华法文化中'共同生活的人'"，载《人民法院报》2016 年 2 月 5 日，第 7 版。

〔5〕 此处体现为知识产权。

个人财产[1]，但因李阳光之职业为雕塑家，其原本具有人身专属性的创造雕塑行为，实际上也应当为其谋生的劳动行为。

因此，本案中的雕塑在赠与前应推定被包括于《民法典》第1062条第5款，又根据《民法典》第231条，雕塑被创造之后，在赠与前属于李阳光、张美丽夫妻共同财产，张美丽是雕塑权利人，对雕塑享有物权，且其物权为所有权是具有占有权能之物权，而该所有权共同共有并不影响返还原物请求权之产生。

②雕塑转移占有后物权是否变动。

根据《民法典》第133条、第224条、第244条，动产所有权变动作为法律行为，同样需要经过成立、有效两步判定。此外，因债权行为影响物权行为效力。反映到本案上，赠与合同为雕塑物权变动的原因行为即债权行为，雕塑交付转移占有为雕塑物权变动的结果行为即物权行为，亦即赠与合同有效与否会影响雕塑物权变动效力，因此赠与合同是否成立、有效应作为物权行为有效的要件之一。

A. 物权行为成立。

同债权行为一样，需要当事人达成物权变动的合意，合意达成物权行为即告成立。

a. 李阳光与李小花达成雕塑物权变动合意。

《民法典》第135条第1分句规定："民事法律行为可以采用书面形式、口头形式或者其他形式"第137条第2款第1句规定："以非对话方式作出的意思表示，到达相对人时生效。"第139条规定："以公告方式作出的意思表示，公告发布时生效。"第480条规定："承诺应当以通知的方式作出；但是，根据交易习惯或者要约表明可以通过行为作出承诺的除外。"

本案中，李阳光在雕塑创造后，便表示要将雕塑赠与李小花，作出了雕塑物权变动的意思表示，但是并未直接将该意思表示向李小花作出，加之根据案情现有证据，无法证明李阳光是否以公告方式作出该意思表示，但基于生活实

---

[1] 此处雕塑主要表现的虽是物权，但因知识产权带来的人身专属性，可以借鉴有关知识产权的分割，在司法实践中，存在三种处理意见：①权利人所有说。该观点认为，根据最高人民法院的相关司法解释，仅将知识产权实际取得或者已经明确可以取得的财产性收益作为分割的对象，而离婚时尚未进行任何收益化的知识产权，仅属于一种可能性的期待利益，无法分割，以归属作者为宜。②平分评估价值说。该观点认为，可以在离婚时将相应的知识产权中的财产权部分（人身权部分专属于作者而无法分割）送交专业鉴定机构评定价值，然后均分。③追偿收益说。该观点认为，可以在离婚时对相关知识产权不予分割，而是由作者一方管理，该权利转化为实际收益后，再由非权利人一方向作者一方追偿。

际此处推定没有，所以根据《民法典》第 137 条第 2 款第 1 句该意思表示此时没有生效。而后李小花通过张美丽得知李阳光作出了雕塑物权变动意思表示，但是张美丽不属于李阳光委托进行意思表示传达之人，因而其仅作为李小花得知该意思表示的信息来源，此时该意思表示仍未生效。直至 2017 年 8 月，李小花前往银行，银行作为李阳光赠与意思的传达之人，使得李阳光赠与雕像的意思表示到达李小花并生效，而根据《民法典》第 480 条，李小花以其领受雕塑行为表明了其对雕塑物权变动的意思表示，当事人达成雕塑物权变动之合意。

b. 小结。

物权行为成立。

B. 物权行为是否有效。

结合本案案情，雕塑物权转移需要当事人间雕塑物权变动之意思表示有效、李阳光和张美丽对雕塑有处分权、实际上已经交付，同时因银行在代李阳光作出物权变动意思表示之时，张美丽并未有意思表示，但是依照上文，雕塑在赠与前为夫妻共同财产，根据《民法典》第 301 条，对其处分需要张美丽也有物权变动之意思表示，因而需要判定李阳光是否有代理权代理张美丽作出该意思表示。

所以在判定物权行为是否有效时，应判定当事人意思表示是否有效、李阳光是否对雕塑有处分权、雕塑是否已交付与赠与合同是否成立有效四个环节。

a. 当事人意思表示有效。

雕塑作为共同共有物，根据《民法典》第 301 条，其物权变动应当经全体共同共有人同意，即也需要张美丽同意。在李阳光欲变动雕塑物权时，张美丽并未有意思表示，但需检索李阳光是否有张美丽代理权代理其作出同意之意思表示。李阳光可能根据两种路径有权代理张美丽作出同意之意思表示，其一为日常家事代理；其二为张美丽事后追认。

《民法典》第 301 条规定："处分共有的不动产或者动产以及对共有的不动产或者动产作重大修缮、变更性质或者用途的，应当经占份额三分之二以上的按份共有人或者全体共同共有人同意，但是共有人之间另有约定的除外。"第 1060 条第 1 款规定："夫妻一方因家庭日常生活需要而实施的民事法律行为，对夫妻双方发生效力，但是夫妻一方与相对人另有约定的除外。"

（a）李阳光基于日常家事代理张美丽作出意思表示。

因李阳光与张美丽特殊的夫妻关系，李阳光可能基于日常家事代理权能代理张美丽作出同意雕塑物权变动的意思表示。若要进行判定，需确定李阳光赠与李小花雕塑是否属于日常家事范围。

《民法典》概括性地将日常家事范围定义为因家庭日常需要而实施的法律行为，对其并没有一个明确的范围界定，因此学术界观点各有不同，但有学者对众多观点进行了科学概括，将其分为六类，（a）购买家庭必要的日用品；（b）医疗医药服务及必要的保健；（c）家庭娱乐、锻炼及文化消费；（d）个人发展及子女教育；（e）家庭用工的雇佣决定；（f）基于家庭社交需要向亲友为小额财产赠与或接受馈赠等。[1] 而本案中，李阳光变更雕塑所有权这一法律更贴近第六类，但是其并非小额财产。所以李阳光赠与李小花雕塑不属于日常家事代理范围，李阳光不享有张美丽代理权。

（b）张美丽事后进行追认。

结合案情，张美丽与李小花通话时，表明希望李小花取得雕塑后能将前述之卖房款的一半返还给自己。可推断张美丽同意李小花取得雕塑，事后作出了追认。

（c）小结。

当事人意思表示有效。

b. 李阳光享有处分权。

《民法典》第 240 条规定："所有权人对自己的不动产或者动产，依法享有占有、使用、收益和处分的权利。"第 299 条规定："共同共有人对共有的不动产或者动产共同享有所有权。"

依据前文分析，案涉雕塑在赠与之前属于夫妻共同财产，李阳光对雕塑自然享有处分权，虽其事前未与张美丽达成一致，但得到了张美丽事后追认。

c. 雕塑已交付。

根据案情，李小花已取走雕塑并放在自己家中，即雕塑已经交付。

d. 赠与合同成立、有效。

第一，雕塑赠与合同是否成立。根据上文，赠与合同只需要当事人达成合意合同即告成立。李阳光作出了雕塑赠与的意思表示，且通过银行到达李小花，李小花取走雕塑以行动表明接受赠与的意思表示，当事人达成合意，雕塑

---

〔1〕 荆秀丽、方竹根："由馈赠第三者引发的关于夫妻日常家事代理权等问题的思考"，载《山东社会科学》2002 年第 4 期。

赠与合同成立。

第二，雕塑赠与合同是否有效。该合同是否有效在于两点，其一，李小花的意思表示是否有效；其二，李阳光是否有代理权代理张美丽作出赠与雕塑意思表示。

（a）李小花的意思表示是否有效。根据《民法典》第 19 条、第 145 条第 1 款，作出意思表示时，李小花作为限制民事行为能力人，有能力实施纯获利益的法律行为，所以李小花的意思表示有效。

（b）李阳光是否有代理权代理张美丽作出赠与雕塑意思表示。在该部分，根据上文论述又可分为两种情况，其一，李阳光因日常家事代理权有权代理张美丽作出赠与雕塑意思表示；其二，张美丽事后追认李阳光的代理行为。

其一，李阳光能否因日常家事代理权代理张美丽作出赠与雕塑意思表示。如上文论述，李阳光与李小花间达成雕塑赠予合同不属于日常家事代理范围。

其二，张美丽是否事后追认李阳光的代理行为。根据案情，张美丽不同意将雕塑作品无偿赠与李小花，没有追认，反而拒绝。

所以雕塑赠与合同无效，雕塑物权未发生变动。

（3）李小花无占有本权。

李小花未取得雕塑物权，而赠与合同无效，也并无依据合同产生的占有本权。

（4）小结。

该请求权成立。

2. 请求权未消灭

该请求权作为《民法典》第 235 条基于物权的返还原物请求权，如果消灭，可能原因有二：一是物已灭失，二是债的一般消灭事由即《民法典》第 557 条第 1 款。

（1）雕塑已灭失。

根据案情，雕塑并未灭失。

（2）债消灭。

《民法典》第 557 条第 1 款："有下列情形之一的，债权债务终止：（一）债务已经履行；（二）债务相互抵销；（三）债务人依法将标的物提存；（四）债权人免除债务；（五）债权债务同归于一人；（六）法律规定或者当事人约定终止的其他情形。"

结合案情，以上情况均未出现，因而债没有灭失。

（3）小结。

请求权未消灭。

3. 请求权可行使

若该请求权不能行使，一般有两种原因。一为李小花享有并行使留置抗辩权，二为根据《民法典》第196条第2款超过诉讼时效抗辩。而在本案情况下还需注意的雕塑是，张美丽与李阳光共同共有，且李阳光意欲将雕塑赠与李小花，可见李阳光作为共有人，并无主张雕塑返还之意，即共同共有人对于是否请求返还原物之意思表示不一致，有必要对此检索是否构成对返还原物请求权之权利抗辩。

如前所言，返还原物请求权基于物权，而该物权是否共有并不影响返还原物请求权之产生。但针对共同共有人返还原物之意思表示不一致，部分共有人能否单独行使返还原物请求权则有不同观点，主要如下：一是认为共同共有人若为全体共有人之利益，可以单独行使返还原物请求权。[1]二是认为在共同共有情况下，需取得全体共有人同意，方可行使返还原物请求权。[2]

以上观点之分歧在于，共同共有情况下，全体共有人对共有物共同享有所有权，则其基于所有权而产生的其他权利是否需要共同行使。[3]笔者认为共同共有情况下，若无约定或约定不明，无须全体共有人同意，任何共有人可以单独行使返还原物请求权，理由如下：

《民法典》第300条与第301条规定共同共有人对共同共有物之权利行使。第300条规定了共有物管理，而第301条是对共有物进行处分、重大修缮、变更性质或者用途的规定。两者在于权利行使的方式不同，前者原则依当事人约定，当事人无约定，各共有人均享有行使的权利，即不需要取得其他共有人同意；后者原则需要共同共有人全部同意，但是约定例外。

首先，从文义上来讲，根据最高人民法院释义[4]，共有物的管理可分为共有物的保存、改良、利用。其中保存行为具体指使共有物维持现状、免于贬

---

〔1〕 参见谢在全：《民法物权论》（上），中国政法大学出版社2011年版，第117页。

〔2〕 参见陈华彬：《物权法论》，中国政法大学出版社2018年版，第205页。

〔3〕 此处需注意的是，对于共同共有人行使返还原物请求权是否需要一致同意，此前大陆学者与我国台湾学者观点相同，即需要一致同意，然台湾"民法"改动后明确不需要一致同意，而《民法典》对此未直接规定，因而，不能直接延续之前观点，而需要结合《民法典》相关条文进一步解释。

〔4〕 最高人民法院民法典贯彻实施工作领导小组主编：《中华人民共和国民法典物权编理解与适用》（上），人民法院出版社2020年版，第495页。

损或灭失之举措。而返还原物请求权本质就是为了恢复物权之圆满状态，对共有物进行保护，避免贬损、灭失，并不因此损害其他共有人利益，自然属于管理行为，因而适用《民法典》第 300 条，无约定或约定不明情况下，无须全体共有人同意，即可单独进行[1]。

其次，从权利行使分类上讲，共同共有物权利行使依据所有权分为占有、使用、收益、处分。根据《民法典》第 300 条与第 301 条，可以将其权利行使划分为两部分，改变共有物状态的权利行使与不改变共有物状态的权利行使。前者即《民法典》第 301 条规定情况，后者即与《民法典》第 300 条规定有相同性质的情况，如不改变性质的使用。从此角度可类推，改变共有物当下状态的权利行使需要共同共有人全部同意，约定例外；不改变共有物当下状态的权利行使原则依约定，无约定，各共有人均享有行使的权利。结合对返还原物请求权与共同共有物权利行使的剖析。返还原物请求权是恢复对物的圆满支配状态，即恢复原本应有之态，若归入共同共有物权利行使之中，则为不改变共有物状态的权利行使，并不损害其他共有人之利益。因此，共同共有人的返还原物请求权不需取得其他共有人同意，单方便可行使。

最后，从法理上讲，共同共有人一方也可以违背另一方的意思要求请求返还原物。其一，法律对于第三人无权占有致使侵犯他人合法权利的情况，不可能以支持态度，而需保护权利人的利益。其二，法律应更倾向于保护无过错的、受侵害的权利人。

综上所述，在此问题中，另一方不同意返还的意思表示实际是对返还原物请求权的放弃，因而，一方可以根据自己享有的返还原物请求权要求返还，恢复物权的圆满状态，无须征得其他共有人同意，亦不构成对返还原物请求权之权利抗辩。

（1）李小花享有并行使留置抗辩权。

案情表明，李小花并无留置权。

（2）李小花可以诉讼时效抗辩。

《民法典》第 188 条第 1 款规定："向人民法院请求保护民事权利的诉讼时效期间为三年。法律另有规定的，依照其规定。"第 192 条第 1 款规定："诉讼时效期间届满的，义务人可以提出不履行义务的抗辩。"第 196 条第 2 项规定，"（二）不动产物权和登记的动产物权的权利人请求返还财产"时，该请求权

---

[1]（2021）粤 01 民终 5485 号黄国生、杨钜武物权保护纠纷一案中同样持有该观点。

不适用诉讼时效的规定。

普通诉讼时效为3年，本案中，2017年8月李小花无权占有雕塑，诉讼时效开始起算，至2021年10月张美丽起诉，时间已过3年。则需检索是否有排除诉讼时效抗辩适用或者诉讼时效中断、中止情况。因雕塑作为未登记动产，为维护经济秩序，保护市场信赖利益，[1]不能适用《民法典》第196条第2款排除诉讼时效抗辩。此外，本案中也未出现《民法典》第194条、第195条之规定的诉讼时效中止、中断情况。所以诉讼时效已届满，李小花可以提出诉讼时效届满抗辩。

（3）小结。

请求权不可行使。

4. 小结

本案中李小花虽然无权占有雕塑，张美丽根据《民法典》第235条对李小花享有基于物权的返还雕塑原物请求权，但是因为诉讼时效已届满，张美丽无法行使该请求权。

**二、张美丽可能根据《民法典》第122条或第985条对李小花享有基于不当得利的返还雕塑作品请求权**

（一）大纲

> 1. 请求权已成立
> （1）李小花取得财产利益。
> （2）利益应归属于张美丽。
> （3）权益受到侵害。
> （4）小结。
> 2. 请求权未消灭
> 3. 请求权可行使
> 4. 小结

---

[1] 参见梁慧星：《民法总论》，法律出版社2017年版，第248页；王利明：《民法总则》，中国人民大学出版社2017年版，第426页。

（二）正文

假设张美丽根据《民法典》第 122 条或第 985 条对李小花享有基于不当得利的返还雕塑作品请求权。

《民法典》第 122 条："因他人没有法律根据，取得不当利益，受损失的人有权请求其返还不当利益。"第 985 条主张除 3 项情形外，得利人没有法律根据取得不当利益的，受损失的人可以请求得利人返还取得的利益。

1. 请求权已成立

本案中，李小花未取得雕塑物权，不属于给付型不当得利，但可能属于权益侵害型不当得利。其成立要件为相对人取得财产权益、利益应归属于请求人、存在权益侵害。

（1）李小花取得财产利益。

在本案中，李小花仅占有雕塑而未取得其上的物权，因而，李小花只可能取得雕塑占有这一财产利益，此处就需要对占有的本质属性进行分析，其是否是一种利益，是否可受侵权法保护。

对于占有之性质，有两派观点。其一，认为占有是一种事实而非权利；其二，认为占有为一种财产法益[1]，因占有人可以依约定或法定的范围进行使用并享有收益，而侵害人侵害占有人的占有，致使占有人不能对占有物进行使用和收益。而对于占有是否可受侵权法保护，成为其保护客体，又基于其性质认识有三种看法。其一，认为不能，因占有是一种事实，而非权利；其二，认为可以，因占有虽为事实状，为维护社会经济秩序，需对占有进行保护，而一旦占有受到保护，便可形成财产权；其三，认为可以，因占有是一种利益，而侵权法本质是为了保护利益。[2]

结合《民法典》物权编中独立规定占有一章，可以看出，《民法典》对占有持保护态度，将占有认定为有财产法益属性更为合理，因此，本文认为占有属于侵权法保护的对象，属于财产法益。所以李小花取得了财产权益。

（2）利益应归属于张美丽。

前文已分析过，雕塑物权未曾变动，李阳光、张美丽仍属于雕塑所有权

---

[1] 参见吴香香："论侵害占有的损害赔偿"，载《中外法学》2013 年第 3 期。
[2] 此处为学者对各观点之总结。章正璋："占有保护解释论的三个争议问题"，载《比较法研究》2016 年第 2 期。

人，根据《民法典》第 240 条："所有权人对自己的不动产或者动产，依法享有占有、使用、收益和处分的权利。"《民法典》第 299 条："共同共有人对共有的不动产或者动产共同享有所有权。"张美丽对雕塑享有占有利益。

（3）权益受到侵害。

李小花占有雕塑导致张美丽无法享有占有雕塑这一利益，侵害了张美丽的权益。

同时根据上文分析，因为赠与合同无效，李小花占有雕塑无法律根据，所以该请求权已成立。

（4）小结。

请求权已成立。

2. 请求权未消灭

该部分需要检索的是，是否满足债的一般消灭事由即《民法典》第 557 条第 1 款以及雕塑是否灭失，检索发现，均不满足，所以请求权未消灭。

3. 请求权可行使

该部分情况和上一请求权情况相同，诉讼时效已届满，李小花可以提出诉讼时效届满抗辩，此处不再赘述。

4. 小结

本案中李小花虽然有不当得利，张美丽根据《民法典》第 112 条或第 985 条对李小花享有基于不当得利的返还雕塑原物请求权，但是因为诉讼时效已届满，张美丽无法行使该请求权。

## 三、结论

张美丽之请求权围绕雕塑展开，依据物权，自然可能请求返还雕塑；确定占有作为权益，使得其可能通过不当得利请求返还，但因为本案中李小花虽然无权占有雕塑，但是因为诉讼时效已届满，张美丽无法行使该请求权，张美丽不能根据《民法典》第 235 条请求李小花返还雕塑原物请求权。同时，本案中李小花虽然有不当得利，但是因为诉讼时效已届满，张美丽无法行使该请求权，张美丽亦不能根据《民法典》第 112 条或第 985 条请求李小花返还雕塑原物，因此张美丽对李小花无任何请求权。

# 第5部分　张美丽对李阳光

## 一、张美丽可能根据《民法典》第1165条第1款对李阳光享有基于侵权损害赔偿的请求权

### （一）大纲

> 1. 请求权已成立
> （1）侵权责任已成立。
> ①存在侵权事实。
> A. 张美丽享有雕塑占有的民事权益。
> B. 李阳光转移雕塑占有。
> C. 李阳光转移雕塑占有导致张美丽占有权益受损。
> ②存在不法性阻却事由。
> ③可归责于李阳光。
> A. 存在责任能力抗辩事由。
> B. 有过错。
> ④存在其他责任成立抗辩。
> （2）侵权责任范围。
> ①损害。
> ②因果关系。
> （3）小结。
> 2. 请求权未消灭
> 3. 请求权可行使

### （二）正文

假设张美丽根据《民法典》第1165条第1款对李阳光享有基于侵权损害赔偿的请求权。

根据请求权基础预选中对第1165条第1款的拆解，从以下方面进行判定该

请求权是否成立、未消灭、可行使。

1. 请求权已成立

正如上文分析，该请求权成立需确定李阳光侵权责任成立，责任范围确定实际是确定请求权的范围，但由于请求权已成立、未消灭、可行使的结构完整性，将其放入成立阶段顺带进行检索。

（1）侵权责任已成立。

此部分需检索李阳光是否存在侵权事实、是否有不法性阻却事由、是否可归责于李阳光三点。

①存在侵权事实。

侵权事实是否构成，需判断张美丽是否享有雕塑占有的民事权益、李阳光是否转移雕塑占有、李阳光转移雕塑占有导致张美丽占有权益受损。

A. 张美丽享有雕塑占有的民事权益。

根据《民法典》第 13 条、第 113 条、第 240 条、第 299 条，张美丽作为自然人，对雕塑享有占有的权益。

B. 李阳光转移雕塑占有。

结合案情，李阳光将雕塑占有转移给了李小花。

C. 李阳光转移雕塑占有导致张美丽占有权益受损。

正是李阳光的转让雕塑行为使得张美丽不能占有雕塑，进而使得张美丽占有权益受损。

②存在不法性阻却事由。

经检索，本案未有《民法典》第 181 条、第 182 条、第 184 条、第 1176 条、第 1177 条规定的可以阻却李阳光行为违法的事由。

③可归责于李阳光。

是否可归责于李阳光，即检索李阳光行为有无过错并且其是否有责任能力抗辩事由。

A. 存在责任能力抗辩事由。

结合案情，李阳光作为完全民事行为能力人且为雕塑家，财产充足，没有责任能力抗辩事由。

B. 有过错。

根据上文分析，雕塑作为李阳光、张美丽的夫妻共同财产，李阳光未询问张美丽意见，即擅自处分雕塑，对张美丽权益受损有过错。

④存在其他责任成立抗辩。

经检索，本案无《民法典》第 1173 条、1174 条、1175 条规定的其他可以抗辩侵权责任成立事由，因而，侵权责任成立。

（2）侵权责任范围。

侵权责任范围通过张美丽实际受到的损害和实际受到损害与李阳光加害行为有因果关系确定。

①损害。

根据案情，张美丽实际受到的损害为丧失了雕塑占有。

②因果关系。

张美丽丧失占有是李阳光转移雕塑占有给李小花导致的。

（3）小结。

请求权已成立。

2. 请求权未消灭

该请求权属于因侵权产生的债权，其消灭自然适用《民法典》第 557 条第 1 款即债的一般消灭事由。

根据本案案情，《民法典》第 557 条第 1 款中规定的情况均未出现，因而债没有灭失。

3. 请求权可行使

根据《民法典》第 188 条第 1 款、第 192 条第 1 款、第 196 条第 1 款，李阳光转让雕塑占有的行为虽然早已发生，但根据《民法典》第 188 条第 2 款第 1 句："诉讼时效期间自权利人知道或者应当知道权利受到损害以及义务人之日起计算。"我国普通诉讼时效起算采用主观标准[1]，以权利人知道权利受损以及损害主体为诉讼时效起算前提。但该标准实际上可以称为主观与客观相统一，即客观上权利已经受损，主观上权利人知悉该事实以及义务人。因为若无权利受损之事实，自然也不存在权利人的主观知悉。结合案情，张美丽早在 2017 年 6 月便得知李阳光欲将雕塑赠与李小花，李小花自 2017 年 8 月起占有雕塑，但这两者均非诉讼时效的起算日期，因为张美丽的损害虽为丧失雕塑占有，但实际上反映为其因丧失雕塑占有，无法基于物权对雕塑行使权利。而 2017 年 8 月张美丽表面上已经丧失雕塑占有，但其至 2020 年 8 月前均可索回

---

〔1〕 参见房绍坤："论诉讼时效期间的起算"，载《法学论坛》2017 年第 4 期。

雕塑，恢复占有。即张美丽该时间段内丧失雕塑占有实质是一种不稳定状态，因此，李阳光对张美丽造成的损害与否也处于不稳定状态。直到 2020 年 8 月后，张美丽对李小花返还雕塑之请求权无法行使，其丧失雕塑占有才处于确定及稳定状态，李阳光对张美丽造成损害也最终确定，此时才满足客观条件与主观条件结合，诉讼时效才开始起算。因而，至 2021 年 10 月，诉讼时效并未届满，张美丽可行使该请求权。

## 二、小结

李阳光转移雕塑占有的过错行为侵犯了张美丽对雕塑的占有权益，并且无其他抗辩事由，所以，张美丽可以根据《民法典》第 1165 条第 1 款对李阳光享有基于侵权损害赔偿的请求权。

# 4 "王五的课酬" 案*

## 【案情】

A 公司为响应党的号召对员工进行民法典培训，于是由公司法务人员张三向当地一著名政法院校教务处工作人员李四发出邀约，要求其帮忙推荐一位老师。李四遂给该校在民商法学院任教的王五打电话，问其是否愿意承担该项任务。王五称要视时间和课酬而定。一个星期后，王五接到张三的电话，告知其具体的授课时间，并表示愿意按照每小时 2000 元的价格支付课酬，王五表示愿意接受。

一个星期后，王五来到约定的地点准备上课。课程开始前 5 分钟，张三当面告知王五，该项培训实际外包给了 B 公司，将由 B 公司向王五支付课酬。B公司在授课现场安排了赵六和牛七两位老师负责教学的辅助工作。王五听完后开始授课，并完成了三天共计 15 个小时的授课任务。

课程结束后，赵六通过微信询问王五是否可以给接受培训的学员出几套题目用作课后训练，并表示出题可折抵课时量后按照课酬标准支付费用。王五应允。王五遂将存在电脑里的三套民法习题通过微信发给了赵六。赵六将题目发给牛七，告诉他将题目发给学员。后经证实，该题目并非王五亲自编纂，而是王五在政法院校工作的民法教研室同事马八所编，后发到教研室的微信工作群被王五下载下来存进私人电脑的。马八在发送自己所编纂的题目到微信群时曾声明该题目可供群内教师教学使用。

又一个星期后，王五通过微信询问赵六三套习题如何折算课时。赵六表示折抵的课时量很少，课酬也不是按照每小时 2000 元计算，他当初并不知道张三和王五约定的课酬价格。王五遂通过微信向赵六明确表示"题目收回，不得

* 戴嘉怡，西北政法大学民商法学院 2021 级本科生。

使用。"赵六回复"好。"

又一个星期后，马八偶然发现自己编纂的题目为 A 公司所使用，用来训练自己的员工，便在教研室微信工作群内询问。王五通过阅读微信知道此事后向张三和赵六询问，并催要课酬。张三表示对题目的事并不知情，赵六未回复微信。后经查证，赵六在收到王五收回题目的微信后并未将此事通知牛七。题目系牛七印刷后发给 A 公司学员的。

又一个月过去了，王五未收到课酬。

【问题】

1. 王五可向谁主张何种权利？依据为何？

2. 马八可向谁主张何种权利？依据为何？

# 第1部分　王五对 A 公司

请求权基础预选与排序：本案中，王五可能向 A 公司请求按照先前约定的每小时 2000 元的课酬标准支付相应课酬，可纳入本案预选的请求权基础为[1]：王五可能向 A 公司主张基于无名合同的合同履行请求权。

另需说明，介于本案中 A 公司与 B 公司的外包关系应当存在相应的合同，故 A 公司应当是对 B 公司外包该项培训给付了相应报酬的，故本文认为 A 公司接受王五授课行为的事实不构成不当得利，不当得利的一方应为应向王五给付课酬但未给付的 B 公司，故此处排除王五对 A 公司给付型不当得利返还请求权的讨论。

## 一、王五可能依据《民法典》第 626 条向 A 公司主张基于无名合同参照适用买卖合同的合同履行请求权

### （一）大纲

> 1. 请求权已成立
> （1）合同的成立。
> ①一般成立要件：合同签订双方的合意。
> ②特殊成立要件。
> （2）合同的有效。
> ①一般生效要件。
> ②特殊生效要件——张三的代理行为。
> A. 可代理性。
> B. 代理权。
> a. 职权代理和职务代理之辨析。

---

[1]　若无特别说明，在同一请求权目标（目的）内，本文采如下检索顺序：（1）契约上请求权；（2）缔约过失等类似契约关系上请求权；（3）无因管理上请求权；（4）物权关系上请求权；（5）不当得利请求权；（6）侵权行为损害赔偿请求权；（7）其他请求权。参见王泽鉴：《民法思维：请求权基础理论体系》，北京大学出版社 2009 年版，第 64-68 页。

b. 代表人和代理人的界分——商事职权代理权吸收代表权。

c. 是否构成职权代理。

（a）属职权范围内的事项。

（b）以法人或者非法人组织的名义。

（c）职权系法人或非法人组织内部授权而产生。

（3）小结。

2. 请求权未消灭

（1）A、B公司所缔结的外包关系对王五的法律效果。

（2）A、B公司之间是否构成真正利他合同。

①债权人与债务人之间的合同有效。

②向第三人履行的约定。

③使第三人取得对债务人的独立的履行请求权。

（3）真正利他合同对第三人的效力。

（4）请求权消灭之抗辩：B公司未向王五履行债务。

（5）小结。

3. 请求权可行使

4. 小结

（二）正文

1. 请求权已成立

介于题目中未言明王五与A公司所订立的合同类型，结合案涉无名合同的内容为"王五为A公司培训授课，A公司给付相应的报酬"，可知合同系有偿合同。依据《民法典》第646条之规定，法律没有规定的其他有偿合同可以参照适用买卖合同的有关规定。基于《民法典》第626条，本案中A公司应按照合同约定的每小时2000元的课酬标准，向王五支付相应课酬。而A公司合同义务成立的前提为双方签订的合同成立且有效，下文将对该合同是否成立、有效展开讨论。

（1）合同的成立。

①一般成立要件：合同签订双方的合意。

依据《民法典》第134条之规定，合同成立应该以当事人意思表示一致为前提。因此，关于案涉合同是否成立，应该审查合同双方在订立合同时是否有一致的意思表示。

本案中，张三作为 A 公司的法务人员，代 A 公司向王五表达邀请他为 A 公司员工授课并支付相应报酬的意思表示（要约），王五向张三表达了接受 A 公司要约的意思表示（承诺），双方就案涉合同达成了合意。

②特殊成立要件。

经审查，本案中无法律或者当事人对于各种民事法律行为规定的特殊构成要件。

综上，该合同满足成立要件，该合同已成立。

（2）合同的有效。

①一般生效要件。

依据《民法典》第 143 条之规定，合同之有效应当满足三个要件。第一，行为人具有相应的民事行为能力；第二，行为人意思表示真实；第三，不违反法律的强制性规定，不违背公序良俗。结合案情可知，本案满足上述三个一般生效要件。

②特殊生效要件——张三的代理行为。

A. 可代理性。

仅有高度人身性行为可以排除可代理性，对于财产行为，基于最大限度内尊重意思自治的原则，在无特别法或约定禁止的情况下，一般不加以禁止。本案中张三作为 A 公司的法务人员代 A 公司与王五签订案涉合同，属财产行为中的债权行为，显然具有可代理性。该要件满足。

B. 代理权。

a. 职权代理和职务代理之辨析。

仔细辨别"职权代理"与"职务代理"的价值在于，"职权"和"职务"关涉主体（组织）法与代理法的交错问题。

在我国立法中，"职权"和"职务"时常混用，其实二者存在本质差异。"职权"和"职务"虽都是基于组织体内部的同一个"委托授权"行为而产生，均具有"内部性"，但只有"职权"在理论上才可能具备"外部性"。[1]而代理

---

[1] 聂卫锋："职权代理的规范理路与法律表达——《民法总则》第 170 条评析"，载《北方法学》2018 年第 2 期。

制度本身的最重要特性是其对外特性，（直接代理情形下）代理人向交易第三人披露代理权就是制度要求所在。职权代理的构成亦要求职权的外部展示，就此而言，所谓的职权代理与一般意义上的委托代理没有本质上的区别。[1]

综上，如果涉及组织体外部法律关系的事宜，使用"职权代理"之表达更为恰当。

b. 代表人和代理人的界分——商事职权代理权吸收代表权。

法人代表是经法定代表人授权后，对外代表法人依法行使民事权利和义务的人。一个法人可以按照不同的工作内容，委派不同的法人代表。"代表"只是对个人的授权，不是一个独立的法律概念。[2]而法人的代理人与法人是代理关系，共有法定代理和委托代理两种法律代理形式。

在我国现行的法律体系之中，《民法典》第61条第3款和第170条在形式上对法定代表人的代表行为与"执行法人或者非法人组织工作任务的人员"的代理行为作二元区分处理，并规定法定代表人代表权与职权代理代理权均不得对抗善意第三人。然而，从法律归属效果出发，将法定代表人制度视为代理法的特别法，亦未尝不可。[3]职权代理与代表均源于委托人所授予的职权，两者在结构与功能上完全相同。职权代理与代表均以特定职权为基础，差别仅在于委托人设置职位的不同（如法定代表人、经理权人等），且两者在价值判断与法律效果上并无实质性的差异。[4]因此，从商事代理的角度出发，将代表与代理进行区分并不具有合理性。相反，应将代表纳入职权代理规范的类型，从而形成一体化的职权代理概念。[5]

故本文此处无须区分张三系A公司的代表还是基于职权的代理人，只需讨论职权代理的构成与否。

---

〔1〕 聂卫锋："职权代理的规范理路与法律表达——《民法总则》第170条评析"，载《北方法学》2018年第2期。

〔2〕 刘庚业："法人、法定代表人、法人代表、代理人的区别"，载《中国工会财会》2008年第5期。

〔3〕 ［德］福·博伊庭："论《德国民法典》中的代理理论"，邵建东译，载《南京大学法律评论》1998年第2期；［德］迪特尔·梅迪库斯：《德国民法总论》，邵建东译，法律出版社2000年版，第706-707页；刘骏："《合同法》第50条解释论基础"，载梁慧星主编：《民商法论丛》（第62卷），法律出版社2016年版，第73页；朱庆育：《民法总论》，北京大学出版社2016年版，第320-321页。在崔建远等著《民法总论》之中明确表示，虽然二者的本质存在学说争议，但在涉及与代理类似或者相关的行为时，视法定代表人为代理关系。参见崔建远等：《民法总论》，清华大学出版社2013年版，第225页。

〔4〕 王利明主编：《中华人民共和国民法总则详解》（下），中国法制出版社2017年版，第763页。

〔5〕 冉克平："论商事职务代理及其体系构造"，载《法商研究》2021年第1期。

c. 是否构成职权代理。

依据《民法典》第 170 条可知,"其职权范围内的事项"和"以法人或者非法人组织的名义"是职权代理行为有效的两个重要前提,其中"职权"应系由法人或非法人组织内部授权而产生,职权代理人"执行工作任务的人员"的身份亦依赖内部的雇佣、委托等关系。[1]下文将对上述构成要件逐一讨论。

(a) 属职权范围内的事项。

本案中,张三作为 A 公司的法务,为公司培训选聘授课老师,属于张三的职权范围内的事项,于情合理。该要件满足。

(b) 以法人或者非法人组织的名义。

本案中,张三以 A 公司的名义向王五发出要约,表达邀请王五为 A 公司员工授课并支付相应报酬的意思表示。该要件满足。

(c) 职权系法人或非法人组织内部授权而产生。

本案中,张三作为 A 公司法务,为公司培训选聘授课老师的职权,理应是 A 公司内部授权而产生的。该要件满足。

综上所述,张三的代理行为是在 A 公司授权的职责范围内的职权代理行为,具备代理权之要件。

本案中,张三基于 A 公司授权的职权代理行为成立且生效,系有权代理,其与王五签订案涉合同的效果归属于 A 公司。

综上,该案涉合同满足有效要件,该合同成立且生效。

(3) 小结。

基于《民法典》第 626 条,本案中,A 公司应按照合同约定的每小时 2000 元的课酬标准,向王五支付相应课酬。本案不存在权利未发生的抗辩事由,故王五向 A 公司主张基于有偿合同参照适用买卖合同的合同履行请求权成立。

2. 请求权未消灭

结合本案,王五在课前被张三告知 A 公司已将培训外包给 B 公司,将由 B 公司向王五支付课酬,则需讨论:A 公司、B 公司所缔结的外包关系是否完全免除了 A 公司的给付义务,致使王五对 A 公司的合同履行请求权已消灭。

---

〔1〕聂卫锋:"职权代理的规范理路与法律表达——《民法总则》第 170 条评析",载《北方法学》2018 年第 2 期。

（1）A 公司、B 公司所缔结的外包关系对王五的法律效果。

B 公司所缔结的外包关系对王五与 A 公司的合同发生怎样的法律效果，下文依据《民法典》相关规定，逐一讨论存在之可能。

其一，《民法典》第 551 条适用之可能。依据第 551 条第 1 款、第 2 款可知，债务人将债务移转给第三人需要经过债权人的同意，且债权人在合理期限内对此未作出表示的，应当视为不同意。结合本案，虽存在张三代 A 公司向王五告知债务移转之事实，但王五对此并未作出表示，视为王五作为债权人并未同意 A 公司将债务移转给 B 公司。故 A 公司对王五不构成免责的债务承担。

其二，《民法典》第 552 条适用之可能。本案显然并非 A 公司、B 公司共同负担对王五的债务，加之依据第 552 条，第三人与债务人约定加入债务须通知债权人，而本案中，B 公司先前并未告知王五这一约定，甚至两方在王五授课前并不存在任何沟通。故 A 公司、B 公司对王五不构成并存的债务承担。

其三，《民法典》第 523 条适用之可能。由第三人履行的合同当事人为债权人和债务人，第三人并未参与到该合同中，从本质上看，只是合同双方对债务履行方式作出了特殊约定。[1]结合本案，A 公司在与王五订立合同时，并未与王五就课酬的履行方式进行特殊约定（由 B 公司向王五给付课酬），而只是在事后作出通知。故本案 A 公司与王五不构成约定第三人履行。故 A 公司与王五不构成约定第三人履行。

其四，《民法典》第 522 条适用之可能。广义利他合同，即合同当事人之外的第三人享受合同利益的合同。[2]广义利他合同可分为两种类型，即真正利他合同（狭义利他合同）与不真正利他合同。在不真正利他合同情形下，当事人约定债务人向第三人履行的目的仅在于缩短给付，第三人无独立的履行请求权，其仅能被动地接受债务人的履行。[3]反之，在真正利他合同的情形下，第三人对债务人享有独立的履行请求权，第三人的债权直接产生于债权人和债务人之间的合同，第三人无须参与合同，[4]第三人的权利取得并不以其同意为必要。但为尊重第三人的人格，避免其被强加恩惠，第 522 条第 2 款规定第三人

---

〔1〕 杨代雄编著：《袖珍民法典评注》，中国民主法制出版社 2022 年版，第 445 页。

〔2〕 朱广新：《合同法总则研究》（下册），中国人民大学出版社 2018 年版，第 422 页。

〔3〕 杨代雄编著：《袖珍民法典评注》，中国民主法制出版社 2022 年版，第 441 页、第 443 页。

〔4〕 杨代雄编著：《袖珍民法典评注》，中国民主法制出版社 2022 年版，第 443-444 页。

可以在合理期限内表示拒绝。第三人表示拒绝的，视为自始未取得该权利。[1] 结合本案，王五从未参与到 A 公司、B 公司的合同关系中，但 A 公司、B 公司约定由 B 公司向王五给付课酬，且王五并未对此约定作出表示。综上，本案存在适用利他合同之可能。

A 公司、B 公司之间系外包合同关系，此合同目的并非仅在于缩短给付，故先排除不真正利他合同之可能。因而，下文仅讨论本案 A 公司、B 公司之间是否构成真正利他合同。

（2）A 公司、B 公司之间是否构成真正利他合同。

依照杨代雄教授之见解，真正利他合同的构成要件有三：其一，债权人与债务人之间的合同有效；其二，向第三人履行的约定；其三，使第三人取得对债务人的独立的履行请求权。[2]下文将逐一讨论上述要件。

①债权人与债务人之间的合同有效。

本案中默认 A 公司、B 公司之间的合同成立且生效。故 A 公司、B 公司之间的基础合同并不存在效力瑕疵，亦未违反法定或约定的要式要求致使合同不成立。该要件满足。

②向第三人履行的约定。

依据本案中张三告知王五 A 公司已将该项培训实际外包给了 B 公司，并由 B 公司的赵六辅助王五的工作以及后续赵六找王五对接课酬相关事宜，可知 A 公司、B 公司都对 B 公司需向王五支付课酬是知悉并认可的，可推知 A 公司、B 公司之间存在"B 公司向王五履行债务"这一约定。该要件满足。

③使第三人取得对债务人的独立的履行请求权。

第三人对债务人是否享有独立的履行请求权首先取决于法律规定或当事人约定。如果不存在法律的特别规定或当事人之间的明确约定，则应当根据合同目的、当事人利益状况及个案的具体情况对合同进行客观解释。[3]例如，在一些具有供养性质的利他合同中（如某些人寿保险合同）基于其合同目的，应认为第三人可以直接请求债务人履行。[4]结合上文，B 公司对王五的给付课酬义务基于 A 公司、B 公司关于培训项目的外包合同关系，而 A 公司应然基于该合

---

〔1〕 朱广新：《合同法总则研究》（下册），中国人民大学出版社 2018 年版，第 430 页。

〔2〕 杨代雄编著：《袖珍民法典评注》，中国民主法制出版社 2022 年版，第 442-443 页。

〔3〕 朱广新：《合同法总则研究》（下册），中国人民大学出版社 2018 年版，第 428 页。

〔4〕 王洪亮：《债法总论》，北京大学出版社 2016 年版，第 476 页。

同关系向 B 公司给付相应价款，故由负责此培训项目的 B 公司向王五给付课酬也是情理之中，是基于 A 公司、B 公司之间合同和 A 公司与王五之间合同的合理推断结果。故王五作为第三人理应对合同（A 公司、B 公司之间合同）债务人 B 公司享有独立的履行请求权。该要件满足。

综上，A 公司、B 公司之间的合同满足真正利他合同的构成要件，该合同是真正利他合同。

（3）真正利他合同对第三人的效力。

A 公司、B 公司之间构成真正利他合同，由 B 公司向王五给付课酬，王五对 B 公司享有独立的履行请求权。

至于，在 B 公司不作出履行的情况下，A 公司是否对王五负有履行债务的义务，学界对此存在争议。支持说认为，第三人可以基于与债权人的对价关系（原因关系）[1]请求债权人履行。反对说则认为，若利他合同中未明确确立第三人与债权人之间的对价关系（原因关系），则第三人不可基于此关系请求债权人履行。[2]结合上文，A、B 公司之间系培训项目的外包关系，王五作为培训项目的授课人，与两方的外包合同内容关系之密切足以推论 A、B 公司之间的合同应当明确确立了王五与 A 公司之间既存的对价关系。故对该争议如何认定都不影响本文的结论：A 公司对王五的给付义务并未因利他合同而完全免除，在 B 公司不履行债务的情况下，A 公司基于无名合同对王五负有给付课酬的义务。

进而，则需讨论：当 B 公司履行债务后，A 公司对王五的给付义务是否因此当然消灭（还是仅因此存有履行障碍），究其实质，这关系到"B 公司是否向王五履行债务"应当被界定为案涉权利消灭之抗辩还是权利行使之抗辩。

笔者倾向于此时 A 公司的给付义务当然消灭，理由详述如下：其一，结合

---

［1］ 值得一提的是，王利明教授认为，利他合同的债权人与第三人之间不一定存在对价关系——"债权人与第三人之间可能具有对价关系，也可能不具有对价关系，如纯粹是基于赠与而为第三人设定利益，合同也是有效的"。杨代雄教授则认为，债权人与第三人之间的关系一定属对价关系——"债权人与第三人之间的对价关系是债权人之所以使第三人享受合同利益的法律上原因。对价关系可基于债权人与第三人间的约定（如赠与合同），也可基于法律规定（如法定抚养义务）。"笔者以为，两位在此处所指的"对价关系"范围不同，杨代雄所"对价关系"较为宽泛，包括双方约定的赠与给付关系，但王利明所指的"对价关系"则不包括赠与，更倾向于指"基于合同的给付关系"。实质而言，二者观点并无冲突。

［2］ 王利明："论第三人利益合同"，载公丕祥主编《法制现代化研究》（第八卷），南京师范大学出版社 2002 年版，第 386 页。

利他合同缩短给付的功能，合同是为简化"第三人受领债务人向债权人所为的给付"的过程。[1]诚如杨代雄、王泽鉴教授所认为的，债权人与第三人之间的对价关系是第三人受领债务人给付的法律上的原因。[2]由此，足见对价关系与债务人对第三人负有给付义务的关系之密切。其二，结合学界的观点，第三人可以据利他合同与债权人进行抵销；当第三人因利他合同解除而信赖利益受损时，可以基于对价关系请求债权人赔偿，而上述第三人的权利指向债权人的原因，是第三人据利他合同受益主要基于债权人的意思。[3]笔者认为，这般论断的底层逻辑可以推论为：利他合同虽是由债务人负责履行对第三人的债务，但很大程度上是为债权人对第三人的利他意思而服务的，债务人为债权人完成其对第三人欲完成之给付才是合同的根本。而债权人的利他意思则和对价关系直接关联，申言之，当债务人履行债务后，债权人使第三人受益的目的达成，以该意思为基础的对价关系当然归于消灭。

综上，结合本案，当 B 公司作为债务人履行债务后，当然导致 A 公司作为债权人对王五的给付义务归于消灭。故"B 公司未向王五履行债务"系案涉权利消灭的抗辩事由。

（4）请求权消灭之抗辩：B 公司未向王五履行债务。

本案中王五自始至终未收到课酬，显然 B 公司作为利他合同的债务人，并未依约向王五履行债务。权利消灭之抗辩成立。

（5）小结。

综上，本案王五对 A 公司基于无名合同的合同履行请求权未消灭。

3. 请求权可行使

本案不存在权利行使抗辩权的问题。

---

〔1〕 杨代雄编著：《袖珍民法典评注》，中国民主法制出版社 2022 年版，第 441 页。

〔2〕 王泽鉴：《民法学说与判例研究》（第 7 册），北京大学出版社 2009 年版，第 118-119 页；杨代雄编著：《袖珍民法典评注》，中国民主法制出版社 2022 年版，第 442 页。

〔3〕 王利明教授认为，第三人可以将基于利他合同所享有的向第三人请求给付的权利与债权人相抵销，原因是"第三人享有的权利是债权人为特定的第三人所确定的"。另有学者认为，第三人之所以在合同解除后向债权人寻求救济的原因是"第三人利益条款中的利他意思主要为债权人之目的"。参见王利明："论第三人利益合同"，载公丕祥主编：《法制现代化研究》（第八卷），南京师范大学出版社 2002 年版，第 386 页；张继承、王浩楠："利他合同制度的法教义学分析——《民法典》第 522 条的解释论展开"，载《时代法学》2021 年第 4 期。

4. 小结

王五可得依据《民法典》第 626 条向 A 公司主张基于有偿合同参照适用买卖合同的合同履行请求权。

## 二、结论

在 B 公司不向王五履行债务的情况下，王五得依据《民法典》第 598 条向 A 公司请求给付相应课酬。

# 第 2 部分　王五对 B 公司

请求权基础预选与排序：本案中，王五可能向 B 公司请求支付 15 小时的授课以及三套习题所对应的价款。关于课酬，可纳入本案预选的请求权基础为：王五可能依据《民法典》第 522 条第 2 款向 B 公司主张基于 A、B 公司之间的利他合同的合同履行请求权。关于习题价款，鉴于双方对合同价款存在争议，此争议是否对合同效力影响存疑，故可纳入本案预选的请求权基础为：其一，若关于合同价款的争议对合同效力无影响，王五可能向 B 公司主张基于无名合同的合同履行请求权。其二，若此争议对合同效力有影响，王五可能依据《民法典》第 157 条向 B 公司主张给付型不当得利返还请求权。本文此处之所以选择《民法典》第 157 条作为不当得利请求权基础而非第 985 条，是因为本文采物权行为理论，认为不当得利请求权中主张返还的是物的所有权，第 157 条为第 985 条之特别形态，第 157 条适用有合同（但无效、撤销）的情形，第 985 条适用没有合同的情形。[1]

另需说明，因为 B 公司并非故意隐瞒课酬标准非每小时 2000 元，不存在违反诚信的行为，且即使合同无效亦未对王五造成实际损害，故此处排除王五主张缔约过失请求权之可能。此外，介于王五向 B 公司提供的题目并非王五所出，而侵权法所保护的客体为合法、不违背公序良俗的民事利益，故此处排除王五主张侵权请求权之可能。

---

〔1〕 叶名怡教授有类似观点，"在法律行为无效清算之折价补偿时，应以第 157 条为特别法，以第 985—988 条为一般法"，参见叶名怡："《民法典》第 157 条（法律行为无效之法律后果）评注"，载《法学家》2022 年第 1 期。

一、王五可能依据《民法典》第 522 条第 2 款主张基于 A、B 公司之间的利他合同的履行请求权，请求 B 公司给付课酬

（一）大纲

1. 请求权已成立
2. 请求权未消灭
3. 请求权可行使
4. 小结

（二）正文

1. 请求权已成立

结合上文，A、B 公司之间构成真正利他合同，依据《民法典》第 522 条第 2 款，王五作为第三人对合同债务人 B 公司享有独立的履行请求权。而请求权成立的前提是 A、B 公司之间的利他合同成立且生效。由上文可知，此前提显然满足。

且本案中不存在权利未发生的抗辩事由。故王五向 B 公司主张基于 A、B 公司之间的利他合同的履行请求权成立。

2. 请求权未消灭

依据《民法典》第 557 条中所规定的债的消灭情形，本案未有符合之情形，本案不存在权利消灭抗辩。

3. 请求权可行使

本案不存在权利行使的抗辩权问题。

但本文认为此处有必要对"王五是否可以请求 B 公司依照先前张三与其约定的课酬标准（每小时 2000 元）给付课酬"展开讨论。

本文倾向于可以，理由如下：其一，本案中 B 公司与王五对课酬标准存在争议，而此争议应当是 A、B 公司在签订利他合同时对"B 公司所需向王五履行的债务数额"未约定或约定不明所致，王五作为第三人并不应负担因 A、B 公司两方的缔约疏忽而致使的损失。其二，王五并非利他合同的当事人，王五与 B 公司的关系实为第三人与债务人之间的执行关系，此非一项独立的合同关

系。[1]故王五也没有立场就履行债务之要求与 B 公司另行约定，自不存在王五后续与 B 公司就课酬标准另行商讨之可能。其三，在利他合同对课酬标准未约定的情况下，B 公司作为基于 A 公司的利他意思向王五履行债务的一方，理应依照 A 公司与王五所约定的来确定课酬标准。并且，从另一个角度理解案情，赵六仅是 B 公司中负责与王五对接培训课程以及习题等相关事宜的员工，考虑 B 公司员工可能各有分工，赵六不知情并不能代表 B 公司对张三与王五所约定的课酬标准一定不知情，亦无法推知"A、B 公司的利他合同关于价款、报酬存在约定不明"。因此，可默认利他合同就"B 公司所需向王五履行的债务数额"约定明确，自然 B 公司应按照每小时 2000 元的标准向王五给付课酬。

此外，介于利他合同的第三人所取得的履行请求权具有一般债权应有的一切效力，在 B 公司拖欠给付课酬的前提下，王五可以依据《民法典》第 675 条，催告 B 公司在合理期限内给付课酬及相应利息。相应利息的计算按照全国银行间同业拆借中心公布的一年期贷款市场报价利率（LPR）计算，自王五催告赵六催要课酬时起算。

4. 小结

王五可得依据《民法典》第 522 条第 2 款主张基于 A、B 公司之间的利他合同的履行请求权，请求 B 公司依照每小时 2000 元的标准给付课酬及相应利息。

**二、王五可能依据《民法典》第 626 条主张基于有偿合同参照适用买卖合同的合同履行请求权，请求 B 公司给付习题相应价款**

（一）大纲

> **请求权已成立**
> （1）合同的成立。
> ①一般成立要件——合同签订双方的合意。
> A. 价款、报酬之于合同成立的必要性辨析。
> B. 小结。

---

[1] 杨代雄编著：《袖珍民法典评注》，中国民主法制出版社 2022 年版，第 442 页。

②特殊成立要件。

③小结。

（2）合同的生效。

①一般生效要件。

A. 是否构成重大误解。

　　a. 对"价款"的认识错误是否属于"重大误解"。

　　b. 重大误解的构成要件之辩。

　　（a）构成要件之一：当事人的表示构成一项意思表示。

　　（b）构成要件之二：表示内容与表意人的意思不一致。

　　（c）构成要件之三：表意人并非故意导致表示内容与其意思不一致。

　　（d）构成要件之四：表示内容与意思的不一致是显著的。

②小结。

2. 结论

（二）正文

请求权已成立

鉴于题目中未言明王五与 B 公司所订立的合同类型，结合案涉无名合同的内容为"王五为学员出题，B 公司给付相应的报酬"，可知合同系有偿合同。依据《民法典》第 646 条之规定，法律没有规定的其他有偿合同可以参照适用买卖合同的有关规定。基于《民法典》第 626 条，本案中，B 公司应依照合同约定向王五支付关于三套习题的相应价款。而 B 公司此义务成立的前提为双方签订的合同成立且有效。下文将对该合同是否成立、有效展开讨论。

（1）合同的成立。

①一般成立要件：合同签订双方的合意。

依据《民法典》第 134 条之规定，合同成立应该以当事人意思表示一致为前提。因此，关于案涉合同是否成立，应该审查合同双方在订立合同时是否有一致的意思表示。

本案中赵六作为 B 公司的员工，代 B 公司向王五表达请求他给学员出题并支付相应报酬的意思表示，王五向赵六表达了接受的意思表示。但在双方的合意中存在对价款、报酬约定不明的问题，下文将就此讨论其是否影响合同的成立。

A. 价款、报酬之于合同成立的必要性辨析。

依据《民法典》第 511 条第 2 项，我国法中价款不明确并不影响合同的成立。对此学界存在争议，比较法上各国所持立法立场亦不同，但大多倾向于价款、报酬是合同的必要之点。下文将详细就价款、报酬之于合同是否具有必要性，以及本案中合同是否成立展开论述。需要言明的是，要约的实质性内容是指对当事人利益有重大影响的合同内容，其并非合同的必备条款，而是构成未来合同的重要条款。[1]因而，价款、报酬虽作为合同的实质性内容，但不能以此证明其必要性，其之于合同的必要性仍值得商榷。

从比较法层面来说，各国观点不一。在德国法上，通说认为，有偿合同的要约内容原则上应当包含价款或报酬。[2]在瑞士债法中，具备全部实质性条款（主要条款）是合同成立要件之一。[3]美国商法典则规定，只要当事人确有订立合同的意图，即使售价未定，合同也可以成立。[4]

此外，《联合国国际货物销售合同公约》（CISG）第 14 条第 1 款第 2 句也规定要约必须包含价格或者用于确定价格的条款。但其第 55 条规定，如果合同已有效订立，但没有明示或暗示地规定价格或规定如何确定价格，在没有任何相反表示的情况下，双方当事人应视为已默示地引用订立合同时此种货物在有关贸易的类似情况下销售的通常价格。有学者认为 CISG 如上规定表明，价款之于合同成立并非不可或缺，欠缺价款、报酬的合同可以参照类似交易中的通常价格。[5]但本文认为，CISG 第 55 条与第 14 条并不矛盾。理解 CISG 第 55 条的规定应结合 CISG 第 6 条明确赋予当事人排除 CISG 的适用或减损或改变 CISG 任何规定的效力的权利。介于实践中可能存在当事人就合同的成立选择适用某国国内法，其他方面仍适用 CISG 的情况，即存在一些合同依据国内法而有效，但实际欠缺价格约定，需依据 CISG 确定价款之情形，CISG 第 55 条的立法意义就在于此。故笔者认为，CISG 本身的立场依旧要求要约必须具备有关价款、报酬的表示，CISG 第 55 条的意义更倾向于解决实务中因排除 CISG 适用所

〔1〕 王利明："具有国际化视野的《民法典》合同编立法"，载《经贸法律评论》2021 年第 4 期。

〔2〕 杨代雄："《合同法》第 14 条（要约的构成）评注"，载《法学家》2018 年第 4 期。

〔3〕 由《瑞士债法典》第 2 条规定："当事人之间就合同全部实质性条款达成合意……"可推知。参见张南京："合同成立的比较法研究"，载《法制与社会》2007 年第 8 期。

〔4〕 由《美国统一商法典》第 2-305 条"缺少价格条款……"相关规定可推知。参见吴德昌："要约内容确定性之比较法研究"，载《科技广场》2006 年第 3 期。

〔5〕 杨代雄："《合同法》第 14 条（要约的构成）评注"，载《法学家》2018 年第 4 期。

造成的某些偏差、疑难。

从学理层面分析，合同成立的前提是要约的成立，且依据《民法典》第488条，承诺的内容应当与要约一致，实质性内容不得出现变更，故要约的实质性内容大致决定了合同的实质性内容。因而，若要考察欠缺价款、报酬的合同是否成立，先需考察欠缺有关价款、报酬的表示的要约是否成立。

依据《民法典》第470条第1款第5项，可知价款、报酬属于合同的一般条款。但《民法典》第470条对合同条款的列举仅是示范性的，显然，这些条款并非合同的必备条款。实践中，不能依据合同是否具备第470条所列的条款而判断合同是否成立，〔1〕因而，亦不能依据一项表示是否包含这些条款判断其是否构成要约。

杨代雄教授认为，要约的成立与否关键取决于：其一，缔结一份具有约束力的协议是否为双方就订立合同作出表示时的真实意图；其二，合同所欠缺的条款可否通过法律法规予以填补。〔2〕此观点也是杨代雄教授对《民法典》第511条第2项所体现的"合同欠缺价款或报酬，原则上亦不影响其成立"之主张持批判态度的原因。基于上述主张，他认为，在双方未订立书面合同的情况下，如果既不存在政府定价或政府指导价，也不存在统一的市场价（无法依照《民法典》第511条确定合同价款之情形），未明确包含价格或报酬条款的表示原则上不应认定为要约，可以通过规范性解释确定价格或报酬的除外。此外，如果当事人已经实际履行，则视个案情况（尤其是租赁、承揽等交易）可以将欠缺价格或报酬的表示认定为要约，并参照市场价确定一个合理的价格或报酬。〔3〕究其根本，此主张与《民法典》第490条之立场有类似之处，即认为无论合同的订立形式如何、实质性内容如何，只要有事实结果可以证明双方订立合同时确有缔约且意图履约的真实合意，就可以试图通过依照法律法规填补合同漏洞，以使合同成立。本质而言，如此立场是尊重当事人的意思自治，法律应当维护当事人所追求的合法合同效果。

简言之，欠缺价款、报酬的合同的成立条件有二：其一，事实结果可以证

---

〔1〕 杨代雄："《合同法》第14条（要约的构成）评注"，载《法学家》2018年第4期。

〔2〕 杨代雄："《合同法》第14条（要约的构成）评注"，载《法学家》2018年第4期。

〔3〕 最高人民法院对"郑某某与莆田市中医院、莆田市闽中田野汽车贸易有限公司、莆田市志强汽车贸易有限公司建设用地使用权纠纷案"作出的（2014）民提字第125号民事判决书，即依同地段租金标准确定土地使用权租赁合同的租金数额。

明订立合同时双方有确切缔约和履约的真实合意，如当事人已实际履行、双方当事人已订立书面合同[1]；其二，合同的价款、报酬可以事后依据法律法规予以确定，如存在政府定价或政府指导价、统一的市场价。特殊情况下，在无法满足后者条件的前提下，视个案情况允许只满足前者条件即认定合同成立之可能存在。

综上，价款、报酬之于合同的必要性需要辩证地看待，并非非黑即白地"一刀切"，在满足一定条件的情况下，欠缺价款、报酬的合同可以被认定为成立。

B. 小结。

结合本案，介于王五与B公司并未签订书面合同，仅有口头表示。且习题的相应价款并不存在政府指导价一说或统一的市场价。结合上文，该表示原则上不应认定为要约，但考虑王五已经向B公司完成了习题的交付，即一方当事人已经实际履行。加之，本案不存在欠缺法律规定的形式要件之情形，从尽可能明确当事人权利义务边界的目的出发，此处可以将欠缺价格或报酬条款的表示认定为要约，并参照B公司此前所承包的培训项目的价款标准，为王五所给付的三套习题确定一个合理的价格。

故赵六代B公司向王五作出的要约成立，王五应允此要约，构成承诺，双方就有关习题的合同达成了合意。

②特殊成立要件。

经审查，本案中无法律或者当事人对于各种民事法律行为规定的特殊构成要件。

③小结。

该合同满足成立要件，该合同已成立。

（2）合同的生效。

①一般生效要件。

根据《民法典》第143条之规定，合同之有效应当满足三个要件。第一，行为人具有相应的民事行为能力；第二，行为人意思表示真实；第三，不违反法律的强制性规定，不违背公序良俗。

结合上文，案涉合同欠缺价款、报酬的约定虽可以成立，但双方就价款标

---

[1] 签订书面合同已经表明双方当事人确实想缔结一份具备约束力的合同，关于是否订约，双方都已经作出了终局性的决定，因此，认定合同已经成立未尝不可。参见杨代雄："《合同法》第14条（要约的构成）评注"，载《法学家》2018年第4期。

准存在的争议是否会使合同的效力存在瑕疵，仍待讨论。故下文需讨论，王五对赵六所表意的"课酬标准"理解有偏差是否构成重大误解。

A. 是否构成重大误解。

依据《民法典》第147条，基于重大误解所实施的民事法律行为，行为人享有撤销权。结合本案，若王五在订立合同时对合同价款的误解构成"重大误解"，则本案中"王五后续知悉实情后告知赵六收回题目"应当理解为王五行使基于重大误解的合同撤销权。

a. 对"价款"的认识错误是否属于"重大误解"。

重大误解的类型分为动机错误、[1]内容错误、表达错误、传达错误、性质错误、双方动机错误。而王五对合同价款有误解，结合上述六种类型的定义，本案只可能归属"内容错误"一类。下文则详细讨论此可能成立与否。

内容错误，指表意人对其表示内容产生错误的认识，或者说，表意人赋予其所选择的表意符号与受领人的理解不相同的意。杨代雄教授认为，对"价款"的认识错误属于"内容错误"。[2]韩世远教授则认为，内容错误包括对标的物的品种、质量、规格、数量等认识错误，[3]此观点与1988年《最高人民法院关于贯彻执行〈中华人民共和国民法通则〉若干问题的意见》（以下简称《民通意见》）第71条对内容错误一类的举例一致。但笔者认为，由此观点并无法推出"对价款的认识错误不属于内容错误"的论断，因为标的物的品种、质量、规格、数量这些因素实际上均与合同价款相挂钩，对合同价款的误解往往基于对标的物本身具体情况的错误认识。故关于"内容错误包括对价款的认识错误"这点其实是不言自明的。

值得一提的是，本文认为合同价款是否为合同的"重大事实"与对合同价款的误解是否属于"重大误解"实为两个问题。此处所谓"重大误解"之"重大"并不等价于"价款"之于合同之"重大"。在讨论王五对合同价款存在错误认知而缔约的情形是否构成重大误解时，关键取决于王五作为表意人在知道真实情况的前提下是否还会作出原有的意思表示，换言之，若王五对合同

---

〔1〕 我国学界对是否区分动机错误与表示错误存在争议。所谓动机错误，即意思形成阶段的错误，也就是关于为什么作出这样的意思表示的理由方面的错误。

〔2〕 其认为，内容错误包括标的物同一性、相对人同一性、价款、数量、重量、合同类型等因素的认识错误。参见杨代雄编著：《袖珍民法典评注》，中国民主法制出版社2022年版，第103页。

〔3〕 韩世远："重大误解解释论纲"，载《中外法学》2017年第3期。

价款的误解从根本上影响了其缔约的意愿,即满足"重大误解"之"重大"。

综上,本文认为,表意人对"价款"的认识错误属于"重大误解"中的"内容错误"。

b. 重大误解的构成要件之辩。

一般来说,重大误解需符合如下构成要件:其一,当事人的表示构成一项意思表示;其二,表示内容与表意人的意思不一致;其三,表意人并非故意导致表示内容与其意思不一致;[1]其四,表示内容与意思的不一致是显著的。对于上述四个要件,学界已达成普遍共识。除此之外,尚有一要件存在争议,即重大误解是否要求意思与表示内容不一致给表意人造成较大损失。学界对此主要有两大观点,以杨代雄教授为代表的肯定说和以朱庆育教授为代表的否定说。

肯定说认为重大误解应以"意思表示错误必须给表意人造成重大损失"为要件,理由是在交易额不大的法律行为中即便发生意思表示错误,表意人也不会遭受重大损失,[2]没必要因此赋予行为人撤销权,致使交易安全遭受不必要的损害,并且招致不必要的法律纠纷,加重法官的工作压力,得不偿失。[3]实践中,我国法院通常也以损失重大与否判定是否构成重大误解。[4]

否定说则认为错误意思表示之撤销,旨在为行为人错误的意思表达提供更正机会,而非弥补错误行为的损失。固然,"误解"之"重大"的界定应聚焦于错误对于决定行为实施与否所具有的影响力。[5]比较法上,《德国民法典》采否定说,没有明确强调意思表示错误必须给表意人造成重大损失,[6]而是以错误对行为实施的主观重要性[7]与客观重要性[8]为考量因素。

---

[1] 否则就构成虚伪表示,而非重大误解。参见杨代雄编著:《袖珍民法典评注》,中国民主法制出版社 2022 年版,第 101 页。

[2] 此处指的是错误后果的严重性,与错误本身的严重性不尽相同。前者着眼于意思表示错误给表意人造成多大数额的损失,后者着眼于错误的表示与表意人的真实意思相背离的程度。

[3] 杨代雄:《民法总论专题》,清华大学出版社 2012 年版,第 192 页。

[4] 高某、陈某等与王某某、张某某股权转让纠纷案,河北省高级人民法院民事判决书 (2016) 冀民终 501 号;何某某、郑某某与黄某某股权转让纠纷案,新疆维吾尔自治区高级人民法院民事判决书 (2014) 新民二终字第 99 号。

[5] 朱庆育:《民法总论》,北京大学出版社 2016 年版,第 276 页。

[6] 朱庆育:《民法总论》,北京大学出版社 2016 年版,第 276 页。

[7] 指若表意人知悉实情就不会作出此等意思表示,与上文我国通说中的"重大误解"构成要件其四"表示内容与意思的不一致是显著的"有类似之处。

[8] 指表意人经过理智评价就不会作出意思表示,而所谓"理智评价"以抽象理性人而非具体表意人为判断标准,换言之,错误人应被视为理性、不偏执或愚笨之人。

究其本质，采纳肯定说或是否定说，根本上是在保护行为人的决定自由和维护交易安全之间平衡取舍。但值得一提的是，肯定说存在一个明显的弊病，即何谓"重大损失"？实务中界定"重大损失"的确切标准为何？一旦对此论题稍加深思，就发现现实中很难择取一个客观标准去评价表意人是否遭受"重大损失"。依杨代雄教授对肯定说的论述可推知，其倾向于选取绝对金额为"重大损失"的标准，认为没必要赋予交易额不大的当事人撤销权，而这意味着小额交易的当事人将失去更正错误的机会，此举显失公平。且小额交易的"小额"是以一般人的经济水平判断的，而实际此交易额之于当事人的经济水平而言，价值几何是无法统一估量的。比如，当事人的经济情况较为拮据，那一般人的"小额损失"于他而言，则可能算得上一笔重大的财产损失。因而，笔者以为，以绝对金额为标准是不可取的。但如果以损失占交易总额比例的相对金额为标准，又势必对大额交易不公平。比如，在总金额为1亿元的交易中造成1%的损失，与总金额为100元的交易造成50%的损失相较，何者属于"较大损失"？[1]因而，"重大损失"的客观标准不易亦不宜确定，择取何种标准都会显失公平。若采肯定说，介于对"重大损失"的理解因人而异且未有司法解释明确标准，裁判结果的走向主要由法官个人的主观意志偏向决定，难以形成较为客观统一的裁判立场，有损司法权威和社会公平。由此观之，笔者以为，肯定说较否定说，造成了更多的实务困难以及不必要的法律纠纷。

从立法角度而言，我国对此的立法立场实际较为模糊，但总体应是倾向于否定说。一方面，《民法典》第147条有关重大误解之规定未作"造成重大损失"之类似要求，《民法典总则编解释》第19条相较于原《民通意见》（试行）第71条删除"造成较大损失"这一要件。[2]另一方面，《全国法院贯彻实施民法典工作会议纪要》（以下简称《民法典会议纪要》）第2条虽重申了

---

〔1〕 朱庆育：《民法总论》，北京大学出版社2016年版，第276页。

〔2〕《民法典总则编解释》第19条规定："行为人对行为的性质、对方当事人或者标的物的品种、质量、规格、价格、数量等产生错误认识，按照通常理解如果不发生该错误认识行为人就不会作出相应意思表示的，人民法院可以认定为《民法典》第一百四十七条规定的重大误解。行为人能够证明自己实施民事法律行为时存在重大误解，并请求撤销该民事法律行为的，人民法院依法予以支持；但是，根据交易习惯等认定行为人无权请求撤销的除外。"原《民通意见》（试行）第71条规定："行为人因对行为的性质、对方当事人、标的物的品种、质量、规格和数量等的错误认识，使行为的后果与自己的意思相悖，并造成较大损失的，可以认定为重大误解。"

《民通意见》第 71 条的立场。[1]但从效力级别来说,《民法典会议纪要》是司法解释性文件,《民法典》是基本法;从颁布时间来说,《民法典会议纪要》先于《民法典总则编解释》公布,根据"上位法优于下位法""新法优于旧法"的原则,我国立法应当是倾向于重大误解不以"造成重大损失"为要件。

综上,本文采否定说,认为重大误解不以"意思与表示内容不一致给表意人造成较大损失"为要件。申言之,重大误解的构成要件有且仅有通说所归纳的四个要件。下文将结合案情进行要件的涵摄。

(a) 构成要件之一:当事人的表示构成一项意思表示。

结合案情和前文论述,王五的"应允",显然构成对 B 公司的要约作出了承诺的意思表示。该要件满足。

(b) 构成要件之二:表示内容与表意人的意思不一致。

结合本案可知,王五作为表意人,其与 B 公司订立合同时的内心意思是接受习题的价款标准为每小时 2000 元。但赵六在要约中所指"课酬标准"并非每小时 2000 元,而可能更倾向于 B 公司之前所承包的与此相类似的培训项目的课酬标准。

关于意思表示的解释原则的结构,主要有主观解释一元论、客观解释一元论、主客观解释相结合的二元论三种。依据我国《民法典》第 142 条第 1 款可知,有关相对人的意思表示至少并非采用主观解释一元论。而客观解释一元论和主客观解释相结合的二元论,关于有相对人的意思表示都可以适用客观解释——以客观相对人视角对表意符号的标准理解[2]为准;个别情形下也包括主观相对人视角,即以特定相对人对于表意符号的实然理解为准。[3]

结合本案,王五对 B 公司所作出的同意以"出题可在折抵课时量后按照课酬标准支付费用"之标准计算题目酬劳的意思表示,系有相对人的意思表示,考虑到本案之情形,非案涉相对人难以评价此处的"课酬标准"之含义,故本文倾向于基于本案特定相对人(即赵六)的视角对意思表示进行解释。故王五

---

〔1〕 杨代雄编著:《袖珍民法典评注》,中国民主法制出版社 2022 年版,第 101-102 页。《民法典会议纪要》第 2 条规定:"行为人因对行为的性质、对方当事人、标的物的品种、质量、规格和数量等的错误认识,使行为的后果与自己的意思相悖,并造成较大损失的,人民法院可以认定为《民法典》第 147 条、第 152 条规定的重大误解。"

〔2〕 所谓标准理解,通常被描述为理性人对表意符号的理解。

〔3〕 杨代雄编著:《袖珍民法典评注》,中国民主法制出版社 2022 年版,第 87 页。

作出的表示内容即为接受 B 公司所另指定的课酬标准，而非 2000 元每小时。

故本案中表意人的表示内容与其意思不一致。该要件满足。

（c）构成要件之三：表意人并非故意导致表示内容与其意思不一致。

本案王五显然无意致使其表示内容与意思不一致，且根据案情可推知，B 公司所另指定的课酬标准应当是低于 2000 元每小时的，王五亦没有动机故意作出如此有损其财产利益的行为。该要件满足。

（d）构成要件之四：表示内容与意思的不一致是显著的。

依据《民法典总则编解释》第 19 条可知，此处的"显著"需达到"按照通常理解如果不发生该错误认识行为人就不会作出相应意思表示的"之程度要求。此外，该第 19 条但书部分明确了"交易习惯"是判断"错误认识"与"错误意思表示"之间是否存在因果关系客观要件的具体化。但笔者认为，本案王五基于错误认识所作出的错误意思表示并不有违交易习惯，故此处不展开讨论。而关于该第 19 条"通常理解"的标准选定，本文认为，可以采纳《德国民法典》的标准，将错误与行为的因果关系细化为主观和客观两个方面，即以错误对行为实施的主观重要性与客观重要性为考量因素。

所谓主观重要性，指若表意人知悉实情就不会作出此等意思表示。结合本案，王五事后在得知课酬标准低于每小时 2000 元后，向赵六声明"题目收回，不得使用"，由此可见，如果王五在订立合同时知悉实情则不会作出承诺的意思表示。该要件满足。

所谓客观重要性，指表意人经过理智评价就不会作出意思表示，所谓"理智评价"以抽象理性人为判断标准。介于一般理性人标准难以择取一个统一客观的标准，基于朱庆育教授所著的《民法总论》中对此标准的举例是"迷信观念不能影响一般理性之人的行为抉择"，故关于一般理性人的标准，笔者更倾向于解释为行为人的意识清醒且决意基于科学认知。本案中，王五若在合同订立时因知悉课酬标准很有可能低于每小时 2000 元而作出拒绝要约的意思表示，是出于对自身财产利益的考量，认为其付出与所得不成匹配是正常人可能会有的利益考量。故本文认为王五此处满足客观重要性之要件。

综上，本案表示内容与意思的不一致是显著的，达到"按照通常理解如果不发生该错误认识行为人就不会作出相应意思表示的"之程度要求。该要件满足。

综上以上四个构成要件，本案满足重大误解的构成要件，王五基于对合同价款的错误认知，与 B 公司订立合同，构成重大误解。

②小结。

王五因基于对合同价款的重大误解与 B 公司订立关于习题的合同，故对该合同享有撤销权。本案中王五在知悉实情后告知赵六收回题目的行为，可以视为其撤销权之行使，至此，双方合同自始无效。需要言明的是，重大误解所生之撤销权乃形成诉权，实际中当事人需诉请法院或仲裁机构以达到撤销案涉合同之目的。

2. 结论

介于案涉合同自始无效，故王五对 B 公司基于合同的履行请求权不成立。王五不得依据《民法典》第 626 条主张基于有偿合同参照适用买卖合同的合同履行请求权，请求 B 公司给付习题相应价款。

### 三、王五可能依据《民法典》第 157 条第 1 句的第 2 分句向 B 公司主张给付型不当得利返还请求权

（一）大纲

> 1. 请求权已成立
> （1）成立要件。
> ①相对人受有财产利益。
> ②给付关系（吸收因果关系）。
> ③得利无法律上原因。
> （2）成立抗辩。
> 2. 请求权未消灭
> 3. 请求权可行使
> 4. 小结

（二）正文

1. 请求权已成立

结合上文，王五与 B 公司有关习题的合同经王五行使撤销权后自始无效，此后 B 公司仍将案涉习题投入培训使用。介于王五所作出的有关习题的给付并非以让与习题物权为给付内容，而是以容忍 B 公司使用习题为给付内容，故 B

公司无法依原状返还该给付，只能返还不当得利。[1]即属于《民法典》第157条第1句第2分句"不能返还或者没有必要返还"之情形，B公司有义务就其对三套习题的使用折价补偿。

关于不当得利，有给付不当得利与非给付不当得利之分，后者相对于前者适用"次位"原则，即仅在相对人的得利并非基于"给付"所得时，才考虑非给付不当得利。[2]鉴于本文显然存在"给付"，故下文从给付型不当得利返还请求权的角度进行分析。

（1）成立要件。

①相对人受有财产利益。

结合本案，B公司将王五所提供的三套习题投入培训项目使用。A公司向B公司所给付的外包合同价款应当是包括B公司为承办该培训项目所需的一切花销的，故此处B公司所受财产利益为A公司已向其支付，但其未向王五给付理应给付的习题价款。该要件满足。

②给付关系（吸收因果关系）。

给付包含客观要素和主观要素两个方面。给付的客观要素是指存在"增加他人财产的行为"。此行为既可是事实行为（如提供劳务），亦可为法律行为（如移转所有权）。[3]结合本案，王五向B公司所作出的给付以容忍B公司使用题目为给付内容，是为客观上增加B公司财产。给付的主观要素是指行为人系有意愿、有目的地增加他人财产，即行为人主观上有增加他人财产的意愿[4]且给付基于完成一定的法律上原因而增加他人财产的目的。[5]结合本案，王五给付

---

〔1〕 杨代雄编著：《袖珍民法典评注》，中国民主法制出版社2022年版，第130页。

〔2〕 因为给付是有意识、有目的地使他人财产增加。受领"给付"之所得就不可能同时以"其他"方式取得，因而给付关系排除非给付不当得利。参见吴香香：《请求权基础：方法、体系与实例》，北京大学出版社2021年版，第253页。

〔3〕 王泽鉴：《不当得利》，北京大学出版社2015年版，第55页。

〔4〕 刘昭辰："给付之概念"，载刘昭辰等：《不当得利研究》，元照出版有限公司2016年版，第8页。值得说明的是，王泽鉴教授将此处所谓"意愿"表述为"意识"（"所谓给付，指有意识的，基于一定目的而增加他人财产"，参见王泽鉴：《不当得利》，北京大学出版社2015年版，第55页）。但同时指出，此"意识"事实上指向的是增加他人财产的意愿，因此本文认为更为准确的表述是"有意愿"。赵文杰副教授也持相似观点，其认为在判断给付行为是否存在时，必须依次衡量是否具有事实因素（客观上的权益变更）、意识因素（实质属于"给予行为"的范畴）、意愿因素和目的因素四个因素，参见赵文杰："给付概念和不当得利返还"，载《政治与法律》2012年第6期。

〔5〕 刘昭辰："给付之概念"，载刘昭辰等：《不当得利研究》，元照出版有限公司2016年版，第8页。

习题的行为显然是基于其主观自愿的（即使这个意愿基于重大误解），是基于
履行合同义务而增加 B 公司的财产。综上，王五此处的行为构成"给付"。

结合上文，B 公司所得财产利益是 A 公司已向其支付，但其未向王五给付
而理应向王五给付的有关习题的价款。故王五向 B 公司给付习题并不是 B 公司
"得利"的直接原因。但给付不当得利请求权中"给付关系"吸收因果关系，
不要求"得利"直接来源于"给付"，而是"给付"与"得利"之间存在因果
关系亦可。由上文论述可知，此处 B 公司所得财产利益与王五给付习题之间显
然存在因果关系。该要件满足。

③得利无法律上的原因。

所谓得利无法律上的原因，即欠缺给付目的，分别为自始欠缺给付目的，
如非债清偿或作为给付的原因行为不成立、无效或效力待定；嗣后欠缺给付目
的，如已经履行的法律行为被撤销等；给付目的不能实现，如附停止条件的法
律行为之条件不成就。[1]结合上文，王五在已向 B 公司给付习题后才行使合同
撤销权，此情形即属于上述"嗣后欠缺给付目的"之"已经履行的法律行为被
撤销"。

加之，B 公司在合同无效之后，仍将案涉习题投入培训使用，且未给付王
五相应价款。而 A 公司理应就培训项目的承包向 B 公司给付价款，从某种程度
上来说，是 B 公司"私吞"了 A 公司已支付而王五应得的那部分价款。由此
观之，此处 B 公司的"得利"显然无法律上的原因。该要件满足。

（2）成立抗辩。

依据《民法典》第 985 条可知，不当得利请求权有三个成立抗辩：为履行
道德义务进行的给付、债务到期之前的清偿、明知无给付义务而进行的债务清
偿。本文此处的请求权基础虽为《民法典》第 157 条，但理应遵循作为不当得
利一般条款的《民法典》第 985 条之规定。结合案情，本案显然不存在上述三
种抗辩事由。

基于《民法典》第 157 条第 1 句第 2 分句，王五作为合同无效但已经履行
的一方，有权请求 B 公司就无法返还的"对三套习题的使用"进行折价补偿。
本案不存在权利未发生的抗辩事由，故王五向 B 公司主张的给付型不当得利返
还请求权成立。

〔1〕 王泽鉴：《不当得利》，北京大学出版社 2015 年版，第 69-73 页。

2. 请求权未消灭

本案不存在权利消灭抗辩。

3. 请求权可行使

本案不存在权利行使的抗辩权问题。

4. 小结

王五可得依据《民法典》第 157 条第 1 句第 2 分句向 B 公司主张给付型不当得利返还请求权，请求 B 公司就对三套习题的使用折价补偿。

# 第 3 部分 马八对王五、A 公司、B 公司

请求权基础预选与排序：本案中，马八可能请求王五、A 公司、B 公司就其对马八所编纂的题目未经许可的使用进行赔偿。

此处需要言明的有两点。其一，之所以马八的请求权均向王五、A 公司、B 公司一起主张，是因为案涉事实行为都是三者的共同行为，向三者一起主张优于烦琐的分别主张，况且，并无分别主张的必要。其二，虽然从实际事实侵害行为来看，应当被纳入马八权益受损的因果关系中的是王五、赵六、牛七、A 公司，但赵六和牛七都是 B 公司的工作人员，依据《民法典》第 1191 条第 1 款可知，工作人员致他人损害的，用人单位承担替代责任（下文就此详述）。故本文认为马八是向王五、A 公司和 B 公司主张赔偿损失。

对此，可纳入本案预选的请求权为侵权请求权和不当得利请求权，但介于学界对两者是否可以同时行使以及检视顺序的先后皆存在争议，在逐一分析马八的请求权之前，有必要对此详述，才能厘清不当得利请求权和侵权请求权的排序问题。依据王利明教授的观点，侵害知识产权而获取利益属于"因侵权行为而发生的不当得利"之情形。原因在于，行为人侵害他人的知识产权构成侵权行为责任的同时，此不法行为往往伴随一定的经济利益的取得，而此获益没有法律上的原因，故行为人亦构成不当得利返还责任。[1] 结合本案，王五、A公司、B 公司的赵六与牛七的行为恰是侵害马八的著作权并从中获取利益，故构成不当得利的返还责任与侵权责任的竞合。

在该两者竞合的情况下，受害人享有一项请求权还是两项请求权？若享有

---

〔1〕 王利明："论返还不当得利责任与侵权责任的竞合"，载《中国法学》1994 年第 5 期。

一项请求权，是否可以择一行使？这些问题在理论上都值得商榷。日本的流行判例和学说认为：侵权行为损害赔偿请求与不当得利请求权在目的和构成要件上不尽相同，但从保护受害人角度考虑，不妨使两种请求权并存，允许当事人择一行使。德国的判例认为，不当得利返还请求权作为辅助的请求权，可以与其他请求权并存并同时行使，[1]而法国一般的学说和判例均强调，不当得利返还请求权只在不存在其他请求权时才能适用，意大利的主张与法国类似。[2]我国司法实践中当事人一般可以自由选择行使何种请求权，但一旦选择，不得在二审程序中更改请求权。[3]

从我国司法实践来看，不当得利返还责任与侵权行为责任是相互排斥、不能并立的。从学理层面而言，两者在构成要件、[4]责任形式、[5]对过错程度的要求、[6]举证责任[7]等方面都存在重大差异，适用不同的责任，直接影响行为人的责任范围和对受害人的保护问题。换言之，责任的并立不仅将混淆两种不同的法律关系和请求权，而且容易不适当地加重行为人的责任，并有可能使受害人获得不当得利。[8]因而，基于尊重当事人的自主自愿、保护受害人利益的考量，本文更倾向于在出现不当得利返还责任与侵权行为责任竞合的情况

〔1〕 王利明："论返还不当得利责任与侵权责任的竞合"，载《中国法学》1994 年第 5 期。

〔2〕 但需要注意的是，此处法、意两国被用于比较的是不含非债清偿的狭义不当得利，而德国则是包括给付型和非给付型在内的不当得利。在法国和意大利，非债清偿之诉并无辅助性。而在德国，非给付型相对于给付型不当得利具有辅助性，费用型不当得利相对于其他请求权也具有辅助性。参见王泽鉴：《不当得利》，北京大学出版社 2015 年版，第 199 页；叶名怡："不当得利法的希尔伯特问题"，载《中外法学》2022 年第 4 期；[德] 汉斯·约瑟夫·威灵：《德国不当得利法》，薛启明译，中国法制出版社 2021 年版，第 58 页。

〔3〕 "美国 EOS 工程公司诉新绛发电公司等侵权纠纷案"，载《中华人民共和国最高人民法院公报》2004 年第 10 期。

〔4〕 侵权损害赔偿以受害人实际发生损害为成立要件，实际的损害程度直接影响赔偿范围，而加害人是否因为加害行为受益以及受益的程度皆不影响侵权责任的构成和责任范围的确定；不当得利返还责任以受益人直接受益为条件。

〔5〕 侵权行为责任包括损失赔偿、返还财产等多种责任形式，一旦侵权行为成立，可以以多种形式对受害人予以保护；而不当得利返还责任形式较为单一，主要是返还财产的责任。

〔6〕 在侵权行为责任中，一般侵权的加害人过失程度较轻可以作为减轻责任的考量因素，特殊侵权中加害人的过失程度不影响其责任承担；但在不当得利返还责任中，过错程度是确定责任范围的重要因素。

〔7〕 一般侵权行为责任以过错为责任构成要件，受害人就此负有举证义务；而在不当得利返还责任中，受损人不必对受益人的故意和过失负举证责任，但要对受益人获得利益及获利的程度进行证明。

〔8〕 王利明："论返还不当得利责任与侵权责任的竞合"，载《中国法学》1994 年第 5 期。

下，允许受害人择一行使。

另外，关于不当得利请求权与侵权请求权的检视顺序先后，存有争议。[1]有主张前者在先者，[2]也有主张后者在先者，[3]还有主张请求返还则不当得利在先、请求赔偿则侵权在先者。[4]但既然此两种请求权可以并存，择一行使，检视顺序的先后之问题其实不甚重要，亦无形成定论之必要，选择便于案例讨论的结构顺序即可。鉴于笔者认为，有关侵权责任的责任构成部分论述更为复杂，且两种责任在构成要件上多有相似，故本文更倾向于将侵权请求权置于前述，以减少前后内容的套叠。

综上，可纳入本案预选的马八可向王五、A 公司和 B 公司一起主张的请求权基础为：其一，基于《民法典》第 1172 条的因果关系聚合型数人侵权请求权。其二，基于《民法典》第 985 条的权益侵害不当得利请求权。

## 一、基于《民法典》第 1172 条的因果关系聚合型数人侵权请求权

### （一）大纲

> 1. 请求权已成立
> （1）责任构成。
> ①二人以上分别实施加害行为。
> A. 存在数个行为人。
> B. 分别实施加害行为。
> ②造成同一损害。
> ③共同因果关系。
> ④侵权责任的基础要件。
> A. 损害。

　[1]　吴香香：《请求权基础：方法、体系与实例》，北京大学出版社 2021 年版，第 12 页。

　[2]　王泽鉴教授认为，不当得利请求权应先于侵权请求权检视，因为不当得利与物权变动有密切关系，理应放在物权关系上请求权之后检讨，而侵权请求权之所以列后检讨，是因为它不是其他请求权的前提问题。参见王泽鉴：《民法思维：请求权基础理论体系》，北京大学出版社 2009 年版，第 60 页。

　[3]　吴香香：《请求权基础：方法、体系与实例》，北京大学出版社 2021 年版，第 12 页。

　[4]　吴香香：《请求权基础：方法、体系与实例》，北京大学出版社 2021 年版，第 12 页。

B. 民事权益受侵害。

C. 因果关系。

D. 违法性。

a. 是否具有违法性。

b. 有无存在违法性阻却事由。

（a）是否构成受害人同意。

（b）是否构成著作权的合理使用。

c. 小结

E. 过错。

⑤小结。

（2）责任承担。

2. 请求权未消灭

3. 请求权可行使

4. 小结

（二）正文

1. 请求权已成立

结合本案，王五、A公司、赵六与牛七都在未经马八许可且未向马八支付相关报酬的情况下，使用了马八所编纂的题目。显然，王五、A公司、B公司所需承担的是多数人侵权责任，而多数人侵权责任包含多种，下文则需排除因果关系聚合型数人侵权之外的其他侵权责任适用之可能。

首先，本案可以明确具体加害人，故排除构成共同危险行为之可能。其次，本案亦非教唆、帮助行为。故下文仅讨论构成共同侵权以及无意思联络的数人侵权之可能。

关于共同侵权，依据《民法典》第1168条可知，其特征为行为人"共同实施"加害行为。[1]但学界对"共同实施"涵义的理解存在争议，主要分为

---

[1] 需要注意的是，此处《民法典》第1168条所规定的共同侵权，为狭义的共同侵权行为，又称共同加害行为。

两种观点。其一，认为共同侵权的各侵权人为共同故意，或至少为共同过失，[1]以共同过错为已足。[2]即此处的"共同"包括共同故意、共同过失（数人行为人共同从事某种行为，基于共同的疏忽大意，造成他人损害）、故意行为和过失行为相结合。[3]其二，认为共同侵权仅限于共同故意。[4]只有在各行为人基于意思联络一起实施加害行为造成他人损害时，才构成共同加害行为。[5]

本文更倾向于后一观点，共同侵权应以意思联络为要件。若共同加害行为不以意思联络为要件，则一是受害人对因果关系的举证责任过重；[6]二是扩大了连带责任的适用。申言之，这会使无意思联络的行为人的行为被共同纳为一个侵权行为进行整体性评价，以此，行为人则需为超出自己意志范围的损害结果承担责任，实不利于加害人的权益保护。亦有违比例原则，为保护受害人的权益，而过当地宽泛共同加害行为的适用范围，有失公允。况且学界对"以意思联络为共同加害行为的要件"持否定态度的原因，是害怕共同侵权的范围因此限缩，致使数人侵权中法定连带责任之适用减少，继而导致受害人的权益未得到更好的保护。[7]但共同侵权并非产生法定连带责任的唯一事由，规制共同侵权的适用情形不当然引起法定连带责任适用的限缩，二者之间不存在必然关系。

综上，本文认为，《民法典》第1168条所规定的共同侵权行为以意思联络为要件。结合本案，王五、A公司、赵六、牛七四个加害人之间显然并不存在意思联络，四方并不是通谋去追求马八权益受侵的致害结果，故排除本案构成共同侵权之可能。

关于无意思联络的数人侵权行为，分为因果关系竞合型数人侵权和因果关

---

〔1〕 [德]埃尔温·多伊奇、汉斯-于尔根·阿伦斯：《德国侵权法——侵权行为、损害赔偿及痛苦抚慰金》，叶名怡、温大军译，中国人民大学出版社2016年版，第188页。

〔2〕 周友军："我国《侵权责任法》修订入典的初步构想"，载《政治与法律》2018年第5期。本文认为，其观点所谓"共同加害行为以共同过错为要件"本质上与观点一异曲同工，因为讨论主观状态是故意还是过失，是在有过错的前提下讨论。

〔3〕 王胜明主编：《中华人民共和国侵权责任法解读》，中国法制出版社2010年版，第42页（本部分未标明作者）。

〔4〕 程啸："民法典侵权责任编的体系结构及总则部分的完善"，载《财经法学》2018年第6期。

〔5〕 程啸："论《侵权责任法》第八条中'共同实施'的涵义"，载《清华法学》2010年第2期。

〔6〕 程啸：《侵权责任法》，法律出版社2011年版，第242-243页。

〔7〕 程啸："论《侵权责任法》第八条中'共同实施'的涵义"，载《清华法学》2010年第2期。

系聚合型数人侵权。但因为本案中马八的权益被侵害的致害结果是王五、A 公司、赵六、牛七四方一起导致的结果，而非其中一方的加害行为就能导致全部的损害结果的发生。故排除本案构成因果关系竞合型数人侵权之可能。

综上，最符合本案情形的是因果关系聚合型数人侵权，下文则依据其要件结合案情进行涵摄。

（1）责任构成。

①二人以上分别实施加害行为。

A. 存在数个行为人。

本案中王五、A 公司、赵六、牛七未经马八许可，使用马八所编纂的题目。介于案情未言明 A 公司的具体加害人，但可以确定其一定是 A 公司员工。而行为人之间的关系是雇主和雇员的关系且损害后果是雇员从事业务范围内的事项而造成的，则仍应将其认定为仅存在一个行为人。[1]故此，应当界定本案存在王五、A 公司、赵六、牛七四个行为人。该要件满足。

B. 分别实施加害行为。

本案中王五在明知题目是马八所编纂的前提下，未经马八许可，向 B 公司给付题目意图以此获利；赵六、牛七未经马八许可，将题目投入培训使用；A 公司基于与 B 公司的外包关系，接受题目在培训中的使用。故四个行为人之间无意思联络，各自分别实施了行为使马八的权益受侵。该要件满足。

综上，本案满足"二人以上分别实施加害行为"之要件。

②造成同一损害。

本案中，王五、A 公司、赵六、牛七，四个行为人都未经马八许可，使用其编纂的题目，均造成马八的著作权被侵害这同一损害。该要件满足。

③共同因果关系。

所谓共同因果关系，指多个行为人分别实施加害行为，这些行为偶然地结合在一起，给受害人造成了同一损害，并且如果只是其中的任何一个加害行为单独发生，均不足以造成全部损害。[2]结合本案，正如上文所述，王五、A 公司、赵六、牛七，四个行为人分别实施加害行为，四方主观上不存在共同过错，但是四方都以其行为促使了马八题目被不法使用，其权益被侵害的损害结

---

[1] 李江蓉："论共同侵权行为的共同性要素与特别构成要件"，载《法律适用》2011 年第 12 期。

[2] 程啸：《侵权责任法》，法律出版社 2021 年版，第 259 页。

果发生。缺少任何一方的加害行为，都难以致使马八的全部损害的发生。故本案共同因果关系成立，该要件满足。

④侵权责任的基础要件。

A. 损害。

损害是侵权损害赔偿责任的成立要件，若无损害，则无赔偿。损害分为财产损害与精神损害。[1]结合案情，此处的"损害"为基于培训使用案涉题目，马八应得但未得之价款。该要件满足。

B. 民事权益受侵害。

依据《著作权法》第52条第7项、第53条第1项可知，著作权人的作品使用权、复制权受法律保护，使用作品未支付报酬、未经许可复制作品的，需承担相应的民事责任。结合本案，马八所编纂的题目在未经其本人许可的前提下，被他人在公司培训中印发使用，侵犯了马八作为题目的著作权人的复制权、作品使用权。而著作权属于民事权利，故马八的民事权益当然受侵害。该要件满足。

C. 因果关系。

结合上文，王五、A公司、赵六、牛七，四个行为人的加害行为与马八的著作权受侵之间存在因果关系，此处不再赘述。该要件满足。

D. 违法性。

a. 是否具有违法性。

关于违法性这一要件，我国法院在审判实务中不甚重视，以过错吸收违法性，即将"违法"作为"过错"的判断依据之一。而在德国法上，违法性是侵权责任成立的要件之一。

需要提及的是，我国和德国在侵权法上对"民事权益"的保护有别。依据我国《民法典》第1165条可知，我国并未对"民事权益"的保护进行详细的划分。在德国法上，民事权益则被分为三等级，对每一级的民事权益的保护力度逐级递减。其一，民事权利，即民事法律规范明确确定为"民事权利"的民事权益，如生命权、人格权。在受害人的民事权利受侵害时，司法上自动推定该加害行为具有"违法性"，加害人需通过举证存在违法性阻却事由免责。若是民事利益受侵害，则加害行为之违法性由受害人举证证明。其二，保护他人

---

[1] 杨代雄编著：《袖珍民法典评注》，中国民主法制出版社2022年版，第993页。

的法律所保护的民事利益。其三，受善良风俗所保护的民事利益。对于此种民事利益的保护要求较为严苛，需要加害人主观上存在故意，方构成侵权。

因而，介于我国实务中并未形成清晰准确的判断"违法性"之标准，加之，学界亦认为绝对权遭受侵害的事实即可证引侵害行为具有违法性，[1] 故本文倾向于采德国法之做法，基于本案马八受侵害的民事权益是著作权，属民事权利，故由其著作权被侵之事实，自动推定加害行为具备违法性之要件。

b. 有无违法性阻却事由。

（a）是否构成受害人同意。

所谓受害人同意，是指受害人就他人特定行为的发生或者他人对自己权益造成的特定损害后果予以同意并表现于外部的意愿。[2] 受害人的同意既可以是明示的，[3] 也可以是默示的。[4] 其构成要件之一就为"受害人同意必须有明确具体的内容"，[5] 申言之，受害人的同意是针对他人的特定行为或后果作出的，以受害人同意作为抗辩事由或违法阻却事由的，需以此为限。

结合本案，马八和王五同为该政法院校的老师，该教研室微信群也是政法院校民商法学院老师们的工作群，因而，马八在教研室微信群的声明中所谓"教学使用"应倾向于解释为在该政法院校内的正常教学中应需使用该题目，而不应然包括王五在校外授课的教学使用。故王五所实施的行为与马八所同意的他人行为内容有偏差，王五所实施的行为并非受害人马八同意的后果，王五自不能以受害人同意作为违法性阻却事由。

（b）是否构成著作权的合理使用。

本案中，王五、赵六、牛七的行为致使马八的题目在未经马八许可的前提下，被用于对 A 公司学员的培训中，此处则需讨论本案是否满足《著作权法》第 24 条第 6 项之规定"供教学使用"之情形，构成对马八著作权的合理使用。

《著作权法》第 24 条、第 25 条对著作权合理使用之情形进行了穷尽式列举，《著作权法实施条例》第 21 条在此基础上增加了"不得影响该作品的正常

---

[1] 杨代雄编著：《袖珍民法典评注》，中国民主法制出版社 2022 年版，第 992 页。
[2] 程啸：《侵权责任法》，法律出版社 2021 年版，第 223 页。
[3] 明示的同意，是指受害人明确通过言语或文字同意他人针对自己的特定行为或造成特定的损害后果。
[4] 默示的同意，是指基于受害人特定的行为而推断出其对他人实施的特定行为或损害后果的同意。
[5] 程啸："论侵权行为法中受害人的同意"，载《中国人民大学学报》2004 年第 4 期。

使用[1]"和"不得不合理地损害著作权人的合法利益"两个一般判定要件。[2]结合上文,王五、A 公司、赵六、牛七未经马八许可使用其题目且未给付相应报酬,侵犯了马八作为著作权人的复制权、作品使用权,不满足"不得不合理地损害著作权人的合法利益"这一判定要件。加之,王五、A 公司、赵六、牛七未在使用时指明题目的作者为马八这一事实,此点亦不符合《著作权法》第24 条对"合理使用"之要求。故本案不构成著作权的合理使用,自无须进一步讨论对"作品的正常使用"的界定。

可见,本案不存在违法性阻却事由。

c. 小结。

王五、A 公司、赵六、牛七,四个行为人的加害行为具备违法性之要件。

E. 过错。

过错包括故意与过失。故意,指知晓并希望或者放任不法结果的发生,只能从主观上进行判断。过失则采客观标准,即"理性人标准"判断。[3]需要注意的是,"故意"指的是对发生损害后果的心理状态及态度(是希望、放任),而不是行为人在实施实为加害行为时的心理状态。[4]下文即讨论本案各加害人对损害结果的发生有无过错。

关于王五有无过错。王五在明知题目是马八所编纂的前提下,意图谋利而将题目交由他人使用,王五显然可以预料此行为对马八所造成的损害,即王五对马八的损害结果的心理状态应为明知但放任。故王五对马八损害的发生存在故意。

关于 A 公司有无过错。A 公司主观上甚至不知道培训习题的详情,其显然不存在故意。至于其是否存在过失,需进一步讨论。过失意味着注意义务之违反,有一般过失和重大过失之分,一般过失指行为人违反善良管理人的注意义

---

[1] 基于世贸组织争议仲裁委员会的解释,"正常使用"的认定标准可从经济分析的视角界定为行使权利所产生的可期待利益。可期待利益则应定义为既有的和潜在的著作权市场收益,其中潜在的市场收益应定义为通过权利行使所可能获取的收益。参见熊琦:"著作权合理使用司法认定标准释疑",载《法学》2018 年第1 期。

[2] 熊琦:"著作权合理使用司法认定标准释疑",载《法学》2018 年第1 期。

[3] 杨代雄编著:《袖珍民法典评注》,中国民主法制出版社2022 年版,第992 页。

[4] 因为实务中存在行为人是故意实施此加害行为的,但其并不知晓或是未料想到此行为会致使损害结果的发生。此情形下行为人主观上不存在故意,一般认定为过失。

务，重大过失指行为人严重违反普通人本应具有的最起码的注意义务。[1]本案中，A 公司基于与 B 公司的外包合同，将该培训项目的一切事宜皆交由 B 公司管理，自然对题目的出题者系何人乃至对题目的详情都不了解，且 A 公司亦无须、无必要过问培训所使用的题目的详细情况。由此观之，笔者认为，A 公司对损害的发生并不存在未尽的注意义务。故 A 公司亦不存在过失。综上，A 公司对马八损害的发生不存在过错。

关于赵六有无过错。赵六作为 B 公司负责与王五对接有关题目事宜的员工，面对王五所作出的"题目收回，不得使用"的声明（相当于撤销双方之间就题目的合同），赵六回复"好"，可见他对王五的此表意是受领且知晓的。故赵六应然负有向牛七及相关人员告知不得使用题目的义务，否则必然导致相关人员照常在培训中使用题目的后果。基于现有案情，无法推知赵六主观上存有故意，但赵六对损害结果的发生至少存有过失。

至于赵六的过失是一般过失还是重大过失，则需讨论重大过失如何界定的问题。对此，叶名怡教授认为，重大过失的构成需满足两个方面要件：其一，主观上对行为性质及损害后果有认识；其二，客观上制造了一种巨大危险。[2]首先，关于赵六行为的主观方面。能构成重大过失的"认识"包括两级：确知和有理由知道。确知需要存在直接证据和证言清楚证明行为人的确知道自己行为的性质以及损害后果，[3]本案并不存在直接证据可证明赵六知道自己行为所导致的损害后果。但从司法上的事实推论角度，行为人创造了一种"显而易见"的危险，可以借此推得行为人"有理由知道"。[4]结合本案，赵六不向牛七告知王五收回题目的事实，牛七因负有相应职责必然会在不知情的情况下，将题目印发给 A 公司的学员。故赵六不通知牛七此事的行为创造了一种"显而易见"的危险，可以推知赵六主观上"有理由知道"其行为的性质及损害后果。其次，关于赵六行为的客观方面。客观危险是否巨大的判断依据主要分为两点：危险现实化成损害的概率大小、危险现实化为实际损害后的后果严重性。[5]基于前文所述可知，本案赵六未告知牛七的行为所造成的现

---

[1] 杨代雄编著：《袖珍民法典评注》，中国民主法制出版社 2022 年版，第 992-993 页。
[2] 叶名怡："重大过失理论的构建"，载《法学研究》2009 年第 6 期。
[3] 叶名怡："重大过失理论的构建"，载《法学研究》2009 年第 6 期。
[4] 叶名怡："重大过失理论的构建"，载《法学研究》2009 年第 6 期。
[5] 叶名怡："重大过失理论的构建"，载《法学研究》2009 年第 6 期。

实危险转化为实际损害的概率近乎 100%。而在此多数人侵权中，王五虽是将马八的题目拿来私用的始作俑者，但介于王五中途已经向赵六表示收回题目，故最终损害的发生在因果关系层面很大程度上是因为赵六未告知牛七收回题目而导致的。并且，赵六的行为并不属于职业行为内部可能存在的风险，已然超出了应有的风险范围。由此观之，赵六的行为亦符合"制造了一种巨大危险"之客观要件。综上所述，本文认为，赵六对马八的损害发生存在重大过失。

关于牛七有无过错。本案中，牛七系 B 公司负责跟进 A 公司培训项目的员工，在不知道题目系马八所编纂，亦不知道王五表示收回题目的前提下，因履行职务而将题目印发给 A 公司员工。显然，牛七主观上不存在故意。考虑牛七无义务且无必要再去向赵六询问题目是否可以如常印发，本文认为牛七仅是实施了职务行为，不存在过错。综上，牛七对马八的损害发生不存在过错。

总而言之，在王五、A 公司、赵六、牛七四个行为人中，仅王五、赵六对本案损害结果的发生是存在过错的。A 公司、牛七因为无过错而免于承担侵权责任。

⑤小结。

综上，本案王五、赵六未经马八的许可，使用马八题目的行为，构成因果关系聚合型数人侵权。

（2）责任承担。

依据《民法典》第 1191 条第 1 款第 1 句，用人单位的工作人员因执行工作任务造成他人损害的，用人单位承担侵权责任。本案中，赵六作为 B 公司负责与王五对接有关题目事宜的员工，侵害马八著作权的行为发生于其执行工作任务的过程中，应当认定为职务侵权行为，由 B 公司为此承担替代责任。

关于责任能力。本案王五为完全民事行为能力人，而 B 公司作为运营正常的公司法人，亦具备完备的民事责任能力。本案不存在责任能力抗辩。

关于责任范围。在决定责任范围时，实际发生的损害程度直接影响侵权损害的赔偿范围。[1]而在侵权法中，损害是一个规范概念，获利数额视同损害数

---

〔1〕 王利明："论返还不当得利责任与侵权责任的竞合"，载《中国法学》1994 年第 5 期。

额正是损害的一种客观计算方式。[1]因而，本案的实际损害客观上即为王五本来基于与 B 公司的合同所应得的合同价款。换言之，依照《民法典》第 1184 条之规定，将马八的三套习题按照市场标准或 B 公司同期所承包的其他培训项目的价格标准计算，所得数额即为王五、B 公司所应向马八给付的赔偿价款数额。从另一个角度而言，依据《著作权法》之规定，王五、B 公司使用马八的题目理应支付相应报酬，此处的"损害"亦理应为马八的题目被使用的应得但其实际未得之利益，即有关题目的相应使用报酬。此外，关于惩罚性赔偿，介于 B 公司主观上可能并不构成故意，王五即使主观上存有故意，其行为性质以及损害后果均未达到"情节严重"之要求，故本案无适用《民法典》第 1185 条有关侵害知识产权惩罚性赔偿责任规定之可能。综上，王五、B 公司对马八的赔偿范围即确定为，马八的题目依照市场标准或 B 公司同期所承包的其他培训项目的价格标准计算，所应得的相应使用报酬。

关于责任分配。依据《民法典》第 1172 条第 1 分句，王五、B 公司在能够确认责任大小的前提下，各自承担相应的责任。而此处所谓的"确认责任大小"，则需按照双方的过错与原因力大小[2]（双方对损害结果发生的因果关系占比）来分配。笔者认为，王五虽主观上存在故意，是本案的始作俑者。但是介于王五已经在事中反悔，撤销了其与 B 公司之间的合同，向对方声明不得使用题目，至此王五对损害结果发生的追求、放任的主观态度中断，后续侵害并未停止亦是王五始料未及的。正如上文所言，本案最终损害结果的发生，在因果关系层面很大程度上是因为赵六未告知牛七收回题目而导致，本案的终局责任人应当是赵六。故本文认为此处王五所承担责任应当相较于 B 公司更少，至少不应该是双方平均承担责任。并且，B 公司可基于赵六对损害结果的发生存在重大过失，依据《民法典》第 1191 条第 1 款第 2 句，在向马八承担侵权责任后向赵六追偿。

综上，依据《民法典》第 1172 条第 1 分句，由王五、B 公司基于因果关系聚合型数人侵权行为，对马八的损害结果承担按份责任。赔偿范围即为马八的题目依照市场标准或 B 公司同期所承包的其他培训项目的价格标准计算，所应得的相应使用报酬。

---

[1] 叶名怡："不当得利法的希尔伯特问题"，载《中外法学》2022 年第 4 期。
[2] 杨代雄编著：《袖珍民法典评注》，中国民主法制出版社 2022 年版，第 1010 页。

基于《民法典》第1172条，马八作为著作权被侵害的受害人，有权请求加害人王五、B公司（替代加害人赵六）按份承担因果关系聚合型数人侵权责任。而A公司基于其对马八的损害结果不存在过错，免于承担责任。

本案中不存在权利未发生的抗辩事由，故马八向王五、B公司主张的因果关系聚合型数人侵权请求权成立。

2. 请求权未消灭

本案不存在权利消灭抗辩。

3. 请求权可行使

本案不存在权利行使的抗辩权问题。

4. 小结

马八可得依据《民法典》第1172条向王五、B公司主张因果关系聚合型数人侵权请求权。

## 二、基于《民法典》第985条的权益侵害不当得利返还请求权

（一）大纲

> 1. 请求权已成立
>
> （1）成立要件。
>
> ①相对人取得财产利益。
>
> ②利益应归属于请求人。
>
> ③权益侵害（吸收因果关系）。
>
> （2）成立抗辩——得利有法律上的原因。
>
> 2. 请求权未消灭
>
> 3. 请求权可行使
>
> 4. 小结

（二）正文

1. 请求权已成立

依据《民法典》第985条，得利人没有法律依据取得不当利益的，受损失的人可以请求得利人返还取得的利益。结合本案，王五、A公司、赵六、牛七

在未经马八许可、未支付报酬的前提下，使用马八所编纂的题目，享有其著作权内容的利益。下文则依据权益侵害不当得利返还请求权的构成要件进行涵摄。

（1）成立要件。

①相对人取得财产利益。

关于王五是否得利。介于本案王五并未自 B 公司得到题目的相应价款，王五并非有马八的著作权内容的利益的得利人，故此处排除马八对王五主张案涉权利之可能。

关于 A 公司是否得利。介于马八的题目用于 A 公司的学员培训中，A 公司显然构成以侵害行为取得本应归属于马八权益内容的利益，满足"取得财产利益"之要件。

关于 B 公司是否得利。表面看，B 公司并未从将马八的题目投入 A 公司的培训项目中使用这一行为中获得财产利益。但结合上文，A 公司向 B 公司所给付的外包合同价款应当是包括 B 公司为承办该培训项目所需的一切花销的，故此处 B 公司所受财产利益为 A 公司已向其支付，但其未向王五给付理应给付的习题价款，满足"取得财产利益"之要件。

综上，A 公司、B 公司满足"取得财产利益"之要件，为得利人。而王五并非得利人，马八不得向其主张权益侵害不当得利请求权。

②利益应归属于请求人。

结合本案，马八作为题目的著作权人，享有作品的复制权、作品使用权，具有许可他人复制其作品，基于他人使用作品获得相应报酬的权利。A 公司、B 公司在未经马八许可、未向马八支付相应报酬的情况下所取得的马八作品的著作权内容的利益，当然应归属著作权人马八。该要件满足。

③权益侵害（吸收因果关系）。

依据《著作权法》第 52 条第 7 项、第 53 条第 1 项可知，著作权人的作品使用权、复制权受法律保护，使用其作品未支付报酬、未经许可复制其作品的，需承担相应的民事责任。结合本案，马八所编纂的题目在未经其本人许可的前提下，被他人在公司培训中印发使用，侵犯了马八作为题目的著作权人的复制权、作品使用权。此外，不当得利请求权的"权益侵害"之要件，不以请求人实际受损失为必要，因为不当得利的制度目的在于去除无法律上原因所获之利益，而非填补损害，此亦是不当得利与侵权行为的功能之别。[1]故此处无须讨论马八的实际损害。综上，该要件满足。

（2）成立抗辩——得利有法律上的原因。

权益侵害不当得利满足上文三项成立要件，即推定得利无法律上原因，除非相对人可以证明得利系基于法定许可或请求权人同意。[2]本案 A 公司、B 公司对题目的使用显然未经马八同意，亦不存在法定许可。故 A 公司、B 公司的得利无法律上的原因，本案不存在成立抗辩。

基于《民法典》第 985 条，A 公司、B 公司以侵害行为取得本应归属于马八权益的利益，对马八负有返还不当利益的责任。本案中不存在权利未发生的抗辩事由，故马八向 A 公司、B 公司主张的权益侵害不当得利返还请求权成立。

2. 请求权未消灭

本案不存在权利消灭抗辩。

3. 请求权可行使

本案不存在权利行使的抗辩权问题。

4. 小结

马八可得依据《民法典》第 985 条向 A 公司、B 公司主张权益侵害不当得利返还请求权。

### 三、结论

马八有权请求王五、B 公司就其对马八所编纂的题目未经许可的使用进行赔偿，相应的请求权基础为《民法典》第 1172 条。同时，马八有权请求 A 公司、B 公司返还基于马八著作权内容所取得的财产利益，相应的请求权基础为《民法典》第 985 条。上述两种请求权竞合，马八得择一行使。

---

[1] 杨代雄编著：《袖珍民法典评注》，中国民主法制出版社 2022 年版，第 848 页。

[2] 吴香香：《民法典请求权基础检索手册》，中国法制出版社 2021 年版，第 138 页。

# 第 4 部分　王五对 B 公司

**一、王五可能基于其与 B 公司对马八的侵权赔偿损失，依据《民法典》第 1165 条第 1 款向 B 公司主张故意悖俗侵权请求权**

（一）大纲

> 1. 请求权已成立
> （1）责任构成。
> ①加害人实施加害行为。
> ②有悖于善良风俗。
> ③损害。
> ④因果关系。
> （2）责任承担。
> （3）小结。
> 2. 请求权未消灭
> 3. 请求权可行使
> 4. 小结

（二）正文

1. 请求权已成立

《民法典》第 1165 条作为过错侵权的一般条款，其在具体适用时仍需对个别要件予以细化或者进一步区分，以实现精确规范的目标。在此意义上，以违法性为核心而构建"民事权益区分保护"模式的过错侵权损害赔偿责任体系更为可取。[1]详言之，即结合《民法典》第 8 条（民事主体从事民事活动，不得违反法律，不得违背公序良俗）将《民法典》第 1165 条第 1 款之"过错侵害他人民事权益"解释为三种具体类型：其一，过错侵害他人绝对权（与类绝

---

〔1〕　杨代雄编著：《袖珍民法典评注》，中国民主法制出版社 2022 年版，第 990 页。

对权），绝对权本身具有对世性；其二，过错违反保护性法律致他人纯粹经济损失，保护性法律为对世规范；其三，故意违反善良风俗致他人纯粹经济损失，善良风俗为对世规范。[1]

结合上文可知，王五之所以需向马八承担侵权责任，与赵六未告知牛七收回题目之行为不乏干系。赵六基于过错致使王五纯粹经济损失的行为有归于悖俗侵权行为之可能，下文则依据故意悖俗侵权的要件结合案情进行涵摄。

（1）责任构成。

①加害人实施加害行为。

所谓加害行为，分为作为和不作为。若加害行为是不作为，则加害人需具有作为义务及作为能力。作为义务包括三种类型：其一，法定的作为义务；其二，约定的作为义务；其三，因公序良俗原则、诚信原则等引发的作为义务[2]。

结合本案，赵六作为 B 公司负责与王五对接有关题目事宜的员工，面对王五所作出的"题目收回，不得使用"的声明（相当于撤销双方之间就题目的合同），赵六回复"好"，可见他对王五的此表意是受领且知晓的。对此，赵六作为 B 公司的职权代理人，基于合同诚信原则，应然负有向相关人员告知题目不能使用的义务，以积极实现合同自始无效的法律效果。然而，本案赵六作为加害人未履行作为义务，致使题目仍被投入培训使用，王五因对马八的赔偿而财产利益受损，即对王五构成了不作为加害行为的实施。该要件满足。

②有悖于善良风俗。

关于善良风俗，其标准既不涉及先于法律的伦理道德观念，亦不涉及不成文的社会规范，其只是法律交往中行为规则的基础；其核心标准在于保护交往参与者的合理行为预期。[3]而论及其实质性标准，其实"根本不存在一般公式"。[4]因为究其本质，善良风俗属于法律概念，它可使法官自主地、不受干涉地形成确信。[5]正如德国学者所言："法官不必在想象中设置一个理想的人为标准，他只需扪心自问，他认为什么才是毫无疑问地合法正当。"[6]

结合本案，赵六在王五向其声明题目收回（王五与 B 公司双方之间合同撤

〔1〕 吴香香：《请求权基础：方法、体系与实例》，北京大学出版社 2021 年版，第 92 页。

〔2〕 杨代雄编著：《袖珍民法典评注》，中国民主法制出版社 2022 年版，第 991 页。

〔3〕 杨代雄编著：《袖珍民法典评注》，中国民主法制出版社 2022 年版，第 995—996 页。

〔4〕 于飞："违背善良风俗故意致人损害与纯粹经济损失保护"，载《法学研究》2012 年第 4 期。

〔5〕 于飞："违背善良风俗故意致人损害与纯粹经济损失保护"，载《法学研究》2012 年第 4 期。

〔6〕 于飞："违背善良风俗故意致人损害与纯粹经济损失保护"，载《法学研究》2012 年第 4 期。

销，自始无效）后，基于合同诚信原则，赵六应然负有向相关人员告知题目不能使用的义务，以积极实现合同自始无效的法律效果。显然，此处赵六未告知牛七的行为与"交往参与者的合理行为预期"相悖，且笔者以为，其行为亦不符合"毫无疑问地合法正当"。综上，本文认为赵六的加害行为违背善良风俗，该要件满足。

至于违法性要件和过错（主观上故意）要件，有学者认为应将其分离于"悖俗"之要件讨论，但本文更倾向于以悖俗吸收违法性和故意。关于违法性，杨代雄教授认为，对违法性的认定在于检查行为人的行为是否有悖于善良风俗。[1]基于此，加害行为违背善良风俗，即可推定其具有违法性。关于主观故意，学界大多强调"故意"要件之重要性，但吴香香教授认为，故意悖俗的"故意"内涵于"悖俗"本身，或说，违反善良风俗必然为故意。[2]本文亦赞同该立场，善良风俗之所以为"风俗"，其中一点就在于其广为大众所熟知、接受并遵循，因而行为人必定是在明知善良风俗的情况下，依旧作出悖俗加害行为，故悖俗必定基于主观之故意。综上，本文认为违法性与故意之要件已内涵于"悖俗"之要件，此处不再对其另行讨论。

③损害。

损害是侵权损害赔偿责任的成立要件，若无损害，则无赔偿。损害分为财产损害与精神损害。[3]结合本案，赵六作为加害人未履行作为义务，致使题目仍被投入培训使用，王五因此向马八赔偿而使财产利益受损。该要件满足。

④因果关系。

结合案情和上文论述可知，王五虽为本案的始作俑者，但介于王五已经在事中反悔，撤销了其与B公司之间的合同，向对方声明不得使用题目，本案最终马八的损害之所以发生，在因果关系层面很大程度上是因为赵六未告知牛七收回题目而导致的。进言之，王五之所以需向马八承担侵权责任，与赵六未告知牛七收回题目之行为不乏干系。故赵六的加害行为显然与王五的损害之间存在因果关系。该要件满足。

综上，在王五对马八的损害承担侵权责任的前提下，赵六未告知牛七收回题目的行为对王五构成故意悖俗侵权行为。

［1］ 杨代雄编著：《袖珍民法典评注》，中国民主法制出版社2022年版，第995页。

［2］ 吴香香：《请求权基础：方法、体系与实例》，北京大学出版社2021年版，第92页。

［3］ 杨代雄编著：《袖珍民法典评注》，中国民主法制出版社2022年版，第993页。

（2）责任承担。

依据《民法典》第1191条第1款第1句，用人单位的工作人员因执行工作任务造成他人损害的，用人单位承担侵权责任。本案中，赵六作为B公司负责与王五对接有关题目事宜的员工，未将王五收回题目的声明告知牛七的行为发生于其执行工作任务的过程中，应当认定为职务侵权行为，由B公司为此承担替代责任。[1]

关于责任能力，B公司作为运营正常的公司法人，具备完备的民事责任能力。本案不存在责任能力抗辩。

关于责任范围，在决定责任范围时，实际发生的损害程度直接影响侵权损害的赔偿范围。[2]依据上文所述，B公司对王五的赔偿范围即确定为王五基于侵权责任而向马八赔偿的相应价款。

综上，由B公司为赵六对王五的故意悖俗侵权行为承担赔偿责任，赔偿范围为王五基于侵权责任而向马八赔偿的相应价款。

（3）小结。

基于《民法典》第1165条第1款，王五作为遭受纯粹经济损失的受害人，有权请求B公司替代加害人赵六承担故意悖俗侵权责任。本案中不存在权利未发生的抗辩事由，故王五向B公司主张的故意悖俗侵权请求权成立。

2. 请求权未消灭

本案不存在权利消灭抗辩。

3. 请求权可行使

本案不存在权利行使的抗辩权问题。

4. 小结

王五可得依据《民法典》第1165条第1款向B公司主张故意悖俗侵权请求权，请求B公司赔偿其纯粹经济损失。

## 二、结论

综上，王五可得依据《民法典》第522条第2款请求B公司给付课酬。王五可得依据《民法典》第157条第1句第2分句请求B公司就对三套习题的使

---

〔1〕 值得一提的是，结合上文论述可知，赵六对损害结果的发生存在重大过失，因而B公司可基于《民法典》第1191条第1款第2句，在其向王五承担侵权责任后，亦可就此部分赔偿款项向赵六追偿。

〔2〕 王利明："论返还不当得利责任与侵权责任的竞合"，载《中国法学》1994年第5期。

用折价补偿，但不得依据《民法典》第 598 条请求 B 公司给付习题相应价款。在王五和 B 公司共同向马八承担侵权责任的情况下，王五可依据《民法典》第 1165 条第 1 款向 B 公司追偿。上述三种可行使的请求权内容不同，不构成请求权竞合，王五可同时行使。

# 5 "糟心的股权"案*

## 【案情】

贾申木系建丁市某法院法官，觉得工资太低想开展副业，遂投资 100 万元与当地民营企业家易栋北合资开设 A 公司。同时，二人约定："A 公司每年总收入减总费用若有盈余则向贾申木支付酬劳金。"不久后 A 公司想要扩大经营，正巧赶上建丁市政府出台招商引资政策的利好，贾与易二人找来新加坡籍商人信佳波，经政府审批后向 A 公司注资 500 万元。

三年后，信佳波因不习惯建丁市的市场环境想要退出。易栋北表示愿意购买信佳波在 A 公司的全部股份。二人达成合意，签订股份转让协议。因三年来 A 公司出产的产品市场表现良好，A 公司盈利颇丰，故信易二人的股份转让协议中约定股份转让的价格为 800 万元，在股权交割手续办理完毕后一个月内支付。按照规定，信易二人来到审批部门对该协议申请审批。但发现在信佳波来建丁市投资以后，市政府以红头文件的形式出台了一个规定："外商投资股份转让价格不得高于投资价格。"因此，信易二人无法办理有效的股权交割手续。信易二人经协商，决定采取"阴阳合同"的形式规避审批。其中，"阳合同"约定股份转让的价格为 500 万元；"阴合同"即为原股份转让协议，并在该协议中增加一个条文，该条文载明："阳合同"中约定的股份转让价格是为了应对政府审批的虚假价格，股份转让的真实价格为 800 万元。信易二人拿着"阳合同"去审批部门顺利的办理了审批和股权交割手续。信佳波返回新加坡，一个月后未收到易栋北给付价款。

这期间，易栋北为了对 A 公司进行独立控股，与公司会计人员秉开吉共同

---

\* 龙叶青，西北政法大学民商法学院 2021 级本科生。推免西安交通大学法学院法律硕士（法学）2025 级研究生。

谋划，制造虚假的财务报表，虚构公司由盈利变为亏损的假象，并与易栋北的妻弟丁七迪串通，使贾申木因误信该假象将自己的股份以 50 万元的价格出售给易栋北的妻弟丁七迪。同时查明，A 公司开办三年来贾申木从未实际参与公司经营，易栋北也通过虚报费用、隐匿收入等方式向贾申木谎称 A 公司亏损，致使贾申木未能依约取得酬劳金。

**【问题】**

1. 信佳波可向谁主张何种权利？依据为何？
2. 贾申木可向谁主张何种权利？依据为何？

# 第1部分　信佳波对易栋北

请求权预选与排序：本案中，第一，信佳波和易栋北之间存在股份转让合同，信佳波可能依据该合同请求易栋北给付价款；第二，易栋北没有按约定时间给付股权转让价款，信佳波可能依据《民法典》第577条请求易栋北进行违约损害赔偿；第三，由于易栋北没有给付转让价款，合同目的没有实现，可能构成根本违约，信佳波可能要求解除合同并依据《民法典》第566条第1款主张解除合同后的恢复原状请求权，并依据第566条第1款、第2款结合第577条向易栋北主张违约损害赔偿请求权；第四，信佳波还可能依据《民法典》第985条请求易栋北返还不当得利。

## 一、信佳波可能根据股份转让合同请求易栋北给付价款

（一）大纲

> 1. 请求权已成立
> （1）合同是否成立。
> ①合同一般成立要件。
> ②合同特殊成立要件。
> （2）合同是否有效。
> ①合同一般有效要件。
> ②合同特殊有效要件。
> 2. 请求权未消灭
> 3. 请求权可行使
> 4. 小结

（二）正文

1. 请求权已成立

本条为合同请求权，需要有一个生效合同。我国学界通说认为，法律行为

生效必须具备"成立要件"与"有效要件"。[1]

（1）合同是否成立。

成立要件可区分为一般成立要件和特殊成立要件。

①合同一般成立要件。

合同的一般成立要件为达成合意。本案中，推定信佳波和易栋北之间意思表示达成合意，因此合同成立。

②合同特殊成立要件。

根据通说，若法律规定为要式合同，则需检视是否符合"要式"之特别要件，但本案不涉及这种情形。

（2）合同是否有效。

合同的有效要件也可区分为一般有效要件和特别有效要件。

①合同一般有效要件。

《民法典》第143条规定了一般有效要件，第一，行为人具有相应的民事行为能力；第二，意思表示真实；第三，不违反法律、行政法规的强制性规定，不违背公序良俗。《民法典》第144条、第146条、第153条、第154条等规定了合同无效的事由。

本案中，由于股份转让价格过高无法审批，信易二人经协商，决定采取"阴阳合同"的形式规避审批，可能违背《民法典》第146条的规定。"阴阳合同"，又称"黑白合同"，是指合同的当事人出于规避政府管理或经济利益最大化的动机而对同一单交易所签订的两份内容不一致的合同，其中一份提交给相关部门查验和备案，但合同当事人并不实际履行，称为"阳合同"；另一份仅为合同当事人所掌握，但约定照此实际履行，称为"阴合同"。[2]

---

〔1〕 参见王泽鉴：《民法总则》，北京大学出版社2009年版，第203页；王利明：《民法总则研究》，中国人民大学出版社2003年版，第564页；梁慧星：《民法总论》，法律出版社2001年版，第186页；董安生：《民事法律行为——合同、遗嘱和婚姻行为》，中国人民大学出版社1994年版，第183页；尹田：《民法典总则之理论与立法研究》，法律出版社2010年版，第486页；李永军：《民法总论》，法律出版社2006年版，第475-476页；徐国栋：《民法总论》，高等教育出版社2007年版，第358页；韩世远：《合同法总论》，法律出版社2011年版，第157-164页。

〔2〕 参见白彦锋、张静："'阴阳合同'与我国二手房税收收入流失的治理——以北京市为例"，载《创新》2012年第2期；汪育玲："房屋买卖'阴阳合同'案件的处理困境与突破——以《民法总则》通谋虚伪表示的新规则为契机"，载《山东法官培训学院学报》2018年第2期。

A. "阳合同"是否有效。

本案中，"阳合同"约定股份转让的价格为 500 万元，"阴合同"中以一个条文载明："阳合同"中约定的股份转让价格是为了应对政府审批的虚假价格，股份转让的真实价格为 800 万元。《民法典》第 146 条第 1 款，行为人与相对人以虚假的意思表示实施的民事法律行为无效。而本案"阳合同"中双方意思表示虚假，故该合同无效。

B. "阴合同"是否有效。

根据《民法典》第 146 条第 2 款，以虚假的意思表示隐藏的民事法律行为的效力，依照有关法律规定处理。而本案"阴合同"是否有效需要考虑其是否违反《民法典》第 153 条的强制性规定或公序良俗。

a. "阴合同"是否因违反市政府红头文件"外商投资股份转让价格不得高于投资价格"的规定而无效。

对于《民法典》第 153 条的理解一度是以效力性强制性规定与管理性强制性规定作为司法实践中判别违法合同是否有效的主要标准，但在具体适用中因为缺乏具体识别标准而达不到预想的规范效果。2009 年《最高人民法院关于当前形势下审理民商事合同纠纷案件若干问题的指导意见》第 15 条、第 16 条传达出不再绝对贯彻"违反效力性强制性规范的合同无效、违反管理性强制性规范的合同有效"之原则，而是规定违反管理性强制性规范的合同也有可能无效的观点，对于违反强制性规范的合同效力提出了比较具体的判定基准，如规制对象、保护的利益、交易安全等。2019 年《九民纪要》第 30 条重申了《审理民商事合同案件指导意见》的立场，明确指出违反管理性强制性规范并非一律都不导致合同无效。具有决定性意义的并非相关强制性规定的性质，而是其规范目的和规范重心。对于系争民事法律行为所涉及的强制性法律规定，应着重探寻其规范目的、考察其规范重心，以确定是否据之认定民事法律行为的效力。[1]

从文义解释来看，市政府红头文件从法律位阶上看并不属于法律或行政法规，因此，"外商投资股份转让价格不得高于投资价格"的规定不属于《民法典》规定的"违反法律、行政法规的强制规定的民事法律行为无效"情形，所以该事由不能导致合同无效。

但依《民法典合同编通则解释》第 17 条之规定，如果某一项民事法律行

---

〔1〕 杨代雄编著：《袖珍民法典评注》，中国民主法制出版社 2022 年版，第 120 页。

为仅违反行政规章或地方性法规等，也并非一定有效，应综合考虑个案相关情势，其如果构成影响国家安全、违背公序良俗等，也为无效。[1]正如2019年《九民纪要》第31条的规定，违反规章一般情况下不影响合同效力，但该规章的内容涉及金融安全、市场秩序、国家宏观政策等公序良俗的，应当认定合同无效。人民法院在认定规章是否涉及公序良俗时，要在考察规范对象基础上，兼顾监管强度、交易安全保护以及社会影响等方面进行慎重考量。该类行政规章、地方性法规通常是为了维护社会公共利益而制定的，民事法律行为违反其中某项规定的，需考量使之有效是否与社会公共利益相冲突。如果施加行政处罚足以维护社会公共利益，则无须认定民事法律行为无效；反之，如果民事法律行为的生效及履行显然有损社会公共利益，则应认定其因违反公序良俗而无效。本案中，外商投资股份转让价格不得高于投资价格除规定在该红头文件外，并没有体现在其他相关上位法等政策文件，认为其违背公序良俗无据可依。

b. "阴合同"是否因未经审批而无效。

权利转让本属私人自治范畴，完全可借由当事人之间的转让合同实现。但中外合资经营企业股权等特定民事权利的变动，不仅关涉当事人的利益，而且可能影响国家在相关领域公共政策的实现，存在以行政审批管控此类权利变动的现实需要。[2]满足此种国家需要的制度安排只能加载于转让合同之上，通过对合同目的之实现的控制加以体现。[3]由此必然产生行政审批与权利转让合同效力关系的问题，其中的问题点聚集于未经审批之权利转让合同的效力及其法律后果。[4]在将行政审批绑定于合同效力的进路中，"合同无效说"认为，对于未经审批机关批准的合同，则不仅因相关法律、行政法规的规定显系效力性规定，该合同违反行政法规的强制性规定，而且依据1999年《合同法》第44条第2款，审批机关的批准是合同的生效要件，故该未经批准的权利转让合同

---

[1] 参见重庆悦诚律师事务所诉肖某某人民调解代理合同纠纷案，最高人民法院民事裁定书(2012)民再申字第318号；安徽省福利彩票发行中心与北京德法利科技发展有限责任公司营销协议纠纷案，最高人民法院民事判决书（2008）民提字第61号。

[2] 参见苏永钦："以公法规范控制私法契约——两岸转介条款的比较与操作建议"，载《人大法律评论》2010年第1期。

[3] 参见《最高人民法院关于审理外商投资企业纠纷案件若干问题的规定（一）》（法释〔2010〕9号）第1条。

[4] 参见汤文平："批准（登记）生效合同、'申请义务'与'缔约过失'《合同法解释（二）》第8条评注"，载《中外法学》2011年第2期。

无效。[1]对此，司法机关已持明确的否定性立场，但为妥善处理司法权与行政权的关系，依然采取行政审批的法律意义与权利转让合同效力绑定的立场，以"未生效合同说"实现行政审批对权利转让合同效力的控制，即合同效力依存于行政审批，法律、行政法规规定合同应当办理批准，或者办理批准、登记等手续才生效，合同自批准或登记之日起生效，当事人未办理批准、登记等手续的，合同未生效。[2]此种立场的学理逻辑是，未生效与有效都是由生效事实的成就与否决定的不同合同效力阶段。只有生效事实成就，合同才由未生效阶段进入有效阶段。存在成立与有效状态之间的合同被界定为"未生效"，未生效成为与有效、无效、可撤销和效力待定并列的合同效力状态，具有独立的法律后果，即申请义务人未按照法律规定或合同约定办理批准或者未申请登记的，可以将该行为界定为违背诚实信用原则的行为，受让人可以通过间接履行以资救济；[3]或强调申请义务的独立性，违反申请义务，受让人可以通过间接履行或解除合同、追究转让方违约责任获得救济。[4]

但本文不认同此种观点。在实践中，就此类交易，当事人一般会将行政审批通过与否纳入交易结构，以权利转让合同对审批程序的发动、申请义务的负担、违反申请义务的救济以及对未获审批而产生的尽职调查等费用的分配作出自治性安排。在上述观点下，不仅当事人关于不以获得审批为前提之意定义务的约定没有法律效力，而且当事人已就未获审批之负担分配作出的具体安排可能意义全无。当事人之间的利益和负担只能按照法定结构作模式化的配置，使得未经审批机关批准的合同当事人自行设定之权利义务安排对其间利益和负担的分配不生任何影响。但这不仅可能有违比例原则[5]，构成对当事人意思自

---

[1] 参见王玉飞、谢颖："涉外股权转让居间合同效力认定"，载《人民司法》2009年第24期。

[2] 参见1999年《最高人民法院关于适用〈中华人民共和国合同法〉若干问题的解释（一）》第9条、2010年《最高人民法院关于审理外商投资企业纠纷案件若干问题的规定（一）》第1条。司法机关否定"合同无效说"的主要理由，参见万鄂湘主编：《最高人民法院关于审理外商投资企业纠纷案件若干问题的规定（一）：条文理解与适用》，中国法制出版社2011年版，第19页以下。

[3] 参见2009年《最高人民法院关于适用〈中华人民共和国合同法〉若干问题的解释（二）》第8条。

[4] 参见2010年《最高人民法院关于审理外商投资企业纠纷案件若干问题的规定（一）》第1条第2款、第6条。

[5] See Larry T. Garvin Disproportionality and the Lawof Consequential Damages：Default Theory and Cognitive Reality，Ohio State Law Journal，1998，pp. 353-360. 转引自蔡立东："行政审批与权利转让合同的效力"，载《中国法学》2013年第1期。

治的不正当限制，而且会衍生"申请义务缘何发生""何谓损失""损害赔偿额如何计算"等司法实践不易应对的技术难题，特别是无效合同的法律后果将被直接转用于未获审批合同。而"契约无效，虽然不发生法律行为的效力，但当事人因为该契约所为的给付、所受的损害，仍然要透过不当得利、侵权行为等法定债之关系来处理，其复杂的程度，超出想象"。[1]

本文赞同区分行政审批与合同效力，未经审批之合同效力的"有效合同说"和关于行政审批意义的"限制履行论"。

这样一来，遵循比例原则，行政审批的效力搭载于合同履行之上，仅控制权利的实际变动。若不存在其他效力瑕疵，单纯的未经审批不影响合同的效力，即未经审批的权利转让合同不失为"有效合同"，在实现国家政策取向的同时，尽可能地宽容当事人对其间权利义务关系的自治性安排。当事人根据合同负担申请审批的作为义务，同时以审批机关的批准作为合同可以实际履行的前提，未获批准则构成"法律上的履行不能"，进而按照应对履行障碍的违约责任承担与免责机制分配当事人间的利益与负担。此时，受让方本有请求转让方履行合同义务的权利，但其权利转让因未获批准招致法律上的不能履行，因此发生诉讼，即使无免责事由，转让方也不能承担实际履行的责任，而只能承担损害赔偿等其他形式的违约责任。一般而言，较之于直接否定转让合同效力，"有效合同说"及"限制履行论"认许当事人关于不以行政审批为前提之意定义务的约定，以及就未获审批之负担分配的具体安排等对权利和义务的自主分配的履行效力，使得其型构当事人间利益与负担关系的作用得以适当地发挥，从而有效地增加法律适用的弹性，提升法律的应变能力。[2]

故本文认为行政审批仅限制合同履行，而并不会影响"阴合同"的效力。

那么这样一来，本案中表面上看仅有"阳合同"在审批部门办理了审批，而"阴合同"却并未办理，这是否将导致"阴合同"履行不能呢？

根据《商务部行政审批事项服务指南》第2条规定，"依法应由商务部审批的外商投资企业设立及变更（含非独立法人分支机构设立）的审批事项包括外商投资企业新设增资、减资、股权变更、股权质押、合并与分立、经营范围变更、并购、战略投资、延长经营期限、境内再投资、终止、解散、清算等事

---

[1] 陈自强：《民法讲义 I：契约之成立与生效》，法律出版社 2002 年版，第 148 页。
[2] 蔡立东："行政审批与权利转让合同的效力"，载《中国法学》2013 年第 1 期。

项"。由此可见，审批事项并不包含股份转让价格。

进一步来说，其实行政审批的本质目的是保障国家在相关领域公共政策的实现。而外商投资审查范围主要是国防安全的投资和虽未涉及国防安全，但属于关系国家安全重要领域的外商投资。故行政审批的内容主要是股权类型、转让内容等事项，而转让价格一般并不在审批事项内。同时，由于阴阳合同在内容上的高度相似性（阴合同与阳合同的唯一区别在于转让价格的大小）和在用途上的密不可分性（阴阳合同必须相互配合才能达到其目的，如果只有阴合同或阳合同都会失去其意义），故本质上阴阳合同中的任何一个都并非独立合同，而是密不可分的整体。故"阴合同"需要审批的事项实质上在相关部门审批阳合同时已经经过审批，即信易之间股权变动的这一民事法律行为已经经过审批，以行政审批管控特殊权利变动的目的已经实现，"未经审批"不应成为限制其履行的理由。

故本案中并不存在因合同未经审批而导致的履行不能的情况。

②合同特殊有效要件。

本案合同无特殊有效要件。

2. 请求权未消灭

本案不存在权利消灭抗辩。

3. 请求权可行使

本案不存在权利行使抗辩权。

4. 小结

信佳波可依据股权转让合同请求易栋北支付股权转让价款。

## 二、信佳波可能依据《民法典》第577条请求易栋北赔偿损失

（一）大纲

1. 请求权已成立

（1）合同义务。

（2）不履行义务或履行合同义务不符合约定。

（3）产生损失。

2. 请求权未消灭

3. 请求权可行使

4. 小结

（二）正文

1. 请求权已成立

《民法典》第577条的构成要件包括：（1）合同义务；（2）当事人不履行合同义务或履行合同义务不符合约定；（3）该行为产生损失。

（1）合同义务。

由上文可得信佳波和易栋北之间存在有效合同，易栋北有及时向信佳波给付股权转让价款的义务。

（2）不履行义务或履行合同义务不符合约定。

当事人一方不履行合同义务主要包括拒绝给付（本法第578条预期违约）、迟延给付、给付不能（本法第580条）等类型；履行合同义务不符合约定包括不完全给付、瑕疵给付（本法第582条）和加害给付（本法第583条）等类型。[1]

本案中，信易二人约定在股权交割手续办理完毕后一个月内支付价款，而信佳波返回新加坡，一个月后未收到易栋北给付价款，表明易栋北违背了按时履行合同义务的约定。

（3）产生损失。

根据《民法典》第584条，此处涉及的需要赔偿的损失包括履行利益和固有利益，不包含信赖利益和返还利益（返还利益在《民法典》第566条"恢复原状"中规定，本文所指履行利益、固有利益、信赖利益和返还利益等在含义上有所争议，为方便区分，本文均指其狭义），即本条主文确定的违约损害赔偿范围为"直接损失+可得利益"。[2]

本案中，在易栋北继续履行合同的前提下，损失赔偿范围为迟延履行期间股权转让价款的利息损失。

2. 请求权未消灭

本案不存在权利消灭抗辩。

3. 请求权可行使

本案不存在权利行使抗辩权。

---

〔1〕 杨代雄编著：《袖珍民法典评注》，中国民主法制出版社2022年版，第527-528页。

〔2〕 孙维飞："《民法典》第584条（违约损害赔偿范围）评注"，载《交大法学》2022年第1期。

4. 小结

信佳波可依据《民法典》第 577 条请求易栋北赔偿损失。

**三、信佳波可能依据《民法典》第 566 条第 1 款主张合同解除后的回复原状请求权，并依据第 566 条第 1 款、第 2 款结合第 577 条向易栋北主张违约损害赔偿请求权**

（一）大纲

> 1. 是否可以解除合同
> （1）合同当事人一方迟延履行主要义务。
> （2）债务人经催告后在合理期限内仍未履行。
> 2. 小结

（二）正文

1. 是否可以解除合同

本案中双方约定的价款支付期限是"交割手续办理完毕后一个月内"，故履行期限已经届满，不符合《民法典》第 563 条第 1 款第 2 项的情形，由于本案中无不可抗力情形，易栋北将来是否会履行未可下定论，故不符合第 1 项、第 4 项情形，因此主要对第 3 项情形进行检视。

依第 563 条第 1 款第 3 项取得合同解除权须满足以下要件：（1）合同当事人一方迟延履行主要义务；（2）债务人经催告后在合理期限内仍未履行。

（1）合同当事人一方迟延履行主要义务。

其违反的义务必须是主要债务，也就是主给付义务，从义务或附随义务不在本项规定范围内。履行期限依合同约定，没有约定或约定不明的，可以协议补充或依任意法律规范确定。当事人迟延履行为适用纯粹客观判断，债务人对迟延履行有无过错在所不问。

本案中，双方约定的价款支付期限是"交割手续办理完毕后一个月内"，而"信佳波返回新加坡，一个月后未收到易栋北给付价款"，故易栋北迟延履行给付价款的主要债务。

（2）债务人经催告后在合理期限内仍未履行。

履行期限虽然影响债权人利益的实现，但并不当然导致其合同目的无法实现。因此，原则上，只有债务人经催告后仍不履行的，对方当事人才可以解除合同。催告为准法律行为，催告表示为需受领的意思通知，其内容为要求债务人在收到通知后合理期限内履行。合理期限为债务人准备履行的通常期限。若催告通知中并未指定合理期限，则该期限由裁判者确定或认定。不论是否在催告中指明合理期限，对方当事人均可在合理期限经过后解除合同。债务人在催告后明确表明或以自己的行为表明不履行，构成拒绝履行，当事人可以立即解除合同，而无须等待合理期限届满。[1]

本案中并未体现信佳波对易栋北就给付价款一事进行催告并给予合理期限，故信佳波的合同解除权并未成立。

2. 小结

本案由于信佳波尚未进行催告，其合同解除权并未成立，故其不能依据《民法典》第 566 条主张合同解除后的回复原状请求权或违约损害赔偿请求权。

## 四、信佳波可能根据《民法典》第 985 条请求易栋北返还不当得利

（一）大纲

> 1. 请求权已成立
> （1）一方受有利益。
> （2）因给付而受利益。
> ①给付。
> ②"因"给付而受利益。
> （3）无法律上的原因。
> 2. 小结

---

〔1〕 徐涤宇、张家勇主编：《〈中华人民共和国民法典〉评注》（精要版），中国人民大学出版社 2022 年版，第 617 页。

（二）正文

1. 请求权已成立

不当得利主要分为给付型不当得利和非给付型不当得利，在该关系中由于信佳波和易栋北的股份转让合同主要可能涉及给付型不当得利，构成要件有：（1）一方受有利益；（2）因给付而受利益；（3）无法律上的原因。

（1）一方受有利益。

不当得利以一方当事人受有利益为要件。在给付型不当得利中，其所受益实际上是一方当事人自他方当事人所受领的给付，[1]如财产权的取得、占有或登记的取得、受有债务消灭的利益、取得劳务或物的使用利益等。简言之，利益的取得既可以表现为财产积极地增加，又可以表现为本应减少的财产并未减少。

本案中，信易二人办理了股权交割手续，易栋北获得对公司的股权利益。

（2）因给付而受利益。

①给付。

给付包含客观要素及主观要素两个方面：

第一，给付的客观要素是指存在"增加他人财产的行为"。学说上称为给予行为。给予行为既可为事实行为（如提供劳务）也可为法律行为（如移转所有权）。[2]

第二，给付的主观要素是指行为人认识到有关情况，并有意愿、有目的地增加他人财产。首先，给付要求行为人认识到给予的所有外部有关情况，此种意识因素将人的行为和自然力以及其他与人的意志无关的动作区分开。例如，因河流冲刷引起的土地上权益内容的变动可以从给付中排除。[3]其次，给付行为系二方当事人之"有意愿"的行为，即行为人主观上有增加他人财产的意愿，[4]因此，甲误以为某屋为其所有而进行的房屋修复工程不属于给付的范畴。最后，给付行为系一方当事人之"有目的"的行为，行为人主观上是为完

---

〔1〕 参见王泽鉴：《不当得利》，北京大学出版社 2015 年版，第 51-52 页。

〔2〕 参见王泽鉴：《不当得利》，北京大学出版社 2015 年版，第 55 页。

〔3〕 参见赵文杰："给付概念和不当得利返还"，载《政治与法律》2012 年第 6 期。

〔4〕 参见刘昭辰："给付之概念"，载刘昭辰等：《不当得利研究》，元照出版有限公司 2016 年版，第 8 页。

成一定的法律上原因而增加他人的财产（给付目的），[1]因此，甲明知某宅基地为邻居所有，仅为自己利用方便所为的土壤育秧种植也不属于给付的范畴。在学说上，给付的主观要素被称为给付的"双重目的性"。[2]

②"因"给付而受利益。

本文采用学界主流"以给付关系取代因果关系"的观点。一方当事人受有损害而他方当事人受有不当利益，并不足以产生不当得利之债，尚需得利与受损害之间具有某种关联。过去我国多数学者认为，只要一方当事人的损失是由他方当事人取得不当利益造成的，或者如果没有其不当利益的获得，他人就不会造成损失，就应当认定受益与受损之间存在因果关系。[3]在主流观点就不当得利采用非统一说的构造之后，以给付关系取代因果关系的学说广为流行，其主要理由有三：第一，维护当事人之间的信赖关系，仅使有给付关系的当事人负担返还义务；第二，保持当事人之间的抗辩权，使有给付关系的当事人仅承担相对人破产的风险，以便合理分配风险；第三，为不当得利请求权的行使（请求权人、被请求人的确定）提供一个较为明确的判断标准。[4]

另须指出的是不当得利无须以一方受有损失为要件。

不当得利目的并非填补损失，而是矫正无法律原因的财产变动，其效果是除去得利人所得利益。不当得利请求权不要求行为具有不法性，也不要求损害，但要求行为人得利。[5]

本案中，信易二人办理了股权交割手续，客观上转移了股权，主观上有意愿、有目的地增加了易栋北对公司的股权利益，易栋北的获益直接来源于信佳波的给付。

（3）无法律上的原因。

法律上原因是指变动财产利益之归属的法律上依据，[6]对此主要存在客观

---

〔1〕 王泽鉴：《不当得利》，北京大学出版社 2015 年版，第 55 页；赵文杰："给付概念和不当得利返还"，载《政治与法律》2012 年第 6 期。

〔2〕 王泽鉴：《不当得利》，北京大学出版社 2015 年版，第 55 页；赵文杰："给付概念和不当得利返还"，载《政治与法律》2012 年第 6 期。

〔3〕 参见佟柔主编：《中国民法》，法律出版社 1990 年版，第 465 页。参见王利明、郭明瑞、吴汉东：《民法新论》（下），中国政法大学出版社 1988 年版，第 569 页。

〔4〕 参见王泽鉴：《不当得利》，北京大学出版社 2015 年版，第 66 页。

〔5〕 参见王泽鉴：《不当得利》，北京大学出版社 2015 年版，第 143 页；姚明斌："善意取得之合同效力要件再检视——基于《物权法解释（一）》第 21 条展开"，载《法学》2017 年第 5 期。

〔6〕 参见黄茂荣《债法通则之四：无因管理与不当得利》，厦门大学出版社 2014 年版，第 49 页。

说"及"主观说"两种观点。客观说认为，一方当事人受有利益是否具有法律上原因，应以有无债之关系作为判断标准。[1]主观说认为，应以给付目的是否欠缺作为法律上原因的判断标准。[2]客观说忽视给付的目的决定，不符合意思自治原则，对欠缺行为能力者保护不周。给付型不当得利以补救"失败的交易"为目标，以给付目的是否欠缺作为法律上原因的判断标准，符合给付型不当得利的价值与功能，因此主观说更值得采纳。[3]

本文认为，易栋北受有股权利益是因为其与信佳波订立了股份转让合同，该合同成立且有效，在合同解除或被撤销之前，信佳波都有给付股权利益的义务，易栋北所得并非不当得利，且本案中信易二人的股份转让合同并未被解除或撤销，故请求权未成立。

2. 小结

由于信易二人的股份转让合同成立且有效，易栋北受有股权利益有法律上的原因，信佳波不能依据《民法典》第985条请求易栋北返还得利。

**五、结论**

综上所述，信佳波有权依据股份转让合同请求易栋北支付股份转让价款，并有权依据《民法典》第577条请求易栋北支付迟延给付价款期间的利息损失。

# 第2部分　贾申木对A公司

## 一、贾申木可能依据合同约定要求A公司给付酬劳金

请求权预选：贾申木至今未能取得酬劳金，其可能依据合同约定要求A公司给付酬劳金。

---

〔1〕 参见许某某不当得利纠纷案，北京市高级人民法院民事判决书（2015）高民第02693号；东莞市华宇进出口有限公司与普罗非利克德尔纳特可变资本股份公司不当利纠纷案，广东省高级人民法院民事裁定书（2014）粤高法民申字第1275号。

〔2〕 参见刘昭辰："给付之概念"，载刘昭辰等：《不当得利研究》，元照出版有限公司2016年版，第12页。

〔3〕 参见王泽鉴：《不当得利》，北京大学出版社2015年版，第69页。最高人民法院民事裁定书（2013）民再申字第9号。最高人民法院民事裁定书（2013）民申字第1627号。

（一）大纲

> 1. 请求权已成立
> （1）合同是否成立。
> ①合同一般成立要件。
> ②合同特殊成立要件。
> （2）合同是否有效。
> ①合同一般有效要件是否满足。
> A. 该合同是否因违反《民法典》第153条的强制性规定而无效。
> B. "酬劳金"约定是否因违反公司法的强制性规定而无效。
> a. 酬劳金约定效力。
> b. 有效酬劳金范围。
> ②合同特殊有效要件。
> 2. 请求权未消灭
> 3. 请求权可行使

（二）正文

1. 请求权已成立

本条为合同请求权，需要有一个生效合同。我国学界通说认为，法律行为生效必须具备"成立要件"与"有效要件"。

（1）合同是否成立。

成立要件可区分为一般成立要件和特殊成立要件。

①合同一般成立要件。

合同的一般成立要件为达成合意。本案中，贾易二人约定时即为A公司的全部股东，二人意思达成合致，应可代表贾与公司的意思达成合致，因此合同成立。

②合同特殊成立要件。

根据通说，若法律规定为要式合同，则需检视是否符合"要式"之特别要件，但本案不涉及这种情形。

（2）合同是否有效。

合同的有效要件也可区分为一般有效要件和特别有效要件。

①合同一般有效要件是否满足。

《民法典》第 143 条规定了一般有效要件，第一，行为人具有相应的民事行为能力；第二，意思表示真实；第三，不违反法律、行政法规的强制性规定，不违背公序良俗。《民法典》第 144 条、第 146 条、第 153 条、第 154 条等规定了合同无效的事由。

A. 该合同是否因违反《民法典》第 153 条的强制性规定而无效。

根据我国《公务员法》第 59 条第 16 项的规定，公务员不得从事或者参与经营性活动，在企业或者其他营利性组织中兼任职务。贾申木作为公务员，依法不得与他人共同开设企业。那么，其与易栋北合资开设 A 公司的合同是否因违反《民法典》第 153 条的强制性规定而无效？

正如上文所述，具有决定性意义的并非相关强制性规定的性质（效力性还是管理性），而是其规范目的和规范重心。对于系争民事法律行为所涉及的强制性法律规定，应着重探寻其规范目的、考察其规范重心，以确定是否据之认定民事法律行为的效力。[1]杨代雄教授按规范目的和规范重心归纳总结出了几条规则，其中一条是，如果强制性法律规定之目的主要在于规制一方当事人的行为，以维护社会公共秩序，则违反该规定民事法律行为是否无效，取决于该民事法律行为如果有效是否不利于此项法律目的之实现。或者说，需考察通过行政或刑事制裁是否足以保证法律目的之实现，抑或同时需要借助于民事制裁实现该目的。[2]

而本案中，首先，根据 2019 年《九民纪要》第 30 条关于"强制性规定的识别"[3]的相关规定，《公务员法》第 59 条并不属于效力性强制性规定范围，理应作为管理性强制性规定。其次，公务员投资入股的这种投资行为主要违反

---

[1] 杨代雄编著：《袖珍民法典评注》，中国民主法制出版社 2022 年版，第 120 页。

[2] 杨代雄编著：《袖珍民法典评注》，中国民主法制出版社 2022 年版，第 122 页。

[3] （2019 年）《九民纪要》第 30 条："……下列强制性规定，应当认定为'效力性强制性规定'：强制性规定涉及金融安全、市场秩序、国家宏观政策等公序良俗的；交易标的禁止买卖的，如禁止人体器官、毒品、枪支等买卖；违反特许经营规定的，如场外配资合同；交易方式严重违法的，如违反招投标等竞争性缔约方式订立的合同；交易场所违法的，如在批准的交易场所之外进行期货交易。关于经营范围、交易时间、交易数量等行政管理性质的强制性规定，一般应当认定为'管理性强制性规定'"

《公务员法》第 59 条第 16 项的规定，该条主要目的是防止公务员以权谋私等行为，其主管部门可以追究其相应的行政责任来达到该规制目的，如果其中存在利益输送、贪污受贿等行为，也可通过刑事制裁实现该规制目的，无须通过让民事法律行为无效来保证法律目的的实现。故公务员投资入股的合同有效，这个属于民事行为领域，受法律保护。

B. "酬劳金"约定是否因违反公司法的强制性规定而无效。

a. 酬劳金约定效力。

根据《公司法》第 81 条，第 99 条的规定，公司利润分配办法应当在公司章程中载明，利润分配方案要由股东大会审议批准。而贾易二人仅以合同约定改变利润分配，并没有将此载入章程。这是否会因违背了公司法相关规定而无效呢？

根据《公司法》第 34 条的规定，股东按照实缴的出资比例分取红利，但是全体股东约定不按照出资比例分取红利的除外。表明投资方可以与目标公司全体股东就经营业绩与利润分配的关系进行特别约定。[1] 在股东关于分红权的处置方面，法律并未对约定的载体作出明确要求。通常来说，确认特殊分红规则的载体可以是股东间协议。由股东签订的协议自成立时生效，对签约的股东具有法律约束力，股东间协议无须通过备案登记进行公示。

又由于分红权属于自益权，在不侵害第三人权益的情况下，部分股东可以对其自益权范围内的权利义务另行分配。而且实践中在平等、自愿协商后，对于公司管理权、股东分红权及一方股东支付另一方股东固定收益等作出特别安排的约定收益条款，不违反公司法的强制性规定，亦不损害国家、集体以及第三人和公司的合法权益，应为有效。[2]

故本案中贾易二人作出约定时其二人即公司全体股东，可以进行关于利润分配的特别约定，且后来的投资人信佳波并没有对此提出异议，且贾易二人仅在其自益权范围内对权利义务作出另行分配，并不违反效力性强制性规定，约定有效。

b. 有效酬劳金范围。

贾易二人约定："A 公司每年总收入减总费用若有盈余则向贾申木支付酬

---

〔1〕 王东光："对赌协议的效力及司法裁判路径"，载《现代法学》2023 年第 3 期。
〔2〕 绿地能源集团有限公司与陆国伟其他合同纠纷案，上海市高级人民法院民事判决书（2016）沪民终 497 号。

劳金。"此处，

一是需要明确该约定中的酬劳金的性质为何。

首先本案中贾申木没有参与公司经营，不涉及酬劳问题。所以该约定不能仅从文义上解释。其次根据该约定，酬劳金属于公司资产向股东的单向流动。在公司法的框架下，股东从公司获得财产只有利润分配和剩余财产分配两种正当的路径。[1]本案明显不涉及剩余财产分配，而且贾申木取得的金钱数额取决于公司盈余，符合利润分配的特征，本案二人约定的酬劳金应当为利润分配，即分红。

二是需要明确该约定中总费用的范围。

根据《公司法》第 166 条，公司分配当年税后利润时，应当提取利润的百分之十列入公司法定公积金。那么，该约定中总费用是否包含公积金呢，从文义上看可能包含也可能不包含，但如果不包含，该约定可能会因为违反《民法典》第 153 条规定的效力性强制性规定而无效。根据《民法典合同编通则解释》第 1 条关于合同解释的细化规则，"对合同条款有两种以上解释，可能影响该条款的效力的，人民法院应当选择有利于该条款有效的解释。"故本着让合同尽可能有效的原则，本文认为两人约定中的总费用包含公积金。

三是需要明确贾申木应当向哪个主体主张酬劳金。

根据《公司法》第 166 条，分配税后利润的主体是公司。所以贾申木应当首先向公司主张酬劳金。

②合同特殊有效要件。

本案合同无特殊有效要件。

2. 请求权未消灭

本案不存在权利消灭抗辩。

3. 请求权可行使

根据《公司法》第 99 条，利润分配方案要由股东大会审议批准。而且《最高人民法院关于适用〈中华人民共和国公司法〉若干问题的规定（四）》第 15 条规定，股东未提交载明具体分配方案的股东会或者股东大会决议，请求公司分配利润的，人民法院应当驳回其诉讼请求。贾申木如果要请求公司给付酬劳金，其应行使股东权利，请求召开股东会或股东大会要求进行公司利润

---

〔1〕 王东光："对赌协议的效力及司法裁判路径"，载《现代法学》2023 年第 3 期。

分配。贾申木在没有行使该权利要求股东会或股东大会审议通过利润分配方案之前，不能进入诉讼程序。故其请求权还未达到可行使条件。

## 二、结论

贾申木尚不能依据合同约定要求 A 公司给付酬劳金，其需先请求召开股东会或股东大会要求进行公司利润分配，才能行使该权利。

# 第 3 部分　贾申木对易栋北

请求权预选：由于易栋北通过虚报费用、隐匿收入等方式向贾申木谎称 A 公司亏损，致使贾申木未能依约取得酬劳金，贾申木可能依据《民法典》第 1165 条请求易栋北承担侵权损害赔偿责任。

## 一、贾申木可能依据《民法典》第 1165 条第 1 款请求易栋北承担侵权损害赔偿责任

（一）大纲

> 1. 请求权已成立
> （1）加害人实施了加害行为
> （2）有悖于善良风俗
> （3）损害。
> （4）因果关系。
> （5）故意。
> 2. 请求权未消灭
> 3. 请求权可行使

（二）正文

1. 请求权已成立

易栋北通过虚报费用、隐匿收入等方式向贾申木谎称 A 公司亏损，致使贾

申木未能依约取得酬劳金。

根据《民法典》第 1165 条第 1 款，其规定的侵权损害类型包括三种：（1）过错不法侵害他人的权利；（2）违反保护性法律侵害他人的权益；（3）故意以有悖善良风俗的方法侵害他人的权益。[1]

其中，第一种情况"过错不法侵害他人的权利"，此处的"权利"应目的性限缩解释为绝对权，即人格权、身份权、物权、知识产权、社员权、继承权等。其不包括债权，[2]这是因为债权不具有社会典型公开性，由于缺乏相应的公示方法，债权人与债务人之外的人无法得知债权的存在。若给予其如同绝对权的保护，则对于行为人而言构成不正当的干预。[3]本案中，易栋北通过虚报费用、隐匿收入等方式向贾申木谎称 A 公司亏损，致使贾申木未能依约取得酬劳金，侵害的实质上是贾申木的利润分配权，作为股东权利的一部分，这属于一种相对性权利，且不属于支配权。概括性意义的股权，本质是股东法律关系，且为特定主体间的特别法律关系，从而由此浓缩而成的股权，也就只能在此特定法律关系中来行使与实现，即只能向该法律关系中的他方主体来主张，故属于典型的相对性权利结构。[4]故不属于第一种绝对权情形。

第二种情况"违反保护性法律侵害他人的权益"。关于违反保护他人法律构成损害赔偿责任，王泽鉴教授认为应当采取三个层次来加以认定：（1）加害人是否违反了以保护他人为目的的法律，需要界定保护他人法律的概念；（2）被害人是否属于受保护之人的范围；（3）被害人所请求的是否为该法律所要保护的利益。[5]在第一个层次中，"保护性法律"需满足形式要素与实质要素方可成立。对于形式要素而言，其包括宪法、法律、行政法规、地方性法规、自治条例、单行条例、司法解释以及习惯（法）。对于实质要素而言，应考虑三个要素：第一，立法者的意图。保护他人的法律的目的在于保护私益，

〔1〕 杨代雄编著：《袖珍民法典评注》，中国民主法制出版社 2022 年版，第 990-991 页。

〔2〕 参见中国长城资产管理股份有限公司吉林分公司与吉林中小企业信用担保集团有限公司、吉林人民政府国有资产监督管理委员会侵权责任纠纷、股东损害公司债权人利益责任纠纷案（最高人民法院公报案例），最高人民法院民事判决书（2017）最高法民终 181 号，载《最高人民法院公报》2019 年第 3 期。

〔3〕 参见程啸：《侵权责任法》，法律出版社 2021 年版，第 117-118 页。

〔4〕 参见张双根："论股权的法律性质——以成员权之法教义学构造为中心"，载《中外法学》2023 第 3 期。

〔5〕 王泽鉴：《侵权行为》：北京大学出版社 2009 年版，第 288 页。

若法律专为保护公益则不属于保护性法律，但若二者兼而有之，亦未尝不可。第二，救济方式。保护性法律必须通过损害赔偿予以救济，但亦不排除同时存在其他救济方式。第三，法律冲突的实质审查。即保护性法律在补充过错判断时，不得违反上位法的规定。[1]对于第二、三层次，保护性法律在现代管制社会中日趋"膨胀"，其调整范围、规范目的等方面存在不同程度的差异，如果不加区分，尤其是不对其作出必要的限制，必然构成对侵权法的不当影响，可能导致过度扩张责任进而严重限制行为自由。因此，必须从保护性法律所适用的人的范围与权益保护范围出发，对其作出目的性限制，这里的"他人"需为保护性法律所欲保护的人，"侵害"方式与种类需为保护性法律所欲防范的对象。"任何一项法律都会具有一定的立法意图，由此带来的指向性把其在主观上希望保护的人单独划分为一个群体，以便于与那些无意当中涉及的人相区别，只有当原告属于该法主观上希望提供保护的群体之内才有可能让被告承担侵权责任，这实际上反映的是侵权法中所要求的可预见性原则，即原告一定要是被告行为影响下一个可以预见的受害者，如果原告受伤害对被告来说是完全不可预见的，那么让被告因此而承担赔偿责任也就太不公平了。"[2]而在我国，保护性法律主要体现为刑法、产品质量法、道路交通安全法、未成年人保护法、工伤事故处理条例等。[3]故"他人"的范围应限制在几种保护性法律针对的"受害人"，本案中主要涉及侵害的是贾申木"股东"权益，而"股东"并未在上述法律之列。值得注意的是，《公司法》第 188 条、第 189 条（《证券法》第 94 条第 3 款也有类似规定）规定了，当公司董事等高级管理人员损害公司利益时，股东可提起代表诉讼，这能否被视为保护"股东"的法律呢？本文并不赞同，本文认为该条规定的法理基础是"股东提起代表诉讼并非出于对自己债权实现的关心，而是通过这种方式监督管理层的经营管理，保护公司利益"。[4]这也是现代各国重视以私人诉讼监督公司管理的重要体现。因为就各国的立法来看，股东代表诉讼均以公司的利益受到损害作为前提条件，股东提出代表诉讼也是为了维护公司的利益。原告胜诉后，判决所确定的利益直接归

〔1〕 参见朱岩："违反保护他人法律的过错责任"，载《法学研究》2011 年第 2 期。

〔2〕 李响：《美国侵权法原理及案例研究》，中国政法大学出版社 2004 年版，第 241 页。

〔3〕 参见朱岩："违反保护他人法律的过错责任"，载《法学研究》2011 年第 2 期。

〔4〕 [日] 前田庸：《会社法入门》，有斐阁出版社 1990 年版，第 83 页；[日] 岸田雅雄：《株主权の日米比较》，载《法律时报》1993 年第 6 期。转引自赵万一、赵信会："我国股东代表诉讼制度建立的法理基础和基本思路"，载《现代法学》2007 第 3 期。

属于公司，而不是归属于作为原告的股东。虽然公司和股东在许多情况下具有一致的利益关系，公司利益的实现和维护同样意味着股东利益的满足。但公司与股东利益分离的情况也时有发生，如在公司负债较多的情况下，公司通过诉讼所获取的收益根本无法满足其债权人债权的实现，此时，公司通过诉讼获得的利益就与股东没有直接的利益关系。故本文认为此处法律意图保护的"他人"指公司，而非股东，所以该条规定也不能适用于本案情形。且此处，根据《公司法》第189条，股东提起代表诉讼需履行法定前置程序，即书面请求监事会、不设监事会的有限责任公司监事、董事会、不设董事会的有限责任公司执行董事提起诉讼，在上述主体拒绝或30日内未提起诉讼后股东才能提起代表诉讼，而本案中贾申木也并未满足此前置程序条件。综上，本案不适用第二种"违反保护性法律"侵权情形。

第三种情况"故意以有悖于善良风俗的方法侵害他人的权益"，此种侵权类型具有"兜底"的功能。违反保护他人法律的侵权责任实际上起到了一个"转介条款"的功能，它通过扮演"外接管道"的角色，将各种特殊的侵权法律政策引入到一般侵权法中。[1]如果导致纯粹经济损失的行为既不满足侵害绝对权的要求，也没有违反保护他人的法律，则可归入该种情况。其所保护的客体，原则上认为除相对权外，还包括纯粹财产利益及精神利益。善良风俗的标准不限于法律的伦理道德观念，它只是法律交往中行为规则的基础，其核心标准在于保护交往参加者的合理行为预期。[2]本案中，易栋北侵权的对象是贾申木的股东权利之一，本文认为此类股权既然不易归类为绝对权，那么可归入第三种情况的规制范围。"故意以有悖于善良风俗的方法侵害他人的权益"，其构成要件包括：（1）加害人实施了加害行为；（2）有悖于善良风俗；（3）损害；（4）因果关系；（5）可归责性（主观上为故意）。

（1）加害人实施了加害行为。

加害行为包括作为与不作为。易栋北亦通过虚报费用、隐匿收入，谎称公司亏损，实施了加害行为。

（2）有悖于善良风俗。

易栋北虚报费用、隐匿收入违背了对其他股东的诚信原则，有悖于善良

---

〔1〕 参见朱岩："违反保护他人法律的过错责任"，载《法学研究》2011年第2期。

〔2〕 杨代雄编著：《袖珍民法典评注》，中国民主法制出版社2022年版，第995页。

风俗。

（3）损害。

损害是侵权损害赔偿责任的成立要件，若无损害，则无赔偿。损害分为财产损害与精神损害，二者皆适用恢复原状原则。简单情形的财产损害适用"差额说"予以计算，即将受害人在损害发生之前的财产状况与损害发生之后的财产状况进行比较，如有差额，则有损害，否则不存在损害。[1]但"差额说"本身只是一种计算方法，缺乏基于规范目的的法律评价，在诸多情况下会造成不公平的后果。因此，在面对相对复杂的情形时，不应将计算上的差额作为损害概念的基础，而是应以状态的变化为基础，以损害事件发生后的现实状态与假如没有损害事件发生时的应有状态之间的"状态差额"作为统一损害概念的基础。[2]

假如没有易栋北谎称公司亏损的损害行为，贾申木应能依约取得酬劳金，而易栋北实施加害行为之后，贾申木的财产"状态"相比之前有所减少，易栋北的行为产生了可赔偿的损害。

（4）因果关系。

责任范围的因果关系，指权利侵害与损害之间存在因果关系。责任范围的因果关系采用相当因果关系说。相当因果关系是为"条件关系"及"相当性"所构成的。条件关系以"若无，则不"的方式进行检验。相当性指侵害行为实质上增加了损害发生的客观可能性。详言之，导致损害赔偿的行为通常（并非在特殊的、不太可能的、正常的发展过程中不予考虑的情况）可以引发后果，则其具备相当性。

如果不是易栋北通过虚报费用、隐匿收入等方式谎称 A 公司亏损，贾申木也不会未能依约取得酬劳金，易栋北的行为直接导致贾申木损害的发生，加害行为与损害之间存在因果关系，故请求权已成立。

（5）可归责性。

将《民法典》第 1165 条划分为三种侵权行为类型理念来自《德国民法典》，其核心价值在于区分保护，因为对绝对权与利益的无差别保护会带来笼

---

〔1〕 参见曾世雄：《损害赔偿法原理》，中国政法大学出版社 2001 年版，第 119 页。

〔2〕 李昊："损害概念的变迁及类型建构——以民法典侵权责任编的编纂为视角"，载《法学》2019 年第 2 期。

统与空洞，使规则难以操作甚至丧失可操作性，引发价值冲突。[1]故针对位阶较高、具有公示性的绝对权以及位阶较低、缺乏公示性的权益显然需要采取不同严格程度的归责要件。[2]故如果行为主人观仅存在过失，这仅符合第一种侵害绝对权情形的可归责性要件。而"故意以有悖于善良风俗的方法侵害他人的权益"类型的可归责性限缩于主观上为故意的情形。

易栋北为了增加自己的利益，谎称公司亏损，欺骗贾申木使他未能依约取得酬劳金，主观上为故意，且推定易栋北是完全民事行为能力人，具有可归责性。

2. 请求权未消灭

本案不存在权利消灭抗辩。

3. 请求权可行使

本案不存在权利行使抗辩权。

## 二、结论

贾申木可依据《民法典》第 1165 条请求易栋北承担侵权损害赔偿责任，本案由于贾申木还可请求召开股东会后向 A 公司请求给付酬劳金及迟延给付期间的利息，故其真正损失的是 A 公司不能给付的部分，赔偿范围参照该部分酬劳金及利息数额。

# 第 4 部分　贾申木对丁七迪

请求权预选与排序：第一，由于易栋北、秉开吉、丁七迪的串通欺诈，贾申木可能依据《民法典》第 149 条请求撤销与丁七迪的股份转让合同；第二，在合同撤销后，贾申木可能类推适用《民法典》第 157 条第 1 句结合第 220 条请求丁七迪在合同撤销后恢复原状，更正股东登记；第三，如果合同未能撤销，贾申木可能依据《民法典》第 500 条请求丁七迪赔偿损失（股份实际市场价值和转让价格间的差价）。

---

〔1〕　王洪、张伟："违反保护他人法律的侵权责任研究——以绝对权和利益的区分保护为重点"，载《求索》2017 年第 9 期。

〔2〕　朱岩："违反保护他人法律的过错责任"，载《法学研究》2011 第 2 期。

同时，对于合同被撤销后贾申木是否会有未被恢复原状请求权涵盖的损害呢，本文认为，由于贾申木的股权利益主要体现为酬劳金，已经可以被贾申木对公司的请求权涵盖，故不再赘述。

## 一、贾申木可能类推适用《民法典》第 157 条第 1 句结合第 220 条请求丁七迪在合同撤销后恢复原状，变更股东登记

（一）大纲

> 1. 是否可以撤销合同
> （1）存在欺诈行为。
> （2）欺诈行为与意思表示的作出之间存在因果关系。
> （3）存在欺诈的故意。
> （4）相对人知道或应当知道第三人欺诈。
> 2. 合同被撤销后的回复原状请求权
> （1）请求权已成立。
> （2）请求权未消灭。
> （3）请求权可行使。
> 3. 小结

（二）正文

1. 是否可以撤销合同

根据《民法典》第 148 条、第 149 条，"第三人欺诈"也需要符合"欺诈"的一般构成要件。包括：（1）存在欺诈行为；（2）欺诈行为与意思表示的作出之间存在因果关系；（3）存在欺诈的故意。还需要符合"第三人欺诈"特殊构成要件，即（4）相对人知道或应当知道第三人欺诈。

（1）存在欺诈行为。

依据《民法典会议纪要》第 3 条的规定，欺诈行为包括故意告知对方虚假情况和故意隐瞒真实情况，要言之，包括虚构事实与隐瞒事实。前者可称为积极欺诈，后者可称为消极欺诈或沉默欺诈。就积极欺诈而言，欺诈者要么捏造

根本不存在的事实，要么对客观事实进行变造。[1]

本案中，易栋北与公司会计人员秉开吉共同谋划，制造虚假的财务报表，虚构公司由盈利变为亏损的假象，实施了欺诈行为。

（2）欺诈行为与意思表示的作出之间存在因果关系。

欺诈行为需导致表意人陷于错误、维持错误或加深错误并因此作出意思表示。虽有欺诈行为，但表意人并未上当，没有陷于错误、维持错误或加深错误，不得以受欺诈为由撤销民事法律行为。

本案中，贾申木因误信公司亏损的假象将自己的股份以 50 万元的价格出售给易栋北的妻弟丁七迪，易栋北和丁七迪实施的欺诈行为与贾申木转让股权的意思表示作出之间存在因果关系。

（3）存在欺诈的故意。

通说认为，实施欺诈行为的当事人必须明知道自己的陈述不正确或者明知道自己未告知对方本应告知的事项。如果当事人因过失提供不真实信息，不构成欺诈。[2]本条未明确提到欺诈的恶意性，从比较法来看，各国民法大多要求欺诈是恶意的。不过，德国法通说认为，所谓恶意仅指故意，不要求欺诈人具有"卑劣的意图"。[3]这样，好意的欺诈，甚至纯粹为了表意人的利益而实施的欺诈，也是"恶意"的。我国民法学界有学者认为好意欺诈不产生撤销权。[4]从欺诈制度的规范目的来看，为保护表意人的决定自由，不宜承认好意欺诈可以排除撤销权。[5]在某些情形中，一方当事人虽然作了虚假陈述，但其行为并不具有违法性，对方当事人不得以受恶意欺诈为由撤销意思表示。[6]如果雇主向应聘者提出一个不合法的问题，应聘者撒了谎并且得到了工作，则雇主不得以受恶意欺诈为由行使撤销权，除非这个问题在客观上对于拟聘用职务

---

〔1〕 参见北京然自中医药科技发展中心与广东黄河实业集团有限公司一般股权转让侵权纠纷案，最高人民法院民事判决书（2008）民二终字第 62 号。

〔2〕 相反观点（承认"过失欺诈"），参见刘勇："缔约过失与欺诈的制度竞合——以欺诈的'故意'要件为中心"，载《法学研究》2015 年第 5 期。

〔3〕 杨代雄编著：《袖珍民法典评注》，中国民主法制出版社 2022 年版，第 107 页。

〔4〕 参见史尚宽：《民法总论》，中国政法大学出版社 2000 年版，第 425 页；刘勇："缔约过失与欺诈的制度竞合——以欺诈的'故意'要件为中心"，载《法学研究》2015 年第 5 期。

〔5〕 类似观点参见朱广新："欺诈在法律行为范畴中的规范意义——对《合同法》第 52 条、第 54 条解释之检讨"，载《学习与探索》2009 年第 2 期；郑玉波：《民法总则》，中国政法大学出版社 2003 年版，第 355 页。

〔6〕 参见王泽鉴：《民法总则》，北京大学出版社 2009 年版，第 368 页。

的特性而言是必须的。应当对本条规定进行目的性限缩，将不具有违法性的欺诈排除在该款的适用范围之外。[1]

本案中，易栋北为了对 A 公司进行独立控股与公司会计人员秉开吉共同谋划，制造虚假的财务报表，虚构公司由盈利变为亏损的假象，表明其故意虚构财务报表，存在企图对 A 公司进行独立控股的恶意，而且该欺诈具有违法性。

（4）相对人知道或应当知道第三人欺诈。

第三人欺诈是指由未参与交易的人实施欺诈，而且其行为不能归属于意思表示的相对人。至于欺诈人的行为究竟可否归属于相对人，则需要对个案的所有情势进行整体考量后予以判定，尤其需要考虑公平以及双方当事人的利益状况。德国判例通说认为，需要在个案中考察欺诈人与意思表示的相对人之间的关系是否足够密切——从客观视角或从受欺诈人的视角来看，以至于相对人必须将该欺诈行为当作自己的行为来负责。相对人的代理人、受雇人、交易事务的辅助人（如没有代理权但也受委托参与谈判的助手）不是第三人，其欺诈行为归属于相对人，等同于相对人在欺诈，因为他们是相对人"阵营"中的人。[2]

本案中易栋北妻弟丁七迪串通，相对人丁七迪对于易栋北实施了欺诈行为的事实是明知的。

综上所述，故贾申木可以依据《民法典》第 149 条请求撤销与丁七迪的股权转让合同。

2. 合同被撤销后的回复原状请求权

（1）请求权已成立。

民事法律行为无效、被撤销或者确定不发生效力后，合同并不溯及地归于消灭，而是向后发生一种回复原状的清算关系，原合同的基础仍然存在，债之同一性不因此而受影响。[3]以让与物权为给付内容的民事法律行为无效的，如

---

[1]《民法总则》制定之前主张将欠缺违法性的欺诈排除在撤销权适用范围之外的观点参见朱广新："欺诈在法律行为范畴中的规范意义——对《合同法》第 52 条、第 54 条解释之检讨"，载《学习与探索》2009 年第 2 期。

[2] 参见冉克平："论因第三人欺诈或胁迫而订立合同的效力"，载《法学论坛》2012 年第 4 期。

[3] 参见王泽鉴：《债法原理》，北京大学出版社 2013 年版，第 371 页；黄立：《民法债编总论》，中国政法大学出版社 2002 年版，第 530 页；[德] 迪尔克·罗歇尔德斯：《德国债法总论》，沈小军、张金海译，中国人民大学出版社 2014 年版，第 300 页。学说上关于合同解除的法律效果的争论，参见韩世远：《合同法总论》，法律出版社 2018 年版，第 669 页。

果物权让与行为已经实施完毕，发生何种法律后果，取决于民法上采用何种物权变动规范模式。如果民法采用物权行为无因原则，仅负担行为无效，处分行为有效的，受让人取得物权，让与人只能向受让人请求返还不当得利，即请求受让人将所取得的物权依处分行为再转让给让与人。返还的客体是物权。反之，如果民法不采用物权行为无因原则，法律行为无效的，受让人未取得物权，让与人仍然是物权人。让与不动产物权的，受让人被登记为物权人，但实际上其并非物权人，构成错误登记，让与人享有更正登记请求权。受让人不仅被登记为物权人，而且已经占有不动产的，构成无权占有，仍然享有物权的让与人对受让人享有所有物返还请求权或类似的物权请求权。[1]

股权的性质在学界有广泛争议，其虽然不是物权，但可以类推适用《民法典》第 157 条的规定。而又由于第 157 条第 1 句的规定不完全完善，其仅是提示参引规范，需要视情况以《民法典》中物权返还请求权、不当得利返还请求权等相关规范作为实质上的请求权基础。本文由于涉及股权的登记，与不动产物权登记制度在目的、功能等方面类似，主要类推物权登记相关规范进行分析，在本案中主要涉及《民法典》第 220 条第 1 款。

综合一下，该条构成要件有：民事法律行为无效、被撤销或者确定不发生效力；登记权利人并非真正权利人。

本文采用学界通说不采用物权行为无因原则，在股权转让合同无效、被撤销或者确定不发生效力后，股权仍属于原让与人，受让人被登记为股东，但实际上其并非股东，构成错误登记，让与人享有更正登记请求权。由于办理股权变更登记需要股东大会的决议等一系列手续，在此期间，由出让人而非受让人行使股东权利。

本案中，如果股权转让合同被撤销，股权仍属于贾申木而非丁七迪，贾申木可以请求其更正股权登记，该请求权已成立。

（2）请求权未消灭。

本案不存在权利消灭抗辩。

（3）请求权可行使。

本案不存在权利行使抗辩权。

3. 小结

综上所述，贾申木可以行使合同撤销权，并类推适用《民法典》第 157 条

---

[1] 杨代雄编著：《袖珍民法典评注》，中国民主法制出版社 2022 年版，第 129 页。

第 1 句结合第 220 条请求丁七迪在合同撤销后恢回原状，更正股东登记。

## 二、贾申木可能依据《民法典》第 500 条请求丁七迪赔偿损失

（一）大纲

> 1. 请求权已成立
> （1）行为人实施了加害行为。
> （2）该行为有悖于善良风俗（先合同义务）。
> （3）产生可赔偿的损害。
> （4）加害行为与损害之间存在因果关系。
> （5）可归责性（主观上为故意）。
> 2. 请求权未消灭
> 3. 请求权可行使
> 4. 小结

（二）正文

1. 请求权已成立

缔约过失是因过错违反先合同义务而产生的责任。所谓先合同义务，是指"本着诚实信用原则，缔约当事人在订立合同过程中负有必要的注意、保护等附随义务。[1]关于缔约过失责任的责任性质，学理上素有争议。一种观点认为缔约上过失系独立于契约及侵权行为之外的第三种民事责任，乃属法定债之关系；[2]另一种观点则认为缔约过失责任本质上仍然是侵权责任。[3]

本文倾向于认为缔约过失责任本质上是侵权责任。主张"独立责任说"者认为该义务通常要比侵权行为法所要求的注意义务更重，是特殊信赖关系中的义务。[4]但本文更认同虽然缔约协商已经使缔约者进入"一个比较紧密的关

---

〔1〕 姚明斌："悬赏广告'合同说'之再构成——以《民法典》总分则的协调适用为中心"，载《法商研究》2021 年第 3 期。

〔2〕 王泽鉴：《债法原理》，北京大学出版社 2009 年版，第 187 页。

〔3〕 李中原："缔约过失责任之独立性质疑"，载《法学》2008 年第 7 期。

〔4〕 参见崔建远主编：《合同法》，法律出版社 2010 年版，第 122 页。

系"之中，但由此而生的先合同义务，"与侵权行为法上所确认的一般安全注意义务相比并没有本质的区别"。[1]就像孙维飞教授所说，"除非在我国民法中有关于债务不履行责任的一般规定，或通过类推适用《合同法》第121条等途径建立债务人应就其履行辅助人造成的债务不履行承担无过错责任的制度，否则，主张缔约过失责任独立于侵权责任，从法律适用的角度看，价值甚微。"[2]故本文认为《民法典》第500条缔约过失责任的要件组成应该结合第1165条侵权责任综合分析。

《民法典》第500条缔约过失的一般构成要件是：违反先合同义务；损害；两者间具有因果关系。而根据第1165条，其规定的侵权损害类型包括三种：过错不法侵害他人的权利；违反保护性法律侵害他人的权益；故意以有悖善良风俗的方法侵害他人的权益。[3]

本案中行为人丁七迪的故意隐瞒公司盈利这一对双方合同签订具有决定性作用的事实，违背先合同义务，侵害贾申木的利益，该种利益主要指贾申木原有股权或转让股权原本可获得的利益，根据上文分析，易得该种股权或利益不属于绝对权，股东也不在相关保护性法律的保护主体范围内，故可纳入第三种类型的规制范围。

所以该请求权的成立还需要《民法典》第1165条体现的"故意以有悖于善良风俗的方法侵害他人的权益"的基础要件：加害人实施了加害行为；有悖于善良风俗；可归责性（主观上为故意）；产生可赔偿的损害；加害行为与损害之间存在因果关系。

综合一下，结合第1165条，第500条要件包括（1）行为人实施了加害行为；（2）该行为有悖于善良风俗（违反先合同义务）；（3）产生可赔偿的损害；（4）加害行为与损害之间存在因果关系；（5）可归责性（主观上为故意）。

（1）行为人实施了加害行为。

加害行为包括作为与不作为。若加害行为是不作为的，则加害人需具有作为义务及作为能力。作为义务包括三种类型：第一，法定的作为义务，如安全

---

〔1〕 冉克平："缔约过失责任性质新论——以德国学说与判例的变迁为视角"，载《河北法学》2010年第2期。另参见于飞："我国《合同法》上缔约过失责任性质的再认识"，《中国政法大学学报》2014年第5期。

〔2〕 孙维飞："《合同法》第42条（缔约过失责任）评注"，载《法学家》2018年第1期。

〔3〕 杨代雄编著：《袖珍民法典评注》，中国民主法制出版社2022年版，第990-991页。

保障义务。第二，约定的作为义务，若违反此种义务将导致侵权责任与违约责任发生竞合。第三，因公序良俗原则、诚信原则等引发的作为义务，其包括但不限于因先前行为引发的作为义务及生命共同体互助的作为义务等情形。[1]

根据《民法典》第500条，当事人在订立合同过程有秉持诚信原则善意磋商，如实告知与订立合同有关的重要事实的作为义务。而丁七迪明知公司亏损为假象，却不告知贾申木（与易栋北等有恶意串通的主观心态），没有履行其作为义务，侵害了贾申木的利益，属于应作为而不作为的加害行为。

（2）该行为有悖于善良风俗（先合同义务）。

善良风俗的核心标准在于保护交往参加者的合理行为预期。在《民法典》第500条中主要指先合同义务，先合同义务的抽象性决定了其类型不可能是封闭的，但是有几种典型的先合同义务。例如，诚信磋商义务、说明义务、狭义保护义务等。其中说明义务缔约中的一方可能对另一方负有说明义务，此种义务尤其存在于如下情形：一是违反说明义务误导对方签订不想要的合同；二是因说明义务的违反导致合同出现效力障碍。

本案中丁七迪故意隐瞒公司盈利，财务报表是虚假制造的事实，其明知公司亏损是假象，却并没有向贾申木说明，而公司的盈利情况明显对贾申木签订股权转让合同有决定性作用，丁七迪违背了诚信原则，违反先合同义务，有悖于善良风俗。

（3）产生可赔偿的损害。

损害是侵权损害赔偿责任的成立要件，若无损害，则无赔偿。损害分为财产损害与精神损害，由上文所述，财产损害可适用"差额说"或"状态差额说"予以计算。[2]

三年来，A公司出产的产品市场表现良好，A公司盈利颇丰，贾申木的股份市场价值应当很高。但贾申木因误信虚假财务报表和公司亏损的假象将自己的股份以50万元的价格出售给易栋北的妻弟丁七迪，其可获得的财产与之前相比有所减少。同时，损害赔偿范围应当参照A公司股份的市场价值和50万的差额计算。

---

[1] 参见曾世雄：《损害赔偿法原理》，中国政法大学出版社2001年版，第63-66页。

[2] 李昊："损害概念的变迁及类型建构——以民法典侵权责任编的编纂为视角"，载《法学》2019年第2期。

（4）加害行为与损害之间存在因果关系。

责任范围的因果关系，指权利侵害与损害之间存在因果关系。由上文所述，责任范围的因果关系采用相当因果关系说。本案中如果不是丁七迪串通易栋北，明知公司亏损是假象，却并没有告知贾申木，贾申木也不会将自己的股份以 50 万元的价格出售给他，丁七迪的行为实质大幅增加了损害发生的现实可能，两者间存在因果关系，故请求权已成立。

（5）可归责性（主观上为故意）。

由上文所述，"故意以有悖于善良风俗的方法侵害他人的权益"类型的可归责性限缩于主观上为故意的情形。而在本情形中，"缔约过失"一词表明其为过错责任，但因先合同又是行为义务（尽力实施一定的行为）而非结果义务（促成结果的出现），故违反本身就包含过错的评价。

本案中丁七迪为了对 A 公司进行独立控股，而与易栋北恶意串通制造并隐瞒公司亏损假象，主观上为故意。

**2. 请求权未消灭**

本案不存在权利消灭抗辩。

**3. 请求权可行使**

本案不存在权利行使抗辩权。

**4. 小结**

综上所述，如果合同未被撤销，贾申木可依据《民法典》第 500 条请求丁七迪赔偿损失，损害赔偿范围应当参照 A 公司股份的市场价值和 50 万的差额计算。

### 三、结论

综上所述，贾申木可以行使合同撤销权，并类推适用《民法典》第 157 条第 1 句结合第 220 条请求丁七迪在合同撤销后回复原状，更正股东登记。如果贾申木未行使合同撤销权，其可依据《民法典》第 500 条请求丁七迪赔偿损失，损害赔偿范围应当参照 A 公司股份的市场价值和 50 万的差额计算。

## 第 5 部分　贾申木对易栋北、秉开吉、丁七迪

请求权预选：由于其三人的串通行为，贾申木可能依据《民法典》第 1165 条第 1 款配合第 1168 条要求易栋北、秉开吉、丁七迪三人承担共同侵权责任，

赔偿损失（股份实际市场价值和转让价格间的差价）。

## 一、贾申木可能依据《民法典》第 1168 条要求易栋北、秉开吉、丁七迪承担侵权损害赔偿责任

### （一）大纲

> 1. 请求权已成立
> （1）数个行为人实施了加害行为。
> （2）有悖于善良风俗。
> （3）损害。
> （4）因果关系。
> （5）可归责性（加害人具有共同过错）。
> 2. 请求权未消灭
> 3. 请求权可行使

### （二）正文

本案涉及多人侵权，《民法典》关于多人侵权的规定体现在第 1168 条、第 1169 条、第 1170 条、第 1171 条、第 1172 条。第 1168 条规制的是共同侵权行为，通说认为构成该条需要加害人间具有意思联络。[1]第 1169 条规制的是教唆侵权、帮助侵权行为。[2]本案不存在教唆行为、帮助行为。第 1170 条规制的是共同危险行为。加害行为所具有的危险性，不能仅为社会生活的一般风险，而且应为具有高度的造成损害可能性的危险。[3]本案不涉及此种行为。第 1171 条和第 1172 条分别规制的是累积因果关系的分别侵权和共同因果关系的分别侵权。即侵权人之间无意思联络。[4]本案中易栋北为了对 A 公司进行独立控股，与公司会计人员秉开吉共同谋划制造虚假的财务报表，并与妻弟丁七迪串通骗取贾申木的股权，几人之间具有意思联络，可能涉及《民法典》1168

---

[1] 参见黄薇主编：《中华人民共和国民法典侵权责任编释义》，法律出版社 2020 年版，第 22 页。

[2] 参见程啸：《侵权责任法》，法律出版社 2021 年版，第 395，396 页。

[3] 参见程啸：《侵权责任法》，法律出版社 2021 年版，第 410 页。

[4] 参见程啸：《侵权责任法》，法律出版社 2021 年版，第 420 页。

条规定的共同侵权。

1. 请求权已成立

第 1168 条是第 1165 条的特殊规定，其规定的侵权类型都包括三种：（1）过错不法侵害他人的权利；（2）违反保护性法律侵害他人的权益；（3）故意以有悖善良风俗的方法侵害他人的权益。[1]

如上文所述，本案中三人共同侵权的损害对象是贾申木的"股权"，首先，本文认为股权不宜归类为绝对权，不属于第一种"过错不法侵害他人的权利"的侵权类型。其次，考察与本案情形有关的《中华人民共和国证券法》第 85 条，其规定信息披露义务人对虚假信息披露等导致投资者在证券交易中发生的损失承担过失推定责任。但该条中的保护主体"投资者"仅指市场上潜在的可能在未来成为公司股东的人，而本案中所涉公司并无公开性融资，不存在潜在投资人，贾申木本身仅能作为"股东"身份行权，所以也不在该保护性法律的保护主体范围内。故本案可归入第三种类型的规制范围。

《民法典》第 1168 条构成要件有：存在数个行为人；共同过错。由上文可知，第 1168 条请求权的成立还需要第 1165 条体现的"故意以有悖于善良风俗的方法侵害他人的权益"的基础要件：加害人实施了加害行为；有悖于善良风俗；可归责性（主观上为故意）；产生可赔偿的损害；加害行为与损害之间存在因果关系。

综合一下，结合第 1165 条，第 1168 条要件包括存在数个行为人实施了加害行为；可归责性（加害人具有共同过错）；有悖于善良风俗；产生可赔偿的损害；加害行为与损害之间存在因果关系

（1）数个行为人实施了加害行为。

行为人需二人以上，且每个行为人均实施了加害行为，此为多数人侵权的特征。有学说认为，若行为人之间存在隶属关系（如雇主与雇员）时，则应将其认定为仅存在一个行为人。[2]

本案中易栋北是股东，秉开吉是会计人员，该二人存在隶属关系，应认定为一个行为人，而丁七迪和易栋北及秉开吉并无隶属关系。存在两个行为人，易栋北与公司会计人员秉开吉共同谋划制造虚假的财务报表，易栋北并与妻弟

---

[1] 杨代雄编著：《袖珍民法典评注》，中国民主法制出版社 2022 年版，第 990-991 页。

[2] 参见李江蓉："论共同侵权行为的共同性要素与特别构成要件"，载《法律适用》2011 年第 12 期。

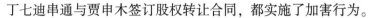

丁七迪串通与贾申木签订股权转让合同，都实施了加害行为。

（2）有悖于善良风俗。

本案中，三人恶意串通，为了达成易栋北对A公司进行独立控股的目的从而实施加害行为，有悖于善良风俗。

（3）损害。

损害分为财产损害与精神损害，由上文所述，财产损害可适用"差额说"或"状态差额说"予以计算。

本案中，A公司出产的产品市场表现良好，A公司盈利颇丰，贾申木的股份市场价值应当很高，三人制作虚假财务报表，虚构公司亏损表象，使贾申木因误信该假象将自己的股份仅以50万元的价格出售给易栋北的妻弟丁七迪，对贾申木造成了损害，该损害可通过参照A公司股份的市场价值与50万的差额计算。

（4）因果关系。

正是由于易栋北、秉开吉、丁七迪三人虚构财务报表，隐瞒公司盈利事实等行为才导致贾申木低价转让股权，导致其损害的产生，故请求权已成立。

（5）可归责性（加害人具有共同过错）。

对于第1168条"共同"的理解，学界有不同的观点：①共同故意说。此说认为，共同加害行为中的"共同"是指共谋（共同故意），换言之，共同加害行为中的意思联络仅指共同故意。[1]②共同过错说。此说认为，共同加害行为中的"共同"包括共同故意、共同过失及故意与过失的结合。行为人基于共同的行为安排而做出相应行为，若行为人均具有致害他人的意思，则表现为共同故意型共同侵权；若没有共同致害的意思，但共同行为中含有可预见并可避免的致害危险，则表现为共同过失型共同侵权；此外，一方故意另一方为过失的情况，虽然并不常见，但同样可以构成共同侵权。[2]③关联共同说。此说认为，共同加害行为中的"共同"包括主观的关联共同与客观的关联共同，换言之，若行为人基于共同故意实施侵权行为，则构成共同加害行为；若行为人虽无共同故意，但行为皆针对同一个侵害目标，各行为皆为损害发生的共同原因，

〔1〕 参见程啸：《侵权责任法》，法律出版社2021年版，第383-388页。

〔2〕 参见叶金强："解释论视野下的共同侵权"，载《交大法学》2014年第1期；邹海林、朱广新主编：《民法典评注：侵权责任编》，中国法制出版社2020年版，第44-47页。

造成同一损害结果，且该损害结果不可分割，则也构成共同加害行为。[1]④共同行为说（客观的关联共同说）。此说认为，共同加害行为中的"共同"仅指行为人在客观上有共同的加害行为，其不以意思联络为前提。⑤折中说（主客观结合说）。此说认为，共同加害行为中的"共同"指不仅要求有相同或相似的过错，还要求具有侵害同一受害人相同或相近的民事权益的行为。[2]

本文采"共同过错说"，即共同故意、共同过失及故意与过失的结合。此观点也为当前理论与实践的通说观点，[3]原因如下。

首先，采共同故意说的学者认为，若将共同过失包括在内，则会混淆共同加害行为与共同危险行为。其实不然，认定共同加害行为的关键在于其主观关联使各行为人的加害行为被评价为一个整体，各行为人系出于共同的行为安排而实施加害行为。而在共同危险行为中，各行为间仅具有一定程度的客观关联性，而真正使行为人承担连带责任的关键在于因果关系的不明。还有观点认为，共同侵权的核心在于行为人之间的意思联络，故只能在共同故意的情形下成立。但本文认为，当各行为人主观上具有相同的（可）预见及（可）避免的内容时，共同过失或故意与过失相结合的类型也可构成共同侵权。就如司法实践中，共同过失的案型较为常见，如共护木门倒塌案[4]、共同飙车案[5]等。故意与过失相结合的案型虽然较少，但并非不存在，如在股票交易之际，故意滥用代理权的代理人与存在过失的对方交易员对本人承担共同侵权行为责任。[6]

其次，就关联共同说、共同行为说而言，由于客观关联行为强调的是行为由于偶发而结合在一起，属于比较典型的"分别实施"的情形[7]，而《民法典》第1171条与第1172条已就客观关联的多数人侵权作出了明文规定，故而

---

〔1〕 参见杨立新："《侵权责任法》悬而未决的十五个问题的司法对策"，载《中国审判》2010年第7期。

〔2〕 参见张新宝：《侵权责任法》，中国人民大学出版社2020年版，第44页。

〔3〕 参见黄薇主编：《中华人民共和国民法典侵权责任编释义》，法律出版社2020年版，第22页。

〔4〕 在该案中，两人都应当知道未捆绑木门会翻倒砸下，两人都可以预料到自己的行为与对方的行为结合的可能性，两人也有能力、有义务避免损害后果的发生，两人存在着共同的重大过失，构成损害结果发生的一个整体性缘由，可以认为两人的共同过失构成人之间的意思联络，因此，两人构成共同侵权。参见张某某、王某侵权责任纠纷案，浙江杭州市中级人民法院民事判决书（2020）浙01民终1435号。

〔5〕 参见王某、吕某与林某某郭某某等机动车交通事故责任纠纷案，江苏省无锡高技术产业开发区人民法院民事判决书（2014）新硕民初字第0434号。

〔6〕 参见［日］吉村良一：《日本侵权行为法》，张挺译，中国人民大学出版社2013年版，第177页。

〔7〕 参见曹险峰："数人侵权的体系构成——对侵权责任法第8条至第12条的解释"，载《法学研究》2011年第5期。

本条的"共同"不应包括或解释为客观关联共同。

就折中说而言，由于本条并未要求造成他人"同一损害"，因此，以此来限定共同加害行为并不适当。

而回到本案，由上文可得，在第 1165 条第三种情形"故意以有悖于善良风俗的方法侵害他人的权益"下，加害人主观上须为故意。与前两种侵权类型不同的是，此处的故意必须与损害后果相关联。有观点认为，在一些特殊情形下可将故意扩张及于重大过失，如专业人员提供错误信息致损的情形。然而，为了防止悖俗侵权的泛滥，不应对其进行任何法律续造，因此，对此类问题的解决应转向其他民法制度。

本案中，易栋北为了对 A 公司进行独立控股，与公司会计人员秉开吉共同谋划，制造虚假的财务报表，虚构公司由盈利变为亏损的假象，并与易栋北的妻弟丁七迪串通，使贾申木因误信该假象将自己的股份以 50 万元的价格出售给易栋北的妻弟丁七迪。本案中三人能独立订立合同，推定具有完全责任能力。三人为了对 A 公司进行独立控股，而作出制造虚假财务报表、与贾申木签订股权转让合同，其行为主观上均为故意，而且互相串通，具有共同故意。

2. 请求权未消灭

本案不存在权利消灭抗辩。

3. 请求权可行使

本案不存在权利行使抗辩权。

## 二、结论

贾申木可以依据《民法典》第 1165 条第 1 款配合第 1168 条要求易栋北、秉开吉、丁七迪承担连带侵权损害赔偿责任，赔偿损失范围主要是股份实际市场价值和转让价格间的差价。

# 6 "临时库房" 案*

## 【案情】

A大学为了应对突发事件，经审批在校园内搭建临时建筑若干。一年后，该临时建筑期限到期，但A大学并未将建筑拆除，而是将其出租给B工厂作为库房存放货物。双方约定房租为每月1万元，租期五年。在未经A大学同意的情况下B工厂不得将该库房转租，否则A大学有权解除合同，并请求B工厂承担惩罚性违约金20万元。三年后，因再无存放货物需要，B工厂在未取得A大学同意的情况下将该库房转租给C工厂，租期两年，租金每月11000元，同时约定若库房出现任何问题，C工厂需自行维修并承担费用。C工厂在明知B工厂没有转租权的情况下使用B工厂的通行证和车辆进出A大学的校园，将该库房用于存放海鲜产品。一年后转租的事被A大学发现，遂向B工厂发送公函。该公函记载："A大学一方将行使解除合同的权利，你方是否同意？二、主张违约金20万元。"B工厂未作回复。A大学遂更换了库房的门锁，导致C工厂无法正常使用该库房。C工厂原本已经存于库房内的海鲜产品由于无法取出导致腐烂变质，无法食用。后经查一年来该库房多次因下雨漏水，C工厂支付维修费用共5000元。同时，C工厂一直以来未向B工厂给付租金。B工厂租金恰好支付到A工厂换锁之前。

## 【问题】

1. A大学可向谁主张何种权利？依据为何？
2. B工厂可向谁主张何种权利？依据为何？
3. C工厂可向谁主张何种权利？依据为何？

---

* 路觉非，西北政法大学民商法学院2021级本科生。

# 第 1 部分　A 大学对 B 工厂

请求权基础预选与排序：本案中，A 大学可能要求 B 工厂支付租金，可能要求 B 工厂赔偿损失，可能要求 B 工厂支付违约金，可能要求 B 工厂将对 C 工厂租金的债权移转。可纳入本案的请求权基础为[1]基于租赁合同的租金给付请求权（《民法典》第 721 条第 1 句），基于违约责任的损害赔偿请求权（《民法典》第 577 条），基于违约金条款的违约金给付请求权，基于不法管理的管理利益移交请求权（《民法典》第 980 条），基于权益侵害型不当得利的利益返还请求权（《民法典》第 985 条）。

## 一、A 大学可能依据《民法典》第 721 条第 1 句向 B 工厂请求支付租金

（一）大纲

> 1. 请求权已成立
> （1）存在生效租赁合同。
> ①合同已成立。
> ②合同已生效。
> （2）存在支付租金的义务。
> 2. 请求权未消灭
> 3. 请求权可行使
> 4. 小结

（二）正文

1. 请求权已成立

《民法典》第 721 条第 1 句规定："承租人应当按照约定的期限支付租金。"

---

[1] 若无特别说明，在同一请求权目的内，本文采如下检索顺序：（1）基于合同的请求权；（2）类似合同的请求权；（3）无因管理的请求权；（4）基于物法的请求权；（5）不当得利与侵权请求权。参见吴香香：《请求权基础：方法、体系与实例》，北京大学出版社 2021 年版，第 10-12 页。

由此可知，基于租赁合同的租金给付请求权的构成要件可拆分为（1）存在生效租赁合同，（2）存在支付租金的义务。

（1）存在生效租赁合同。

有偿合同作为一般民事法律行为的一种，其状态可分为成立和生效两部分，民事法律行为成立只是生效的一个前提，只有在符合生效要件后，民事法律行为才能最终生效。故本文将分开讨论这两个不同的部分。

①租赁合同成立。

根据《民法典》第471条，"当事人订立合同，可以采取要约、承诺方式或者其他方式。"可知，只有当事人就合同内容达成合意后，合同才成立。在本案中，A大学发出要约，B工厂接受并发出承诺后，租赁合同成立。

②租赁合同有效。

合同作为民事法律行为，其有效需要满足民事法律行为的一般有效要件即《民法典》第143条所规定的，民事法律行为有效的一般要件为行为人具有相应的民事行为能力；意思表示真实；不违反法律、行政法规的强制性规定，不违背公序良俗。

本案中，并未提供A大学与B工厂的相关信息，应当推定A大学与B工厂由具有职务代理权的员工签订合同。故行为人具有相应的民事行为能力，且双方在签订房屋租赁合同时意思表示真实。唯需讨论的是A大学和B工厂签订合同是否违反法律、行政法规的强制性规定，是否违背公序良俗。

2020修正的《最高人民法院关于审理城镇房屋租赁合同纠纷案件具体应用法律若干问题的解释》（以下简称《房屋租赁合同司法解释》）第3条第1款规定："出租人就未经批准或者未按照批准内容建设的临时建筑，与承租人订立的租赁合同无效。"本案中的仓库为临时建筑，在建筑期限到期后，并未拆除，属于此处的临时建筑。则此处的房屋租赁合同是否因为此条的规定而无效？根据条文可知，临时建筑违反了政府对于房屋的规划，未取得许可。在公法上的直接后果为《城乡规划法》第66条规定，"建设单位或者个人有下列行为之一的，由所在地城市、县人民政府城乡规划主管部门责令限期拆除，可以并处临时建设工程造价一倍以下的罚款：（一）未经批准进行临时建设的；（二）未按照批准内容进行临时建设的；（三）临时建筑物、构筑物超过批准期限不拆除的"。故而，对于被依法认定的违法建筑，只要主管机关依法及时采用限期改正、限期拆除、强制拆除、没收等措施，就足以消除违法建设行为的负作用，达到惩治和警诫的效果，在此基础上还在私法中否定违法建筑的利益属性或其他交易行为效力，在法律效果的配置上过于违背比例原则。在公法上的处置不应影响私法上的效力。且买受人、承租人等利害关系人并无过错，剥夺其合法利益，否认其合同效力，并无合理的理由。再者，即便应拆除或应没收的违法建筑是私法认可的利益，并肯定其交易行为的效力，客观上也不会增加拆除或没收难度，因为违法建筑破坏了国家治理和社会秩序，这些公法管制是正当的国家公权力行为，相比于它们代表的公共利益，建造人或交易利害关系人的私人利益并没有优越性。[1]且根据《民法典合同编通则解释》第16条的规定，"合同违反法律、行政法规的强制性规定，有下列情形之一，由行为人承担行政责任或者刑事责任能够实现强制性规定的立法目的的，人民法院可以依据民法典第一百五十三条第一款关于'该强制性规定不导致该民事法律行为无效的除外'的规定认定该合同不因违反强制性规定无效：（一）强制性规定虽然旨在维护社会公共秩序，但是合同的实际履行对社会公共秩序造成的影响显著轻微，认定合同无效将导致案件处理结果有失公平公正……"本案中，临时仓库位于 A 大学内部，且用于仓库，并未对社会公共秩序产生显著影响，故而案涉房屋租赁合同并不因违反《房屋租赁合同司法解释》而无效。

从另一个角度来说，判断民事法律行为是否有效的决定性因素是该行为本身是否存在违法性，即行为人本身行为的性质和内容是否违法。[2]对于临时建筑租赁合同而言，合同中的法律行为是"租赁行为"，确定法律行为是否在内容和形式上违反法律，只需要确定"租赁"行为是否为法律所禁止。显然，租赁作为一种常见的民事法律行为，并不为法律所禁止。则临时建筑租赁合同本身并不违反法律。只有租赁合同中的"临时建筑"具备违法性，此种违法性并不是建筑本身违法，而是从事建筑行为的有关当事人的建筑行为具有违法性。《房屋租赁合同司法解释》混淆了建筑行为的违法性与租赁合同违法性的区别，以建筑行为的违法性，代替了对租赁合同违法性的判断，以建筑行为主体的行为违法性来认定租赁合同标的物的违法性，违背了违法只能是对主体行为判断的基本法理。[3]事实行为违反法律规定不应当对法律行为的后果产生影响。

---

〔1〕 参见常鹏翔："违法建筑的公法管制与私法因应"，载《法学评论》2020 年第 4 期。

〔2〕 参见高富平：《民法学》，法律出版社 2009 年版，第 209 页。

〔3〕 参见王洪平："违法建筑的私法问题研究"，吉林大学 2014 年博士学位毕业论文，第 101－102 页。

综上所述，本文采支持案涉房屋租赁合同有效。但为了保证讨论的完整性，以下将对合同无效的情况作简要分析。如果严格按照《房屋租赁合同司法解释》之规定，A 大学与 B 工厂之间的房屋租赁合同无效。则 B 工厂与 C 工厂之间的转租合同同样无效。A 大学可根据不当得利向 B 工厂主张返还临时建筑，但此义务因为目的达成而消灭。A 大学对 C 工厂存在权益侵害型不当得利，A 大学可以向 C 工厂主张支付《房屋租赁合同司法解释》的房屋占有使用费。与合同有效的情况相同，因为 A 大学私自上锁的行为导致 C 工厂海鲜腐烂，可以向 A 大学主张损害赔偿。因为 B 工厂与 C 工厂之间的合同无效，故 B 工厂与 C 工厂之间有关房屋修缮费用的约定作为 B 工厂与 C 工厂之间房屋租赁合同的条款也无效。C 工厂对 B 工厂可主张给付型不当得利。而 B 工厂在对 C 工厂偿还后，对 A 大学享有费用支出型不当得利，可要求 A 大学支付修缮费用。

（2）存在支付租金的义务。

本案中，B 工厂与 A 大学的房屋租赁合同仍有一年的租期，且 B 工厂的房租只交到了锁门之日，故而存在支付租金的义务。

2. 请求权未消灭

需要讨论的是，本案中是否存在《民法典》第 557 条第 2 款规定的情形？A 大学向 B 工厂发送公函。该公函记载："一、A 大学一方将行使解除合同的权利，你方是否同意？二、主张违约金 20 万元。"此时是否构成法定解除权的行使，从而使请求权消灭？意思表示的内在要素包括三项，行为意思、表示意思与法效意思。其中，法效意思是行为人欲以其表示发生特定法律效果的意思，行为人必须认识到一项"特定具体"的法律效果。[1]本案中，A 大学公函所表达出来的意思并未明确指向一项特定的法律效果，只是在询问对方是否同意解除，故而只是在与 B 工厂进行协商解除，又因 B 工厂未对此事作出回应，故合同仍然有效，并未失效。

3. 请求权可行使

本案中，B 工厂与 A 大学的房屋租赁合同仍有一年的租期，且 B 工厂的房租只交到了锁门之日，根据《民法典》第 721 条第 2 句可知："对支付租金的期限没有约定或者约定不明确，依据本法第五百一十条的规定仍不能确定，租

---

[1] 参见朱庆育：《民法总论》，北京大学出版社 2016 年版，第 197 页。

赁期限不满一年的，应当在租赁期限届满时支付；租赁期限一年以上的，应当在每届满一年时支付，剩余期限不满一年的，应当在租赁期限届满时支付"。故而 B 工厂对 A 大学存在债务未届期的抗辩权。

4. 小结

综上所述，本案中，A 大学与 B 工厂之间关于临时房屋的租赁合同不因为违反《房屋租赁合同司法解释》而宣告无效，B 工厂仍有一年房租未交，但此时租赁期限未届满，A 大学不可向 B 工厂主张支付房屋租赁合同中所约定的剩余租金。

## 二、A 大学可能依据《民法典》第 566 条第 2 款结合第 577 条向 B 工厂主张赔偿损失

（一）大纲

> 1. 是否可以解除合同
> 2. 合同解除后的损害赔偿请求权
> （1）请求权已成立。
> ①违反义务。
> ②造成损害。
> ③存在因果关系。
> （2）请求权未消灭。
> （3）请求权可行使。
> 3. 小结

（二）正文

1. 是否可以解除合同

根据案情可知，在未经 A 大学同意的情况下 B 工厂不得将该库房转租，否则 A 大学有权解除合同。《民法典》第 562 条第 2 款规定："当事人可以约定一方解除合同的事由。解除合同的事由发生时，解除权人可以解除合同。"故在 B 工厂未经过 A 大学同意，将仓库转租给 C 的情况下，A 大学对 B 工厂享有约定解除权。故 A 大学向 B 工厂发出行使约定解除权，解除合同的通知，在 B 工

厂接受到通知后，合同解除。

另外，根据《民法典》第 716 条第 2 款之规定，"承租人未经出租人同意转租的，出租人可以解除合同。"可知，在 B 工厂未经 A 大学同意，将库出租给 C 工厂时，A 大学对 B 工厂同样享有一个法定解除权。

故而，A 大学可以选择对 B 工厂行使其约定解除权也可选择对 B 工厂行使其法定解除权，在 A 大学对 B 工厂发出解除合同的通知后，合同解除。

2. 合同解除后的损害赔偿请求权

（1）请求权已成立。

根据《民法典》第 566 条第 2 款之规定："合同因违约解除的，解除权人可以请求违约方承担违约责任，但是当事人另有约定的除外。"结合《民法典》第 577 条之规定："当事人一方不履行合同义务或者履行合同义务不符合约定的，应当承担继续履行、采取补救措施或者赔偿损失等违约责任。"根据文义可知，此处违约损害赔偿请求权的构成要件可拆分为违反义务，造成损害，存在因果关系。

①违反义务。

本案中，B 工厂未经 A 大学同意，将仓库擅自转租给 C 工厂，构成了对租赁合同中不得在无转租权情况下进行转租的义务的违反。

②造成损害。

本案中，A 大学因为 B 工厂的违约行为，解除合同。B 工厂的违约行为造成了 A 大学履行利益受到侵害，即使其达到合同恰当履行时合同相对人本应处于的经济状态被侵害，A 大学无法取得本应取得的最后一年的租金。[1]故要件成立。

③存在因果关系。

根据《民法典》第 584 条前半句之规定可知，只有在当事人不履行合同或履行合同不符合约定造成对方损失时，才可请求对方赔偿损失。B 工厂在明知自己与 A 大学的合同约定不得转租的情况下仍将房屋转租，其主观上为故意，其行为与损害后果之间具有因果关系。

（2）请求权未消灭。

本案中不存在使请求权消灭的情形。

---

〔1〕 参见李昊："损害概念的变迁及类型建构——以民法典侵权责任编的编纂为视角"，载《法学》2019 年第 2 期。

（3）请求权可行使。

本案中不存在使请求权不可行使的情形。

3. 小结

综上所述，A 大学享有约定和法定的解除权，可以在向 B 工厂发出解除合同的通知后，向 B 工厂主张基于违约责任的损害赔偿。

### 三、A 大学可能依据违约金条款向 B 工厂主张给付违约金

（一）大纲

> 1. 请求权已成立
> （1）存在有效合同。
> ①租赁合同成立。
> ②租赁合同有效。
> （2）违反义务。
> （3）具有过错。
> 2. 请求权未消灭
> 3. 请求权可行使
> 4. 小结

（二）正文

首先需要讨论的是，《民法典》并未规定惩罚性违约金，本案中关于违约金的性质为何？虽然《民法典》并未规定惩罚性违约金，但按照意思自治的原则，当事人可以约定惩罚性违约金，只要此种条款不违反法律的强制性规定，便仍属有效。[1]

其次需要探究的问题在于，基于违约责任的损害赔偿请求权与违约金请求权之间的关系，二者均基于违约事实，是否发生竞合？违约金具有两个作用，一为赔偿作用，简化债权人对损害的举证，可以直接主张违约金，填补自己因为他人的违约行为而造成的损失；二为压力手段，通过违约金，债权人掌握一

---

[1]　参见韩世远：《合同法总论》，法律出版社 2018 年版，第 825 页。

种压力手段，给债务人心理上制造压力，促使其履行债务。而惩罚性违约金，顾名思义，是当事人对于违约所约定的一种"私的制裁"。在债务不履行的场合，对过错进行惩罚。惩罚性违约金更注重后一种作用。作为一种惩罚，其债务人需于法定违约责任外承受附加的负担，而赔偿性违约金只需要债务人在法定违约责任的幅度内承担责任。[1]因此有学者认为，在约定了惩罚性违约金的情况下，债务人除支付违约金以外，其他因债务所应负的一切责任都不受影响，债权人不仅可以要求违约金，而且可以要求实际履行与损害赔偿。[2]故而在本案中，在 A 大学与 B 工厂明确约定了惩罚性违约金的情况下，仍可以同时主张违约金与基于违约责任的损害赔偿。

具体到惩罚性违约金构造问题上，需要明晰的是，惩罚性违约金的请求权基础与其具体构成要件。惩罚性违约金作为一种从债务，是由双方当事人基于意思自治做出合意的安排，其请求权基础应当为具体的违约金约定，形式上可以承载于非独立的合同条款或独立的合同书。[3]故而其构成要件中需存在一个有效的合同关系，为了使违约金条款的条件达成，需要约定的违约行为的存在。作为一种特殊的违约责任，惩罚性违约金的构成要件是否需要存在过错与损害？因为惩罚性违约金是为了给债务人制造压力，惩罚过错，因此应当要求债务人的过错作为其承担惩罚性违约金的要件，而同样因为惩罚性违约金的目的在于惩罚，不在于赔偿损失，故而其不以发生损害为必要。[4]综上所述，本案中惩罚性违约金请求权的构成要件可拆分为存在有效合同，义务违反，具有过错。

最后需要讨论的问题为违约金与解除合同的关系。本案中合同约定："在未经 A 大学同意的情况下 B 工厂不得将该库房转租，否则 A 大学有权解除合同，并请求 B 工厂承担惩罚性违约金 20 万元。"这是否意味着违约金的请求必须以合同解除为前提？首先，单就文义解释，有权解除合同与请求惩罚性违约金为无权转租产生的两种结果，二者并行不悖，并不存在前提关系。其次，合同解除是合同履行存在障碍的情况下摆脱合同关系，转求更优

---

[1] 参见姚明斌："《合同法》第114条（约定违约金）评注"，载《法学家》2017年第5期。

[2] 参见王洪亮："违约金请求权与损害赔偿请求权的关系"，载《法学》2013年第5期。

[3] 参加姚明斌："民法典违约责任规范与请求权基础"，载《法治现代化研究》2020年第5期。

[4] 参见韩世远："违约金的理论问题——以合同法第114条为中心的解释论"，载《法学研究》2003年第4期。

选择的救济手段，而惩罚性违约金，由上文的讨论可知，是当事人意思自治构造违约责任的重要方式。若因为采取了前者而否定后者，则意味着要么是请求违约金必须以放弃合同解除的救济机会为牺牲，要么是解除合同必须以放弃自治规划的违约效果作代价，而这种两难预设与本案中"惩罚性"违约金作为压力手段，督促履行合同的目的相矛盾，也不符合交易实践中当事人通常之意旨，在现行法上亦无坚实的规范依据。[1]故而本案中请求违约金无须以合同解除为前提。

1. 请求权已成立

（1）存在有效合同。

①租赁合同成立。

根据上文的分析可知，只有当事人就合同内容达成合意后，合同才成立。在本案中，A大学发出要约，B工厂接受并发出承诺后，租赁合同成立。

②租赁合同有效。

根据上文的分析可知，A大学与B工厂之间的租赁合同有效。

（2）违反义务。

本案中，B工厂在A大学不知情的情况下将库房转租与C工厂，违反了双方于房屋租赁合同中约定的"不得转租"的义务，要件成立。

（3）具有过错。

过错主要是指行为人的主观心理状态的否定性评价或非难，可分为故意或过失。本案中，B工厂在明知A大学与其约定不得转租的情况下仍然选择了将库房转租给C工厂，其主观上具有故意的心态，要件成立。

2. 请求权未消灭

本案中不存在使请求权消灭的情形。本案中，需要讨论的地方在于，惩罚性违约金是否适用违约金酌减制度？有学者认为，赔偿性违约金的本质为损害赔偿总则的预定，不能适用违约金酌减规则，在其超出预期损害的情况下，可以适用可预见、与有过失等损害赔偿规则。故而《民法典》所规定的违约金酌减制度只是为惩罚性违约金而设定。[2]本文不予采用。原因在于，首先，惩罚性违约金由双方当事人自由约定，且可以与其他债之负担一起主张，属于私人

---

〔1〕 参见姚明斌：《违约金论》，中国法制出版社2018年版，第225页。

〔2〕 参见王洪亮："违约金酌减规则论"，载《法学家》2015年第3期。

间的惩罚，其目的不在填补损失，不应受到违约金酌减制度的调整。其次，在本案中，A大学与B工厂之间签订的仓库租赁合同是为了B工厂之经营活动，应属商事主体之间的商事合同。而商事主体的风险预判能力、预见能力决定了其是最合理的自身利益决策者，承担违约金是理应承担的商业风险，也与违约金的惩罚功能相契合。尊重商事主体之间约定的惩罚性违约金的效力既尊重了商事主体的意思自治，有利于快速解决纠纷，也可以在一定程度内减轻"效率违约"现象的发生。[1]故而本文不认为B工厂可以向法院主张酌减约定的惩罚性违约金。

3. 请求权可行使

本案中不存在使请求权不可行使的情形。

4. 小结

综上所述，A大学与B工厂之间的关于惩罚性违约金的条款有效，B工厂明知其义务而将房屋无权转租与C工厂，构成了对违约金条款的违反，A大学可以依据违约金条款向B工厂主张支付约定的违约金。

## 四、A大学可能依据《民法典》第980条向B工厂主张移交管理利益

（一）大纲

> 1. 请求权已成立
> （1）管理本人事务。
> （2）不具有适法事由。
> （3）明知为本人事务。
> （4）管理人受有管理利益。
> 2. 请求权未消灭
> 3. 请求权可行使
> 4. 小结

---

[1] 参见石冠彬："民法典合同编违约金调减制度的立法完善——以裁判立场的考察为基础"，载《法学论坛》2019年第6期。

（二）正文

本案中，在 A 大学解除合同后，B 工厂的转租行为具备不法性。承租人的擅自转租在出租人解除合同后转化为管理人不法管理本人事务的行为，即不法管理行为，出租可依据不真正无因管理向承租人主张移转转租所得。

不法管理是指明知为本人事务，仍作为管理人事务而管理，本质为侵权。不法管理人既为"明知"，则剥夺其管理所得，可有惩罚、震慑故意侵权之效，故令其适用《民法典》第 980 条具有正当性。[1]此处不法管理与不当得利的差别在于，不当得利的受损人请求返还的范围，应以受益人所受利益为限度，而不法管理则应当将"取得的财产"及时转交给受益人。故而在本案中，若适用不法管理，可向 B 工厂主张移转每月 11 000 元的转租费用，而适用不当得利，则应该返还 B 工厂实际取得收益每月 1000 元的租赁费用差额。

需要先行说明的是，本案案情所适用的法律条文问题，《民法典》中以第 979 条至第 984 条构成调整无因管理的规范体系。本案需要讨论的是，一方面关于《民法典》第 979 条与第 980 条之适用范围问题。对于第 979 条与第 980 条之适用范围，学界尚存争议。本文采《民法典》第 979 条规制真正正当无因管理，而第 980 条规制真正不当的无因管理以及不真正无因管理的解释路径。因为不当无因管理与正当无因管理的核心区分点在于管理行为是否违背本人明知或者可得推知的意思，而对于正当与否的探讨是建立在符合真正无因管理构成要件的基础上。不当管理人为了他人的利益自愿承担与受托人相同的法律地位，而不是为了自己的个人利益。行为具有利他性，允许本人对管理人享有利益移交请求权是合乎情理的。因而应当纳入无因管理体系进行考量。另一方面，对《民法典》条文进行文义分析，《民法典》第 980 条规定的"管理人管理事务不属于前条规定的情形"，是针对第 979 条之构成要件，为第 980 条调整不当无因管理与不真正无因管理提供了规范基础。而就本案案情而言，管理人的行为并不符合受益人的意思，并不受《民法典》第 979 条调整，而属于不真正无因管理中的不法管理。不法管理违反本人真实意思，客观上使本人获得了利益，符合了《民法典》第 980 条构成要件，且如此适用可以保障公平公正，更好的威慑不法管理。故而本案可适用《民法典》第 980 条之规定。

《民法典》第 980 条规定："管理人管理事务不属于前条规定的情形，但是

---

〔1〕 参见金可可："《民法典》无因管理规定的解释论方案"，载《法学》2020 年第 8 期。

受益人享有管理利益的，受益人应当在其获得的利益范围内向管理人承担前条第一款规定的义务。"故而此处的构成要件可拆分为：（1）管理本人事务；（2）无法定或约定义务；（3）明知为本人事务；（4）管理人受有管理利益。

1. 请求权已成立

（1）管理本人事务。

本案中，B工厂将A大学所有的房屋转租与他人，客观上管理了A大学的事务，要件满足。

（2）不具有适法事由。

本案中，A大学并未为B工厂设定管理房屋的义务，也并未给予其转租权，法律也并未规定承租人具有转租的义务，故客观上B工厂并无为A大学转租房屋的法定或约定义务。要件满足。

（3）明知为本人事务。

本案中，B工厂的主观为故意，A大学与B工厂在订立合同时约定了不得转租，而后B工厂在非法转租后，为C工厂进出车辆提供了B工厂的通行证，证明其明知自己并不享有转租权，此处的转租为不法转租，要件满足。

（4）管理人受有管理利益。

本案中，B工厂与C工厂缔结房屋租赁合同，规定租金为11 000元，B工厂根据合同取得了对C工厂的11 000元的债权，受有管理利益。要件满足。

2. 请求权未消灭

本案中不存在使请求权消灭的情形。

3. 请求权可行使

本案中不存在使请求权不可行使的情形。

4. 小结

本案中，B工厂将房屋无权转租于C工厂，构成了不法管理，A大学得以依据《民法典》第980条向其主张移转对C工厂的债权，获得每月B工厂所收取的11 000元转租费用。

## 五、A 大学可能依据《民法典》第 985 条向 B 工厂主张返还转租所得利益

（一）大纲

> 1. 请求权已成立
> （1）相对人取得财产利益。
> （2）利益应归属于请求人。
> （3）权益侵害。
> 2. 请求权未消灭
> 3. 请求权可行使
> 4. 小结

（二）正文

1. 请求权已成立

在 A 大学解除合同后，B 工厂的转租行为具备不法性。此时存在肯定说于否定说二说，而以否定说为通说，该学说认为，承租人擅自转租收取租金，虽受有利益，但并未导致出租人受到损害，因为出租人和承租人间的租赁合同已经将租赁物的使用收益权能移转于承租人，故而出租人无使用收益权，承租人违法转租而获得的利益，并未致使出租人受害。[1]但租赁是一种债权关系，出租人始终负有保证承租人可能依约定对租赁物为用益之义务。承租权的客体并非租赁物本身，而是出租人的给付行为，承租人就租赁物使用收益的过程，实际上也是出租人保持给付的过程。[2]而非用益物权设定后，所有人只负有不得妨碍的消极义务的模式。所以超出原租赁合同的范围，出租人并无给付义务。承租人违反约定的转租，不仅属于对合同义务的违反，也构成对出租人权益内容的侵犯。所以违法转租行为所取得的利益属于不当得利的范畴。

---

[1] 参见王泽鉴：《不当得利》，北京大学出版社 2015 年版，第 333 页。
[2] 参见徐晓峰："违法转租与无权处分、不当得利"，载《法律科学（西北政法大学学报）》2003 年第 1 期。

（1）相对人取得财产利益。

B 工厂在未经 A 大学同意的前提下将临时建筑转租给 C 工厂，从而获得租金差额 1000 元的财产利益，要件满足。

（2）利益应归属于请求人。

由上分析可知，B 工厂违法转租所取得的 1000 元租赁费用差额是基于 A 大学所有的临时建筑，应当归属于 A 大学，要件满足。

（3）权益侵害。

B 工厂违法转租的行为违反了 A 大学与 B 工厂之间租赁合同的约定，其取得利益并未是 A 大学的参与所得，要件满足。

2. 请求权未消灭

本案中不存在使请求权消灭的情形。

3. 请求权可行使

本案中不存在使请求权不可行使的情形。

4. 小结

本案中，B 工厂违反 A 大学与其不得转租的约定，将临时建筑擅自转租给 C 工厂，A 大学解除合同后，其行为失去法律依据，从而针对 B 工厂转租所得的 1000 元租金差额利益，构成不当得利。A 大学得依《民法典》第 985 条向 B 工厂主张返还 1000 元利益。

## 六、总结

A 大学不可以依据《民法典》第 721 条第 1 句之规定向 B 工厂请求支付租金，可以依据基于违约金条款向 B 工厂主张给付违约金，可以依据《民法典》第 980 条向 B 工厂主张移交管理利益每月 11 000 元，或可以依据《民法典》第 985 条向 B 工厂主张返还租金差额利益每月 1000 元。

# 第 2 部分　A 大学对 C 工厂

请求权预选与排序：A 大学可能向 C 工厂主张返还库房，可能向 C 主张支付房屋使用费。可纳入本案的请求权基础为基于物权的原物返还请求权（《民法典》第 235 条）；基于权益侵害型不当得利的损害赔偿请求权（《民法典》第 985 条）。

## 一、A大学可能依据《民法典》第235条向C工厂主张占有回复

### (一) 大纲

> 1. 请求权已成立
> (1) 请求权人为物权人。
> (2) 相对人为占有人。
> 2. 小结

### (二) 正文

1. 请求权已成立

根据《民法典》第235条之规定:"无权占有不动产或者动产的,权利人可以请求返还原物。"故此处的要件可拆分为:(1)请求权人为物权人;(2)相对人为占有人。

(1) 请求权人为物权人。

本案中,A大学所建仓库为临时建筑,在期限届满时为非法建筑,则A大学对其享有何种权利,尚待讨论。

对于建造人对违法建筑的权利问题,常见的学说有四种,无所有权说、不动产所有权说、动产所有权说、占有说。

无所有权说主要是对中国以往部分法律态度的总结。[1]对部分法律、法规、规章赋予违法建筑的法律地位现状进行写实性判断,实质是对违法建筑法律地位状态的片面表述,并未认清中国法律中非法建筑的真实法律情况,对违法建筑实际受到占有制度保护视而不见。而占有说,是对违法建筑所取得的保护进行实然状态的总结,反应了客观存在的事实。其问题在于,一方面,占有说逻辑混乱,无法解释为何对房屋材料拥有所有权,但在建成房屋后所有权失权,拆除后,违建人为何又取得对建筑材料的所有权。另一方面,占有制度的精髓在于权利推定,但占有违法建筑并不能推定占有人就违法建筑享有所有权。而且从客观上讲,如果违法建筑成为无主物,或是被他人占有后,如何向

---

[1] 例如,《城市房屋产权籍管理暂行办法》第18条规定:"凡未按照本办法申请并办理房屋产权登记的,其房屋产权的取得、转移、变更和他项权利的设定,均为无效。"

没有所有权的违建人或者失去占有的建造人追究拆除的义务？[1]占有说具有重大理论瑕疵。

动产所有权说认为，违法建筑不能成为不动产所有权的客体，但其组成材料是经合法取得的，违建人对这些建筑材料享有所有权，即对违法建筑享有动产所有权。此说的问题在于，首先，程序违建可通过补办手续而成为合法建筑，而房屋是否属于不动产是事实判断，不应受合法性判断的结果影响，合法性条件充实后动产成为不动产的正当性不足，从客观事实上判断，违法建筑当然属于不动产，只是会受到公法上的价值质疑及合法性否定，只能引起公法上的否定性评价，只有财产性惩罚才能影响当事人的财产所有权，但在私法领域，依据私法上"法无禁止即授权"的理念，仅违法公法的，违法建筑物仍会受到私法上的肯定性评价。[2]其次，法律对于财产权的限制和要求，可能会因为社会的发展而出现变化，但财产本身可以永续，如果以某一时间的实证法为基础，绝对化地认为违法规定的财产不能产生私权，可能违背私人自由与财产权保障的目的实现，对于同一财产的所有权地位的判断，可能会因为社会观念和认识的变化而出现前后判断的矛盾。[3]

综上所述，无所有权说、占有说、动产所有权说均具有缺陷，本文认为，房屋的所有权判断标准为其物理属性，可以通过建造的事实行为，取得房屋所有权。故而本案中，A大学为仓库的所有权人，对仓库享有物权，要件满足。

（2）相对人为占有人。

本案中，A大学将房屋上锁，客观上用自己的行为剥夺了C工厂的占有，故C工厂并非占有人，要件不满足。

2. 小结

综上所述，A大学为物权人，但C工厂的占有状态已经消灭，故要件不满足，A大学不得向C工厂主张占有回复。

---

〔1〕 参见蒋拯：“违法建筑处理制度研究——从权利保护与限制的视角”，西南政法大学2012年博士学位论文，第337-330页。

〔2〕 参见杨延超：“违法建筑物之私法问题研究”，载《现代法学》2004年第2期。

〔3〕 参见黄忠：“违法建筑的私法地位之辨识——《物权法》第30条的解释论”，载《当代法学》2017年第5期。

## 二、A 大学可能依据《民法典》第 985 条向 C 工厂主张返还房屋

（一）大纲

> 1. 请求权已成立
> （1）相对人取得财产利益。
> （2）利益应归属于请求人。
> （3）权益侵害。
> 2. 请求权未消灭
> 3. 请求权可行使
> 4. 小结

（二）正文

本案中，C 工厂使用了属于 A 大学的仓库，享有财产利益，存在给付关系，但 C 工厂享有此财产性利益，是因为其与 B 工厂所签订的合同，而 B 工厂取得临时建筑的占有是源于其与 A 大学之间的给付关系。本案中存在两对给付关系，将分别检索给付型不当得利和非给付型不当得利。

在三人不当得利关系中，每位给付人都只能向其给付受领人主张不当得利返还，因为任何人均不得主张他人之间给付原因的无效，任何合同当事人也仅应当承担其自主选择的相对人的给付不能风险。在本案，A 大学将临时建筑租给 B 工厂，其与 C 工厂之间并无"给付"关系，故而并非存在"给付"不当得利。故本文将对非给付型不当得利中的权益侵害型不当得利进行检视。

1. 请求权已成立

（1）相对人取得财产利益。

本案中，C 工厂占有并使用临时建筑，享有财产利益，要件满足。

（2）利益应归属于请求人。

若 A 大学解除与 B 工厂的合同，则 B 工厂成为无权间接占有人，且不具备转租权利，C 工厂作为 B 工厂的承租人，自然对于 A 大学而言也属于无权占有人，临时建筑的占有权能属于 A 大学，要件满足。

（3）权益侵害。

本案中，C 工厂使用 A 大学的临时建筑并非因为请求权人 A 大学的参与所导致，故而要件满足。

2. 请求权未消灭

本案中不存在使请求权消灭的情形。

3. 请求权可行使

本案中，A 大学已经将临时建筑的大门上了锁，C 工厂已经丧失了占有，无法向 A 大学返还房屋，构成了事实上的履行不能。

4. 小结

本案中，A 大学与 C 工厂之间存在权益侵害型不当得利，但因为 A 大学通过私力更换房屋门锁，导致 C 工厂在通过占有保护重新取得占有前无法向 A 大学返还房屋，构成了事实上的履行不能。

### 三、总结

综上所述，A 大学不能依据《民法典》第 235 条向 C 主张占有回复，也不能依据《民法典》第 985 条向 C 工厂主张返还房屋。

## 第 3 部分 B 工厂对 A 大学

请求权预选与排序：本案中，B 工厂可能向 A 要求返还租赁物，拆卸门锁，可能要求 A 大学赔偿因 A 大学私自锁门而造成的损失，可能向 A 大学主张返还占有物。可纳入讨论的请求权基础为：（1）基于房屋租赁合同的租赁物交付请求权（《民法典》第 708 条）；（2）基于违约的损害赔偿请求权（《民法典》第 577 条后半句第 3 种情形）；（3）基于占有的回复请求权（《民法典》第 462 条）。

### 一、B 工厂可能依据《民法典》第 708 条向 A 大学要求拆除门锁

（一）大纲

1. 请求权已成立

（1）存在有效房屋租赁合同。

①租赁合同成立。

②租赁合同有效。

（2）存在交付租赁物义务。

2. 请求权未消灭

3. 请求权可行使

4. 小结

（二）正文

1. 请求权已成立

根据《民法典》第708条可知，"出租人应当按照约定将租赁物交付承租人，并在租赁期限内保持租赁物符合约定的用途"，故此处的构成要件可拆分为：（1）存在生效租赁合同；（2）存在支付租金的义务。

（1）存在有效房屋租赁合同。

①租赁合同成立。

根据上文的分析可知，只有当事人就合同内容达成合意后，合同才成立。在本案中，A大学发出要约，B工厂接受并发出承诺后，租赁合同成立。

②租赁合同有效。

根据上文的分析可知，A大学与B工厂的租赁合同有效。

（2）存在交付租赁物义务

本案中，A与B签订租赁合同，约定将仓库租借于B工厂，A大学作为签订合同主体，房屋的所有权人，自然负有交付租赁物的义务。

2. 请求权未消灭

本案中不存在使请求权消灭的情形。

3. 请求权可行使

本案中，可纳入讨论的抗辩权为同时履行的抗辩权。根据《民法典》第525条第1句规定，本案中，A大学对B工厂负有拆除门锁、给付租赁物的义务，而B工厂对A大学负有支付租金的义务，但因为合同并未到期，故A大学请求权尚未成立，同时履行抗辩权不成立。

4. 小结

综上所述，B 工厂可向 A 大学主张拆除私装门锁，返还房屋。

## 二、B 工厂可能依据《民法典》第 577 条后半句第 3 种情形向 A 大学主张损害赔偿

（一）大纲

> 1. 请求权已成立
> （1）义务违反。
> （2）造成损害。
> （3）存在因果关系。
> 2. 请求权未消灭
> 3. 请求权可行使
> 4. 小结

（二）正文

1. 请求权已成立

根据上文的分析可知，此处违约损害赔偿请求权的要件可拆分为：（1）违反了义务；（2）造成损害；（3）存在因果关系。

（1）义务违反。

本案中，A 大学与 B 工厂之间存在生效的租赁合同，且租赁期尚有一年，故而 A 大学负有对 B 工厂交付租赁物的义务，A 大学私自装设门锁的行为，客观上剥夺了 B 工厂占有使用的权利，构成对交付租赁物义务的违反。

（2）造成损害。

本案中，A 大学将房屋上锁，客观上剥夺了 B 工厂的占有，使其无法使用仓库，使其达到合同恰当履行时合同相对人本应处于的经济状态被侵害。[1]故而要件满足。

---

[1] 参见李昊："损害概念的变迁及类型建构——以民法典侵权责任编的编纂为视角"，载《法学》2019 年第 2 期。

（3）存在因果关系。

本案中，A 大学装锁的行为与 B 工厂无法使用自己租赁的房屋之间具有直接因果关系，要件满足。

2. 请求权未消灭

本案中不存在使请求权消灭的情形。

3. 请求权可行使

本案中不存在使请求权不可行使的情形。

4. 小结

综上所述，B 工厂可以要求 A 大学赔偿因 A 大学私自上锁而造成的损失。

### 三、B 工厂可能依据《民法典》第 462 条第 1 分句向 A 大学主张拆除门锁

（一）大纲

1. 请求权已成立

（1）请求人曾为占有人。

（2）因占有被侵夺而丧失占有。

（3）相对人为瑕疵占有人。

2. 请求权未消灭

3. 请求权可行使

4. 小结

（二）正文

1. 请求权已成立

《民法典》第 462 条第 1 句规定："占有的不动产或者动产被侵占的，占有人有权请求返还原物。"故此处构成要件可拆分为：（1）请求人曾为占有人；（2）因占有侵夺丧失占有；（3）相对人为瑕疵占有人。

（1）请求人曾为占有人。

本案中，A 大学将仓库租给 B 工厂，B 工厂取得了占有、使用、收益的用益物权，实际使用仓库存放商品，客观上占有仓库，后将仓库转租于 C 工厂，为间接占有人。

对于间接占有人是否受到占有保护制度的保护，存在争议。本文认为，间接占有人同样受到占有保护制度的保护。原因在于，一方面，在间接占有人并非物权人的情形下，若第三人以侵夺占有物的方式对承租人或借用人的直接占有实施侵害，对于出租人或出借人来讲，并非所有权人，故而无法以所有权作为基础主张所有权上的保护，如果赋予其占有人地位，赋予其占有上的保护权利，则能更好的满足其对物之占有利益的保护。另一方面，即使间接占有人为所有权人，基于所有权的物上请求权也不得取代间接保护制度[1]。因为主张基于所有权的物上请求权，必须先证明所有权的存在，与证明间接占有相比，增加了间接占有人的救济成本。

故而，间接占有人同样受到占有保护制度的保护，只是判断侵夺的标准是基于对直接占有的侵夺。

（2）因占有被侵夺而丧失占有。

侵夺占有指非基于占有人的意思而排除其对物的事实上的管领力，即违反占有人之意思，将占有物之全部或部分移入自己之管领。[2]本案中，A大学私自为仓库加装门锁，将C工厂对仓库的管领力排除，B工厂因为占有侵夺而丧失间接占有。

（3）相对人为瑕疵占有人。

以法律禁止的私力获得的占有为瑕疵占有，易言之，占有出于恶意、有过失、强暴、隐秘或不继续时，则为有瑕疵占有。若侵夺人占有侵夺物，则该侵夺人为瑕疵占有人，有义务返还占有。侵夺人的占有是否具有瑕庇仅以是否实施了法律禁止的私力侵害为断而与是否享有本权无关。[3]故而本案中，A大学私自上锁，侵夺B工厂的间接占有，为瑕疵占有人。

2. 请求权未消灭

本案中不存在使请求权消灭的情形。

3. 请求权可行使

本案中不存在使请求权不可行使的情形。

4. 小结

综上所述，本案中A大学的行为构成对B工厂对仓库间接占有的侵夺，为

---

〔1〕 参见张双根："间接占有制度的功能"，载《华东政法大学学报》2006年第2期。

〔2〕 参见王泽鉴：《民法物权》，北京大学出版社2010年版，第492页。

〔3〕 参见吴香香："《物权法》第245条评注"，载《法学家》2016年第4期。

瑕疵占有人，故 B 工厂可以向 A 大学请求占有回复。

### 四、总结

综上所述，B 工厂可以依据《民法典》第 708 条要求 A 大学拆除门锁，可以依据《民法典》第 577 条后半句第 3 种情形规定向 A 大学主张损害赔偿，可以依据《民法典》第 462 条第 1 分句规定向 A 大学主张拆除门锁。

# 第 4 部分　B 工厂对 C 工厂

请求权预选与排序：B 工厂可能要求 C 工厂支付租金。可纳入讨论的请求权基础为基于租赁合同的租金给付请求权（《民法典》第 721 条）。

## 一、B 工厂可能依据《民法典》第 721 条第 1 句向 C 工厂主张支付租金

（一）大纲

> 1. 请求权已成立
> （1）存在生效租赁合同。
> ①租赁合同成立。
> ②租赁合同有效。
> （2）存在到期支付租金的债务。
> 2. 请求权未消灭
> 3. 请求权可行使
> 4. 小结

（二）正文

1. 请求权已成立

根据上文的分析可知，基于租赁合同的租金给付请求权的构成要件可拆分为：（1）存在生效租赁合同；（2）存在到期支付租金的债务。

（1）存在生效租赁合同。

①租赁合同成立。

根据上文的分析可知，只有当事人就合同内容达成合意后，合同才成立。在本案中，B 工厂发出要约，C 工厂接受并发出承诺后，租赁合同成立。

②租赁合同有效。

本案中，并未提供 B 工厂与 C 工厂的相关信息，应当推定 B 工厂与 C 工厂由具有职务代理权的员工签订合同。故行为人具有相应的民事行为能力，且双方在签订房屋租赁合同时意思表示真实。根据上文的分析可知，此处的转租合同并不违反法律、行政法规的强制性规定，不违背公序良俗。

另需说明的是，A 大学与 B 工厂之间租赁合同中的"禁止转租"约定并不会对 B 工厂与 C 工厂之间的租赁合同效力产生影响。法律行为可分为负担行为与处分行为，[1]由于负担行为仅使当事人负担给付义务，而并不直接变动权利，故而无处分权之要求；相反，处分行为需要以具有处分权为前提。订立合同的行为是负担行为，所以 B 工厂与 C 工厂签订的租赁合同，并不会因为 B 工厂并未取得转租权利而无效。这也与《民法典》第 716 条第 2 款规定的出租人可以请求解除未取得出租人同意的转租合同相统一。

（2）存在到期支付租金的义务。

本案中，C 工厂与 B 工厂订立租赁合同后，并未交付过租金，客观上存在支付租金的义务。

2. 请求权未消灭

本案中不存在使请求权消灭的情形。

3. 请求权可行使

本案中可能存在的是履行期限未届期的抗辩。根据上文对 A 大学和 B 工厂之间的抗辩权的分析可知，故而 C 工厂对 B 工厂就第二年的债务存在债务未到期的抗辩权。

4. 小结

综上所述，B 工厂可以要求 C 工厂支付一年的房租。

## 二、总结

综上所述，B 工厂可以依据《民法典》第 721 条第 1 句向 C 工厂主张支付

---

〔1〕 参见王泽鉴：《民法总则》，北京大学出版社 2009 年版，第 258 页。

一年租金。

# 第5部分  C工厂对A大学

请求权预选与排序：本案中，C工厂可能向A大学主张拆除门锁，归还房屋，还可能向A大学主张赔偿仓库中腐烂的海鲜。可纳入讨论的请求权基础为：（1）基于占有的占有回复请求权（《民法典》第462条第1分句）；（2）基于权益侵害型不当得利的利益返还请求权（《民法典》第985条）；（3）基于侵权责任的损害赔偿请求权（《民法典》第1165条）。

## 一、C工厂可能依据《民法典》第462条第1分句向A大学主张拆除门锁

### （一）大纲

> 1. 请求权已成立
> 2. 请求权未消灭
> 3. 请求权可行使
> 4. 小结

### （二）正文

1. 请求权已成立

根据上文的分析可知，此处构成要件可拆分为：（1）请求人曾为占有人；（2）因占有侵夺丧失占有；（3）相对人为瑕疵占有人。

本案中，A大学将仓库租给B工厂，B工厂将仓库转租给了C工厂，C工厂基于一个有效的转租合同取得了占有、使用、收益的用益物权，实际使用仓库存放海鲜，客观上占有仓库，C工厂曾经为直接占有人。且根据上文的分析可知，A大学侵夺了C工厂的直接占有且为瑕疵占有人。

2. 请求权未消灭

本案中不存在使请求权消灭的情形。

3. 请求权可行使

本案中不存在使请求权不可行使的情形。

4. 小结

综上所述，本案中 A 大学的行为构成对 C 工厂对仓库占有的侵夺，为瑕疵占有人，故 C 工厂可以向 A 大学请求占有回复。

## 二、C 工厂可能依据《民法典》第 985 条向 A 大学主张返还房屋修缮费用

（一）大纲

> 1. 请求权已成立
> 2. 请求权未消灭
> 3. 请求权可行使
> 4. 小结

（二）正文

1. 请求权已成立

本案中，C 工厂对房屋进行了修缮，而 A 大学作为房屋所有人，无须再对房屋进行应尽的修缮，获得了财产利益。C 工厂支出了修缮房屋的费用，该财产利益属于 C 工厂所有。C 工厂修缮 A 大学房屋的行为，使 C 工厂自身的财产利益受到侵害，故而 C 工厂对 A 大学的费用支出型不当得利请求权成立。

2. 请求权未消灭

本案中不存在使请求权消灭的情形。

3. 请求权可行使

本案中不存在使请求权不可行使的情形。

4. 小结

综上所述，C 工厂修缮 A 大学临时仓库的行为，构成了费用支出型权益侵害不当得利，可以要求 A 大学返还 C 工厂支出的 5000 元房屋修缮费用。

### 三、C工厂可能依据《民法典》第1165条第1款向A大学主张赔偿腐烂的海鲜

(一) 大纲

> 1. 请求权已成立
> (1) 绝对权受损。
> (2) 行为。
> (3) 责任成立因果关系。
> (4) 违法性。
> (5) 存在过错。
> (6) 损害。
> (7) 责任范围因果关系。
> 2. 请求权未消灭
> 3. 请求权可行使
> 4. 小结

(二) 正文

1. 请求权已成立

对于过失侵权的要件，学界多有争议。有学者认为，"违法性"不应再作为要件存在。原因在于，首先，仅就条文文义来看，无法得出具有"违法性"要件的结论。其次，选择以过错作为要件，可以吸收违法性，因为违法的行为必然具有过错；有利于减轻受害人的举证负担；更有利于在没有发生违法行为但确实使相对人具有损害时，保护相对人利益。[1]不同的要件选择，实际上反映的是不同的价值取向。以过错为要件，折射出的是注重对受害人的保护，而以不法性为要件，则折射出对行为人利益为重的价值取向[2]。中国侵权法从"侵权行为法"到"侵权责任法"名称的变化，体现出从强调对行为本身的非

---

[1] 参见王利明："我国《侵权责任法》采纳了违法性要件吗?"，载《中外法学》2012年第1期。
[2] 参见叶金强："侵权构成中违法性要件的定位"，载《法律科学（西北政法大学学报）》2007年第1期。

难，到注重对受害人权益的保护。选择"三要件"说，也更能与我国立法取向相契合。

本文选择适用"四要件说"。因为第 1165 条对民事权益的保护范围巨大，需通过不法性对具体范围进行规制。另外，过失是指行为人在行使违法的侵害行为时所具有的应给予否定评价的主观心态，而违法性是指侵害私权行为的不正当性。两者的侧重点不同，不可一概而论。并且中国针对侵权责任设计了不法性阻却事由，其作用在于针对不法侵害而非针对以过错为前提的侵权行为，[1]保留不法性更有利于保护侵权责任体系的完整性。故而，此处第 1165 条的要件可区分为：(1) 民事权益受损；(2) 因果关系；(3) 违法性；(4) 存在过错。具体而言，可细分为：(1) 绝对权受损；(2) 行为；(3) 责任成立因果关系；(4) 违法性；(5) 存在过错；(6) 损害；(7) 责任范围因果关系。

(1) 绝对权受损。

所有权，作为一种绝对权，所有权人对物享有支配地位，这种支配既包括所有权人自己直接占有、使用该物并获取利益，也包括所有权人将占有、使用、收益等权能让与他人而获取对价或者利用物的交换价值设定担保获取信用，还包括所有权人进行处分即转让所有权而得到对价。[2]

本案中，A 大学将 C 工厂的海鲜封锁于仓库中，造成了海鲜的腐烂，市场价值的降低，侵犯了其所有权。

(2) 行为。

本案中，A 大学为仓库私自上锁，是有意识、受自我控制的行为。

(3) 责任成立因果关系。

A 大学私自上锁的行为与 C 工厂海鲜所有权被侵害明显具有相当的因果关系。

(4) 违法性。

一般认为，对于绝对权的侵害推定不法性。因为权利是被法律保护的重要价值，有一定的保护范围，并具社会公开性，特推定侵权行为的不法性，[3]行为人可以通过证明具有违法性阻却事由否定行为的不法性。本案中，A 大学显然不存在自助行为等不法性阻却事由。

---

〔1〕 参见张金海："论违法性要件的独立"，载《清华法学》2007 年第 4 期。
〔2〕 参见程啸：《侵权责任法》法律出版社 2021 年版，第 168 页。
〔3〕 参见王泽鉴：《侵权行为》北京大学出版社 2016 年版，第 271 页。

（5）存在过错。

本案中，A大学明知自己的行为会导致C工厂无法使用仓库，取出自己的财产。A大学也并未检查仓库内存放的货物是否能长时间保存便进行封锁，客观上存在过错。

（6）损害。

损害一般是指一切利益的非自愿减少，在财产损害中表现为可被金钱衡量的财产价值的减少。本案中，A大学的行为使得C工厂的海鲜贬值，其市场价值大幅减少，故存在损害。

（7）责任范围因果关系。

本案中，A大学私自装锁的行为显然与海鲜腐烂、市场价值减少的损害结果之间存在责任范围因果关系。

2. 请求权未消灭

本案中不存在使请求权消灭的情形。

3. 请求权可行使

本案中不存在使请求权不可行使的情形。

4. 小结

综上所述，本案中A大学的行为构成了对C工厂海鲜所有权的侵害，C工厂可以要求A大学赔偿海鲜的价款。

## 四、总结

C工厂可以依据《民法典》第462条第1句规定向A大学主张拆除门锁，可以依据《民法典》第985条规定向A大学主张返还房屋修缮费用5000元，可以依据《民法典》第1165条第1款规定向A大学主张赔偿腐烂的海鲜价款。

# 第6部分　C工厂对B工厂

请求权预选与排序：本案中，C工厂可能向B工厂主张交付仓库，可能解除合同，并向B工厂主张损害赔偿。可纳入讨论的请求权基础为（1）基于租赁合同的交付租赁物请求权（《民法典》第708条）；（2）基于违约责任的损害赔偿请求权（《民法典》第577条后半句第3种情形）。

# 一、C 工厂可能依据《民法典》第 708 条向 B 工厂主张交付仓库

## （一）大纲

> 1. 请求权已成立
> （1）存在生效租赁合同。
> ①租赁合同成立。
> ②租赁合同有效。
> （2）存在返还租赁物。
> 2. 请求权未消灭
> 3. 请求权可行使
> 4. 小结

## （二）正文

1. 请求权已成立

（1）存在生效租赁合同。

①租赁合同成立。

根据上文的分析可知，只有当事人就合同内容达成合意后，合同才成立。在本案中，B 工厂发出要约，C 工厂接受并发出承诺后，租赁合同成立。

②租赁合同有效。

根据上文的分析可知，B 工厂与 C 工厂之间的房屋租赁合同有效。

（2）存在返还租赁物。

本案中，A 大学私装门锁后，C 工厂丧失其对租赁物的占有，B 工厂对 C 工厂具有返还租赁物的义务。

2. 请求权未消灭

本案中不存在使请求权消灭的情形。

3. 请求权可行使

本案中，A 大学换锁后，B 工厂丧失占有，C 工厂要求 B 工厂交付租赁物，存在事实上的履行不能。但根据《民法典》第 580 条第 2 款之规定"人民法院或者仲裁机构可以根据当事人的请求终止合同权利义务关系"可知，此处的履

行不能产生的是抗辩权，需要由当事人进行请求。

另外，根据《民法典》第 721 条第 2 句之规定："对支付租金的期限没有约定或者约定不明确，依据本法第五百一十条的规定仍不能确定，租赁期限不满一年的，应当在租赁期限届满时支付；租赁期限一年以上的，应当在每届满一年时支付，剩余期限不满一年的，应当在租赁期限届满时支付"。可知，即使房屋租赁合同并未设置期次，为了更好的使给付交换同时进行，法律为其设定了以一年为单位的结算期。则本案中，B 工厂是否能以 C 工厂并未支付第一年房租为由，拒绝在 C 工厂缴纳房租前停止向其交付仓库？可能纳入讨论的是先履行抗辩与同时履行抗辩。

第一种观点认为，继续性合同中的个别给付具有相对的独立性，双方当事人的个别给付可以形成对待给付关系，因此提供了先履行抗辩权产生的基础和条件。[1]但是，先履行抗辩权源于同时履行抗辩权，也是基于双务合同功能上的牵连性而发生的，其适用的前提也是当事人互负债务，处于互为对待给付的地位。尽管相对人前一期次的对待给付和债务人本期次的给付之间，确实存在时间上的先后顺序，但由于二者之间并不存在实际意义上的对价关系，故而不能存在先履行抗辩权。

如若从"整个"合同的角度来观察，当事人订立继续性合同，其用意在于以自己的全部给付交换对方的全部对待给付，相对人对前一期次未履行对待给付，便构成对整个合同债务的部分不履行，因而债务人可以主张同时履行抗辩权，拒绝自己本期次的给付。"该同时履行抗辩权基于双方给付的整体而生，具象化在当期给付的拒绝之上。"[2]

故而，本案中，B 工厂可以主张履行不能的抗辩权，也可以主张同时履行的抗辩权，在 C 工厂交付上一年租金的同时，交付仓库。

4. 小结

综上所述，本案中，基于有效租赁合同，B 工厂应该向 C 工厂交付租赁物，但因为 C 工厂并未交付上一年租金，故 B 工厂可以主张履行不能或同时履行的抗辩权。

---

[1]　参见李玉文："论继续性合同中的抗辩权"，载《法商研究》2004 年第 3 期。

[2]　参见王文军："继续性合同之同时履行抗辩权探微"，载《南京大学学报》2019 年第 1 期。

## 二、C 工厂可能依据《民法典》第 563 条第 1 款第 3 项结合第 577 条后半句第 3 种情形向 B 工厂主张解除合同并承担损害赔偿责任

（一）大纲

> 1. 合同是否可以解除
> 2. 合同解除后的损害赔偿请求权
> （1）请求权已成立。
> ①违反义务。
> ②造成损害。
> ③存在因果关系。
> （2）请求权未消灭。
> （3）请求权可行使。
> 3. 小结

（二）正文

1. 合同是否可以解除

根据《民法典》第 563 条第 1 款第 3 项之规定，当事人一方迟延履行主要债务，经催告后在合理期限内仍未履行的，当事人可以解除合同。本案中，B 工厂的主要债务为交付租赁物，C 工厂可以向 B 工厂发出存在，明确要求 B 工厂在一定期限内履行，否则 C 工厂将享有解除权。如果 B 工厂在指定的合理期限内仍未履行，则 C 工厂可以依据第 563 条第 1 款第 3 项的规定，行使解除权。解除权为形成权，为单方法律行为，C 工厂单方作出，到达 B 工厂后，发生效力。

2. 合同解除后的损害赔偿请求权

（1）请求权已成立。

根据上文的分析可知此处合同解除后的损害赔偿请求权的要件可拆分为（1）违反义务；造成损害；存在因果关系。

①违反义务。

本案中，A 大学将房屋收回，C 工厂对仓库的占有被侵夺，B 工厂作为合

同相对人具有交付租赁物的义务，故 B 工厂违反合同义务。

②造成损害。

本案中，B 工厂的违约行为造成了 C 工厂海鲜腐烂，市场价值骤降，客观上造成了损害，故要件成立。

③存在因果关系。

根据《民法典》第 584 条第 1 分句之规定可知，只有在当事人不履行合同或履行合同不符合约定造成对方损失时，才可请求对方赔偿损失。B 工厂在明知自己与 A 大学的合同约定不得转租的情况下仍将房屋转租，其主观上为故意，其行为与损害后果之间具有因果关系。

（2）请求权未消灭。

本案中不存在使请求权消灭的情形。

（3）请求权可行使。

本案中不存在使请求权不可行使的情形。

3. 小结

综上所述，C 工厂可以依据《民法典》第 563 条第 1 款第 3 项，在催告并经过合理期限后解除合同，且因为 B 工厂对合同义务的违反导致海鲜腐烂，故而 C 工厂可以要求 B 工厂赔偿损失。

## 三、总结

综上所述，C 工厂不能依据《民法典》第 708 条向 B 工厂主张交付仓库，但可以依据《民法典》第 563 条第 1 款第 3 项结合第 577 条后半句第 3 种情形向 B 工厂主张解除合同并承担损害赔偿责任。

# 7 "偷工减料的衬衣"案<sup>*</sup>

**【案情】**

2020 年 1 月 3 日，位于常州市 A 公司与位于长春市 B 公司签订了一份衬衣买卖合同。约定：B 公司向 A 公司购买 10 000 件男士衬衣，单价人民币 100 元，总价人民币 100 万元；衬衣的用料必须为 100% 棉；B 公司应当在交货后 14 日内付款；任一方违约，需向对方支付人民币 20 万元作为违约金。2020 年 1 月 10 日，A 公司交付了全部货物，并同时交给了 B 公司一张 100 万元的发票。B 公司检验后，发现全部衬衣的用料均与合同约定不符，明显属于次等品，这种质量衬衣的市场价格为每件人民币 60 元。因此，B 公司于 2020 年 1 月 20 日书面通知 A 公司，要求减价。随后，交易陷入僵局：A 公司没有反应，B 公司也没有付款。但是，在接下来的二个月内，B 公司最终设法以每件人民币 120 元的价格将这批衬衣成功转卖。

2023 年 1 月 20 日，A 公司决定起诉 B 公司，要求 B 公司支付 100 万元货款及违约金 20 万元。B 公司不同意 A 公司的诉讼请求。

**【问题】**

请严格运用请求权基础的分析方法，分析 A 公司的诉讼请求能否得到支持？

---

* 穆鹏程，吉林大学法学院 2022 级法律硕士（法学）研究生，西北政法大学刑事法学院 2017 级本科生。

# 第 1 部分　A 公司对 B 公司的货款主张

本案从纠纷的开始发生到当事人的最终起诉,时间维度上跨越了《合同法》和《民法典》,因此寻找请求权基础依据的首要前提是确定本案应当适用新法还是旧法。根据《最高人民法院关于适用〈中华人民共和国民法典〉时间效力的若干规定》的指引,[1]《民法典》施行前发生的民事纠纷原则上适用旧法,例外是引起该纠纷的法律事实持续至民法典施行后。如此,判断本案适用何者的关键就在于对涉案法律事实是否"持续"的判断。

在本案中,A 公司提起诉讼基于的法律事实是 B 公司逾期支付货款的债务不履行行为,此时需要明确的问题就转化为了此种未支付价款的行为是否属于上述条款中的"持续性法律事实"。从表面上看,B 公司未支付价款的债务不履行行为在状态上未曾间断,貌似满足"持续性法律事实发生的时间是一条不断延伸的'线'"的特质。[2]但实质上,此种理解混淆了法律事实的持续和违约状态的延续。前者是指能够引发法律关系变动的具有构成要件意义的事实持续,典型的如继续性合同,[3]《最高人民法院关于适用〈中华人民共和国民法典〉时间效力的若干规定》第 20 条就属于针对其所作出的规定。而违约状态的持续则是一种自然意义上事实状态的持续,在法律事实角度下违约行为一经发生在构成要件上即告终结,其并不具有法律事实意义上的"持续性"。

因此,本案中的请求权基础规范应当按照纠纷发生时即 2020 年确定适用1999 年《合同法》。另外,在司法解释的选择上,根据 2020 年《买卖合同司法解释》第 33 条第 2 款的规定,本解释施行后尚未终审的买卖合同纠纷案件,适用本解释。本案属于在该司法解释施行后才起诉的合同纠纷,依此规定应当

---

〔1〕《最高人民法院关于适用〈中华人民共和国民法典〉时间效力的若干规定》第 1 条规定:"民法典施行后的法律事实引起的民事纠纷案件,适用民法典的规定。民法典施行前的法律事实引起的民事纠纷案件,适用当时的法律、司法解释的规定,但是法律、司法解释另有规定的除外。民法典施行前的法律事实持续至民法典施行后,该法律事实引起的民事纠纷案件,适用民法典的规定,但是法律、司法解释另有规定的除外。"

〔2〕 杨登峰:"何为法的溯及既往?在事实或其效果持续过程中法的变更与适用",载《中外法学》2007 年第 5 期。

〔3〕 参见宋晓旭、王洪平:"《民法典》的溯及力问题研究——兼评'民法典时间效力的若干规定'",载《民商法争鸣》2023 年第 1 期。

适用"新解释"。最后，为兼顾教义学需要，为便于理解对照现行法律规范，本文会标注所援引 1999 年《合同法》相关条文在《民法典》中的具体位置，同时若涉及法律、司法解释的条款变动内容也将予以标注。

请求权基础预选与排序〔1〕：涉及请求支付合同价款的规范条款包含 1999 年《合同法》第 107 条、第 159 条，确定适用上述何者成为请求权基础检索的前提性任务。本案中，A 公司或可向 B 公司请求支付 100 万元货款，可纳入本案预选的请求权基础为：第一，基于 1999 年《合同法》第 159 条（《民法典》第 626 条）的原给付请求权；第二，根据 1999 年《合同法》第 107 条（《民法典》第 577 条）的违约责任承担概括条款；第三，依据 1999 年《合同法》第 109 条（《民法典》第 579 条）针对金钱债务违约的继续履行请求权。〔2〕

需要明确的前提是，A 公司向 B 公司主张支付货款的行为于事实层面发生在合同所约定债务履行期限届满后，故其在规范意义上的请求权基础选择就具有多重空间。既可能仅是要求其根据合同约定支付原价款，亦可能并非单纯的请求债务人对原合同债务进行履行，而是意图借助国家强制力，通过请求继续履行以主张货物对价的方式让违约方承担违约责任。〔3〕另外，同为追究违约责任的 1999 年《合同法》第 107 条、第 109 条在最终法律效果上亦有区别，若依据违约责任的概括条款即第 107 条进行主张，如此货款及违约金可以通过一个请求权基础规范一并讨论，A 公司因 B 公司未为给付而向其请求承担的责任不仅包括支付价款还可以包括违约金的主张；反之，1999 年《合同法》第 109 条只能讨论货款的给付请求权。

下面，本文将依次对上述请求权进行逐一检索，首先是针对原给付请求权从发生、消灭、实现三层次序进行思考检查。〔4〕

---

〔1〕 请求权基础的检索顺序如下：（1）基于合同的请求权；（2）类似合同的请求权；（3）无因管理的请求权；（4）基于物法的请求权；（5）不当得利与侵权请求权。参见吴香香：《请求权基础：方法、体系与实例》，北京大学出版社 2021 年版，第 304 页。

〔2〕 有学者认为，"继续履行"属于原给付请求权在违约环节的规范表达，其属于违约责任项下的承担方式，但有别于作为典型次给付请求权的违约损害赔偿请求权。参见姚明斌："民法典违约责任规范与请求权基础"，载《法治现代化研究》2020 年第 5 期。本文无意从学理角度探讨"继续履行"在规范性质上的归属，因其与原给付请求权分列于不同的请求权基础规范，故采分开讨论思路。

〔3〕 参见崔建远："论强制履行"，载《法治研究》2023 年第 4 期。

〔4〕 合同一方请求相对人依约定支付货款属于契约履行请求权即"原给付请求权"，其应先于债务不履行损害赔偿等"次给付请求权"加以检查。参见王泽鉴：《民法思维：请求权基础理论体系》，北京大学出版社 2009 年版，第 249 页。

**一、A 公司或可依据《合同法》第 159 条的原给付请求权向 B 公司请求支付 100 万元涉案货物价款**

（一）大纲

> 1. 请求权已成立
> （1）衬衣买卖合同已经成立。
> ①一般成立要件。
> A. 两方以上当事人。
> B. 当事人经要约承诺达成合意。
> C. 合同具备主要条款。
> ②特殊成立要件。
> （2）合同有效。
> （3）合同生效。
> 2. 请求权未消灭
> 3. 请求权可行使
> （1）不存在未届期抗辩权。
> （2）不存在诉讼时效抗辩权。
> （3）不存在合同履行抗辩权。
> ①因同一双务合同互负债务。
> ②有先后履行顺序。
> ③先履行一方未履行或履行债务不符合约定。
> ④后履行一方的债务已届清偿期。
> ⑤隐含条件：后履行一方明确拒绝履行。
> ⑥小结。
> 4. 小结

（二）正文

1. 请求权已成立

（1）衬衣买卖合同已经成立。

本案属于典型的先供货后付款型买卖合同，对于其成立条件的理解在学理和实务中具有不同的视角。学界虽对合同成立的具体客观判准基于不同层面存在差异性的认识，但共识认为需具备以下三个要件：一是当事人意思表示需一致；二是有两个或两个以上当事人；三是当事人的意思表示需以订立合同为目的。[1]另外，如果依照法律规定或当事人约定，必须采取某种特定形式或履行特定手续才成立的合同，则应依其特别规定或约定。而从司法裁判的角度审视，成立要件的判断更加直接务实。参考《民法典合同编通则解释》第3条的规定，当事人对合同是否成立存在争议，人民法院能够确定当事人姓名或者名称、标的和数量的，一般应当认定合同成立。但是，法律另有规定或者当事人另有约定的除外。尽管上述判准具有区别，但两者并非相互冲突，综合来看，对于合同成立条件的认定是否齐备可以从一般要件与特殊要件两个维度加以检视。

①一般成立要件。

A. 两方以上当事人。

买卖合同作为双方或多方当事人意思表示一致的产物，其成立必须存在两方以上当事人。本案中，签订合同的主体为A公司和B公司，符合合同成立的主体要件。

B. 当事人经要约承诺达成合意。

合同的成立需要当事人意思表示一致，且该意思表示需以订立合同为目的，而这一合意的达成需要经过要约和承诺两个阶段。本案中，A公司和B公司双方当事人已经签订了一份衬衫买卖合同，也未出现要约和承诺的无效、撤回、延期或撤销等情形，故双方当事人经要约承诺已达成合意，符合合同成立的意思表示要件。

C. 合同具备主要条款。

在主体、意思表示的概括性要件齐备之后，参考实务中对合同成立的认定思路，仍需要从双方合意所蕴含的内容要素加以判断。根据1999年《合同法》第12条（《民法典》第470条）的规定，合同内容需要具备一系列的条款，但单从成立的角度审视，则只需要具备明确的当事人、标的以及数量即可。[2]本案中，A公司和B公司签订衬衫买卖合同，约定B公司向A公司购买10 000

---

[1] 参见崔建远："买卖合同的成立及其认定"，载《法学杂志》2018年第3期。

[2] 参见《民法典合同编通则解释》第3条的规定。

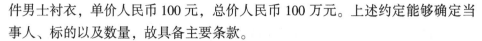

件男士衬衣，单价人民币 100 元，总价人民币 100 万元。上述约定能够确定当事人、标的以及数量，故具备主要条款。

②特殊成立要件。

合同成立中的特殊要件是指需要具备某种特定形式或履行特定手续才成立的合同，包括要式合同中对于形式要件的需求和实践合同中对于交付特定标的物的要求。[1]本案中的买卖合同既不属于 1999 年《合同法》第 10 条第 2 款（该款在《民法典》中被吸收至第 1 编总则的民事法律行为部分，规定在第 135 条）所要求的法律、行政法规规定采用书面形式的情形，也不构成如定金合同、自然人之间的借款合同、保管合同等典型的实践合同。[2]故本案无须考察特殊的形式抑或交付要件。根据 1999 年《合同法》第 32 条（《民法典》第 490 条第 1 款）的规定，当事人采用合同书形式订立合同的，自双方当事人签字或者盖章时合同成立。即当 A 公司与 B 公司于 2020 年 1 月 3 日签订衬衣买卖合同后，合同即告成立。

（2）合同有效。

本案中，A 公司和 B 公司作为公司法人具有签订衬衣买卖合同的民事行为能力，双方当事人意思表示一致达成合意，合同不违反法律、行政法规的强制性规定，也不违背公序良俗，故符合 2017 年《民法总则》第 143 条（《民法典》第 143 条）中对于有效民事法律行为的认定。同时，不存在 1999 年《合同法》第 52 条所规定的合同无效情形，亦不构成第 54 条的可撤销情形，因此合同有效。（关于合同效力认定的一般规定在《民法典》中被吸纳为总则项下民事法律行为的效力部分）

（3）合同生效。

根据 1999 年《合同法》第 44 条（《民法典》第 502 条）的规定，合同原

---

[1] 通说认为，诺成合同是指当事人意思表示一致即成立的合同，而实践合同是指除当事人意思表示一致之外，还必须交付标的物才能成立的合同。参见韩世远：《合同法总论》，法律出版社 2018 年版，第 82 页。但此种分类并非毫无争议，其关键症结是交付标的物之于实践合同应当视为成立抑或生效要件的不同理解，不过有学者主张此种区辩"几无意义"。参见郑永宽："要物合同之存在现状及其价值反思"，载《现代法学》2009 年第 1 期。

[2] 上述合同属于实践合同的规范依据如下：定金合同的规定参见《民法典》第 586 条第 1 款（1999 年《合同法》无直接对应条款）；自然人之间的借款合同规定参见 1999 年《合同法》第 210 条（《民法典》第 679 条，其将 1999 年《合同法》对应条文中"自然人之间的借款合同，自贷款人提供借款时生效"改为"自然人之间的借款合同，自贷款人提供借款时成立"）；保管合同的规定参见 1999 年《合同法》第 367 条（《民法典》第 890 条）。

则上成立即生效，但应当办理批准、登记的除外。本案衬衣买卖合同为一般动产买卖合同，法律并未对该类合同规定特别生效要件。因此，该衬衣买卖合同成立有效即行生效。[1]

值得注意的是，合同有效与生效之间的关系并非自始如现在般泾渭分明，尤其是针对未经审批之权利转让合同的效力理解上存在过一段"未生效合同说"与"有效合同说"的观点争鸣期。[2]简言之，两者的核心分歧聚焦于审视合同有效与生效分析次序时大相径庭的立场。前者将未生效理解为与有效、无效等平行的合同效力类型，认为其是一种完成合同成立的事实判断后进行价值判断的独立选项，秉承着"成立→未生效→生效→有效"的判断逻辑。而后者则依循"成立→有效→未生效→生效"的认定路径，精准把握到了成立、有效、生效之间从事实到价值最后至实际履行拘束力的三层识别维度。"未生效合同说"产生如此误区的核心在于行政机关为实现针对某些特殊权利变动的管控而采取了将"行政审批"与"合同效力"绑定的进路，但产生了"无法消解的法律体系内部的逻辑紧张"，混淆了合同效力和合同履行问题，造成了"对理论逻辑和生活实践的彻底背叛"。[3]如此，应采用将效力与审批解绑的思路，厘清合同成立、有效、生效三者之间层层递进的法理逻辑。进而，此种主张可以通过在不改变法条原文的基础上以目的论限缩的解释方法实现。事实上，现有立法亦正面认可了此种观点。[4]

2. 请求权未消灭

根据 1999 年《合同法》第 79 条（《民法典》第 545 条）的规定，A 公司

---

〔1〕 在单项请求权基础内部的三个检视层次中，以原给付请求权立论抑或以继续履行请求权立论，会影响债务届期问题所对应的分析层次。对于前者而言，请求权的产生无须讨论债务是否届期问题，支付货款的请求权在合同生效后"已产生"但"不可实行"；对于后者来说，债务未届期意味着卖方尚未陷入履行迟延，进而未满足"违约"之要件，自然不产生继续履行请求权的问题，故请求权属于"未产生"。参见姚明斌："民法典违约责任规范与请求权基础"，载《法治现代化研究》2020 年第 5 期。

〔2〕 参见蔡立东："行政审批与权利转让合同的效力"，载《中国法学》2013 年第 1 期。需要强调的是，此处"未生效合同说"语境中的"生效"不等同于本文中的"生效"，两者含义迥然不同。本文的生效指的是有效合同设定的特定义务实际开始履行，发生了法律事实意义上的权利变动。

〔3〕 蔡立东："行政审批与权利转让合同的效力"，载《中国法学》2013 年第 1 期。

〔4〕《民法典》第 502 条第 2 款中已将 1999 年《最高人民法院关于适用〈中华人民共和国合同法〉若干问题的解释（一）》中的"合同未生效"措辞修改为"影响合同生效"，将易引发歧义的概念剔除。另外，《九民纪要》第 38 条规定："须经行政机关批准生效的合同，对报批义务及未履行报批义务的违约责任等相关内容作出专门约定的，该约定独立生效。一方因另一方不履行报批义务，请求解除合同并请求其承担合同约定的相应违约责任的，人民法院依法予以支持。"此处的独立"生效"即从实际履行而非合同效力的角度进行理解规定。

并不存在债权让与行为；根据 1999 年《合同法》第 84 条（《民法典》第 551 条）的规定，B 公司并不存在债务转移情形；根据 1999 年《合同法》第 88 条（《民法典》第 555 条）的规定，当事人均不存在合同概括转让的情形；根据 1999 年《合同法》第 91 条（《民法典》第 557 条）的规定，B 公司并未按照约定履行债务，债务未相互抵销，也不存在提存情形，且 A 公司并未免除 B 公司债务，债权债务亦不存在混同情形，且当事人未解除衬衣买卖合同。故，不存在因上述规范而导致请求权消灭的情形。

但是，买受人在出卖人交付货物后经检验认为其违反合同中关于标的物的质量约定而提出"减价"主张，此时如何认定该请求的性质，能否认定因此或可导致出卖人请求权消灭就需要进一步检视。

在对于减价主张进行实质的认识和判断之前，需要探讨的前提性问题在于 B 公司可否向 A 公司提出"减少价款"。若从规范角度其不得主张"减价"，则亦无讨论该行为性质的必要。此处的"减少价款"在规范依据上属于 1999 年《合同法》第 111 条（《民法典》第 582 条）所规定的因瑕疵履行而应承担的一种违约责任形式，其是指当履行出现质量瑕疵时，守约方可以合理选择要求违约方承担修理、更换、重作、退货、减少价款或者报酬等违约责任的请求。该条明确了当事人一方履行债务不符合约定即瑕疵履行时，对方可以采取哪些违约救济措施保护自己的利益。以守约方是否接受违约方所作不符合约定的履行为标准，规定了违约方应当承担的两种类型的违约责任：一是当守约方接受瑕疵履行时，违约方应承担减少价款或者报酬的违约责任；二是当守约方不接受瑕疵履行时，违约方应承担修理、重作、更换、退货等违约责任。

回归到本案中，A 公司交付的衬衫含棉量 60%，不符合合同中对标的物含棉量需达 100% 的约定，但根据 1999 年《合同法》第 158 条（《民法典》第 621 条）的规定，买受人需要在合理期限（《民法典》将 1999 年《合同法》前述对应条文中的"期间"修改为"期限"，后文以"期限"作为论证所依概念）内提出质量异议方可认定出卖人因质量瑕疵构成违约，B 公司在检验发现质量不符后于 2020 年 1 月 20 日书面通知 A 公司要求减价，此时可认定买受人提出异议。但接下来要确定的问题在于其是否属于在检验期内及时通知的情形。根据 1999 年《合同法》第 158 条第 2 款（《民法典》第 621 条第 2 款）的规定，当事人没有约定检验期限时，买受人应当在发现或应当发现标的物质量或数量不符合约定的合理期限内通知出卖人。否则将视为标的物符合约定。因此，需要讨论合理检验期限这一问题。依照 2020 年《买卖合同司法解释》第 12 条（2012 年《买卖合同司法解释》第 17 条）的规定，对于合理检验期限的认定应当综合多种因素予以考量，并依据诚实信用原则判断。本案中标的物的种类为衬衣，其可以长久保存而不会发生质量变化，且该衬衣瑕疵的性质为用料不符，属于较为隐蔽的瑕疵，需要通过专业检验，因此其检验期限可以较长。根据诚实信用原则进行判断，B 公司仅在 A 公司交货后第 10 日即通知其衬衣质量存在瑕疵，应属于合理检验期限之内。另外，其也不属于 2020 年《买卖合同司法解释》第 24 条（2012 年《买卖合同司法解释》第 33 条）所规定的买受人在缔约时知道或者应当知道标的物质量存在瑕疵而丧失请求违约方承担瑕疵担保责任的情形。2020 年《买卖合同解释》第 13 条（2012 年《买卖合同解释》第 19 条）规定买受人在合理期限内提出异议，出卖人以买受人已经支付价款、确认欠款数额、使用标的物等为由，主张买受人放弃异议的，人民法院不予支持，但当事人另有约定的除外。依此规定，B 公司亦不因其要求 A 公司就瑕疵给付货物减价未果后设法将涉案货物转卖而构成对异议权行使的放弃。[1]

综上所述，可得出 B 公司在合理检验期限内通知了 A 公司衬衣质量存有瑕疵，不属于视为标的物符合约定的情形，故符合提出减价需相对人违约的前置条件。

进而，需要讨论的是，作为基于同一违约情事同时触发的约定违约金和法定违约责任之间，如违约金和上述减价责任之间的关系。因根据 1999 年《合同法》第 111 条（《民法典》第 582 条）的规定，质量不符合约定的，应当按照当事人的约定承担违约责任，只有当对违约责任没有约定或者约定不明确时，可向违约人主张减价等违约责任形式。根据上述规定的表面文义，貌似只

---

〔1〕 关于买受人转卖的行为能否阻却交付瑕疵货物的出卖人构成违约，这一问题在司法实务中存在不同处理方式。例如，最高人民法院在指导性案例 107 号中明确指出：在国际货物买卖合同中，卖方货物虽存在缺陷，但只要买方合理努力就能使用货物或转售货物，不应视为根本违约。参见中化国际（新加坡）有限公司诉蒂森克虏伯冶金产品有限责任公司国际货物买卖合同纠纷案，（2013）民四终字第 35 号民事判决书。其中，法院认为，综合考量其他国家裁判对《联合国国际货物销售合同公约》中关于根本违约条款的理解，只要买方经过合理努力就能使用货物或转售货物，甚至打些折扣，质量不符依然不是根本违约。故应当认为，德国克虏伯公司交付 HGI 指数为 32 的石油焦的行为，并不构成根本违约。江苏省高级人民法院认定德国克虏伯公司构成根本违约并判决宣告《采购合同》无效，适用法律错误，应予以纠正。

有当事人之间未约定违约责任时才得以主张减价责任。如此，本案在约定违约金的情况下是否可以主张减价责任则成为下一步关键问题。主流观点认为减价责任的承担不影响违约金责任的主张暨两者可以并用，[1]这种观点也获得了最高人民法院的认可。[2]故，举重以明轻，既然二者可以同时主张，那么意味着保护的利益价值有所不同，则就算约定了违约金也不妨碍减价责任的单独主张。因此，违约金约定不影响减价主张。

在明确了依据现行规范 B 公司可以主张"减价"的前提后，接下来回归到讨论的主线，即对于减少价款主张在规范性质上应当如何认定，是否可以将其理解为对于合同的内容请求进行变更，抑或属于一项独立的形成权。针对此问题的理解与认识，我国的学理和实务界尚未形成统一的共识。故，本文将尝试立基于现有实然法规范进行解释论探讨，并结合域内外各异的学说观点以厘清本案中"减价"的规范意蕴，从而精准适用相关条款。

在学理角度和域外视野下，减价作为一种买受人对标的物质量瑕疵的救济性权利，其权利性质究竟为何在理论和实践中存在争议，概括而言，主要有形成权和请求权两种不同主张。[3]前者认为，减价依照权利人单方的意思表示即可使自己与他人之间的法律关系发生变动，不以出卖人的承诺为必要。其逻辑核心在于将减价视作合同的部分解除，而解除权无疑应属于形成权，但亦有学者认为可以合同变更而非合同部分解除为思想基础，来揭示减价权的形成权属性。[4]后者主张，减价并非债权人单方意思表示所能决定的事情，债权人主张减价要

---

〔1〕 参见姚明斌："《合同法》第114条（约定违约金）评注"，载《法学家》2017年第5期。

〔2〕 "有观点认为，减价可以与违约金并罚，即使该违约金系赔偿性违约金，也不存在障碍。我们赞同这种观点。"最高人民法院民事审判第二庭编著：《最高人民法院关于买卖合同司法解释理解与适用——条文·释义·理由·案例》，人民法院出版社2016年版，第380页。

〔3〕 参见王利明主编：《中国民法典评注（合同编）》（第一册），人民法院出版社2021年版，第468页。其中，主张"减价"属于形成权的观点，参见韩世远："减价责任的逻辑构成"，载《清华法学》2008年第1期；参见杜景林："我国合同法上减价制度的不足与完善"，载《法学》2008年第4期；参见张金海："论作为独立违约责任形式的减价规则——内在逻辑与制度构造"，载《四川大学学报（哲学社会科学版）》2023年第5期。认为构成请求权的见解，参见武腾："减价实现方式的重思与重构"，载《北方法学》2014年第3期。

〔4〕 参见韩世远："减价责任的逻辑构成"，载《清华法学》2008年第1期；参见吕双全："减价救济之定性与实现的逻辑构成"，载《政治与法律》2018年第3期。值得注意的是，有学者亦支持将减价理解为合同变更，但应将其解释为变更合同的请求权。即如果出卖人不同意进行变更，买受人只能请求法院予以价格调整，或者诉诸损害赔偿的救济。参见武腾："减价实现方式的重思与重构"，载《北方法学》2014年第3期。

么需要与债务人达成协议，要么请求法官或仲裁机构确定，故非形成权，而属于一种请求权。我国的主流学说认为减价在规范性质上属于形成权，[1]其理论基础主要借鉴于德国法上的相关减价制度，但有学者认为盲目移植忽略了减价在德国法体系中的独特价值，在我国适用过程中会出现"水土不服"。[2]

对此，最高人民法院从司法实践的立场出发，认为请求权说和形成权说"各有其道理，只是观察角度不同，……从审判实务角度来看，无论是请求权说还是形成权说，行使减价权的程序和最终结果其实并无根本差异，可谓殊途同归"。[3]"当双方意见一致时，减价系由双方自主决定，自意思表示一致时即可实施；当双方意见不一致时，无论减价为请求权还是形成权，事实上都不能依一方的意思表示而当然发生减价的效果，而必须经过人民法院或仲裁机构的裁判确认之后，才能在当事人之间具体实行"，[4]有学者认为，上述观点所提出的减价处理思路实质上是为请求权辩护。其强调在减价的实现过程中，双方当事人必须达成合意，否则只能由法院主导减价的实现。[5]

尽管有论者认为上述性质之争仅为理论差异，效果上并无区别。但实际上，减价权性质的阐明不仅有学理意义，能给减价的操作以更为合理的解释，亦具有实务价值，能方便减价的处理。[6]本文认为，将减价在理论上解释为请求权性质的合同变更权更加符合我国的实在法体系，亦兼顾减价本身的制度价值。但在贴合实务处理的请求权规范的讨论中，应参考上述最高人民法院编写

---

〔1〕 参见吕双全："减价救济之定性与实现的逻辑构成"，载《政治与法律》2018年第3期。

〔2〕 其一，减价在德国法作为一项特殊制度之所以具备存在的必要性，原因在于其损害赔偿的归责原则以过错为基础，而减价无须考量过错，遂起到了补充损害赔偿的作用。但在我国法律体系中，买卖合同领域的损害赔偿以无过错责任为原则，缺乏减价制度产生的制度土壤。其二，减少价款以形成权为构造机理的合逻辑性与合理性，缘其属于解除权的替代，减价权与解除权的产生条件是相同的。在德国法的路径下，只有在出卖人未能把握合同解除前的继续履行机会的情况下，买受人才可以单方面减少价款。但是在我国，减价的行使条件并不能基本等同于解除的行使条件。在减少价款与修理、更换等救济之间，立法者并未设置一定的位阶，所谓借鉴德国法而提出的在我国行使减价需"用尽前顺位的法律救济"的要件在我国实在法上并不存在。参见武腾："减价实现方式的重思与重构"，载《北方法学》2014年第3期。

〔3〕 最高人民法院民事审判第二庭编著：《最高人民法院关于买卖合同司法解释理解与适用——条文·释义·理由·案例》，人民法院出版社2016年版，第377页。

〔4〕 最高人民法院民事审判第二庭编著：《最高人民法院关于买卖合同司法解释理解与适用——条文·释义·理由·案例》，人民法院出版社2016年版，第378页。

〔5〕 参见武腾："减价实现方式的重思与重构"，载《北方法学》2014年第3期。

〔6〕 参见张金海："论作为独立违约责任形式的减价规则——内在逻辑与制度构造"，载《四川大学学报（哲学社会科学版）》2023年第5期。

的指导用书认定思路，[1]且不能游离于实然规范之外做空中楼阁式的处理。根据 2020 年《买卖合同司法解释》第 31 条（2012 年《买卖合同司法解释》第 44 条）的规定，买受人拒绝支付违约金、拒绝赔偿损失或者主张出卖人应当采取减少价款等补救措施的，属于提出抗辩。从上述司法解释的文义表述着手结合指导用书的官方解释，此处的抗辩并非权利抗辩而是属于事实抗辩的范畴。即在出卖人要求支付价款的诉讼中，买受人主张减价的，其"作为一种抗辩，是主张对方的请求权在减价范围内已经消灭，对方不得就该部分价款主张权利，其实际上是否认对方就减价权成立范围内的价款存在请求权，因此，其是一种事实抗辩，而不是权利抗辩。"[2]这意味着，对于减价的主张应当理解为买受人针对出卖人不享有全部价款支付请求权，即权利部分消灭的事实抗辩，而非行使了抗辩权。

如此，对于本案这种合同双方就是否减价以及幅度尚未形成一致意见的情形，不能依一方的意思表示而当然发生减价的效果，而需经过法院或仲裁机构的裁判确认之后，才能在当事人之间具体实行。出卖人 A 公司作为先履行一方交付的货物质量不符合约定，买受人 B 公司虽主张减价请求权，但减价的法律效果并非经由买受人提出主张即产生。就具体减价数额无法确定且双方未达成合意时，应由法院或仲裁机构裁判（裁决），在最终确定减价额之前，买受人无权自行从应付价款中扣除减价额。[3]

至于减价标准的计算，有绝对差额和按照比例两种计算方法。[4]具体到本

---

[1] 值得注意的是，最高人民法院指导用书的理解亦存在分歧。在减价责任部分讨论中认为减价性质争议无关痛痒，但又在抗辩与反诉区别时以减价为例，认为其属于形成权，且与出卖人支付价款请求权相并列，属于不同法律关系的内容。买受人可以独立于出卖人的支付价款请求权单独提出减价的形成之诉，作为一种形成权，在符合减价的条件下，只要买受人减少价款的意思表示到达出卖人，就自动产生减价的法律效果。参见最高人民法院民事审判第二庭编著：《最高人民法院关于买卖合同司法解释理解与适用——条文·释义·理由·案例》，人民法院出版社 2016 年版，第 377 页、第 641 页。

[2] 最高人民法院民事审判第二庭编著：《最高人民法院关于买卖合同司法解释理解与适用——条文·释义·理由·案例》，人民法院出版社 2016 年版，第 650 页。

[3] 参见韩世远：《合同法总论》，法律出版社 2018 年版，第 395-396 页。

[4] 前者是指减价按照绝对的差额予以确定，以有瑕疵物的实际价值与无瑕疵物的卖价之间的差额为标准。后者则是按照实际交付的货物在交货时的价值与符合合同的货物在当时的价值两者之间的比例计算。比如，①以绝对差额计算：无瑕疵标的物的价值为 1000 元，买卖合同约定的价格为 1200 元，标的物有瑕疵时的价值为 800 元，按此标准计算，减价的数额应为 200 元。②如果按照比例计算：无瑕疵标的物的价值为 1000 元，买卖合同约定的价格为 1200 元，标的物有瑕疵时的价值为 800 元。有瑕疵

案中，因交易价格与市场价值完全一致均为100万元，故两种方法计算结果并无实际差异。[1] 以绝对差额计算，[2] 符合约定的标的物价值为100万元，实际交付的标的物价值为60万元，应减差价为40万元。依比例计算时，[3] 无瑕疵标的物的价值为100万元，合同约定的价格为100万元，标的物有瑕疵时的价值为60万元，则其瑕疵物价格依照比例应确定为60÷100×100＝60，债权人可以主张减价的数额为交易价格减去瑕疵价格即100－（60÷100×100）＝40万元。本案中，买受人B公司以120万元的价格将涉案货物转卖的行为与A公司和B公司之间的买卖合同非属同一法律关系，不影响B公司基于A公司、B公司之间的买卖合同而主张减价请求权，也不影响针对减价数额的计算。

综上所述，A公司的支付价款请求权此时未消灭，但B公司可在诉讼过程中提出减价抗辩，经法院裁定后使该请求权在一定范围内部分消灭。

3. 请求权可行使

（1）不存在未届期抗辩权。

该衬衣的买卖合同中约定，B公司应当在交货后14日内付款。2020年1月10日，A公司交付了全部货物，截至2023年1月20日B公司也未支付货款，已经超过约定的货款支付期限，故B公司的债务已届履行期限且未履行，其在债务届期后不再享有对抗原给付请求权的未届期抗辩权。

（2）不存在诉讼时效抗辩权。

根据2017年《民法总则》第188条（《民法典》第188条）的规定，本案应当适用普通诉讼时效即三年保护期限，起算点自A公司知道其支付价款请求权受损害之日起计算。2020年1月10日，A公司交付了全部货物，B公司应当在A公司交货后14日内付款，即在2020年1月24日以前付款，当期限届满未付

---

（接上页）的标的物的价格的计算公式应为800÷1000×1200＝960元，即债权人可以主张的减价数额为1200－960＝240元。第一种方式更为简便，第二种方式更为公平，各有道理。参见黄薇主编：《中华人民共和国民法典合同编解读（上册）》，中国法制出版社2020版，第428页。

〔1〕 因上述两种方法本身采取的计算基准不同，绝对差额以市场价值为判准，比例方法则是以当事人的交易价格为依据。

〔2〕 根据2020年《买卖合同司法解释》第17条的规定，标的物质量不符合约定，买受人依照《民法典》第582条的规定要求减少价款的，人民法院应予支持。当事人主张以符合约定的标的物和实际交付的标的物按交付时的市场价值计算差价的，人民法院应予支持。价款已经支付，买受人主张返还减价后多出部分价款的，人民法院应予支持。

〔3〕 参见韩世远：《合同法总论》，法律出版社2018年版，第861页。

款即 2020 年 1 月 25 日时 A 公司则知道其权利受到损害，又根据 2017 年《民法总则》201 条（《民法典》第 201 条）的规定从下一日开始计算，即 2020 年 1 月 26 日开始计算。截至 2023 年 1 月 20 日，A 公司决定起诉 B 公司，要求其 100 万元货款。此时，从 2020 年 1 月 26 日到 2023 年 1 月 20 日并未超过三年诉讼时效。

值得注意的是，B 公司于 2020 年 1 月 20 日书面通知 A 公司要求减价，是否可以认为 A 公司此时即知道或者应当知道权利受到损害？应当明确的是，此时尽管 B 公司的减价主张可能减损 A 公司的货款请求权的完整性，但此时价款履行期限依然未届满，即此时就算 B 公司以未届清偿期而主张拒绝支付价款也不能径直认定构成对 A 公司的权利折损，采举重以明轻的类推，不能据此得出此时开始起算时效的结论。况且，就算以此时作为起算点，根据上述时效规定也应当从下一日即 2020 年 1 月 21 日开始计算，到起诉之日 2023 年 1 月 20 日，也未超过三年诉讼时效。

（3）不存在合同履行抗辩权。

权利抗辩的存在以实体法上的权利为基础。若 B 公司作为买受人以出卖人 A 公司瑕疵履行在先而提出抗辩，其权利基础只能是先履行抗辩权，原因在于本案属于典型的先供货后付款型具有履行顺序的双务合同，故不存在同时履行抗辩权的适用空间。另外，B 公司作为后履行一方也无法享有不安抗辩权。因此，唯一值得着重讨论的就是其是否具有并行使了先履行抗辩权。根据案情事实，在 A 公司交货后 B 公司经检查发现全部衬衣的用料均与合同约定不符，遂书面通知 A 公司要求减价。但 A 公司没有反应，B 公司也没有付款。此时，最为核心的争议焦点就在于如何理解 B 公司针对 A 公司所提出的"减价"主张，即能否认为其构成先履行抗辩权的行使。在上文权利是否消灭部分的讨论中，对减价本身进行了定位。性质上其属于请求权而非抗辩权，在体系位置上则是违约责任的一种法定形式。但值得进一步明确的是，能否从法律解释的角度解读其作出类似行使了先履行抗辩权的意思表示？

先履行抗辩权的请求权基础是 1999 年《合同法》第 67 条（《民法典》第 526 条），其需满足：

①因同一双务合同互负债务。

本案中，当事人基于同一买卖合同互负债务，符合该条件。

②有先后履行顺序。

本案中合同约定，A 公司应当先履行交付义务，B 公司于交货后 14 日内履行付款义务，符合该条件。

③先履行一方未履行或履行债务不符合约定。

本案中，债务人交付的标的物衬衫含棉量 60%，不符合合同中含棉量100% 的约定，符合该条件。

④后履行一方的债务已届清偿期。

A 公司已于 2020 年 12 月 10 日履行交付义务，B 公司的价款支付义务已于2020 年 12 月 24 日届满。

⑤隐含条件：后履行一方明确拒绝履行。

先履行抗辩权隐含的前提应当是拒绝对方的履行，[1]本案中，B 公司尽管提出了减价主张，但其属于对于履行所提出的异议，不能径直理解为其明确拒绝了对方的履行。且将 A 公司给付的次等衬衣再行转卖处分，属于以默示方式受领了对方的瑕疵给付，不得主张先履行抗辩权。

⑥小结。

退一步来讲，即使可以将 B 公司主张减价的行为解读为构成"拒绝履行"的意思表示，但一方面该权利的行使在时间维度上存在限制，另一方面在可对抗拒绝履行的程度方面也具有边界。B 公司可能存在的拒绝履行行为是否一直属于"有效抗辩"？又是否满足先履行抗辩权中拒绝"相应的履行要求"的条件？下面将对上述问题进行详细剖析。

根据《德国民法典》第 320 条第 2 款的规定，另一方当事人已履行部分给付的，根据情况，特别是当迟延部分无足轻重时，当事人一方如果拒绝履行对待给付有违诚实信用原则的，即不得拒绝履行。在德国，一般认为，瑕疵履行在第 320 条第 2 款规定的范围内相当于部分履行。德国法院把拒绝给付的抗辩权理解为一种迫使对方履行的工具，并因而对第 320 条第 2 款采取狭义的解释。当先行给付一方当事人未完成的履行或履行之瑕疵比较小，而其至少又愿意弥补该瑕疵时，后给付一方当事人不得拒绝履行。[2]

---

〔1〕 在行使先履行抗辩权时，后履行一方需向先履行一方表明因对方先履行行为不符合约定，而明确拒绝相应履行，且不能将异议直接等价于拒绝履行。参见山西介休三盛焦化有限公司、山西省交城县兴龙铸造有限公司探矿权转让合同纠纷二审案，（2019）最高法民终 276 号民事判决书。

〔2〕 朱广新："先履行抗辩权之探究"，载《河南省政法干部管理学院学报》2006 年第 4 期。

我国 1999 年《合同法》第 67 条（《民法典》第 526 条）将先给付一方的违约细分为不履行和不符合约定的履行，以概括的"履行债务不符合约定"的用语取代了"部分履行"的用语。但并不能解决"相应"的含义问题，因此可借鉴德国法的规定，通过诚实信用原则来确定是否"相应"。现行规范虽未明确规定诚实信用原则可作为判断后给付一方拒绝履行是否合理的标准，但是在瑕疵履行与先履行抗辩权之间的"相应"未作明确规定的现状下，也可在个案中通过诚实信用的基本原则予以认定。我国民法诚信原则作为禁止权利滥用的上位原则，其内涵不仅有"诚实信用"，还包括"禁止权利滥用"以及"公平正义"等内涵。

B 公司作为享有抗辩权的权利人在拒绝对方的履行请求时所得以拒绝的范围并非当然性的全部履行义务，而是与先履行方违反合同约定未履行或履行不符合要求程度相当的对应履行义务范围。上述抗辩权行使需符合"对等性"的观点也获得了实务中法院的认可。例如，在汪隐杰与阜宁县益林镇村镇房屋开发有限公司洪斌分公司房屋买卖合同纠纷上诉案中，房屋买卖合同的卖方试图以买方未支付剩余的 4 万元房款（总价 34.2 万元）为由暂不履行交付房屋的义务。盐城中院认为，买方已履行大部分的合同义务，根据"合同履行抗辩权的对价原则"，卖方不能拒绝履行其交付义务，但有权抗辩向买方交付土地使用权证、建筑施工许可证等相关证件的义务。将该原理运用到本案中，B 公司尽管可以 A 公司存在履行不符合约定的情形而主张先履行抗辩权。但是，其得以对抗的范围应当与 A 公司履行不符合约定的违约程度相当。本案中，A 公司所交付的全部衬衣的用料均与合同约定不符，明显属于次等品，这种质量衬衣的市场价格为每件人民币 60 元，虽严重违反了合同的明确约定，但是 B 公司在转卖的情况下甚至获得了超过合同正常履行情况下的可得利益，其拒绝履行支付 100 万元全部货款的抗辩难以认为不违反诚实信用原则。

综上所述，B 公司未行使抗辩权且就算行使也因不符合规定而不产生效力。

4. 小结

A 公司得依据 1999 年《合同法》第 159 条（《民法典》第 626 条）的原给付请求权向 B 公司请求支付 100 万元涉案货物价款，但 B 公司得依据 1999 年《合同法》第 111 条（《民法典》第 582 条）的规定向 A 公司主张减价请求权，免于支付 40 万元的货款（由法院裁判）。

**二、A 公司或可依据 1999 年《合同法》第 109 条请求 B 公司承担违约责任，继续履行债务，支付 100 万元货款**[1]

1999 年《合同法》第 109 条（《民法典》第 579 条）旨在规定不履行金钱债务的违约方所应承担的继续履行责任，其作为完全法条可以独立援引，但其适用又要与其他法条相结合，因为一旦发生债务人不履行金钱债务的，所要承担的违约责任显然并不局限于本条规定的继续履行，还存在其他责任形式。[2] 故，为一体讨论，将此请求权合并至下文违约金部分进行整体分析。

### 三、结论

A 公司得依据 1999 年《合同法》第 159 条（《民法典》第 626 条）的原给付请求权或 1999 年《合同法》第 109 条（《民法典》第 579 条）的继续履行请求权向 B 公司主张支付 100 万元涉案货物价款，但 B 公司得依据 1999 年《合同法》第 111 条（《民法典》第 582 条）的规定向 A 公司主张减价请求权，免于支付 40 万元的货款（由法院裁判）。

## 第 2 部分　A 公司对 B 公司的违约金主张

请求权基础预选与排序：本案中，A 公司或可依据 1999 年《合同法》第 107 条（《民法典》第 577 条）请求 B 公司承担违约责任，继续履行（强制履行）债务，支付 100 万元货款；同时支付约定违约金 20 万元。[3]

---

[1] 我国 1999 年《合同法》第 107 条从文义上将"继续履行"作为违约责任的一种类型，可将其视为与原给付相对独立的另一请求权。参见贺栩栩："论买卖合同法中继续履行规则的完善"，载《政治与法律》2016 年第 12 期。

[2] 王利明主编：《中国民法典评注（合同编）》（第一册），人民法院出版社 2021 年版，第 452 页。

[3] "我们认为，请求支付逾期付款违约金与请求继续履行原价款债务是出卖人的两项不同的合同权利，两者既可以同时主张，也可以分别主张。"参见最高人民法院民事审判第二庭编著：《最高人民法院关于买卖合同司法解释理解与适用——条文·释义·理由·案例》，人民法院出版社 2016 年版，第 389 页。

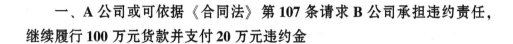

### 一、A 公司或可依据《合同法》第 107 条请求 B 公司承担违约责任，继续履行 100 万元货款并支付 20 万元违约金

（一）大纲

> 1. 请求权已成立
> （1）合同有效且具备违约金条款。
> （2）B 公司存在违约行为。
> （3）A 公司请求继续履行。
> （4）违约金成立无需考虑过错。
> 2. 请求权未消灭
> 3. 请求权可行使
> （1）不存在诉讼时效抗辩权。
> （2）不存在合同履行抗辩权。

（二）正文

1. 请求权已成立

（1）合同有效且具备违约金条款。

本案中，A 公司、B 公司之间签订的衬衣买卖合同成立且有效（详见前文第 1 部分中关于"请求权已成立"的论述）；且根据《合同法》第 114 条第 1 款（《民法典》第 585 条第 1 款）的规定，只有当事人在协议约定一方违约时需给付对方违约金的，当事人才能主张违约方给付违约金。本案中，双方当事人在衬衣买卖合同中明确约定任一方违约，需向对方支付人民币 20 万元作为违约金，对违约金已经进行了明确约定。

（2）B 公司存在违约行为。

本案中，B 公司迟延履行价款交付义务，构成迟延履行债务，属于违约行为。该衬衣买卖合同中约定，B 公司应当在交货后 14 日内付款。2020 年 1 月 10 日，A 公司交付了全部货物，直至 2023 年 1 月 20 日 B 公司也未支付货款，已经超过约定的货款支付期限，故 B 公司的债务已届履行期限且未履行。同时，作为金钱债务不存在履行不能的情形。

（3）A公司请求继续履行。

本案中，A公司提出继续履行100万元货款的请求，符合该条件。

（4）违约金成立无须考虑过错。

赔偿性违约金不以过错为成立要件，此时违约金性质为因迟延履行所产生损害的赔偿额预定。[1]

2. 请求权未消灭

依据1999年《合同法》第91条至第106条关于合同权利义务终止事由（清偿、解除、抵销、提存、免除、混同）的规定，本案不存在合同权利义务终止的事由。

不过，对于违约金而言，根据1999年《合同法》第120条（《民法典》第592条）的规定，当事人双方都违反合同的，应当各自承担相应的责任。学理上，一方履行不符合合同约定，另一方接受迟延，则双方均违反了合同规定，构成双方违约。[2]本案中，A公司的履行不符合合同约定，B公司迟延履行，双方均违反了合同规定，存在两项损害，均可主张违约金责任。此时，双方互负到期债务，且均为金钱债务，任何一方当事人均可依1999年《合同法》第99条（《民法典》第568条）主张抵销。

而对于A公司的继续履行请求权而言，其可能因B公司主张减价而受到减损。（详见前文第1部分中关于"请求权未消灭"的论述）

3. 请求权可行使

（1）不存在诉讼时效抗辩权。

继续履行请求权和违约金支付请求权均与支付价款的原给付请求权的保护起点和期限相同，均始于相对人不履行合同约定，未经过三年时效期间。（详见前文第1部分中关于"请求权可行使"的论述）

（2）不存在合同履行抗辩权。

双务合同中享有履行抗辩权的一方经行使具有阻却迟延的效力，从而使得因迟延履行而产生的违约金请求权无法实行。[3]但本案不存在行使抗辩权的情形。（详见前文第1部分中关于"请求权可行使"的论述）

---

〔1〕参见韩世远：《合同法总论》，法律出版社2018年版，第826页。

〔2〕参见韩世远：《合同法总论》，法律出版社2018年版，第807-808页

〔3〕参见姚明斌："《合同法》第114条（约定违约金）评注"，载《法学家》2017年第5期。

## 二、结论

A 公司得依据 1999 年《合同法》第 107 条（《民法典》第 577 条）请求 B 公司承担违约责任，继续履行（强制履行）债务，支付 100 万货款；同时支付约定违约金 20 万元。但 B 公司得依据 1999 年《合同法》第 111 条（《民法典》第 582 条）的规定向 A 公司主张减价请求权，免于支付 40 万元的货款（由法院裁判）；且双方均可对 20 万违约金行使抵销权。

# 8 "彩礼返还"案<sup>*</sup>

【案情】

李某男（22周岁）与杜某女（20周岁）均为陕西省榆林市邻乡村民，杜某女为榆林市某商场某化妆品专柜服务员，李某男为西安市某机械公司业务员。2020年5月，经人介绍相亲认识，二人在相处过程中，经常电话、微信交流，相谈甚欢。2020年8月，双方回到老家，面见双方父母，在媒人见证下，李某男付给杜某女现金10.8万元和商品房一套作为聘礼（房屋在订婚一周后办理过户，由李某男名下，变更登记在杜某女名下）。李某男和杜某女双方商定于2021年1月12日举办结婚仪式，办理仪式前两天去办理结婚登记。2020年12月，在某次微信聊天中，李某男得知杜某女因手机摔坏而伤心不已，心疼杜某女，表示要给杜某女买个新手机，杜某女回复表情"OK"，李某男立即在某购物网站购得a型号手机一部，价值3999元，送给杜某女，杜某女欣然接受。2021年1月10日，李某男和杜某女双方办理了结婚登记。2021年1月11日，杜某女父母花费1.0万元购买了一辆摩托车，作为嫁妆，带到李某男家（该摩托车后来一直由李某男占有和使用）。2021年1月12日，双方在李某男家举办了结婚仪式。但是，结婚仪式当晚，杜某女与李某男发生争执，杜某女一气之下当夜赶回娘家，再也没有回到李某男家。由于双方深感三观不合、无法继续沟通，2021年2月1日双方签订离婚协议，载明没有财产分割、子女抚养等争议，并办理了离婚登记。据查，两人自2020年9月起共同生活，直至2021年1月。2021年2月20日，李某男找到杜某女要求其返还a型号手机、房屋、现金10.8万元，杜某女表示自己深受情伤，付出很多，予以拒绝。此后，由于李某男工作外派外省，忙于工作一直没有向杜某女主张上述返还。

* 李佳文，西北政法大学民商法学院2023级硕士研究生，民商法学院2018级本科生。

2024 年 2 月 8 日，李某男将杜某女诉至法院，要求杜某女返还彩礼 a 型号手机、房屋和现金 10.8 万元。

**【问题】**

李某男可以请求杜某女返还什么？

**【要求】**

运用请求权基础方法以鉴定式体裁解题。

# 第1部分 李某男对杜某女请求返还 a 型号手机

请求权基础预选与排序：本案中，李某男与杜某女曾经系恋人关系，在二人恋爱过程中李某男赠与杜某女 a 型号手机。后二人离婚，李某男想向杜某女请求返还手机，可以纳入备选的请求权基础为：（1）返还原物请求权[1]（《民法典》第235条）；（2）不当得利返还请求权[2]（《民法典》第122条）。

此外，《民法典》第1165条第1款[3]规定了过错侵权请求权，杜某女可能侵犯李某男对 a 型号手机的物权。但从第1165条第1款的构成要件可知，适用第1165条第1款的前提是"行为人有过错"，本案中，李某男赠与杜某女手机的过程中双方均无过错，故第1165条第1款并不适用于此情形，不展开论述。

## 一、李某男可能基于返还原物请求权（《民法典》第235条）请求杜某女返还 a 型号手机

（一）大纲

> 1. 请求权已成立
> （1）请求人为所有权人。
> ①原始取得。
> ②继受取得。
> （2）被请求权人为无权占有人。
> ①被请求人为占有人。

---

〔1〕《民法典》第235条规定：无权占有不动产或者动产的，权利人可以请求返还原物。

〔2〕《民法典》第122条规定：因他人没有法律根据，取得不当利益，受损失的人有权请求其返还不当利益。

〔3〕《民法典》第1165条规定：行为人因过错侵害他人民事权益造成损害的，应当承担侵权责任。依照法律规定推定行为人有过错，其不能证明自己没有过错的，应当承担侵权责任。

②被请求人为无权占有人。

A. 赠与合同是否成立。

  a. 一般成立要件。

  b. 特殊成立要件。

B. 赠与合同是否生效。

  a. 一般生效要件。

  b. 特殊生效要件。

C. 赠与合同是否被撤销。

  a. 赠与人是否可以行使任意撤销权。

  b. 赠与人是否可以行使法定撤销权。

  c. 是否存在合同被撤销的一般情形。

D. 赠与合同是否被解除。

（3）小结。

2. 请求权未消灭

3. 请求权可行使

4. 小结

（二）正文

1. 请求权已成立

根据《民法典》第 235 条的规定，李某男得以依此向杜某女请求返还 a 型号手机需要符合以下条件：（1）请求人为所有权人；（2）被请求人为无权占有人，请求权基础得以成立。

（1）请求人为所有权人。

所有权的取得，指所有权与特定主体相结合，即某一主体取得对某一不动产或者动产的所有权。[1]所有权的取得包括原始取得与继受取得。

①原始取得。

所有权的原始取得又称最初取得、固有取得，是指非依他人既存的权利而

---

〔1〕 参见李永军：《民法学教程》，中国政法大学出版社 2023 年版，第 274 页。

取得所有权。主要包括国家征收、加工、添附、善意取得〔1〕等。

②继受取得。

所有权的继受取得又称传来取得，是指基于他人既存的所有权及权利人的意志而取得某物。〔2〕主要包括买卖、赠与、互易、继承等。

本案中，李某男通过网购的方式购得 a 型号手机一支，买卖合同双方意思表示一致，达成买卖手机之合意，根据所有权的继受取得方式，李某男或可依据购物凭证主张自己为 a 型号手机的所有权人。

（2）被请求权人为无权占有人。

①被请求人为占有人。

通说认为，占有指占有人对物有控制与支配的管领力的事实状态。在占有法律关系中，主体为管领物之人，即占有人；客体为被管领之物，即占有物。〔3〕本案中，杜某女通过李某男赠与的方式获得对手机的实际支配与管控。杜某女为占有人，手机为占有物。

②被请求人为无权占有人。

以占有是否有真正的权利基础为标准，可以将占有分为有权占有和无权占有。有权占有又称有权源的占有、有本权的占有，是指有法律上的根据或原因的占有，如保管人、承租人、质权人对标的占有。无权占有又称无权源的占有、无本权的占有，是指没有法律上的根据或原因的占有，如对赃物、遗失物的占有。

本案中，李某男购买手机之后将手机赠与杜某女，杜某女拿到手机之后，所有权发生转移，杜某女基于赠与法律关系成为手机的占有人，且为有权占有。后李某男起诉杜某女要求返还 a 型号手机，即李某男作出了撤销赠合同的意思表示。若赠与合同无效、被撤销或者被解除，则杜某女占有手机的合法权源消灭，杜某女为无权占有人。

故以下讨论本案中的赠与合同是否无效、被撤销或者被解除：

---

〔1〕 通说认为，"善意取得"属于原始取得的情况，但第三人善意取得的物权不限于所有权，还可以是其他物权（参见《民法典》第 311 条第 3 款）；在抵押物的归属依添附的规则发生变化时，抵押权人的权利仍能及于抵押人所得的补偿金或抵押人的共有份额，而并不当然消灭（参见《民法典担保制度解释》第 41 条）。

〔2〕 参见李永军：《民法学教程》，中国政法大学出版社 2023 年版，第 274 页。

〔3〕 参见江平主编：《民法学》，中国政法大学出版社 2007 年版，第 327 页。

A. 赠与合同是否成立。

a. 一般成立要件。

双方法律关系之成立需要符合合意要件。本案中，李某男作出赠与的意思表示，杜某女以接受手机的行为作出接受赠与的意思表示，二人达成合意，合同成立。

b. 特殊成立要件。

赠与合同为诺成性合同[1]，并非要式合同或者经审批才得成立，故合同已成立。

B. 赠与合同是否生效。

a. 一般生效要件。

双方之间的意思表示真实且一致，不违反公序良俗，不违背法律、法规的强制性规定。本案中的赠与合同符合合同的一般生效要件。

b. 特殊生效要件。

本案中的赠与合同并非附条件或附期限的赠与合同，也无须经审批方可生效。李某男赠与杜某女手机出于"心疼"，是男女双方为增进感情的日常消费，并非出于缔结婚姻之目的。根据《最高人民法院关于审理涉彩礼纠纷案件适用法律若干问题的规定》（以下简称《彩礼返还规定》）第3条第2款，一方为表达或者增进感情的日常消费性支出不属于彩礼范畴。[2]合同不涉及附条件之情况。

赠与合同已经成立且生效，接下来则讨论赠与合同是否存在被撤销或者被解除的情形。

C. 赠与合同是否被撤销。

赠与合同的撤销是指在赠与合同生效后，因发生法定的撤销事由，赠与人或其他撤销权人撤销该赠与合同的行为。赠与合同的撤销分为任意撤销和法定撤销。前者是赠与人基于其独立意志而撤销赠与合同的情况；后者则是指赠与

---

〔1〕 参见李永军：《民法学教程》，中国政法大学出版社2023年版，第674-675页。关于赠与合同的性质，究竟为诺成合同、要式合同抑或是要物合同，在学理与立法上是存在争议的。我国《民法典》采取"诺成合同+任意撤销权+法定撤销权"的模式。

〔2〕 《彩礼返还规定》第3条："人民法院在审理涉彩礼纠纷案件中，可以根据一方给付财物的目的，综合考虑双方当地习俗、给付的时间和方式、财物价值、给付人及接收人等事实，认定彩礼范围。下列情形给付的财物，不属于彩礼：（一）一方在节日、生日等有特殊纪念意义时点给付的价值不大的礼物、礼金；（二）一方为表达或者增进感情的日常消费性支出；（三）其他价值不大的财物。"

人基于法律规定而撤销赠与合同的情况。[1]

a. 赠与人是否可以行使任意撤销权。

根据《民法典》第658条规定："赠与人在赠与财产的权利转移之前可以撤销赠与。经过公证的赠与合同或者依法不得撤销的具有救灾、扶贫、助残等公益、道德义务性质的赠与合同，不适用前款规定。"

任意撤销赠与合同应当具备下列两个条件：需在赠与合同生效之后、赠与财产的权利转移之前，作出撤销的意思表示；需所撤销的赠与合同不在法律禁止撤销之列。

本案中，杜某女对手机有实际管控力，在杜某女拿到手机时所有权已经发生转移，而李某男在赠与财产权利转移之后作出撤销的意思表示，不符合任意撤销规则，故李某男不能任意撤销赠与。

b. 赠与人是否可以行使法定撤销权。

根据《民法典》第663条规定："受赠人有下列情形之一的，赠与人可以撤销赠与：（一）严重侵害赠与人或者赠与人近亲属的合法权益；（二）对赠与人有扶养义务而不履行；（三）不履行赠与合同约定的义务。赠与人的撤销权自知道或者应当知道撤销事由之日起一年内行使。"

本案中，李某男赠与杜某女手机不属于以上情形，故李某男不可以行使法定撤销权。

c. 是否存在合同被撤销的一般情形。

在本案赠与合同订立过程中，双方均为完全民事行为能力人，赠与是出于自愿，不存在欺诈、胁迫、重大误解和显失公平的情形，即不存在合同本身是可撤销合同之情形。

D. 赠与合同是否被解除。

本案中，双方并无合意解除赠与合同，且李某男不享有《民法典》第563条第1款[2]规定的法定解除权，所以并不存在赠与合同被解除的情形。

---

〔1〕 参见张翔主编：《民法分论》，中国政法大学出版社2021年版，第286-289页。

〔2〕《民法典》第563条第1款规定："有下列情形之一的，当事人可以解除合同：（一）因不可抗力致使不能实现合同目的；（二）在履行期限届满前，当事人一方明确表示或者以自己的行为表明不履行主要债务；（三）当事人一方迟延履行主要债务，经催告后在合理期限内仍未履行；（四）当事人一方迟延履行债务或者其他违约行为致使不能实现合同目的；（五）法律规定的其他情形。"

（3）小结。

赠与合同成立且生效，不存在被撤销或者被解除之情形。因此杜某女依据赠与合同对 a 型号手机的占有为有权占有，且为手机所有权人。本案情形不符合《民法典》第 235 条的构成要件，李某男所依据的请求权基础不成立。

2. 请求权未消灭

请求权未成立，此部分为无关事项，不予论述。

3. 请求权可行使

请求权未成立，此部分为无关事项，不予论述。

4. 小结

李某男不可以依据返还原物请求权（《民法典》第 235 条）请求杜某女返还 a 型号手机。

## 二、李某男可能基于不当得利返还请求权（《民法典》第 122 条）请求杜某女返还 a 型号手机

（一）大纲

1. 请求权已成立

（1）受利益。

（2）因给付而受利益：当事人之间具有给付关系。

①增加他人财产。

②有意识地增加他人财产。

③基于一定目的。

（3）无法律上的原因：给付欠缺目的。

①无债之关系。（客观说）

②欠缺给付目的。（主观说）

（4）小结。

2. 请求权未消灭

3. 请求权可行使

4. 小结

（二）正文

1. 请求权已成立

不当得利指无法律上的原因而收受利益，致使他人损害者，应负返还之义务。不当得利的立法机能，在于认定财产变动过程中受益者得保有其所受利益的正当性。不当得利的成立既包括积极要件：无法律上的原因、一方受益、致使另一方损害、应当返还其利益；也包括消极要件：给付为履行道德上的义务、债务人对未到期债务所做的清偿、诉讼时效届满之后的债务清偿（无给付义务的清偿）、因不法之原因做出的给付不在不当得利请求的范围之内。[1]

《民法典》第122条规定："因他人没有法律依据，取得不当利益，受损失的人有权请求其返还不当利益。"不当得利请求权可分为给付型不当得利与非给付型不当得利，在非给付型不当得利中又分为权益侵害型不当得利、支出费用型不当得利以及求偿型不当得利。[2]根据不同的情形，进行类型化区分，判断各个情形不同的构成要件。

给付型不当得利：系因履行契约而为的给付，在该契约无效或者被撤销之后，给付目的归于消灭，给付受领人受此利益的法律原因已不存在，依据《民法典》第122条之规定，应当返还其受领的利益；

非给付型不当得利：系受益并非因为受损者的给付而发生的不当得利请求权。依据此类非给付型不当得利请求权的内容，可分为以下三种基本类型：权益侵害型不当得利请求权：如无权占用他人土地；支出费用型不当得利请求权：如误他人之物为己有而为修缮；求偿型不当得利请求权：如清偿他人债务。

本案中，李某男因心疼杜某女而为其购买手机一部，二人之间存在赠与法律关系，李某男或可依据给付型不当得利请求权向杜某女主张返还 a 型号手机。

给付型不当得利请求权的构成要件为：（1）受利益；（2）因给付而受利益：当事人之间具有给付关系；（3）无法律上的原因：给付欠缺目的。以下对各个构成要件逐一展开审查。

（1）受利益。

不当得利请求权的成立始于利益，首先需要确定的是被请求人（不当得利

---

〔1〕 参见王泽鉴：《不当得利》，北京大学出版社 2015 年版，第 2-5 页。
〔2〕 参见王泽鉴：《不当得利》，北京大学出版社 2015 年版，第 53-54 页。

债务人）是否受有利益、何种利益。在给付型不当得利中，其所受利益，指一方当事人自他方当事人所受领的给付。[1]包括财产的取得、占有或登记、债务消灭、劳务或物的使用、无因的债务拘束或债务承认。

本案中，李某男购得 a 型号手机一支，邮寄给杜某女，杜某女欣然接受。杜某女通过指示交付的方式获得了 a 型号手机的所有权，发生财产上的取得，因此，杜某女受利益。

（2）因给付而受利益：当事人之间具有给付关系。

给付型不当得利请求权的基本要件，系因给付而受利益，所谓给付，指有意识地、基于一定目的而增加他人财产。

①增加他人财产。

即通过给付行为使得他人财产增加。该项行为可以是事实行为（如劳务付出、物之交付），也可以是法律行为（如合同）还可以是单独行为（如债务消灭）。本案中，李某男通过指示交付的行为，将 a 型号手机赠与杜某女，杜某女因此获得财产上的增加。

②有意识地增加他人财产。

给付需基于给付者的意思。一方获得利益是出于他方的意思，而非无意识或者错误地意思表示导致对方财产增加，否则便成立非给付型不当得利的范畴。本案中，李某男出于心疼给杜某女购买手机，在给付的过程中有增加对方财产的意思表示。

③基于一定目的。

基于一定目的有意识地增加他人财产，学说上称为双重目的性。给付的目的决定行为的性质，如双方之间金钱的给付可能基于买卖也可能基于赠与。本案中，李某男交付手机的目的是赠与，将 a 型号手机赠与给作为女友的杜某女。

（3）无法律上的原因：给付欠缺目的。

关于给付型不当得利无法律上原因的判断基准有两种见解：一为欠缺给付目的（主观说）；二为无债之关系（客观说）。

①无债之关系（客观说）。

客观说认为，给付型不当得利有无法律上原因，应以有无债之关系为判断

---

〔1〕 参见王泽鉴：《不当得利》，北京大学出版社 2015 年版，第 67 页。

基准。在给付有债之关系（如买卖、侵权行为损害赔偿）时，其债之关系为给付的法律上原因；在无债之关系时，给付无法律上原因。

②欠缺给付目的（主观说）。

给付系为一定目的而对他人的财产有所增益，此种给付目的，主要有两类：第一类，清偿债务，或为法定债务（如因侵权行为而生的损害赔偿）；或因基础行为而发生的债务，此种基础行为得为有因行为（如买卖），亦得为无因行为（债务拘束或债务承认）；第二类，直接创设一种债之关系。给付通常基于当事人的合意，当事人一方本于一定目的而为给付时，其目的即为给付行为的原因，从而在欠缺其原因时，他方当事人受领给付即无法律上原因[1]，应成立不当得利。

笔者支持欠缺给付目的主观说，当给付目的不存在时，受领一方即构成不当得利。针对本案，需要论述李某男对于杜某女的赠与是否欠缺给付目的。李某男出于赠与之目的向杜某女交付手机，在两人分开之后，李某男想要回手机，即作出了撤销赠与的意思表示。由前文论述可知：二人之间的赠与合同成立有效且生效，不存在被撤销或者被解除的情形，李某男无法撤销手机的赠与，杜某女获得 a 型号手机有合理的依据，并不欠缺法律上的原因。

（4）小结。

本案的情形不符合给付型不当得利请求权的构成要件，因此，李某男所依据的给付型不当得利请求权基础不成立。

2. 请求权未消灭

请求权未成立，此部分为无关事项，不予论述。

3. 请求权可行使

请求权未成立，此部分为无关事项，不予论述。

4. 小结

李某男不可以基于给付型不当得利返还请求权（《民法典》第122条）请求杜某女返还 a 型号手机。

## 三、结论

李某男不可以请求杜某女返还 a 型号手机。

---

[1] 参见王泽鉴：《不当得利》，北京大学出版社 2015 年版，第 69 页。

# 第2部分 李某男请求杜某女返还房屋

请求权基础的预选与排序：本案中，李某男与杜某女于 2020 年 8 月在双方父母与媒人的见证下订婚，李某男以商品房一套作为聘礼，并办理变更登记将房屋登记在杜某女名下。所以，李某男可能基于返还原物或不当得利请求杜某女返还房屋，纳入备选的请求权基础为：（1）返还原物请求权（《民法典》第 235 条）；（2）不当得利请求权（《民法典》第 122 条）。

## 一、李某男可能基于《民法典》第 235 条（返还原物请求权）请求杜某女返还房屋

### （一）大纲

> 1. 请求权已成立
> （1）请求人为所有权人。
> ①李某男是否为房屋名义登记人。
> ②李某男是否为房屋实际所有人。
> A. 赠与合同是否成立。
> B. 赠与合同是否生效。
> C. 赠与合同的解除条件是否成就。
> D. 赠与合同解除之后的法律后果。
> （2）被请求人为无权占有人。
> （3）小结。
> 2. 请求权未消灭
> 3. 请求权可行使
> 4. 小结

### （二）正文

1. 请求权已成立

李某男想基于返还原物请求权向杜某女主张返还房屋，则需要满足以下要

件：（1）请求人为所有权人；（2）被请求人为无权占有人。请求权基础得以成立。

（1）请求人为所有权人。

①李某男是否为房屋名义登记人。

所有权，是在法律限制的范围内，对物为全面支配、处分，并排除他人干预的权利。[1]根据所有权客体的不同，可将其分为不动产所有权与动产所有权，两种所有权在权利的得丧变更以及内容等方面存在诸多差异。在继受取得之情形，动产所有权以动产之交付为要件，而不动产所有权则以登记为要件。

本案中，案涉商品房原本登记在李某男名下，后李某男基于结婚的目的将房屋赠与杜某女，并进行变更登记，将房屋登记在杜某女名下，依据权利公示外观，在名义上案涉商品房的所有权人为杜某女。

②李某男是否为房屋实际所有人。

在房屋登记与房屋实际所有人不一致时，在不涉及第三人的情况下，应该以实际所有人的利益为主，则接下来讨论，李某男是否为房屋实际所有人。本案中，李某男与杜某女于结婚当天吵架并因此离婚，二人缔结婚姻之目的落空，则李某男赠与房屋之目的也无法实现。二人之间的赠与合同为附解除条件的民事法律行为，即如若条件成就，则二人之间赠与合同解除。《民法典》第566条第1款规定：合同解除后，尚未履行的，终止履行；已经履行的，根据履行情况和合同性质，当事人可以请求恢复原状或者采取其他补救措施，并有权请求赔偿损失。李某男可以据此请求杜某女返还案涉房屋。则以下讨论赠与合同的效力以及附解除条件是否成就的问题。

A. 赠与合同是否成立。

附条件的法律行为是指以未来的不确定的事实的发生或者不发生，作为法律行为发生效力或者失去效力的限制条件的法律行为。《民法典》第158条规定了这种法律行为："民事法律行为可以附条件，但是依据其性质不得附条件的除外。附生效条件的民事法律行为，自条件成就时生效。附解除条件的民事法律行为，自条件成就时失效。"

---

[1] 刘家安：《民法物权》，中国政法大学出版社2023年版，第127页。

a. 一般成立要件。

双方法律行为的成立需要具备合意要件，在意思表示上达成一致。本案中，李某男作出赠与房屋的意思表示，杜某女接受，二人进行变更登记，赠与合同成立的一般要件得以满足。

b. 特殊成立要件。

合同成立的特殊要件指要式合同或者需经审批成立的合同。本案中，赠与合同为诺成性合同，并非要式合同或者经审批才得成立，不涉及赠与合同成立的特殊要件，故赠与合同已成立。

B. 赠与合同是否生效。

a. 一般生效要件。

法律行为的生效是指法律按照一定的标准与尺度对私人成立的法律行为进行评价后的肯定性结论。[1]本案中的赠与合同系双方真实意思表示的结果，合同内容不违反法律法规，不违背公序良俗，符合合同的一般生效要件。

b. 特殊生效要件。

本案的赠与合同是基于结婚目的而进行的民事法律行为，合同是否满足生效要件与婚姻的成立与否并无直接关系，但与婚姻之效力及合同是否满足解除条件有直接联系。本案以聘礼为内容的赠与合同并非附生效条件或起始期限的合同，不涉及特殊生效要件，故合同生效。

C. 赠与合同的解除条件是否成就。

由上文论述可知，房屋属于彩礼的一部分，彩礼的给付是通过房屋赠与这一行为来实现的。但对于彩礼给付的性质，我国立法并未作出明确规定，学界对此有诸多探讨，大致可分为五类，包括一般赠与说、附义务赠与说、证约定金说、从契约说，以及附解除条件的赠与说，其中附解除条件的赠与说为主流观点。

a. 一般赠与说。

一般赠与说认为，彩礼给付的总性质与普通的赠与并无二致。在主张婚恋自由的时代，男女恋人之间的赠与视为自愿，不附加目的或者条件。但综合我国婚嫁习俗来看，一般赠与说存在很大的弊端。彩礼具有较强的地域性与目的性，在法律规范的调整过程中，民间风俗也是不可忽视的一部分。给付彩

---

[1] 参见李永军：《民法学教程》，中国政法大学出版社2023年版，第104页。

礼的主观目的是为男女双方得以缔结合法有效的婚姻，能够为长期稳定共同生活提供经济保障，这一目的不可忽略，若该目的无法实现，则彩礼的给付也失去意义。一般赠与说忽略了彩礼给付的目的，将其视为一般赠与，笔者不予认同。

b. 附义务赠与说。

附义务赠与说认为，给付彩礼之后，男女双方就有缔结合法有效婚姻的义务。有义务意味着要遵守，合同双方都要受到合同约束。但婚姻缔结本就具有较强的人身性，是否缔结婚姻属于当事人自愿之行为，如果把缔结婚姻纳入合同义务范畴，则婚姻自由难以保障。同时，有义务也意味着如若违反义务需承担法律责任，更加使得缔结婚姻的自由程度减弱，婚姻家庭立法的专属性与特殊性受到削弱，因此，笔者亦不赞同附义务赠与说。

c. 证约定金说。

证约定金说是在罗马时期市民法的基础上，由民法上定金担保的方式发展而来的。[1]类似于民法上的定金合同，如果给付"定金"的一方未能履行合同即缔结婚姻，则"定金"仍然归属接收方所有，不必返还；如果接收"定金"方未能履行合同，则需要双倍返还"定金"。改学说有利于保护双方缔结婚姻的稳定性，但不利于婚姻自由，当事人有可能因为高额的"定金"而选择缔结婚姻，放弃自主选择的权利。笔者也不赞成证约定金说。

d. 从契约说。

从契约说认为，男女双方缔结婚姻为主契约，彩礼给付为其从契约。如果主契约未能实现，则作为从契约的彩礼也应当依法返还，否则构成不当得利。该说亦有不规范之处，缔结合法有效婚姻的方式是依法登记，并不是彩礼之给付，而从契约说体现的则是彩礼为婚姻缔结的前提[2]。此外，婚姻并非与彩礼密不可分，给付彩礼订立婚约更多的是民间嫁娶习俗，遵循传统，维持双方情感上的稳定。但随着时代的变化与思想观念的改变，也有很多没有彩礼而缔结婚姻的情形，同时，在情感抉择与婚姻自由中，也有在给付彩礼、订立婚约之后退婚的情形。从契约说无法体现彩礼与婚姻的关系，不能较好地适应时代变化，因此，笔者不予支持。

---

〔1〕 赵庆询："论彩礼返还的法律问题"，载《经济研究导刊》2018年第4期。

〔2〕 郭英华、杜琼："彩礼返还行为刍议——兼释《婚姻法司法解释（二）》第十条及相关规定"，载《行政与法》2019年第2期。

e. 附解除条件的赠与说。

该学说将彩礼给付视为附解除条件的赠与，即当事人双方达成赠与合意，进行交付或登记之后，彩礼（现金、动产或不动产）的所有权转移，为接收彩礼一方所有。至于后续是否缔结婚姻与赠与合同本身的效力无关，但合同本身的履行目的是缔结婚姻，若发生合同目的落空的情形，则合同得以解除，以合同作为原因行为而发生的物权变动也随之恢复原状。所附解除条件为婚姻未能缔结，合同目的不能实现。附解除条件的赠与不同于一般赠与，也不附加任何人身性的义务，既能体现彩礼给付的赠与性质，也能保障婚姻缔结之自由。笔者支持附解除条件的赠与说。

对于婚姻未能缔结的情形，不能简单以双方未办理结婚登记来加以判断。《民法典婚姻家庭编解释（一）》第 5 条已经对婚姻未能缔结的情形作出了明确规定：双方未办理结婚登记手续；双方办理结婚登记手续但确未共同生活；婚前给付并导致给付人生活困难。适用前款第二项、第三项的规定，应当以双方离婚为条件。

随着时代变迁，闪婚闪离情形越发普遍。《彩礼返还规定》也明确了未办理结婚登记但共同生活以及已办理结婚登记但未共同生活而离婚的情形下，彩礼能否以及如何返还的规定。在判断赠与合同的所附解除条件——婚姻未能缔结时，要结合上述规定综合判断。

本案中，李某男与杜某女结婚后旋即离婚，有短暂的共同生活情形，且赠与的房屋价值较高，根据《彩礼返还规定》第 5 条，本案属于婚姻未能缔结，彩礼需要返还的情形，本案赠与合同所附的解除条件已经成就。《民法典》第158 条：附解除条件的民事法律行为，自条件成就时失效。李某男于杜某女二人缔结婚姻的目的落空，即赠与合同的目的落空，合同履行无实际意义，合同解除的条件已经成就，故赠与合同解除。

D. 赠与合同解除之后的法律后果。

依据《民法典》第 566 条第 1 款的规定：合同解除后，尚未履行的，终止履行；已经履行的，根据履行情况和合同性质，当事人可以请求恢复原状或者采取其他补救措施，并有权请求赔偿损失。我国立法上采行的是债权意思主义与登记或交付相结合的模式，物权变动既不要求物权合意，也未承认物权变动的无因构成。我国立法上的物权变动采取有因性原则，即物权变动的原因和变动的结果之间会受原因行为的影响。[1]本案中，房屋变更登记到杜某女名下为物权变动之结果，物权变动的原因为赠与法律行为，现赠与合同因所附解除条件成就而解除，物权变动的原因行为不再存在，则因此原因发生的物权变动结果也应恢复原状，即案涉房屋所有权应当归属李某男所有。即便此时登记在杜某女名下，但根据合同解除后的法律后果，案涉房屋的实际所有人应该是李某男。

（2）被请求人为无权占有人。

无权占有又称无权源的占有、无本权的占有，是指没有法律上的根据或原因的占有，如对赃物、遗失物的占有。本案中，案涉房屋虽登记在杜某女名下，但由于李某男与杜某女之间的房屋赠与合同因所附解除条件已成就而被解除，因此发生的物权变动也应恢复原状，则杜某女基于赠与而占有的房屋也随之失去法律上的依据，房屋所有人为李某男，杜某女对房屋构成无权占有。

（3）小结。

李某男是房屋所有人，杜某女对房屋构成无权占有，李某男基于《民法典》第235条的返还原物请求权基础成立。

2. 请求权未消灭

本案无请求权已消灭的相关事实，不予讨论

3. 请求权可行使

根据《民法典》第196条的规定，不动产的返还原物请求权不适用诉讼时效的规定，李某男请求杜某女返还案涉房屋的请求权得以支持。

4. 小结

李某男可以依据《民法典》第235条以返还原物请求权向杜某女主张返还案涉房屋。

---

[1] 无因性原则：交付是一种无因行为，基础的买卖合同有效还是无效，或者无效是否曾达成一个基础性的合同，交付之有效性并不会受到影响，所有权转移的必要条件和充分条件不是合同本身，而是物在事实上之交付；有因性原则：转让人转让标的物的法律事实需要内含一项合理由或具备有效的法律基础（正当原因），它是物权变动的必备要素。物权转移的有效性取决于该项转移中一个适当、合法基础之存在和有效，如果没有正当原因，物权不会发生转移。《民法典》第157条：民事法律行为无效、被撤销或确定不发生效力的法律后果，我国立法上对于物权变动采取有因性原则，不承认物权合意的存在与物权行为的独立性。但我国民法上是否真的不存在物权行为，以及承认物权行为与承认无因性之间是否存在必然联系，学界仍在讨论之中。

## 二、李某男可能基于《民法典》第122条（不当得利返还请求权），请求杜某女返还房屋

### （一）大纲

> 1. 请求权已成立
> （1）受利益。
> （2）因给付而受利益：当事人之间具有给付关系。
> （3）无法律上的原因：欠缺给付目的。
> ①李某男和杜某女未能缔结婚姻。
> ②赠与合同所附解除条件已经成就。
> ③赠与合同已经被解除。
> （4）小结。
> 2. 请求权未消灭
> 3. 请求权可行使
> 4. 小结

### （二）正文

1. 请求权已成立

李某男若想基于不当得利请求权向杜某女主张返还房屋，则二人之间的民事法律关系需要符合《民法典》第122条不当得利的构成要件。由本案的情形以及上文论述可知，李某男与杜某女之间的房屋赠与系附解除条件的赠与[1]，则二者之间属于给付型不当得利[2]，对给付型不当得利的构成要件进行拆分，检视李某男可否依据给付型不当得利请求权向杜某女主张返还房屋。

---

[1] 本案案涉房屋系彩礼，对于彩礼的性质，法律并无明文规定，学界对此主要存在五种学说：（1）一般赠与说；（2）附义务赠与说；（3）证约定金说；（4）从契约；（5）附解除条件的赠与说（通说）。笔者支持附解除条件的赠与说。详细论述见上文。

[2] 系因履行契约而为的给付，在该契约无效或者被撤销之后，给付目的归于消灭，给付受领人受此利益的法律原因已不存在，依据《民法典》第122条之规定，应当返还其受领的利益。具体论述见上文。

（1）受利益。

不当得利请求权的核心是有一方获取利益，该利益可以是有形有价值之实物，也可以是无形之权利。在给付型不当得利中，其所受利益，指一方当事人自他方当事人所受领的给付。本案中，李某男作为案涉房屋原所有权人，因缔结婚姻之目的，将自己所有的房屋赠与杜某女，并完成变更登记，根据不动产所有权的公示外观主义，此时杜某女成为房屋所有权人，杜某女获得房屋，受有利益。

（2）因给付而受利益：当事人之间具有给付关系。

给付型不当得利的另一重要要件是因给付而获得利益。所谓给付，是指有意识、基于一定目的而增加他人财产。

由上文可知，李某男对于自己赠与的目的与行为都有清楚的认知，对赠与之后杜某女财产的增加也知晓，不存在错误给付，或者无意识地给付之情形。故，李某男与杜某女之间存在基于赠与的给付关系。

（3）无法律上的原因：欠缺给付目的。

关于给付型不当得利无法律上的原因的判断基准有两种见解：一为欠缺给付目的（主观说）；二为无债之关系（客观说）。由上文论述可知，笔者采取欠缺给付目的说，当给付目的不存在时，受领一方即构成不当得利。

所谓给付目的，本案中，李某男向杜某女赠与房屋的目的在于与杜某女缔结婚姻，当二人之间婚姻未能缔结时，给付目的落空，二人之间附解除条件的赠与合同因解除条件成就而被解除，则杜某女基于赠与合同对房屋的占有便无法律上的原因。

故以下讨论，李某男与杜某女之间附解除条件的赠与合同的解除条件是否成就。

①李某男和杜某女未能缔结婚姻。

本案中，李某男与杜某女有短暂的同居生活，二人在结婚当天发生争吵，旋即离婚，婚姻关系未能维持持久、稳定地存续，结婚之目的落空。

②赠与合同所附解除条件已经成就。

案涉赠与合同的目的在于缔结合法有效的婚姻，并使之稳定存续，若婚姻未能缔结并维持，则合同目的落空，合同随之解除。本案中，李某男与杜某女已然离婚，婚姻关系未能稳定存续，赠与合同的解除条件已经成就。

③赠与合同已经被解除。

《民法典》第158条第3句规定，附解除条件的民事法律行为，自条件成就时失效。李某男与杜某女二人缔结婚姻的目的落空，即赠与合同的目的落空，合同履行无实际意义，合同解除的条件已经成就，故赠与合同解除。

（4）小结。

由于赠与合同已被解除，房屋给付的目的欠缺，杜某女对房屋的占有已经不存在法律上的原因。李某男向杜某女主张返还房屋的情形符合给付型不当得利的构成要件，李某男基于《民法典》第122条的不当得利请求权基础成立。

2. 请求权未消灭

本案无请求权已消灭的相关事实，不予论述。

3. 请求权可行使

李某男基于不当得利返还请求权向杜某女主张返还房屋，则该项请求权为债权请求权，需受到《民法典》第188条关于3年诉讼时效的限制。

2021年2月20日，李某男第一次向杜某女主张返还房屋的权利，2024年2月8日李某男第二次向杜某女主张权利，将其诉至法院，此期间并未超过3年诉讼时效，故该项权利可行使。

4. 小结

李某男可以基于《民法典》第122条关于不当得利返还请求权的规定，向杜某女主张返还房屋。

### 三、结论

李某男可以依据《民法典》第235条或第122条向杜某女主张返还案涉房屋。

## 第3部分　李某男请求杜某女返还现金10.8万元

请求权基础的预选与排序：本案中，李某男基于结婚之目的在与杜某女谈恋爱过程中给付杜某女现金10.8万元。因涉及现金的返还，所以纳入备选的请求权基础为《民法典》第122条关于不当得利返还请求权的规定，本案的10.8万元现金具有彩礼之性质，所以《彩礼返还规定》第5条关于彩礼返还的规定作为辅助规范。

根据请求权基础的审查顺序，本案可能涉及《民法典》第 1165 条第 1 款关于一般侵权损害赔偿的规定。但适用该条款的前提是一方具有过错，本案中的李某男向杜某女主张返还彩礼的原因是二人已经离婚，给付彩礼的目的不能实现。二人由于深感三观不合、无法继续沟通而离婚，并非一方的过错导致，所以本案不适用《民法典》第 1165 条第 1 款的规定，对此不展开讨论。

本案中，既有男方给予女方的彩礼现金，亦有女方带入男方家的陪嫁，结合男女双方已经登记且共同生活过的事实，在李某男能够请求返还彩礼现金的情形下，对于返还的数额需结合以上情形综合考量，故下文分两部分论述，第一部分：讨论李某男是否可以请求杜某女返还彩礼现金 10.8 万元；第二部分：在能够请求返还的情形下，讨论 10.8 万元现金是全额返还还是按一定比例返还。

**一、李某男可能基于《民法典》第 122 条请求杜某女返还现金 10.8 万元**

（一）大纲

> 1. 请求权已成立
> （1）受利益。
> （2）因给付而受利益：当事人之间具有给付关系。
> （3）无法律上的原因：给付欠缺目的。
> ①二人是否办理结婚手续，缔结合法有效的婚姻。
> ②二人是否离婚。
> ③二人是否共同生活时间较短且彩礼数额较高。
> （4）小结。
> 2. 请求权未消灭
> 3. 请求权可行使
> 4. 返还范围

（二）正文

1. 请求权已成立

《民法典》第 122 条："因他人没有法律根据，取得不当利益，受损失的人有权请求其返还不当利益。"不当得利请求权可分为给付型不当得利与非给付型不当得利，在非给付型不当得利中又分为权益侵害型不当得利、支出费用型不当得利以及求偿型不当得利。

本案属于典型的给付型不当得利之情形：系因履行契约而为的给付，在该契约无效或者被撤销之后，给付目的归于消灭，给付受领人受此利益的法律原因已不存在，依据《民法典》第122条之规定，应当返还其受领的利益。

给付型不当得利的构成要件为：（1）受利益；（2）因给付而受利益：当事人之间具有给付关系；（3）无法律上的原因：给付欠缺目的。以下针对各个构成要件逐一展开分析。

（1）受利益。

不当得利既称"得利"，必有受利益的情形。此为不当得利成立之前提。所谓受利益，是指因一定的法律事实使其财产总额增加或者应减少而未减少的情形。任何具有财产价值的权利或利益均可称为不当得利的客体。具体表现形式包括财产权的取得、占有的取得、既有财产权内容的扩张或限制的解除以及债务的免除等。

本案中，李某男与杜某女为榆林市邻乡村民，经人介绍发展为恋人关系。二人在2020年8月，回到老家，面见双方父母，在媒人见证下，李某男付给杜某女现金10.8万元作为聘礼。《彩礼返还规定》第3条第1款："人民法院在审理涉彩礼纠纷案件中，可以根据一方给付财物的目的，综合考虑双方当地习俗、给付的时间和方式、财物价值、给付人及接收人等事实，认定彩礼范围。"李某男给付10.8万元彩礼之目的在于与杜某女缔结婚姻关系，根据当地的婚姻习俗、媒人与父母的见证等综合因素考量，李某男给付的10.8万元为彩礼，且杜某女在亲友的见证之下接受了彩礼。杜某女取得了财产上的利益。

（2）因给付而受利益：当事人之间具有给付关系。

给付型不当得利请求权的基本要件，系因给付而受利益，所谓给付，指有意识地、基于一定目的而增加他人财产。

本案中，李某男以结婚为目的，将10.8万元现金交付给杜某女，李某男对于交付现金之行为、目的都有清楚的认知，其行为之后果为杜某女财产利益的增加。李某男与杜某女之间存在财产上的给付关系。

（3）无法律上的原因：给付欠缺目的。

无法律上的原因是指利益的取得没有法律上的原因。本案中，杜某女取得的利益是李某男所给付的彩礼，该给付行为是以缔结婚姻为目的的。根据案情，李某男与杜某女登记之后没过多久就办理了离婚登记，则李某男给付彩礼的目的落空，而杜某女获得利益的依据也有待考量。若二人之间的情形符合《彩礼返还规定》第5条第1款的规定，则李某男可以据此向杜某女主张返还彩礼，杜某女对于彩礼的占有缺少法律依据，构成不当得利，应当予以返还。以下结合本案情形与法律规范进行讨论。

①二人是否办理结婚手续，缔结合法有效的婚姻。

李某男（22周岁）与杜某女（20周岁），都是完全民事行为能力人，且符合法定婚龄。2021年1月10日，李某男与杜某女办理了结婚登记，并于2021年1月12日在李某男的家乡举行了结婚仪式，二人在实质与形式上都符合婚姻缔结的有效要件，二人婚姻关系成立且合法有效。

②二人是否离婚。

由于双方深感三观不合、无法继续沟通，2021年2月1日双方签订离婚协议，载明没有财产分割、子女抚养等争议，并办理了离婚登记。

③二人是否共同生活时间较短且彩礼数额较高。

根据本案情形，李某男与杜某女两人自2020年9月共同生活，直至2021年1月，有共同生活的事实，但不足半年，时间较短。根据西部网官方统计数据：2020年陕西居民人均可支配年收入为26 226元。[1]李某男支付的10.8万元彩礼约为当年陕西人均可支配年收入的4倍，彩礼数额较高。

（4）小结。

李某男与杜某女已经办理结婚手续但未共同生活，且二人已经离婚，该情形符合《彩礼返还规定》第5条第1款关于彩礼返还的规定。李某男主张杜某女返还彩礼有合理的依据，则杜某女占有彩礼无法律上的合理原因。本案的这项请求权符合《民法典》第122条的构成要件，请求权已经成立。

2. 请求权未消灭

无相关案件事实，无须检验。

---

〔1〕 "2020年陕西居民人均可支配收入26226元实际增长3.7%"，载 http://news. cnwest. com/bw-yc/a/2021/01/19/19446221. html，最后访问时间：2024年5月10日。

### 3. 请求权可行使

2021年2月1日，双方签订离婚协议并办理离婚登记。2021年2月20日，李某男找到杜某女要求其返还手机、房屋、现金10.8万元，杜某女表示自己深受情伤，付出很多，予以拒绝。直至2024年2月8日，李某男将杜某女诉至法院。

根据《民法典》第188条第1句关于3年诉讼时效的规定，李某男关于请求返还现金的请求权并未超过诉讼时效，故该项请求权可以得到支持。

### 4. 返还范围

在彩礼能够被请求返还的情形下，10.8万元现金是全额返还还是按一定比例返还？由第一部分论述可知，李某男主张返还彩礼现金10.8万元的请求可以得到支持，但由于本案双方当事人已经办理了结婚手续，且存在共同生活的事实以及女方父母给付嫁妆等情形，具体返还的数额需综合考虑判断。但由于各地经济发展情况、当事人的具体情形不同，对于彩礼返还之比例未能有统一标准，只能根据个案具体分析，但最高人民法院公布的典型案例和地区法院的典型案例可以提供方向。

2023年12月12日，最高人民法院公布的涉彩礼典型案例[1]的裁判结果：审理法院认为，双方当事人由于婚前缺乏了解，婚后亦未建立起深厚感情，婚姻已无存续可能，准予离婚。结合当地经济生活水平及王某某家庭经济情况，王某某所给付的彩礼款18.8万元属于数额过高，事实上造成较重的家庭负担。综合考虑双方共同生活时间较短，女方曾有终止妊娠等事实，为妥善平衡双方当事人利益，化解矛盾纠纷，酌定李某某返还彩礼款56 400元。上述案例中，当事人双方已经登记结婚、共同生活时间为18个月，返还比例为30%。

江苏省高级人民法院发布2023年度江苏法院家事纠纷典型案例3："闪婚"又"闪离"彩礼酌情退还。江苏省南京市中级人民法院认为，杨某与陆某作为新婚夫妻感情基础较弱，杨某在产生矛盾后未与陆某有效沟通交流即起诉离婚导致双方感情破裂，现并无充分证据证明陆某对双方感情破裂有明显过错，杨某要求陆某全额返还彩礼8万元依据不足，陆某以双方已办理结婚登记手续且共同生活为由主张不应返还彩礼的抗辩亦不成立。综合考虑双方共同生活的时

---

[1] 人民法院报："人民法院涉彩礼纠纷典型案例"，载 https://www.court.gov.cn/zixun/xiangqing/419922.html，最后访问时间：2024年5月10日。

间、感情破裂的原因、彩礼数额等情形,遂改判:陆某返还杨某彩礼4万元。该案例中,当事人已进行结婚登记,共同生活时间为4个月,返还比例为50%。

结合上述典型案例的裁判结果,以及本案的实际情形,李某男给付杜某女彩礼现金10.8万元,杜某女父母以价值1万元的摩托车作为陪嫁,且该摩托车后来一直由李某男占有和使用,则在返还彩礼份额时应减除已经归属男方的嫁妆金额,根据两人共同生活5个月的事实情况,综合判定李某男可主张返还彩礼金额的50%再扣除价值1万元的嫁妆费用,共计4.4万元。即李某男可以主张返还的彩礼数额为4.4万元。

综上所述,李某男得以依据《民法典》第122条关于不当得利的规定请求杜某女返还彩礼,综合考量后的返还比例为50%,扣除1万元嫁妆费用之后,具体返还数额为4.4万元。

## 二、结论

李某男可以依据《民法典》第122条请求杜某女返还彩礼现金4.4万元。

# 9 "情非得已的谎言" 案 *

## 【案情】

王某女（1996 年 3 月 10 日生）因与前男友张某男分手，精神受到打击，因此患严重精神分裂症，于 2019 年 3 月 10 日在西安市某医院住院治疗 100 天，后病情好转出院，医嘱不适随诊。2020 年 5 月 20 日又在该医院住院治疗 140 余天。2020 年 10 月，王某女经治疗后出院。

2020 年 12 月 10 日，王某女到舅舅宋某男家中做客，认识了舅舅单位的同事郭某男（1994 年 2 月 20 日生）。王某女外貌气质俱佳，很快吸引了郭某男，而王某女发现郭某男酷似其前男友张某男，两人一见倾心遂即谈婚论嫁。2021 年 3 月 15 日，郭某男与王某女在民政局办理了结婚登记。2021 年 5 月 1 日，郭某男与王某女举行婚礼，郭某男为此花费酒席婚宴费用 6 万元。

婚后，郭某男与王某女恩爱有加。可是天有不测风云，2021 年 7 月 8 日，郭某男下班回家发现王某女在服用维思通利培酮片。郭某男于 2021 年 7 月 9 日在西安市某医院调取王某女病历，病历显示王某女因精神分裂症的住院状况，复发性高，且具有家族遗传性。郭某男顿感晴天霹雳，两人开始分居。

郭某男为此深受打击，伤心欲绝，此时，王某女的朋友卢某女乘虚而入，很快郭某男和卢某女同居，6 个月后郭某男想与卢某女结婚。于是，郭某男于 2022 年 7 月 4 日诉至人民法院，要求撤销其与王某女的婚姻，并要求王某女赔偿酒席婚宴费用 6 万元。

---

* 高静姝，贵阳学院 2021 级法学本科生，2023—2024 年贵州大学法学院交换学习。李佳文，西北政法大学民商法学院 2023 级硕士研究生，民商法学院 2018 级本科生。

【问题】

郭某男要求王某女赔偿酒席婚宴费用 6 万元的主张能否得到支持？

【要求】

运用请求权基础方法以鉴定式体裁解题。

# 第1部分 郭某男对王某女

请求权基础预选：本案中，郭某男的请求目的是赔偿婚宴费用6万元。此项损害赔偿基于婚姻而产生，其请求权基础可能是《民法典》第1054条第2款和第1091条。第1054条是基于婚姻无效或者撤销的婚姻效力瑕疵产生的损害赔偿，而第1091条是基于离婚产生的损害赔偿，如果前项请求权成立，则说明婚姻效力存在瑕疵，无须继续检索后项请求权。郭某男与王某女缔结了婚姻，结婚行为属于双方民事法律行为。虽然《民法典》第157条规定了民事法律行为无效或者撤销的损害赔偿，但是根据特别规定优于一般规定的适用原则，可能的请求权基础是第1054条第2款，而非第157条。另外，郭某男关于损害赔偿的请求能否依据《民法典》第500条缔约过失责任的问题，婚姻缔结行为并非合同行为，在《民法典》婚姻家庭编直接规定婚姻效力瑕疵损害赔偿的前提下，无须参照适用第500条。郭某男关于损害赔偿的请求能否依据第1165条侵权损害赔偿的问题，王某女隐瞒家族精神病史的行为导致婚姻效力瑕疵的行为，侵害了郭某男的婚姻自主权，但是6万元的婚宴费用损害与婚姻自主权的侵权行为难以成立因果关系，故此项请求权基础予以排除。综上所述，将优先适用第1054条第2款进行检索。

**一、郭某男或可根据《民法典》第1054条第2款请求王某女赔偿酒席婚宴费用6万元。**

（一）大纲

1. 请求权是否已成立？

（1）郭某男和王某女的婚姻关系是否成立并生效？

①婚姻是否成立。

A. 一般成立要件。

B. 特殊成立要件。

②婚姻是否生效。

A. 一般生效要件。

B. 特殊生效要件。

（2）郭某男和王某女婚姻是否无效或者被撤销？

①是否存在导致婚姻无效的情形？

②是否因未告知重大疾病导致婚姻被撤销？

A. 是否存在未告知重大疾病导致婚姻被撤销的情形？

　　a. 严重精神分裂症患病史是否属于告知内容？

　　b. 王某女是否存在结婚登记前未如实告知重大疾病的行为？

B. 是否存在阻止婚姻被撤销的情形？

　　a. 是否超过1年的除斥期间？

　　b. 是否受5年最长除斥期间的限制？

　　c. 是否存在放弃婚姻撤销权的情形？

（3）郭某男是否受有损害？

（4）郭某男所受损害与婚姻撤销是否存在因果关系？

（5）郭某男是否为无过错方？

（6）王某女是否为过错方？

（7）小结

2. 请求权是否消灭？

3. 请求权是否可行使？

（二）正文

1. 请求权是否已成立？

根据《民法典》第1054条第2款的规定，婚姻无效或者被撤销的，无过错方有权请求损害赔偿。郭某男若想主张王某女赔偿酒席婚宴费用6万元，需符合上述规定中的条件：第一，郭某男和王某女的婚姻关系是否成立并生效？第二，郭某男和王某女的婚姻是否无效或者可被撤销？第三，郭某男是否受有损害？第四，郭某男所受损害与其婚姻撤销是否存在因果关系？第五，郭某男是否为无过错方？第六，王某女是否为过错方？

（1）郭某男和王某女的婚姻关系是否成立并生效？

①婚姻是否成立。

婚姻成立要件包括一般成立要件和特殊成立要件。一般成立要件包括婚姻

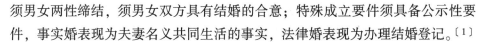

须男女两性缔结，须男女双方具有结婚的合意；特殊成立要件须具备公示性要件，事实婚表现为夫妻名义共同生活的事实，法律婚表现为办理结婚登记。[1]

A. 一般成立要件。

本案中，郭某男与王某女缔结了婚姻，符合婚姻的一般成立要件。

B. 特殊成立要件。

本案中，郭某男与王某女办理了结婚登记，符合婚姻的特殊成立要件。

②婚姻是否生效。

婚姻的生效要件包括一般生效要件和特殊生效要件。一般生效要件包括结婚的男女双方完全自愿，符合法定婚龄，不存在禁止结婚的亲属关系，以及符合一夫一妻制。[2]特殊生效要件，事实婚需符合形成于 1994 年 2 月 1 日这一时间性条件；法律婚要求结婚登记合法有效，由民政部门依照法定的条件和程序确认当事人的婚姻合意。

A. 一般生效要件。

本案中，郭某男与王某女办理结婚登记时，符合结婚的实质要件，该要件成立。

B. 特殊生效要件。

本案中，郭某男与王某女办理的结婚登记合法有效，该要件成立。

（2）郭某男和王某女婚姻是否无效或者可被撤销？

依据《民法典》第 1049 条的规定，郭某男与王某女已经办理结婚登记，确立了合法有效的婚姻关系。第 1054 条第 2 款规定的无过错方的损害赔偿请求权是婚姻效力存在瑕疵的损害赔偿请求权。需要依据《民法典》第 1051 条、第 1052 条、第 1053 条的规定进行检索是否存在婚姻效力瑕疵情形。结合案件事实，本案需要检索的是王某女的疾病对婚姻效力的影响。可能存在两种情形：①依据《民法典》第 144 条[3]的规定，无民事行为能力人实施的民事法律行为无效。患有精神类疾病的无民事行为能力人缔结的婚姻行为无效。[4]因此，此处需审查王某女在结婚登记前患有的严重精神分裂症，是否导致婚姻无

---

〔1〕 余延满：《亲属法原论》，法律出版社 2007 年版，第 139-149 页。

〔2〕 杨大文、龙翼飞主编：《婚姻家庭法》，中国人民大学出版社 2020 年版，第 85-89 页。

〔3〕 《民法典》第 144 条规定：无民事行为能力人实施的民事法律行为无效。

〔4〕 徐国栋："《中华人民共和国民法典》应保留《婚姻法》禁止一些疾病患者结婚的规定"，载《暨南学报（哲学社会科学版）》2020 年第 1 期。

效。②郭某男与王某女的婚姻是否存在未告知重大疾病导致婚姻撤销的情形。

①是否存在导致婚姻无效的情形？

本案不存在《民法典》第 1051 条规定的婚姻无效情形，但是除了第 1051 条规定的婚姻无效情形下，无民事行为能力人缔结的婚姻也无效。依据《民法典》第 1046 条的规定，结婚的婚姻当事人双方须完全自愿。结婚自愿的前提是婚姻当事人双方需具备结婚的行为能力，即具有认识和判断结婚行为的性质与法律后果的能力。具体而言，男性，年满 22 周岁且具有相应的民事行为能力；女性，年满 20 周岁且具有相应的民事行为能力。患有严重影响民事行为能力的精神类疾病的婚姻当事人，无法辨认和判断结婚的行为性质与法律后果，不具有结婚的行为能力，无法表达结婚意思，依据《民法典》第 144 条，依此情形缔结的婚姻应为无效婚姻。

本案中，王某女患有严重精神分裂症，如果有证据证明足以影响民事行为能力，如果在发病期间缔结婚姻，无法认识和判断结婚行为的性质与法律后果，则婚姻无效。但是，王某女是在治疗出院后与郭某男缔结婚姻，案件事实未表明其在结婚登记时不具有相应的民事行为能力，以此推断王某女在结婚登记时能认识和判断结婚行为的性质与法律后果，具有结婚的行为能力，因此该婚姻不存在无效的情形。

②是否因未告知重大疾病导致婚姻被撤销？

A. 是否存在未告知重大疾病导致婚姻被撤销的情形？

a. 严重精神分裂症患病史是否属于告知内容？

依据《民法典》第 1053 条第 1 款之规定，婚姻当事人对"患有重大疾病"负有告知义务。从文义解释，"患有"意指处于发病期、传染期或者治疗期。重大疾病一般是指严重影响夫妻共同生活目的实现或生育繁衍后代的疾病。[1]本案中，王某女曾经患有严重精神分裂症。王某女对此是否负有告知义务，需要检视两个层面的问题：其一，严重精神分裂症是否属于重大疾病；其二，婚姻当事人对曾经患过的重大疾病（重大疾病患病史）是否需履行告知义务。

其一，关于严重精神分裂症是否属于重大疾病的问题。《民法典》第 1053 条第 1 款规定，撤销疾病婚的范围仅限于重大疾病，但是关于重大疾病的类

---

[1] 高丰美："我国隐瞒重大疾病撤销婚姻的立法模式、立法理念与主要制度阐释"，载《成都理工大学学报（社会科学版）》2022 年第 3 期。

型，立法者和司法解释并未列举明示。根据《母婴保健法》的规定，婚前医学检查包括下列疾病的检查：（1）严重遗传性疾病；（2）指定传染病；（3）有关精神病。其中，有关精神病，则是指精神分裂症、躁狂抑郁型精神病以及其他重型精神病。《母婴保健法》进一步规定，经婚前医学检查，对患指定传染病在传染期内或者有关精神病在发病期内的，医师应当提出医学意见，准备结婚的男女应当暂缓结婚。由此可知，婚前已患有上述疾病的公民暂时不适宜结婚。在 2001 年《婚姻法》第 10 条疾病无效婚规定的背景下，患有有关精神疾病缔结的婚姻往往是无效的。根据举重以明轻的原则，有关精神类疾病属于重大疾病。[1]另外，严重精神分裂症对患病者的认知能力和生活能力必将有所限制，也必将严重影响婚后的共同生活。因此，婚姻当事人一方在办理结婚登记前若知晓自身患有上述有关精神类疾病，视为符合《民法典》第 1053 条第 1款规定的重大疾病，患病一方均应将患病信息告知另一方。

其二，婚姻当事人对曾经患过重大疾病（重大疾病患病史）是否须履行告知义务？要回答这个问题，需要回归到《民法典》第 1053 条将告知的疾病限于"重大"的规范目的。将疾病限于"重大"的理由至少有二，一是基于考虑婚姻缔结的目的，重大疾病不应影响婚姻共同生活和子女健康出生；二是在于平衡患病婚姻当事人的隐私权和另一方婚姻当事人的知情权，仅限于对婚育有严重影响的重大疾病才负有告知义务。[2]因此，对于重大疾病的患病史的告知义务需区分曾患疾病是否遗留严重影响夫妻共同生活目的实现或生育繁衍后代的后遗症来认定。如果曾患精神类疾病是不影响民事行为能力也不影响夫妻共同生活目的实现或生育繁衍后代的疾病，自然无须告知。如果曾患精神疾病是影响民事行为能力的疾病和不影响民事行为能力但影响夫妻共同生活目的实现或生育繁衍后代的疾病，需告知患病史。对于已经治愈但具有遗传因素的严重精神类疾病，有危害子女健康出生的可能，对其患病史应负告知义务。结合本案事实，王某女所患严重精神分裂症不仅复发可能性高，而且具有家族遗传性，结婚登记前应如实告知。

---

[1] 但是须排除严重影响民事行为能力的精神类疾病，仅指不影响民事行为能力，但严重影响夫妻共同生活目的实现或生育繁衍后代的精神类疾病。

[2] 任江、邵杨琦："隐瞒重大疾病婚姻撤销权解释论"，载《温州大学学报（社会科学版）》2022年第 4 期。

b. 王某女是否存在结婚登记前未如实告知重大疾病的行为？

依《民法典》第 1053 条第 1 款之规定，一方患有重大疾病的，应当在结婚登记前如实告知另一方。重大疾病告知义务的方式可以是告知虚假情况或者隐瞒真实情况，可以是明示，也可以是默示和沉默。没有履行如实告知义务的表现可能是婚姻当事人实施了积极的欺诈行为，如告知婚姻当事人虚假的健康情况，还可能是消极的欺诈行为，如隐瞒婚姻当事人患有重大疾病的真实情况。这种告知义务属于主动告知义务，即使在婚姻当事人另一方没有询问的情形下，患病婚姻当事人一方也有义务主动如实告知重大疾病信息。本案中，王某女应将自己曾患有严重精神分裂症的事实在结婚登记前告知郭某男，但是王某女在婚姻登记前并未将自己患病的事实如实告知郭某男，保持了沉默，违反了如实告知义务，存在未告知重大疾病的行为。

B. 是否存在阻止婚姻被撤销的情形？

a. 是否超过 1 年的除斥期间？

依据《民法典》第 1053 条 2 款的规定，请求撤销婚姻的，应在知道或应知道撤销事由之日起 1 年内提出。本案不存在超过 1 年期间的情形。

b. 是否受 5 年最长除斥期间的限制？

结婚行为在性质上属于产生身份法效果的法律行为，涉及婚姻当事人之间的身份利益。未告知的重大疾病具有较强的隐秘性，如一些遗传性疾病，可能在结婚后长期都无法被受欺诈婚姻当事人一方发现。如果规定自结婚登记之日期 5 年内不行使，撤销权消灭，将极大损害受欺诈婚姻当事人一方的人身利益。从最大限度地保护当事人婚姻自主权和妇女权益的角度，排除适用《民法典》第 152 条第 2 款的规定才符合婚姻家庭编保护当事人婚姻自主权的基本价值取向。[1]且依据相同情形相同处理原则，在《民法典婚姻家庭编解释（一）》第 19 条已经明确受胁迫撤销婚姻不适用 5 年最长除斥期间的情形下，应对隐瞒重大疾病撤销婚姻的行使期限做同样的解释。在没有新的司法解释予以明确排除规定情形下，隐瞒重大疾病的婚姻撤销权行使期限可以类推适用《民法典婚姻家庭编解释（一）》第 19 条的规定，不适用《民法典》第 152

---

[1] 郑学林、刘敏、王丹："关于适用《民法典婚姻家庭编的解释（一）》若干重点问题的理解与适用"，载《人民司法》2021 年第 13 期。

条第 2 款中 5 年最长行使期限的规定。[1]本案不存在此情形。

c. 是否存在放弃婚姻撤销权的情形？

《民法典》第 152 条第 1 款第 3 项规定了撤销权放弃。依据《民法典总则编解释》第 1 条第 1 款的规定，民法典婚姻家庭编没有规定的，可以适用民法典总则编的规定，但是依其性质不能适用的除外。从性质上看，与一般撤销权放弃一样，婚姻撤销权放弃属于当事人依个人意思单方行使即可发生法律后果的形成权。与一般撤销权放弃不同的是，婚姻撤销权放弃导致的法律后果是身份关系效力发生变动，应考量身份法上的特别限制。就隐瞒重大疾病的婚姻撤销权放弃而言，应考量隐瞒重大疾病缔结的婚姻以及放弃婚姻撤销权不违反强制性规定（如导致无民事行为能力的精神疾病不适用）和公序良俗。但这并不会导致婚姻撤销权放弃和一般撤销权放弃在性质上的冲突，在不违反上述限制的情形下，身份法律关系的创设与消灭也取决于行为人的意志，婚姻撤销权的权利人依然可以依其意愿选择行使与否。《民法典》总则编关于撤销权放弃的规定对婚姻家庭编应具有涵摄力，在司法上可做肯定解释。依据本案事实，本案不存在此情形。

（3）郭某男是否受损害？

《民法典》第 1054 条第 2 款规定，婚姻无效或者被撤销的，无过错方有权请求损害赔偿。本条规定的损害赔偿责任范围，既包括物质损害赔偿，亦包括精神损害赔偿。[2]在婚姻缔结过程中，婚姻当事人在相互交往过程中，逐渐建立信赖，同时也负有法定的重大疾病告知义务。患有重大疾病却未告知婚姻当事人致使另一方当事人产生信赖而缔结了婚姻，因此种密切交往和告知义务产生的合理信赖应受法律保护。[3]在婚姻被撤销的场合，有过错方应承担因此种信赖而导致的损害。此种损害应包含为信赖婚姻将有效缔结所支出的各项费用，这些费用因婚姻被确认无效或者被撤销而成为徒劳费用，如婚礼的相关开支，双方拍摄婚纱照的相关开支。[4]本案中，郭某男因信赖婚姻有效缔结、为

---

〔1〕 高丰美："我国隐瞒重疾撤销婚的立法模式、立法理念与主要制度阐释"，载《成都理工大学学报（社会科学版）》2022 年第 3 期。

〔2〕 最高人民法院民法典贯彻实施工作领导小组主编：《中华人民共和国民法典婚姻家庭编继承编理解与适用》，人民法院出版社 2020 年版，第 109 页。

〔3〕 邵永乐："论无效婚姻的损害赔偿"，载《法治研究》2024 年第 3 期。

〔4〕 刘征峰："结婚中的缔约过失责任"，载《政法论坛》2021 年第 3 期。

举办婚礼花费酒席婚宴费用 6 万元包含在损害赔偿的范围内。郭某男受有损害。

（4）郭某男所受损害与婚姻撤销是否存在因果关系？

因果联系的特点之一是原因在先，结果在后。原因和结果必须同时具有必然的联系，即二者的关系属于引起和被引起的关系。因为婚姻当事人一方未告知重大疾病导致婚姻被撤销，继而导致受欺瞒一方为此婚姻缔结花费了本不该支付的相关费用，在"一方未告知重大疾病——婚姻撤销——婚姻缔结花费"之间存在因果关系。本案中，郭某男为举办婚礼花费酒席婚宴的费用 6 万元是为缔结婚姻所花费的，郭某男所受的财产损害是由婚姻可撤销引起的，故郭某男所受损害与其婚姻撤销具有因果关系。

（5）郭某男是否为无过错方？

《民法典》第 1054 条第 2 款所规定的无过错方，并不是指在同居期间各方均无过错的当事人，而是指对无效婚姻、被撤销婚姻的发生并无过错的当事人，即指对可撤销婚姻的发生无过错，从"无过错"一词可知，本款强调的是对善意一方当事人利益之保护。损害赔偿请求权之主体不是无效婚姻和可撤销婚姻之受害人，而是无过错的善意当事人。这里的善意是指当事人对无效或可撤销事由并不知情。[1]

此外，请求权人的出轨行为等其他情形不影响无过错的认定。本案中，郭某男虽在与王某女的婚姻关系存续期间与卢某女同居 6 个月，但这一事实并不是导致被撤销婚姻发生的原因。

综上所述，郭某男本身不存在婚姻无效或者撤销的情形，在婚姻登记之前对王某女的病情并不知情，郭某男对被撤销婚姻的发生并无过错，故郭某男为无过错方。

（6）王某女是否为过错方？

婚姻当事人缔结婚姻时对于自身的婚姻状况、婚龄、亲属关系、疾病状况有一定的注意义务，并将可能导致婚姻无效或者撤销的情形告知另一方。如果当事人尽了必要的注意义务也无从知晓，则不存在过错。如果一方明知存在上述婚姻无效或者撤销的情形，却不告知，导致婚姻无效或者撤销的，则存在过

---

〔1〕 杨代雄编著：《袖珍民法典评注》，中国民主法制出版社 2022 年版，第 908 页。

错，须对该行为导致的损害承担赔偿责任。[1]本案中，王某女明知自己具有多次治疗精神疾病的状况，并且患有家族精神病史，却未告知郭某男，导致婚姻被撤销，存在过错。

（7）小结。

经过上述分析可知，虽然郭某男和王某女的婚姻关系成立并生效，但是郭某男和王某女的婚姻符合《民法典》第1053条之规定，为可撤销婚姻，且郭某男确受有损害，以及郭某男为无过错方，且郭某男所受损害与其婚姻撤销具有因果关系，故该项请求权符合《民法典》第1054条第2款的构成要件，因此该项请求权成立。

2. 请求权是否消灭？

不存在相关案件事实，这项请求权未消灭。

3. 这项请求权是否可行使？

不存在相关案件事实，这项请求权可行使。

## 二、结论

郭某男可根据《民法典》第1054条第2款请求王某女赔偿酒席婚宴费用6万元。

---

[1] 最高人民法院民法典贯彻实施工作领导小组主编：《中华人民共和国民法典婚姻家庭编继承编理解与适用》，人民法院出版社2020年版，第108页。

# 10 "朝秦暮楚" 案[*]

## 【案情】

秦某女与荆某男系夫妻关系，结婚近20年，居住在西安市高新区。秦某女与荆某男共同经营一家服装厂，荆某男负责销售业务，秦某女负责生产业务，两人身家千万。2020年11月，在一次年会上，荆某男认识了新来的年轻会计楚某女，两人一见钟情，之后两人开始婚外同居。2021年2月，荆某男购买西安市雁塔区某小区住房一套，以自己名义签订购房合同，向开发商全款支付120万元购房款。2021年3月，荆某男以合同更名的方式将该套房屋赠与楚某女，房屋产权登记在楚某女名下。楚某女一直催促荆某男离婚，但是荆某男想着公司还得依靠秦某女的生产技术能力，无法立即离婚，于是向楚某女表示正在办理离婚手续。在谋划离婚过程中，荆某男私自多次将夫妻共同经营服装厂的收益累计人民币200万藏匿。

2022年2月，秦某女发现了荆某男与楚某女的婚外情，悲痛欲绝，要求与荆某男离婚。荆某男此时却幡然醒悟，深感无地自容、懊悔不已，恳求秦某女原谅自己。秦某女回顾一起打拼的经历，且考虑马上要高考的儿子和服装厂的发展，只得打消离婚的念头。但是，秦某女想到自己辛苦打拼赚的钱给了楚某女，非常气愤，同时担心荆某男继续隐匿财产损害自己的财产利益，遂求助于学法律的你。

## 【问题】

秦某女可以依据什么向谁请求什么？

## 【要求】

运用请求权基础方法以鉴定式体裁解题。

---

* 祝桦玉，西北政法大学民商法学院2023级硕士研究生，刑事法学院2019级本科生。

# 第1部分　秦某女对楚某女

请求权基础的预选：本案中，荆某男花费120万元购房赠与楚某女，配偶秦某女或可向楚某女请求返还购房款120万元及利息。可纳入本案预选的请求权基础为秦某女可能依据《民法典》第122条请求楚某女返还不当得利。关于房屋本身，秦某女无法依据《民法典》第235条主张返还原物请求权。理由为荆某男通过合同更名的形式将房屋赠与楚某女，房屋直接登记于楚某女名下，根据物权公示原则，不动产物权变动要件为登记，此时楚某女属于该房屋的合法所有权人，秦某女无权请求楚某女返还房屋。

请求目的分析：第一，120万元购房款的返还。荆某男使用夫妻共同财产120万元购买了雁塔区一套住房，随后将房屋登记在楚某女名下，配偶秦某女的财产权被侵害，秦某女可以主张获得房屋利益的楚某女返还全部120万元购房款。夫妻共同财产是基于法律的规定，因夫妻关系的存在而产生的。在夫妻双方未选择其他夫妻财产制的情形下，夫妻对共同财产形成共同共有。根据共同共有的一般原理，在婚姻关系存续期间，夫妻共同财产应作为一个不可分割的整体，夫妻对全部共同财产不分份额地共同享有所有权，夫妻双方无法对共同财产划分个人份额。夫妻对共同财产享有平等的处理权，并不意味着夫妻各自对共同财产享有半数的份额。[1]故而，秦某女主张请求楚某女返还的应为全部购房款，而非部分购房款。

第二，120万元利息的返还。受益人返还义务的范围依其受利益是否善意而不同。如果受益人为善意，即受益人不知道自己取得利益无法律依据，此种情况下，若受损人的损失大于受益人取得的利益，受益人返还的利益以现存利益为限；若受益人取得的利益大于受损人的损失，受益人返还的利益范围以受损人实际受到的损失为限。如果受益人为恶意，即受益人知道自己取得利益时无法律依据，此时受益人应当返还其所得的全部利益，包括本金和孳息。本案需要考虑受益人楚某女的主观心态善意与否，若楚某女为恶意，荆某男使用夫妻共同财产120万元产生的利息属于法定孳息，秦某女可以主张返还。

---

〔1〕　最高人民法院民事审判第一庭编：《民事审判实务问答》，法律出版社2021年版，第148页。

## 一、秦某女或可依据《民法典》第 122 条请求楚某女返还 120 万元及利息

（一）大纲

> 1. 请求权已产生
>
> （1）楚某女受利益。
>
> （2）楚某女因侵害秦某女权益而受利益，致秦某女受损害。
>
> （3）楚某女受利益没有法律上的原因。
>
> ①荆某男的赠与行为是否属于日常家事代理范围？
>
> ②赠与行为是否有效？
>
> A. 秦某女是否知情且同意处分？
>
> B. 楚某女是否构成善意取得？
>
> C. 赠与行为是否违背公序良俗？
>
> ③物权行为理论的选择。
>
> （4）是否存在权利阻止之抗辩？
>
> 2. 请求权未消灭
>
> 3. 请求权可行使
>
> （1）应适用的诉讼时效期间。
>
> （2）诉讼时效期间的起算。
>
> （3）是否存在中止、中断、延长情形？
>
> （4）小结。

（二）正文

1. 请求权已产生

不当得利建构在"给付型不当得利"和"非给付型不当得利"两种基本类型之上。[1]给付型不当得利的债权债务关系存在于给付者与受领给付者之间，具有相对性。非给付型不当得利中包括权益侵害型不当得利、支出费用型不当得利和求偿型不当得利。其中，权益侵害型不当得利是指侵害取得本应归

---

〔1〕 王泽鉴:《不当得利》，北京大学出版社 2023 年版，第 48 页。

属于他人权益内容的利益，从法秩序权益归属上不具有正当性。本案中，不当得利请求权人为秦某女，请求权相对人为楚某女，由于秦某女并未直接实施赠与行为，故不属于给付型不当得利的债权人。下一步检视非给付型不当得利的类型，楚某女的获益行为致秦某女的财产权遭受损害，故本案可能属于权益侵害型不当得利，根据《民法典》第122条〔1〕的规定，本案权益侵害型不当得利请求权的构成要件为：（1）楚某女受利益；（2）楚某女因侵害秦某女权益而受利益，致秦某女受损害；（3）楚某女受利益没有法律上的原因。在具备上述构成要件后，秦某女得请求楚某女返还不当得利。

（1）楚某女受利益。

受利益是指财产利益的增加，既包括积极的增加，即财产总额的增加；也包括消极的增加，即财产总额应减少而未减少，如本应支付的费用没有支付等。〔2〕本案中，荆某男通过合同更名的形式赠与一套住房给楚某女，使得楚某女至少获得了120万元财产利益。

（2）楚某女因侵害秦某女权益而受利益，致秦某女受损害。

受损害是指因一定的事实使现存财产减少或者应得的利益丧失。〔3〕"致他人受损害"是指受利益与受损害之间需具备直接性，其受利益是直接来自他人受损害，而非经由第三人财产。同时，仍需说明此处的"致他人损害"理解为侵害应归属他人的权益而受利益者，即构成"致他人损害"，无须以他人实际受有损害为必要。〔4〕

我国的法定夫妻财产制是夫妻共同财产制，它是指在婚姻关系存续期间，夫妻双方或一方所得的财产，除法律规定或夫妻约定为个人财产外，均归夫妻双方共同共有的夫妻财产制度。〔5〕本案中，荆某男购买房屋所花费的120万元属于其与秦某女的夫妻共同财产，楚某女占有该120万元财产利益即构成侵害秦某女权益归属内容而受利益，故而楚某女占有120万元财产利益的行为直接侵害了本属于秦某女的财产利益，楚某女受利益是直接来自秦某女夫妻共同财产的损害，受利益与受损害之间具备因果关系。

---

〔1〕 《民法典》第122条规定：因他人没有法律根据，取得不当利益，受损失的人有权请求其返还不当利益。

〔2〕 法律出版社法规中心：《中华人民共和国民法典总则编注释本》，法律出版社2020年版，第97页。

〔3〕 郑玉波：《民法债编总论》，中国政法大学出版社2004年版，第93页。

〔4〕 王泽鉴：《不当得利》，北京大学出版社2023年版，第223页。

〔5〕 李永军主编：《民法学教程》，中国政法大学出版社2023年版，第810页。

（3）楚某女受利益没有法律上的原因。

没有法律上的原因不是指权利或者财产的取得没有法律上的直接原因，而是指利益的取得缺乏法律上的原因。[1]因此，需要对楚某女取得利益的原因行为，即荆某男的赠与行为性质进行分析。

①荆某男的赠与行为是否属于日常家事代理范围？

《民法典》第1060条第1款规定："夫妻一方因家庭日常生活需要而实施的民事法律行为，对夫妻双方发生效力，但是夫妻一方与相对人另有约定的除外。"该条对夫妻间日常家事代理权进行明确，即夫妻双方在为满足家庭日常生活需要而与第三人实施法律行为互为代理人，互有代理权。[2]一般而言，满足家庭日常生活需要的支出是通常情况下必要的家庭消费，主要包括正常的衣食消费、日用品购买、子女抚养教育等各项费用，是维系一个家庭正常生活所必需的开支。[3]本案中，荆某男赠与120万元财产利益给楚某女的行为显然不属于为满足家庭日常生活需要，不属于日常家事代理范围。

②赠与行为是否有效？

本案中，荆某男将夫妻共同财产赠与楚某女的行为，构成实践中典型的案例模型——婚内配偶向"第三者"赠与财产。在司法实践中，关于该赠与行为的法律效力，大致有三种不同的观点：第一种是赠与行为无效；[4]第二种是赠与行为有效；[5]第三种是赠与行为部分有效。[6]

而第一种主张无效的观点分为两种处理方式：第一，婚内配偶向"第三者"赠与财产的行为是建立在非法同居的基础上，其目的在于建立或维持非法同居关系，有悖于公序良俗，故赠与行为无效。第二，婚内配偶未经另一方配偶同意擅自处分夫妻共同财产，侵犯了另一方的平等处理权，构成不当处分，且"第三者"非善意不能构成善意取得，故赠与行为无效。[7]下面就上述两

〔1〕郑玉波：《民法债编总论》，中国政法大学出版社2004年版，第95页。

〔2〕王战涛："日常家事代理权之批判"，载《法学家》2019年第3期。

〔3〕李永军主编：《民法学教程》，中国政法大学出版社2023年版，第809页。

〔4〕参见泸州市纳溪区人民法院（2001）纳溪民初字第561号民事判决书；陕西省西安市中级人民法院（2020）陕01民终13147号民事判决书。

〔5〕参见蒋月："婚外同居当事人的赠与"，载《法学》2010年第12期。

〔6〕参见成都市中级人民法院（2018）川01民终8187号民事判决书。

〔7〕郭英华、左惠："婚内向'第三者'赠与法律适用的困境及出路"，载《行政与法》2016年第4期。

种处理方式展开进行分析：

A. 秦某女是否知情且同意处分？

除法律规定和约定外，夫妻共同共有夫妻财产，根据共同共有的规则，共同共有人对共有财产享有不分份额的所有权。《民法典》第301条规定："处分共有的不动产或者动产以及对共有的不动产或者动产作重大修缮、变更性质或者用途的，应当经占份额三分之二以上的按份共有人或者全体共同共有人同意，但是共有人之间另有约定的除外。"可见，除非另有约定，共同共有人若处分共有财产需要全体共同共有人的一致同意。

无权处分是指行为人没有处分权，却以自己的名义实施的对他人财产的法律上的处分行为。本案中，荆某男处分120万元财产利益是其与秦某女的夫妻共同财产，而秦某女作为共同共有人事先对配偶荆某男擅自处分财产的行为并不知情，秦某女事后未作出同意处分的意思表示，故而荆某男的赠与行为属于无权处分。

B. 楚某女是否构成善意取得？

实践中存在"被小三"且不知情的第三者，若第三者为善意，此时第三者同为受害者，主张其返还全部财物有失公平，需要对其主观心态加以考察，考虑善意取得的可能性。根据《民法典》第311条〔1〕的规定，楚某女若想善意取得财产需要同时具备以下条件：第一，处分人为动产的占有人或不动产的权利登记人；第二，处分人无权处分；第三，受让人受让财产时为善意；第四，以合理价格转让；第五，转让标的物已经完成交付或登记。

本案中，荆某男属于财产的占有人且构成无权处分，但楚某女在受让财产时非善意且没有以合理价格取得，故楚某女不构成善意取得。

综上所述，本案中的荆某男未经配偶秦某女同意，擅自处分夫妻共同财产给楚某女，属于无权处分行为，事后未得到秦某女的追认且楚某女不构成善意取得，故而该赠与行为自始不发生法律效力，荆某男的赠与行为无效。

C. 赠与行为是否违背公序良俗？

公序良俗包括公共秩序与善良风俗两个方面，其中公共秩序是指法律秩

---

〔1〕《民法典》第311条规定："无处分权人将不动产或者动产转让给受让人的，所有权人有权追回；除法律另有规定外，符合下列情形的，受让人取得该不动产或者动产的所有权：（一）受让人受让该不动产或者动产时是善意；（二）以合理的价格转让；（三）转让的不动产或者动产依照法律规定应当登记的已经登记，不需要登记的已经交付给受让人。受让人依据前款规定取得不动产或者动产的所有权的，原所有权人有权向无处分权人请求损害赔偿。当事人善意取得其他物权的，参照适用前两款规定。"

序，善良风俗是指法律秩序之外的道德。[1]善良习俗具有一定的时代性和地域性，随着社会成员的普遍道德观念的改变而改变。公共秩序强调的是国家和社会层面的价值理念，善良习俗突出的则是民间的道德观念，二者相辅相成，互为补充。[2]善良风俗中的善良与道德有着密切的联系，道德中的善良要求人们既要持善意，也要在实际法律活动中不做损害他人利益之事，要求人们在从事法律活动的同时必须遵守普遍的具有法律意义的道德底线，这也是守法的表现之一。[3]公序良俗属于规则之外的一般条款，应作为具体法律规则的补充，其适用需要法官通过自由裁量在具体案件中进行价值判断和利益衡量。[4]本案中，判断荆某男婚内赠与的行为性质，需要先分析荆某男婚外同居的行为性质，再分析其同居行为与赠与行为的关系。

a. 荆某男存在与他人同居的行为。

同居关系包括广义的同居关系和狭义的同居关系，广义的同居关系是一种基于共同生活、居住而形成的关系，与自己共同居住的亲属、朋友、同学等都可以被称为广义的同居关系。而狭义的同居关系一般指虽不完全具备合法婚姻的构成要件，但在某些方面与婚姻关系有相似特征而形成的关系。[5]本案中指狭义的同居关系，认定同居关系需要认定同居行为，根据《民法典婚姻家庭编解释（一）》第2条规定，婚内与他人同居的构成要件如下：

第一，荆某男有配偶。根据本案事实，荆某男与秦某女之间存在合法有效的婚姻关系。

第二，与婚外异性。根据本案事实，荆某男的同居对象是楚某女。

第三，不以夫妻名义。本案中，荆某男并未以夫妻名义与楚某女共同生活。

第四，持续、稳定地共同居住。对同居关系的居住期限的把握，应从双方共同生活的时间长短、双方关系的稳定程度等方面进行考虑，法律并未规定明确的同居期限，需要进行个案认定。本案中，2020年11月，荆某男与楚某女

---

[1] 最高人民法院民法典贯彻实施工作领导小组主编：《中华人民共和国民法典总则编理解与适用（下）》，人民法院出版社2020年版，第762页。

[2] 黄薇：《中华人民共和国民法典释义及适用指南》，中国民主法制出版社2020年版，第77页。

[3] 李凌垚："民法公序良俗原则的适用研究"，载《河北农机》2020年10月期。

[4] 王利明："论效力性和非效力性强制性规定的区分——以《民法典》第153条为中心"，载《法学评论》2023年第2期。

[5] 最高人民法院民事审判第一庭：《最高人民法院民法典婚姻家庭编司法解释（一）理解与适用》，人民法院出版社2021年版，第52页。

开始婚外同居，直到 2022 年 2 月秦某女发现二人的婚外情，这期间二人已经共同生活长达 15 个月，并且荆某男赠与楚某女高达 120 万元的财产利益，已然属于持续且稳定地共同居住。

综上所述，荆某男存在与他人同居行为，荆某男与楚某女构成同居关系。

b. 有配偶者与他人同居违背公序良俗。

《民法典》第 1042 条第 2 款规定："……禁止有配偶者与他人同居。"我国实行一夫一妻制的婚姻制度，荆某男的婚外同居行为无论从法律层面还是道德层面都是不被认可的，显然已经违背了公序良俗。

c. 同居行为与赠与行为存在维持关系。

"支付金钱的行为本身是中性的，只能通过动机才能变成有伤风化的行为。"[1]荆某男与楚某女的婚外同居行为上文已经分析属于违背公序良俗的行为，但不能直接得出荆某男的赠与行为同样违背公序良俗的结论。此处可以借鉴德国法的规定，根据赠与人的赠与目的不同进行区别对待。如果赠与是为了建立、维持或者巩固婚外同居关系，那么该赠与无效；如果赠与是为了结束非法同居关系后对方的生活保障或者为了感谢对方的照顾、关怀的话，该赠与行为应当被认定为有效。[2]

本案中，荆某男赠与楚某女一套住房的行为发生在其与楚某女的婚外同居期间，是为了建立、维持、巩固二人的婚外同居关系，并不存在解除同居关系的目的，故荆某男的赠与行为同样违背公序良俗。根据《民法典》第 153 条第 2 款的规定："违背公序良俗的民事法律行为无效"，荆某男的赠与行为因违背公序良俗无效。

③物权行为理论的选择。

我国学术界一直就物权行为有因性还是物权行为无因性存在争论。[3]物权行为有因性是以独立性为基础，强调债权行为对物权行为效力的约束，即物权

---

[1] ［德］迪特尔·梅迪库斯：《德国民法总论》，邵建东译，法律出版社 2013 年版，第 516 页。

[2] ［德］海因·克茨：《欧洲合同法》（上卷），周忠海、李居迁、宫立云译，法律出版社 2001 年版，第 225-226 页。

[3] 支持无因性的观点，参见朱庆育："物权行为的规范结构与我国之所有权变动"载《法学家》2013 年第 6 期；李永军："民法典物权编的外在体系评析——论物权编外在体系的自洽性"，载《比较法研究》2020 年第 4 期。支持有因性的观点，参见叶名怡："中国物权变动模式的实然与应然"，载《中国法律评论》2024 年第 1 期；朱虎："物权变动模式的实践检视：以破产和执行为中心"，载《中国法律评论》2024 年第 1 期。

行为的效力依赖于作为其基础行为的债权行为，后者不存在、无效或被撤销，前者即无效力。[1]物权行为无因性是指物权行为与债权行为彼此分离，在法律效力上物权行为并不依赖于债权行为。

我国实务界更偏向于承认物权行为有因性。比如，《民法典物权编解释（一）》第20条规定，如若转让合同无效，受让人无法通过善意取得获得所有权，转让合同属于债权行为，债权行为无效影响物权变动。部分法院也支持物权行为有因性理论，[2]法院认为一旦债权行为（买卖合同）被确认无效，不论双方是否进行过户登记，不动产所有权视为从未转移。

本案以司法实践的取向为准，在坚持物权行为有因性理论的前提下，荆某男与楚某女的赠与合同因违背公序良俗无效，荆某男的赠与行为无效意味着其处分财产（赠与120万元财产利益）的行为不发生物权变动效力，此时财产所有权复归原权利人，120万元依旧属于秦某女与荆某男的夫妻共同财产，楚某女获得财产利益没有法律上的原因。

综上所述，楚某女获得利益没有法律上的原因。

（4）是否存在权利阻止之抗辩？

根据《民法典》第985条的规定，得利人没有法律依据取得不当利益的，受损失的人可以请求得利人返还不当得利，但存在三种例外情形，即不当得利请求权的消极构成要件：第一，为履行道德义务进行的给付；第二，债务到期之前的清偿；第三，明知无给付义务而进行的债务清偿。本案中，荆某男的给付行为不符合上述三种例外情形，故不存在权利阻止之抗辩。

2. 请求权未消灭

本案未发生履行、解除、提存、混同或免除等使得请求权消灭之事由，无须检验。

3. 请求权可行使

（1）应适用的诉讼时效期间。

本案属于金钱给付之诉，请求返还120万元及利息适用普通诉讼时效3年。

---

〔1〕 常鹏翱："另一种物权行为理论——以瑞士法为考察对象"，载《环球法律评论》2010年第2期。

〔2〕 参见最高人民法院（2018）最高法民申5669号民事裁定书；最高人民法院（2017）最高法民申2808号民事裁定书；北京市高级人民法院（2019）京民终144号民事判决书；广东省高级人民法院（2015）粤高法民一申字第1187号民事裁定书。

（2）诉讼时效期间的起算。

本案中，秦某女 2022 年 2 月发现荆某男与楚某女的婚外情，即应当知道其权利受到损害，诉讼时效从即日起算。

（3）是否存在中止、中断、延长情形。

无相关事实，无须审查。

（4）小结。

截至 2024 年 3 月，秦某女的请求权诉讼时效未达 3 年，故可以行使。

## 二、结论

秦某女可以依据《民法典》第 122 条请求楚某女返还 120 万元及利息。

# 第 2 部分　秦某女对荆某男

请求权基础预选：本案中，鉴于秦某女不愿离婚，秦某女或可向人民法院请求分割其与荆某男的夫妻共同财产。可纳入本案预选的请求权基础为秦某女可能依据《民法典》第 1066 条第 1 项[1]向人民法院请求分割其与荆某男的夫妻共同财产。

鉴于秦某女不愿离婚，婚内分割夫妻共同财产能够保护秦某女的财产利益。在进行婚内财产分割后，被分割的夫妻财产属于夫妻双方各自所有，夫妻共同财产制实际上转为夫妻分别财产制。如若荆某男之后再有损害夫妻共同财产的行为，秦某女的财产利益至少可以得到一定程度的保护。

---

[1]《民法典》第 1066 条第 1 项规定："婚姻关系存续期间，有下列情形之一的，夫妻一方可以向人民法院请求分割共同财产：（一）一方有隐藏、转移、变卖、毁损、挥霍夫妻共同财产或者伪造夫妻共同债务等严重损害夫妻共同财产利益的行为"。

一、秦某女或可依据《民法典》第 1066 条第 1 项向人民法院请求分割其与荆某男的夫妻共同财产

（一）大纲

> 1. 请求权已产生
> （1）有严重损害夫妻共同财产利益的行为。
> ①损害夫妻共同财产。
> ②达到严重损害程度。
> A. 荆某男转移、隐匿财产的行为性质。
> B. 损害数额大小。
> （2）损害行为发生在婚姻关系存续期间。
> ①存在合法有效的婚姻关系。
> ②发生在婚姻关系存续期间。
> （3）是否存在阻止权利之抗辩？
> 2. 请求权未消灭
> 3. 请求权可行使
> （1）婚内夫妻共同财产分割请求权的权利性质。
> （2）是否适用诉讼时效？
> （3）小结。

（二）正文

1. 请求权已产生

根据《民法典》第 1066 条第 1 项的规定，本案婚内夫妻共同财产分割请求权的构成要件为（1）有严重损害夫妻共同财产利益的行为；（2）损害行为发生在婚姻关系存续期间。在具备上述构成要件后，秦某女得向人民法院请求分割其与荆某男的夫妻共同财产。

（1）有严重损害夫妻共同财产利益的行为（存在分割的重大理由）。
①损害夫妻共同财产。

首先，需明确夫妻共同财产的范围。《民法典》第 1062 条[1]对夫妻共同财产进行了列举式规定，上文已经说明我国夫妻财产制度为夫妻共同财产制，除法律规定和约定外，婚姻存续期间内夫妻一方或双方取得的财产均属于夫妻共同财产。本案中，荆某男使用的购房款和隐匿的服装厂收益均属于夫妻共同财产范围。

其次，需明确《民法典》第 1066 条第 1 项规定的行为类型。隐藏是指故意将夫妻共同财产隐匿，不让对方知悉。转移是指将夫妻共同财产转移至第三人名下，造成不属于夫妻共同财产的假象。这两种情形均是为了独占财产而排除另一方配偶共享。变卖是指在对方不知道的情形下，擅自出售夫妻共同财产，且出售所得款项不用于夫妻共同生活。如果只是擅自处分夫妻共同财产，并且将处分所得款项仍作为夫妻共同财产的，则不属于该情形。毁损是指毁坏、损害夫妻共同财产。挥霍是指将夫妻共同财产用于不必要的消费，如不合理的高消费、赌博等。伪造夫妻共同债务是指虚构夫妻共同债务，通过用夫妻共同财产偿还虚构债务的手段，达到侵占夫妻共同财产的目的，在这种情形下，往往是夫妻一方和第三方串通完成。[2]以上行为均要求当事人主观为故意，因当事人过失造成损害夫妻共同财产利益的行为不属于该条规定的范围。

再次，根据《民法典婚姻家庭编解释（一）》第 38 条[3]的规定，只有存在《民法典》第 1066 条规定的两种法定情形时，夫妻一方才能在婚内请求人民法院分割共同财产，本案涉及第 1066 条第 1 项的内容，故荆某男的行为至少需要符合上述两种法定情形之一。

最后，结合本案事实，荆某男赠与楚某女一套住房的行为属于转移夫妻共同财产。荆某男在谋划离婚时，私自多次隐匿夫妻共同经营服装厂收益累计200 万元的行为属于隐藏夫妻共同财产。故而荆某男的行为损害了夫妻共同财产，存在分割的重大理由。

---

〔1〕《民法典》第 1062 条规定，"夫妻在婚姻关系存续期间所得的下列财产，为夫妻的共同财产，归夫妻共同所有：（一）工资、奖金、劳务报酬；（二）生产、经营、投资的收益；（三）知识产权的收益；（四）继承或者受赠的财产，但是本法第一千零六十三条第三项规定的除外；（五）其他应当归共同所有的财产。夫妻对共同财产，有平等的处理权"。

〔2〕最高人民法院民法典贯彻实施工作领导小组主编：《中华人民共和国民法典婚姻家庭编继承编：理解与适用》，人民法院出版社 2020 年版，第 181 页。

〔3〕《民法典婚姻家庭编解释（一）》第 38 条规定："婚姻关系存续期间，除民法典第一千零六十六条规定情形以外，夫妻一方请求分割共同财产的，人民法院不予支持。"

②达到严重损害程度。

何为"严重损害",需要结合行为的性质、夫妻共同财产的数额、造成的影响程度等因素进行判定。[1]

A. 荆某男转移、隐匿财产的行为性质。

本案中,荆某男转移夫妻共同财产的行为,经上文分析属于无效的民事法律行为,自始不发生法律效力。而荆某男私自多次将夫妻共同经营服装厂的收益藏匿的行为,侵害了秦某女的财产权,故属于侵权行为。

B. 损害数额大小。

本案中,已知荆某男转移夫妻共同财产已经超过120万元,同时荆某男隐匿夫妻共同经营收益200万元,累计超过320万元,明显超出家庭日常生活需要。根据国家统计局陕西调查总队调查显示,2023年陕西居民人均可支配收入为32 128元,[2]虽然秦某女与荆某男身家数千万,但从社会一般人角度来看,荆某男转移的320万元已远超陕西居民人均可支配收入,损害数额较大。

(2)损害行为发生在婚姻关系存续期间。

①存在合法有效的婚姻关系。

本案事实表明,秦某女与荆某男系夫妻关系,结婚近20年。秦某女与荆某男均为完全民事行为能力人,二人符合法定婚龄且办理了结婚登记,在实质与形式上均符合婚姻缔结的有效要件,二人存在合法有效的婚姻关系。

②发生在婚姻关系存续期间。

本案中,荆某男转移和隐匿夫妻共同财产的行为均发生于2021年3月之后,均属于婚姻关系存续期间。

(3)是否存在阻止权利之抗辩?

无相关事实,无须检验。

2. 请求权未消灭

本案未发生履行、解除、提存、混同或免除等使得请求权消灭之事由,无须检验。

---

〔1〕 最高人民法院民法典贯彻实施工作领导小组主编:《中华人民共和国民法典婚姻家庭编继承编:理解与适用》,人民法院出版社2020年版,第181页。

〔2〕 国家统计局陕西调查总队,http://snzd.stats.gov.cn/fbjd/2024/45576.shtml,最后访问时间:2024年3月14日。

3. 请求权可行使

（1）婚内夫妻共同财产分割请求权的权利性质。

婚内夫妻共同财产分割以物权法中共有物的分割理论为基础，而有关该请求权的权利性质在学术上存在较大分歧，因其会影响该请求权是否适用诉讼时效，故需对该请求权的权利性质进行分析。

①请求权说。

该学说认为共有人请求分割并不当然产生法律关系的变动。分割请求权是从共有权中产生的一项权利，共有人行使分割请求权只是部分共有人请求其他共有人与其一起分割共有财产，权利人提出分割自己的份额之后，具体获得哪一部分财产的所有权或者仅仅获得价金，应通过协商或者法院裁判确定。[1]

②形成权说。

通说认为，共有物分割请求权名为请求权而实为形成权。[2]共有人享有随时终止共有关系，请求分割属于自己的份额或应得部分财产的权利。为贯彻分割自由原则，分割请求权不罹于诉讼时效。[3]

日本关于共有物分割请求权的通说更接近于形成诉权说。[4]本质是肯定分割共有物为形成权的权利性质，但具体在分割共有物时，法院要对"共有基础的丧失"进行实质性审查，通过诉讼形式变更、消灭权利。

笔者认为，婚内夫妻共同财产分割请求权属于物权请求权。因为行使婚内夫妻共同财产分割请求权并不会直接导致夫妻共同财产的分割，不会取得财产分割的利益，更不会解除夫妻关系。该请求权是依附于夫妻共同共有财产权的基础之上，需要通过配偶的特定行为间接取得。事实上，法律并没有禁止夫妻双方通过意思自治婚内分割财产的行为，只是规定了具备两种法定事由得以请求法院进行分割的情形，以其他情形请求婚内分割财产法院不予支持，这也就区别于形成诉权。

---

〔1〕 温世扬、廖焕国：《物权法通论》，人民法院出版社 2005 年版，第 262-263 页。

〔2〕 李辉："我国共有物分割之诉性质研究"，载《当代法学》2018 年第 2 期；范雪飞："论不适用诉讼时效的请求权——以请求权的名实区分为中心"，载《学海》2019 年第 2 期。

〔3〕 王泽鉴：《民法物权》，北京大学出版社 2023 年版，第 353 页。

〔4〕 蒋月、陈璐："民法典中的夫妻共同财产分割请求权研究"，载《厦门大学学报（哲学社会科学版）》2023 年第 4 期。

（2）是否适用诉讼时效？

《民法典》第196条[1]规定了四种不适用诉讼时效的情形，本案婚内夫妻共同财产分割请求权应当属于第4项兜底条款之中。理由如下：

第一，从权利基础来看，诉讼时效适用于债权请求权，而共有财产分割请求权建立在权利人与其他共有人对特定物共同共有的权利之上，这应当属于物权请求权的范围。原有的不法侵害状态不会随着时间推移而消灭，这不符合我国法律对物权的保护。

第二，从强制性角度来看，共同财产分割请求权并不是共有人必须履行的义务，是否分割由共有人自愿决定。在共有人不同意分割的情况下，只有具备法定分割情形时法院才能进行分割，否则不予支持。相较于债权请求权，不必考虑当事人意愿和法定情形，即共同财产分割请求权的强制性较高。

第三，从效果来看，即使未能成功分割夫妻共同财产，权利人仍对共有财产享有使用、收益的权利，并不需要相对人配合即可享有。

综上所述，婚内夫妻共同财产分割请求权与债权请求权有着本质区别，不宜适用诉讼时效。

（3）小结

本案中，秦某女婚内夫妻共同财产分割请求权不受诉讼时效限制，故可以行使。

## 二、结论

秦某女可以依据《民法典》第1066条第1项向人民法院主张婚内夫妻共同财产分割请求权。

---

[1]《民法典》第196条规定，下列请求权不适用诉讼时效的规定：（一）请求停止侵害、排除妨碍、消除危险；（二）不动产物权和登记的动产物权的权利人请求返还财产；（三）请求支付抚养费、赡养费或者扶养费；（四）依法不适用诉讼时效的其他请求权。

# 11 "欺诈性抚养" 案 *

**【案情】**

徐某男与陆某女居住在西安市雁塔区, 于 2018 年 11 月 20 日登记结婚。2019 年 7 月 24 日, 陆某女生育一子徐小某。2021 年 6 月 12 日双方协议离婚, 并于当日办理离婚登记, 离婚协议约定: 徐小某由陆某女抚养, 徐某男每月承担徐小某生活费 1000 元, 徐某男可以于每周六探望徐小某。

但是, 徐某男探望儿子的权利因陆某女的阻挠无法完全实现。2023 年 3 月 5 日, 徐某男以陆某女拒绝其探望儿子徐小某为由, 向法院提起民事诉讼, 请求法院判令变更徐小某的抚养权, 由徐某男进行抚养。

在抚养权变更诉讼中, 陆某女提出徐小某并非徐某男的儿子, 而是其与前男友梁某男所生。2023 年 5 月 13 日, 经亲子鉴定, 确定徐小某不是徐某男的生物学父亲。之后, 法院驳回了徐某男主张变更抚养权的诉讼请求。2023 年 6 月 10 日, 徐某男向法院起诉, 提交相关证据, 要求陆某女返还其为徐小某支付的教育费、生活费等费用共计 5 万元, 并要求陆某女赔偿精神抚慰金 5 万元。

**【问题】**

徐某男要求陆某女返还教育费、生活费等费用 5 万元以及赔偿精神抚慰金 5 万元的主张能否得到支持?

**【要求】**

运用请求权基础方法以鉴定式体裁解题。

---

* 赵疏影, 西北政法大学民商法学院 2022 级硕士研究生, 民商法学院 2018 级本科生。

# 第 1 部分　徐某男对陆某女

请求权基础预选与排序：本案中，徐某男与陆某女于 2018 年 11 月 20 日登记结婚后，于婚姻存续期间 2019 年 7 月 24 日生育一子徐小某，2021 年 6 月 12 日双方协议离婚。徐小某与徐某男并无血缘关系，由于陆某女主动提出徐小某与徐某男无血缘关系，可以推定陆某女对此知情，但徐某男对此不知情，直到 2023 年 5 月 13 日亲子鉴定之前，徐某男承担了本不应该由其负担的徐小某的抚养义务。徐某男要求陆某女支付自己之前所支出的教育费、生活费等费用 5 万元以及精神抚慰金 5 万元。

首先，应当考虑《民法典》第 1091 条的规定，"有下列情形之一，导致离婚的，无过错方有权请求损害赔偿：（一）重婚；（二）与他人同居；（三）实施家庭暴力；（四）虐待、遗弃家庭成员；（五）有其他重大过错"。即徐某男能否行使离婚损害赔偿请求权，进而要求返还抚养费与精神抚慰金。虽然《民法典婚姻家庭编解释（一）》[1] 第 89 条规定了若在离婚协议中未放弃离婚损害赔偿的请求，在办理离婚登记手续后仍可以起诉要求离婚损害赔偿，但是离婚损害赔偿所适用的条件为"导致离婚"，徐某男与陆某女协议离婚，离婚之时徐某男尚不知情徐小某的真实情况，徐小某与徐某男没有血缘关系不是导致二人离婚的原因，因此，离婚损害赔偿请求权排除。

其次，应当考量《民法典》第 987 条"得利人知道或者应当知道取得的利益没有法律根据的，受损失的人可以请求得利人返还其取得的利益并依法赔偿损失"的规定，即徐某男是否可以依据不当得利请求权要求陆某女支付钱款。本案为给付不当得利情形，给付不当得利的构成要件为受利益；存在给付关系；欠缺给付目的。[2] 本案中，由于徐小某与徐某男没有血缘关系，徐某男本不应当承担徐小某的抚养义务，但其错误承担了该义务，因此徐某男支付的抚养费使陆某女避免了本应由自己承担的部分抚养费，陆某女获得了消极利益，在一定程度上减轻了抚养义务。《民法典》第 26 条第 1 款"父母对未成年子女

---

[1]　《民法典婚姻家庭编解释（一）》第 89 条规定："当事人在婚姻登记机关办理离婚登记手续后，以民法典第一千零九十一条规定为由向人民法院提出损害赔偿请求的，人民法院应当受理。但当事人在协议离婚时已经明确表示放弃该项请求的，人民法院不予支持。"

[2]　王泽鉴：《民法思维：请求权基础理论体系》，北京大学出版社 2022 年版，第 425 页。

负有抚养、教育和保护的义务"中的"父母"指的是自然血亲和法律拟制血亲的父母,陆某男并不属于该两类父亲,因此陆某男支付抚养费没有法律根据,欠缺给付目的,形式上本案满足不当得利的构成要件。但是,不当得利仅从财产损失的角度考虑,指出了行为后果的性质,并没有对生母的主观态度进行否定性评价,也无法揭示出行为的性质。再退一步讲,如果认定为不当得利,则在追究法律责任时,也无法将受害人的精神损失考虑在内,[1]与徐某男一并要求赔偿精神抚慰金的请求不符。因此不当得利请求权被排除。

再次,应该考量《民法典》第979条第1款的规定:"管理人没有法定的或者约定的义务,为避免他人利益受损失而管理他人事务的,可以请求受益人偿还因管理事务而支出的必要费用;管理人因管理事务受到损失的,可以请求受益人给予适当补偿。"即徐某男是否可以依据无因管理请求权要求陆某女支付钱款。适用本款应当考虑徐某男主观上是否有为避免陆某女受损失而为陆某女管理的意思。但是,第一,本案中徐某男在主观上误认为徐小某是自己有血缘关系的儿子而支付教育费、生活费,不知道抚养徐小某是只属于陆某女的事务而误认为是自己的事务进行管理,并没有替陆某女抚养与自己无血缘关系孩子的目的,该种情况属于误信管理,即误信他人事务为自己的事务进行管理,管理他人事务是为了自己,而非为他人利益,该种无因管理本质上不属于无因管理。第二,本案中徐某男抚养非亲生子女徐小某是事出有"因",而不是无"因"的,这个"因"就是因受欺诈而误将非婚生子女当作自己的亲生子女进行抚养。第三,若适用无因管理规则,徐某男只能请求返还抚养费,不能提出精神损害赔偿要求,不符合本案中徐某男要求精神损害赔偿的请求。因此无因管理请求权被排除。

最后,应当考量《民法典》第1165条第1款"行为人因过错侵害他人民事权益造成损害的,应当承担侵权责任"的规定以及《民法典》第1183条第1款"侵害自然人人身权益造成严重精神损害的,被侵权人有权请求精神损害赔偿"的规定,即徐某男可否依一般侵权请求权请求陆某女支付教育费、生活费等费用5万元以及精神抚慰金5万元。

---

[1] 吴国平:"欺诈性抚养的认定及其侵权赔偿责任研究",载《东方法学》2016年第4期。

一、徐某男可能依据《民法典》第 1165 条、第 1183 条向陆某女请求支付教育费、生活费等费用 5 万元及精神抚慰金 5 万元

（一）大纲

1. 请求权已产生
（1）陆某女的侵权责任成立。
①陆某女的加害行为存在。
②徐某男的合法权益被侵害。
③徐某男受到损失和陆某女的行为之间存在因果关系。
④陆某女的行为具有不法性（不法性抗辩）。
⑤陆某女具有责任能力（责任能力抗辩）。
⑥陆某女具有过错。
（2）陆某女应承担的责任范围。
①徐某男所受到的损害。
②陆某女侵权行为与徐某男所受损害之间存在因果关系。
（3）小结。
2. 请求权未消灭
3. 请求权可执行
（1）本案应适用的时效期间。
（2）诉讼时效期间的起算。
（3）是否存在中止、中断、延长情形。
（4）小结。

（二）正文

1. 请求权已经产生

假使徐某男得行使一般侵权请求权根据《民法典》第 1165 条第 1 款 "行为人因过错侵害他人民事权益造成损害的，应当承担侵权责任" 的规定以及第 1183 条第 1 款 "侵害自然人人身权益造成严重精神损害的，被侵权人有权请求精神损害赔偿" 的规定请求陆某女支付教育费、生活费等费用以及精神抚慰

金。应检视陆某女的侵权责任是否成立以及陆某女的责任范围。陆某女的责任成立需满足下列要件：第一，陆某女的加害行为存在；第二，徐某男的合法权益被侵害；第三，徐某男受到损失和陆某女的行为间存在因果关系；第四，陆某女的行为具有不法性（不法性抗辩）。第五，陆某女具有责任能力（责任能力抗辩）；第六，陆某女具有过错。认定陆某女的责任范围应从以下要件进行认定：第一，徐某男所受到的损害；第二，徐某男受到的损害与陆某女侵权行为间有因果关系。

（1）陆某女的侵权责任成立。

①陆某女的加害行为存在。

行为是指受意识支配、有意识之人的活动。[1]加害行为是指侵害他人绝对权或受法律保护的利益的行为。本案中，徐某男和陆某女于 2018 年 11 月 20 日登记结婚，2019 年 7 月 24 日生育徐小某，2021 年 6 月 12 日双方进行离婚登记，徐小某系双方婚姻存续期间出生，在 2023 年 3 月 5 日徐某男向法院请求变更徐小某的抚养权，由徐某男进行抚养时，陆某女才提出徐小某并非徐某男的儿子，而是其与前男友梁某男所生。关于陆某女加害行为的认定，目前有三种选择：第一，被抚养人的生母与他人发生婚外不正当性关系的行为；第二，生母的欺诈行为；第三，以上二者兼有的行为。生母与他人发生婚外不正当性关系的行为不应当考虑为本案中的加害行为，应当仅认定生母也就是陆某女的欺诈行为是加害行为。理由是若以生母婚内与他人发生不正当性关系的行为认定侵权，在因果关系的认定上存在不足。仅存在不正当性行为，没有导致被欺诈方抚养非亲生子女使其合法权益受损害的可能性，该行为与损害结果之间没有必然因果关系。而生母的欺诈行为和被欺诈者遭受损害之间有直接的因果关系，因此，判断陆某女的加害行为应当转化为判断陆某女是否存在对徐某男的欺诈行为。

欺诈行为是旨在引起、强化或维持相对人错误看法的行为，既包括虚假告知的积极作为，也包括隐瞒真相的消极行为。[2]积极的欺诈行为是实施告知错误事实的诈骗手段。女方明知被抚养人并非被欺诈人的亲生子女，仍告知其错误事实，或者不知真实亲子关系但保证被欺诈人信赖的亲子关系为真，都属于

---

〔1〕 王泽鉴：《侵权行为》，北京大学出版社 2016 年版，第 88 页。

〔2〕 王浩然："民法典视野下欺诈性抚养纠纷的困境破解——基于 197 份裁判文书的实证分析"，载《法治社会》2022 年第 4 期。

积极的欺诈行为。消极欺诈行为是指在具备告知义务时隐瞒真实情况的行为。生母与被欺诈人缔结夫妻关系，形成一定的亲密关系，由于子女对一个家庭的重要性，基于诚实信用和公序良俗原则，生母都有告知配偶子女真实身份情况的义务，此时生母明知被抚养人非被欺诈人的亲生子女仍隐瞒真相，属于消极欺诈行为。[1]本案中，陆某女明知徐小某与徐某男之间不存在血缘关系，无论是采取欺骗方式还是隐瞒真相，都致使徐某男误以为徐小某与其存在血缘关系，从而使徐某男错误承担了抚养义务。因此，陆某女的行为构成对徐某男的欺诈，陆某女的加害行为存在。

②徐某男的合法权益被侵害。

过错侵权以绝对权为典型保护对象，[2]《民法典》第五章所列举的民事权益类型都可能是其保护对象。《民法典》第 109 条规定："自然人的人身自由、人格尊严受法律保护。"自然人的人格权受法律保护。人格权包括一般人格权和具体人格权，一般人格权具有高度抽象性与概括性，主要包括人身自由与人格尊严两方面，人格尊严是指自然人作为人应当得到的认可和尊重。陆某女并没有给予徐某男作为人应有的尊重，她的欺诈行为使徐某男抚养了不属于自己的孩子，导致亲子关系上的错位，引起社会上对徐某男的非议和负面评价，甚至会导致徐某男的自我否定和精神痛苦。因此，陆某女的行为侵害了徐某男的人格尊严，也贬损了徐某男应当享有的基本尊重，对其精神上造成巨大打击，已经构成了对徐某男人格尊严的损害，侵害了徐某男的一般人格权。

财产性损害是指能够以金钱加以衡量和计算的损害。自然人的财产权益受法律保护，享有占有、使用、收益和处分自己财产的权利，徐某男因为履行不属于自己的抚养义务而产生了财产损失，错误支付了徐小某的生活费以及教育费，财产总量减少，属于积极财产损害，因此陆某女的欺诈行为侵害了徐某男的财产利益。

精神损害是指对他人精神活动的损害，民法上的精神损害包括两部分：给他人造成精神痛苦和造成他人精神利益的减损或丧失。由于陆某女的加害行为，徐某男误认所抚养子女为亲生子女而进行抚养，徐某男在抚养徐小某时所付出的情感、倾注的心血是无法衡量的，在得知徐小某并非自己的亲生子女时，

---

〔1〕 李诚斌："欺诈性抚养的损害救济研究——以侵权证成为基础"，云南大学 2022 年硕士学位论文。

〔2〕 吴香香：《请求权基础——方法、体系与实例》，北京大学出版社 2021 年版，第 90 页。

陆某男的精神痛苦可想而知。因此，陆某女的行为造成了徐某男的精神损害。

③徐某男受到损失和陆某女的行为之间有因果关系。

依据我国因果关系规则，在确定是否存在因果关系时，要依据一般人的认知标准，确认加害行为是否有引起损害结果的可能，若结果为肯定的，则可以认定两者之间存在因果关系。在本案中，徐某男由于陆某女的欺诈行为，陷入了徐小某为自己亲生子女的错误认识，并基于此种错误认识将徐小某误认为自己的亲生子女进行抚养直至亲子鉴定之时。陆某女的欺诈行为与徐某男因抚养徐小某所遭受的财产损失和精神损害之间存在因果联系，因此应认定徐某男合法利益的损害是由陆某女的侵权行为引起的。若徐某男事先知道徐小某并非自己的亲生子女，依据一般人的认知标准，徐某男将不会视徐小某为亲生子进行抚养，更不会遭受财产和精神损害，因此两者之间存在因果关系。

④陆某女的行为具有不法性（不法性抗辩）。

本案不构成正当防卫、紧急避险、紧急救助、自主行为、自甘风险等不法性阻却事由。

⑤陆某女具有责任能力（责任能力抗辩）。

陆某女作为完全民事行为能力人，具有独立承担民事责任的责任能力。

⑥陆某女具有过错。

过错是指侵权人在实施侵权行为时，故意或过失的主观心态。故意是指行为人的行为会造成他人民事权益被侵害的后果，仍然希望或放任这一后果的发生。若行为人采取的是主动追求的态度，则为直接故意；若为放任发生的态度，则为间接故意。过失是指行为人对其行为会造成他人民事权益被侵害的后果，应当注意或能够注意而没有注意，或者虽注意到却轻信损害的发生可以避免。另外，根据过失的程度不同，过失可以分为重大过失、一般过失和轻微过失。关于过失的判断标准，我国采取客观过失说，采取单一的"善良管理人"或"合理人"的标准，建立了一套符合人类现代社会生活共同需要的统一客观标准。[1]

关于本案这类案件生母的主观心态标准，学界有不同的认识，有观点认为，应当仅限定于生母明知被抚养人不是被欺诈人的亲生子女，即生母为故意；也有观点认为应当将生母的主观过错标准扩充至过失。生母的主观过错应

〔1〕 张翔主编：《民法分论》，中国政法大学出版社2021年版，第437页。

包括故意与重大过失。因为生母对受孕直至生育的全过程参与，能预见自己的出轨行为可能带来的后果，对其的注意义务要求应当更高，在对被抚养人的血缘会产生一定的猜测或者怀疑时，不履行相应的注意义务进行必要的告知或检验，致使被欺诈人合法权益受到侵害，生母的主观态度可认定为重大过失，同样存在过错。本案中，在亲子鉴定之前，陆某女便提出徐小某并非徐某男的儿子，可推定为陆某女对徐小某的身份处于明知的状态。陆某女明知徐小某并非徐某男有血缘关系的儿子，仍实施欺诈行为，隐瞒或欺骗徐某男，致使徐某男承担了不该承担的抚养义务，应认定为故意，其主观上具有过错。

（2）陆某女应承担的责任范围。

①徐某男所受到的损害。

侵害他人财产权益所产生的财产损失，包含所受损害与所失利益。所受损害是指被侵权人积极财产的减少或消极财产的增加。[1]由上文分析可知，徐某男支付了徐小某的抚养费，而由于徐小某与徐某男并无血缘关系，徐某男对徐小某没有抚养义务，因此徐某男因履行了本不应由其承担的抚养义务而造成了徐某男积极财产的减少。由此，徐某男所受损害为其错误支出的抚养费，在时间范围上分为两部分计算，首先是 2019 年 7 月 24 日徐小某出生以后至 2021 年 6 月 12 日徐某男和陆某女登记离婚之时，在婚姻存续期间内徐某男已经支付的关于徐小某的抚养费用；其次是双方在离婚协议中约定的徐某男应付的每月 1000 元的抚养费，应计算至 2023 年 5 月 13 日亲子鉴定结果出来之时。

陆某女的行为侵害了徐某男的人格尊严，使徐某男受到了精神损害。关于徐某男因受精神损害而应得到的损害赔偿，应按照《最高人民法院关于确定民事侵权精神损害赔偿责任若干问题的解释》第 5 条[2]的规定，根据陆某女的过错程度、所造成后果的严重程度，陆某女的经济状况以及西安市雁塔区平均生活水平综合认定数额。

②陆某女侵权行为与徐某男所受损害之间存在因果关系。

根据相当因果关系判断，无此行为，虽必不生此损害，但是有此行为，通

---

〔1〕 张翔主编：《民法分论》，中国政法大学出版社 2021 年版，第 448 页。

〔2〕 《最高人民法院关于确定民事侵权精神损害赔偿责任若干问题的解释》第 5 条规定，"精神损害的赔偿数额根据以下因素确定：（一）侵权人的过错程度，但是法律另有规定的除外；（二）侵权行为的目的、方式、场合等具体情节；（三）侵权行为所造成的后果；（四）侵权人的获利情况；（五）侵权人承担责任的经济能力；（六）受理诉讼法院所在地的平均生活水平"。

常即足生此种损害者，是为有因果关系。无此行为，必不生此种损害，有此行为通常亦不生此种损害者，即无因果关系。[1]本案中，若陆某女不隐瞒徐小某与徐某男无血缘关系的事实，依据一般人的认知标准，不会造成徐某男支付抚养费和受到精神损害；但陆某女的隐瞒甚至欺骗行为，通常会造成徐某男支出本不应当负担的抚养费损失和精神损害。因此，陆某女的侵权行为与徐某男所受损害之间存在因果关系。

（3）小结。

陆某女对徐某男构成侵权，徐某男得根据《民法典》第 1165 条、第 1183 条向陆某女主张支付教育费、生活费等费用 5 万元以及精神抚慰金 5 万元。

2. 请求权未消灭

无相关案件事实，不存在消灭情形。

3. 请求权可执行

根据《民法典》第 188 条第 1 款、第 2 款第 1 句的规定："向人民法院请求保护民事权利的诉讼时效期间为三年。法律另有规定的，依照其规定。诉讼时效期间自权利人知道或者应当知道权利受到损害以及义务人之日起计算。"若根据此规定，徐某男的请求权可能已经超过诉讼时效而无法得到支持。

（1）本案应适用的时效期间。

本案构成欺诈性抚养纠纷，虽然本案的请求是支付生活费、教育费等抚养费，但是该请求基于非婚生子女的生母对被欺诈人的侵权行为，即陆某女构成对徐某男的侵权，徐某男所请求的是侵权损害赔偿，不属于《民法典》第 196 条[2]规定的不适用诉讼时效的请求权，因此本案应适用的时效期间是三年。

（2）诉讼时效期间的起算。

本案中，由于 2023 年 5 月 13 日经亲子鉴定后，徐某男才确定徐小某与自己没有血缘关系，即从 2023 年 5 月 13 日起知道其权利受到侵害，因此诉讼时效应当自该日起算。

（3）是否存在中止、中断、延长情形。

本案不存在中止、中断、延长的情形。

---

〔1〕 王泽鉴：《民法思维：请求权基础理论体系》，北京大学出版社 2022 年版，第 503 页。
〔2〕《民法典》第 196 条规定："下列请求权不适用诉讼时效的规定：（一）请求停止侵害、排除妨碍、消除危险；（二）不动产物权和登记的动产物权的权利人请求返还财产；（三）请求支付抚养费、赡养费或者扶养费；（四）依法不适用诉讼时效的其他请求权。"

（4）小结。

2023 年 6 月 10 日，徐某男向法院起诉，徐某男的请求权未超过诉讼时效，可执行。

## 二、结论

徐某男可依据《民法典》第 1165 条、第 1183 条向陆某女主张支付教育费、生活费等费用 5 万元以及精神抚慰金 5 万元。

# 12 "磐石转移"案*

## 【案情】

焦某（1990年2月10日出生）和刘某（1992年5月10日出生）为高中同学。2021年6月1日焦某和刘某登记结婚，出于对今后家庭稳定的考虑，经双方自愿平等协商，签订了一份夫妻忠诚协议约定："夫妻双方应当相互忠诚，洁身自好，若一方在婚姻期间背叛对方与他人发生婚外情，必须支付另一方5万元的补偿金。"

2021年11月，焦某与兰某相识，多次在宾馆开房，于当年12月被刘某发现。焦某表示会痛改前非。但是，2022年2月、5月、8月、11月，焦某又分别和赵某、钱某、孙某、李某多次发生通奸行为。2022年12月，刘某心灰意冷，悲痛欲绝，执意与焦某离婚。2023年5月3日刘某和焦某办理了离婚登记。

离婚后，刘某依然意难平，一次与学习法律的朋友李某说起此事，李某提醒刘某与焦某曾经签订过夫妻忠诚协议，可以要求焦某补偿。于是，2023年8月10日刘某向法院提交了焦某多次与他人通奸的证据，要求焦某按照夫妻忠诚协议的约定，补偿自己5万元。焦某表示已离婚，拒绝补偿5万元。

## 【问题】

刘某能否请求焦某支付5万元补偿金？

## 【要求】

运用请求权基础方法以鉴定式体裁解题。

---

* 陶日妮，西北政法大学法治学院法律硕士教育学院2023级硕士研究生，民商法学院2018级本科生。

# 第1部分　刘某对焦某

请求权基础预选：本案中，刘某与焦某婚后自愿签订一份夫妻忠诚协议，约定若一方在婚姻期间背叛对方与他人发生婚外情，必须支付另一方5万元的补偿金。后因焦某多次于婚姻存续期间与他人通奸，刘某与焦某离婚。离婚后，刘某请求焦某支付5万元补偿金。

由案情可知，刘某与焦某离婚的原因是焦某于婚姻存续期间多次与他人通奸，即因焦某过错致使双方婚姻破裂，因此刘某或可依据离婚损害赔偿请求权请求焦某支付赔偿金。

双方于婚后达成合意签订忠诚协议，焦某违反忠诚协议约定的忠实义务，焦某行为可能涉及合同义务履行不能，刘某或可根据合同义务履行不能的损害赔偿请求权主张焦某支付赔偿金。

可以纳入备选的请求权基础有：（1）离婚损害赔偿请求权（《民法典》第1091条）[1]；（2）合同义务履行不能的损害赔偿请求权（《民法典》第577条）[2]。

本案中，刘某与焦某于婚前签订了夫妻忠诚协议，夫妻忠诚协议实际上是夫妻忠诚义务的延伸，其主要内涵是指夫妻双方在婚前或者婚后为维持婚姻存续期间婚姻稳定、家庭的和睦，经双方达成合意而签订的一份协议，双方签订协议大多是希望通过忠诚协议约束夫妻双方在婚姻存续期间的行为。协议内容通常是以约定赔偿金为主，部分忠诚协议还涉及对于婚姻关系存续期间的夫妻共同财产的分割、子女抚养等问题的约定。协议书中通常约定违反忠诚义务则应当承担"违约责任"，即如果一方在夫妻关系存续期间，因为道德问题而背叛另一方的，就需要对无过错方进行损害赔偿。

夫妻忠诚协议是否具有法律效力，我国法律并未对其作明确规定，但现实生活有大量忠诚协议出现，因此针对夫妻忠诚协议效力，学术界也颇有争议，主要有三种学说：有效说、无效说、折衷说。

（1）有效说。有效说的核心观点是夫妻忠诚协议是民事主体意思自治的产

---

〔1〕《民法典》第1091条规定："有下列情形之一，导致离婚的，无过错方有权请求损害赔偿：（一）重婚；（二）与他人同居；（三）实施家庭暴力；（四）虐待、遗弃家庭成员；（五）其他重大过错。"

〔2〕《民法典》第577条规定："当事人一方不履行合同义务或者履行合同义务不符合约定的，应当承担继续履行、采取补救措施或者赔偿损失等违约责任。"

物，只要不违背法律、行政法规的强制性规定和公序良俗就应当认定为有效，主要有以下三个理由：第一，夫妻忠诚协议大多规定了忠实义务，是法定忠实义务的具体化，具有法律效力。根据《民法典》婚姻家庭编第 1043 条的规定，夫妻双方之间应当相互忠诚，互相尊重，互相关爱，这属于法律对夫妻的明确要求。而夫妻签订忠诚协议只不过是将该法定义务转变为夫妻之间的约定义务，因此人民法院应当对其予以认可。[1]夫妻之间相互忠诚是婚姻关系的根本要求，忠诚协议的约定符合《民法典》婚姻家庭编的基本要求，协议的约定使夫妻忠诚义务具体化，也使得该原则性条款具有可诉性。第二，夫妻忠诚协议是有效的民事法律行为。根据《民法典》第 143 条[2]可知民事法律行为有效的构成要件为：（1）行为人具有相应的民事行为能力；（2）意思表示真实；（3）不违反法律、行政法规的强制性规定，不违背公序良俗。忠诚协议若有效必须满足该条款的规定，通常夫妻双方于婚前或婚后基于双方合意签订忠诚协议，双方都具有签订协议的民事行为能力。目前，我国《民法典》并未明确规定夫妻忠诚协议无效或禁止双方签订忠诚协议，夫妻忠诚协议通常约定夫妻双方对于共同财产分配等问题，由《民法典》第 1065 条规定"夫妻双方可以就婚姻存续期间所得的财产或者婚前的财产进行约定"可知，夫妻忠诚协议并不违反相关强制性规定。忠诚协议的目的是为维护夫妻双方感情及婚姻稳定，契合社会理念，并不违背公序良俗。因此，夫妻忠诚协议符合民事法律行为有效要件，即有效。第三，夫妻忠诚协议与《民法典》婚姻家庭编的基本精神相吻合。夫妻双方基于自愿平等签订处理个人私权的忠诚协议符合《民法典》私法自治的原则，忠诚协议是婚姻领域内私法自治的具体表现，与《民法典》婚姻家庭编的基本精神相吻合，承认忠诚协议的效力也契合了民法私法自治的原则。

（2）无效说。无效说的核心观点是夫妻忠诚协议具有身份性，人身权具有法定性且不能自由设定，夫妻之间的忠诚义务仅是道德义务，不具备实质的可救济性，其实质只是一种道德规范，应当由个人内在的道德伦理进行束缚而不应赋予其法律强制力。第一，忠实义务并非法定义务而是道德义务。《民法典》婚姻家庭编规定夫妻应当相互忠实而不是必须忠实，该规定旨在倡导而非强

---

〔1〕 李明舜：《妇女权益法律保障研究》，国家行政学院出版社 2003 版，第 399 页。

〔2〕《民法典》第 143 条规定，具备下列条件的民事法律行为有效：（1）行为人具有相应的民事行为能力；（2）意思表示真实；（3）不违反法律、行政法规的强制性规定，不违背公序良俗。

制，法律规定的夫妻应当相互忠诚只是一种倡导性的条款，不属于强制性义务。因此，忠诚协议并没有法律上的规定，夫妻是否忠诚在于个人情感选择，不能也不应该适用法律这种外在的强制手段解决。[1]王利明教授认为，国家公权力在涉及婚姻情感等隐私领域时，应当保持谦抑的态度不应当过分干涉。[2]家庭生活同社会生活不同，具有隐秘性与情感性，这些特性要求婚姻家庭需要有一个与公共生活不同的纠纷解决规则，忠诚协议作为家庭生活的一部分，若赋予其强制执行力，则会造成对当事人人身自由与私人生活的过分干涉。第二，承认忠诚协议的法律效力可能会侵犯他人隐私权。一方面，忠诚协议内容大多比较私密，约定大多是对于各类不忠行为的排斥，若忠诚协议得到法院的支持，则可能会出现大量为收集证据而侵犯他人隐私权的情形，这样法律虽然保护了无过错方的利益，但以牺牲他人法定隐私权为代价，会产生负面影响。另一方面，若忠诚协议具有强制执行力，则可能会使双方的婚姻关系变质，使原本建立在情感基础上的婚姻关系具有非道德性。同时，忠诚协议约定的内容往往具有强烈的人身属性，常会因违背善良风俗而具有不可执行性。[3]第三，忠诚协议有物化婚姻关系之嫌，情感无须使用金钱来衡量。当前，社会主流道德普遍认为，使用金钱购买情感并不道德，法律不应支持此类行为。赋予夫妻忠诚协议强制执行力，实际上等同于一方可以通过支付双方所约定的金额来换取对婚姻不忠诚的机会，这与社会主流道德理念相悖。

（3）折衷说。折衷说的核心在于避免"无效说"与"有效说"所采取的全盘肯定或全盘否定的效力判断，主张"根据内容区分效力"对协议内容做细致划分，区分为身份关系与财产关系再具体讨论其是否具有法律效力。第一，对于夫妻忠诚协议的效力争议应遵循根据内容区分效力的基本思路。夫妻忠诚协议不仅具有伦理意义更具有法律意义，夫妻忠诚协议是对私权的保障与制约，表现出私权神圣、意思自治，对其效力的争议不应当停留在一般层面，对其判断应当分别适用人身与财产关系的相关法律规范。第二，对夫妻忠诚协议是否有效的判断，并不能一概而论。在进入司法裁判环节时，夫妻忠诚协议是

---

[1] 马忆南："论夫妻人身权利义务的发展和我国《婚姻法》的完善"，载《法学杂志》2014年第11期。

[2] 王利明：《民法总则研究》，中国人民大学出版社2003年版，第111页。

[3] 吴晓芳："《民法典》婚姻家庭编涉及的有关争议问题探析"，载《法律适用》2020年第21期。

否有效就应当秉持个案判断的立场，根据内容看是否具有法律效力。[1]根据具体案情区分处理夫妻忠诚协议中人身、财产部分内容。当夫妻忠诚协议涉及人身、财产等综合性的时候，可以将财产和涉及人身关系的协议部分进行分别处理，财产方面内容可以考虑适用相关的法律规定，涉及人身关系的内容则需要具体结合案情事实进行分析裁判。第三，《民法典》中规定忠实义务的条款为倡导性条款，不具有可诉性。人身权是民事主体按照法律规定所享有并为法律所保护的权利，而民事主体之间签订忠诚协议约定人身权就是对身份权法定原则的蔑视。因此，应当使"道德回归道德"，认定忠诚协议中约定的忠实义务以及对人身权的约定不具有法律效力。第四，夫妻双方所签订的忠诚协议没有法定的请求权基础，任何一方不得以忠诚协议本身提起诉讼，但当事人一方已经对协议约定的内容进行履行后也不得以协议无效为由主张返还。夫妻双方因忠诚协议约定的债务虽然现实存在，但是并不能通过法定程序来实现债权，因夫妻忠诚协议中的财产约定而产生的债务应归属自然之债。对于自然之债而言，债务人不履行并不会为自己带来任何法律上的风险。自然之债理论的运行可以避免法律过多插足婚姻家庭领域。自然之债产生于道德和社会义务，而夫妻忠诚协议具有道德性。司法具有谦抑性，解决这类婚姻家庭纠纷必须运用自然之债来进行法理解释。[2]自然之债由于缺乏法定之债的债因，而不产生法定义务，故而不能经由诉讼获得满足，但债务人自愿履行的，不得请求不当得利返还。第五，夫妻忠诚协议属于广义的民事契约，但其关于人身关系的约定违反身份权法定原则，依据《民法典》第1043条[3]并不能直接得出其有效或无效的结论。折衷说主张其不具有法律约束力，虽然否定夫妻忠诚协议的有效性，但是对于夫妻忠诚协议中财产关系的保护持肯定态度。当事人一方依据夫妻忠诚协议提出赔偿请求的，对该请求不予支持；若对方当事人依据夫妻忠诚协议进行赔偿后反悔要求返还赔偿金的，对该请求也不予支持。即虽然不赋予夫妻忠诚协议强制执行力，但认为夫妻忠诚协议中所约定的财产关系是值得保护的。

---

〔1〕 景春兰："夫妻'忠诚协议'的裁判规则解释"，载《政治与法律》2017年第11期。

〔2〕 韩彧博："自然之债视域下夫妻忠诚协议的效力判断"，载《学习与探索》2017年第6期。

〔3〕《民法典》第1043条规定："家庭应当树立优良家风，弘扬家庭美德，重视家庭文明建设。夫妻应当互相忠实，互相尊重，互相关爱；家庭成员应当敬老爱幼，互相帮助，维护平等、和睦、文明的婚姻家庭关系。"

学界存在各种关于忠诚协议的学说，对于忠诚协议是否具有法律效力，各个学说都有自己的观点。通过对各种学说的研究对比，笔者认为折衷说更合理。首先，折衷说主张采取区分原则，区分身份关系与财产关系，针对不同的关系内容具体区分其是否具有相应的法律效力，这一主张不仅可以顺应目前现实需要，还充分考虑了忠诚协议的内容具有复杂性的特点。其次，折衷说中普遍承认忠诚协议中关于财产性的规定是有效的，笔者也采取相同观点，基于对意思自治以及私权的保障与制约，双方自愿签订的忠诚协议其内容是由双方协商而定，关于财产的约定也是双方自愿达成的合意。双方之间形成意定之债，若关于财物给付的部分内容并未违反法律强制性规定，则应当有效。对于双方约定的财产关系，应当予以支持并保护无过错方利益。最后，承认忠诚协议中财产约定有效更有助于保护婚姻中无过错方利益，更好的规制过错方的行为，也可以避免使无过错方的利益受损，更符合现实情况，可以更好的发挥忠诚协议的作用。

综上所述，笔者认为分析忠诚协议的效力，应当区分夫妻忠诚协议中约定的财产关系与人身关系分别展开讨论，协议中合理约定的财产内容虽不具有强制性法律效力，但仍应当予以保护。

虽然忠诚协议的财产部分有效，应当受保护，但其并不符合适用《民法典》合同编法律规范的条件，理由如下：首先，忠诚协议虽然以合同的形式存在，但不是合同债权的请求权基础，它是基于配偶权发生，故不属于合同之债，不属于《民法典》合同编调整的范畴。虽然《民法典》第 464 条规定："合同是民事主体之间设立、变更、终止民事法律关系的协议。婚姻、收养、监护等有关身份关系的协议，适用有关该身份关系的法律规定；没有规定的，可以根据其性质参照适用本编规定。"但是，合同编相对于《民法典》总则编来说属于特别编，是对总则编中民事法律关系的特别化以及具体化，因此合同编调整的是债权合同，而夫妻忠诚协议虽看似符合合同的构成要件，披有"合同"的外衣，但是该协议规定夫妻之间的忠实义务，是以夫妻间配偶权为基础，同时协议里通常约定双方不得出轨，以约定方式限制人身自由，而该种义务并不属于债的范畴，因此不能参照适用《民法典》合同编的规定。[1]其次，

---

[1] 陈跃帆、李亚飞："论夫妻忠诚协议的适用"，载《黑龙江人力资源和社会保障》2022 年第 9 期。

《民法典》合同编排除具有人身属性的合同的适用。《民法典》第464条规定明确了忠诚协议不受合同编调整。忠诚协议虽然看似以合同的形式存在，但实际上不属于合同之债，不得适用《民法典》合同编的相关规定。因此，本案中刘某与焦某所签订的夫妻忠诚协议并不符合适用《民法典》合同编的情形。

综上所述，刘某与焦某所签订的忠诚协议的财产部分虽不具有强制性法律效力，但应当被保护。但是，忠诚协议不符合适用《民法典》合同编规定的条件，因此刘某不得以合同义务履行不能的损害赔偿请求权（《民法典》第577条）为请求权基础请求焦某支付5万元赔偿金。

可以纳入备选的请求权基础有离婚损害赔偿请求权（《民法典》第1091条）。

## 一、刘某可能依据离婚损害赔偿请求权（《民法典》第1091条）向焦某请求支付5万元赔偿金

（一）大纲

> 1. 请求权已成立
> （1）刘某和焦某间存在合法有效的婚姻关系。
> ①婚姻是否成立。
> A. 一般成立要件。
> 　a. 婚姻是否由男女双方当事人缔结。
> 　b. 双方当事人是否达成缔结婚姻的合意。
> B. 特殊成立要件。
> ②婚姻是否生效。
> A. 一般生效要件。
> 　a. 双方是否符合法定婚龄。
> 　b. 双方是否无直系血亲或三代以内旁系血亲关系。
> 　c. 双方是否符合一夫一妻制。
> 　d. 双方是否自愿。
> B. 特殊生效要件。
> （2）焦某对离婚存在过错行为。
> （3）焦某实施妨害婚姻关系的违法行为。

①重婚。

②与他人同居。

③实施家庭暴力。

④虐待、遗弃家庭成员。

⑤有其他重大过错。

（4）刘某无过错。

①重婚。

②与他人同居。

③实施家庭暴力。

④虐待、遗弃家庭成员。

⑤有其他重大过错。

（5）焦某损害行为造成损害结果。

（6）焦某的过错行为与损害结果之间存在因果关系。

（7）小结。

2. 请求权未消灭

3. 请求权可行使

（二）正文

1. 请求权已成立

离婚损害赔偿，是指因夫妻一方的重大过错致使婚姻关系破裂的，过错方应对无过错方的损失予以赔偿的法律制度。[1]离婚损害赔偿制度是我国三大离婚救济制度之一，也是侵权责任在婚姻法领域的延伸体现。因此，分析本案是否适用离婚损害赔偿请求权应当按照离婚损害赔偿的适用条件逐一分析：双方存在合法有效的婚姻关系、一方对离婚存在过错、过错方实施了妨害婚姻家庭关系的违法行为、另一方没有过错、过错行为与损害结果之间存在因果关系。

（1）刘某和焦某之间存在合法有效的婚姻关系。

离婚损害赔偿是夫妻一方因重大过错致使婚姻关系破裂对无过错方进行赔偿的制度，该制度必须要求双方之间存在合法有效的婚姻关系。法律行为理论

---

〔1〕 陈苇主编：《婚姻家庭继承法学》，中国政法大学出版社 2018 年版，第 228 页。

严格区分了法律行为的成立与生效，行为首先应当具备成立要件，标志该民事法律行为实际存在。在行为成立后再进一步分析是否具有有效要件，方可证明该民事法律行为成立且有效。因此，基于对民法体系性的考虑，应当明确并逐一分析婚姻的成立要件以及生效要件。以下将对刘某和焦某之间是否存在合法有效的婚姻关系从婚姻是否成立以及婚姻是否生效两个方面作分析。

①婚姻是否成立。

民事法律行为的成立包括一般成立要件与特殊成立要件，前者指任何民事法律行为成立均需具备的要件，后者则是指某一民事法律行为的成立除一般成立要件之外还需要具备的要件。因此，分析刘某与焦某的婚姻是否成立也具体分为一般成立要件以及特殊成立要件作分析。

A. 一般成立要件。

婚姻的一般成立要件为婚姻是否为男女双方当事人缔结、双方当事人是否达成缔结婚姻的合意。

a. 婚姻是否由男女双方当事人缔结。

焦某与刘某于 2021 年 6 月 1 日登记结婚，婚姻是由男女双方当事人缔结。

b. 双方当事人是否达成缔结婚姻的合意。

焦某与刘某登记结婚，双方婚前已达成缔结婚姻的合意。

B. 特殊成立要件。

不同的民事法律行为的特殊成立要件并不统一，主要以具体民事法律行为不同而具体分析。判断婚姻是否成立，除需具备一般成立要件之外，还需要判断双方婚姻成立是否具有公示性。婚姻当事人结婚意思表示一致并具有社会公示性，婚姻即为成立。

结婚登记是取得合法婚姻形式的必要条件，完成结婚登记即在法律上正式确立婚姻关系。结婚登记具有公示公信的功能。结婚登记信息存留于婚姻登记机关成为公共信息，任何社会公众都可以查阅，即为公示；如果没有相反证据，任何社会公众都应该相信结婚登记所表明的"当事人之间存在合法夫妻关系"这一情况是真实的。[1]本案中，刘某与焦某已登记结婚，办理结婚登记手续，双方婚姻关系具有公示性。

---

〔1〕 高兴："论婚姻登记的'二元结构'"，载《司法智库》2023 年第 1 期。

②婚姻是否生效。

婚姻的生效则是指已成立的婚姻，只有在符合法定的有效要件时，才受法律的保护并能产生婚姻的法律效力。婚姻生效的要件主要分为两类，一类是一般生效要件，另一类是特殊生效要件。

A. 一般生效要件。

婚姻生效的一般要件是指使已经成立的婚姻发生法律效力而应当具备的法律条件。

a. 双方是否符合法定婚龄。

《民法典》第 1047 条："结婚年龄，男不得早于二十二周岁，女不得早于二十周岁。"本案中，焦某于 1990 年 2 月 10 日出生，刘某于 1992 年 5 月 10 日出生，2021 年 6 月 1 日焦某和刘某登记结婚。二人登记结婚时，焦某为 31 岁，刘某为 29 岁，均符合法定结婚年龄。

b. 双方是否无直系血亲或三代以内旁系血亲关系。

《民法典》第 1048 条："直系血亲或者三代以内的旁系血亲禁止结婚。"本案中，并未提及刘某与焦某有血亲关系，即刘某和焦某之间并无直系血亲或三代以内旁系血亲关系。

c. 双方是否符合一夫一妻制。

《民法典》第 1041 条："婚姻家庭受国家保护。实行婚姻自由、一夫一妻、男女平等的婚姻制度。保护妇女、未成年人、老年人、残疾人的合法权益。"一夫一妻制是指一男一女结为夫妻的婚姻制度，任何人无论性别、财富和社会地位如何，都不得同时拥有两个或者两个以上的配偶。已婚者在配偶死亡、离婚前，不得再行结婚。本案中，刘某和焦某结婚后，二人并未与其他人再行结婚，双方有且仅有一个配偶，双方符合一夫一妻制。

d. 双方是否自愿。

《民法典》第 1046 条规定："结婚应当男女双方完全自愿，禁止任何一方对另一方加以强迫，禁止任何组织或者个人加以干涉。"焦某和刘某登记结婚属双方自愿行为，并无被强迫或被干涉的情形，双方是自愿结婚。

B. 特殊生效要件。

《民法典》第 1049 条规定："要求结婚的男女双方应当亲自到婚姻登记机关申请结婚登记。符合本法规定的，予以登记，发给结婚证。完成结婚登记，即确立婚姻关系。未办理结婚登记的，应当补办登记。"由该条规定可知，经男女双方亲自到婚姻登记机关申请结婚登记并履行法定的程序，方可确认婚姻关系成立生效。本案中，刘某与焦某于2021年6月1日登记结婚，已完成结婚登记手续。

综上所述，刘某与焦某之间存在合法有效的婚姻关系。

（2）焦某对离婚存在过错行为。

离婚损害赔偿的适用以夫妻中一方对离婚存在过错为前提，即要求行为人主观必须存在过错，过错是行为人主观上的可归责性，是行为人在实施侵害他人民事权益行为时的主观不良心态，包括故意和过失。

除此之外，还要求行为人的该种过错是导致离婚的原因。本案中，由于焦某多次于夫妻关系存续期间与他人通奸，致使刘某心灰意冷决定离婚。焦某与刘某婚前签订了忠诚协议，约定夫妻双方应当相互忠诚，洁身自好，不得于婚姻期间背叛对方。但最终双方因焦某多次与他人通奸而离婚，由此可知，焦某明知自己的通奸行为违反了双方的约定，是背叛婚姻的行为，却仍然为之，可断定焦某主观存在故意，其行为具有可归责性。因此，焦某对双方离婚存在过错行为。

（3）焦某实施了妨害婚姻关系的违法行为。

根据《民法典》第1091条[1]可知，离婚损害赔偿制度将妨害婚姻关系的违法行为分为五种情形，以下将逐一分析焦某的行为是否属于第1091条所规定的过错行为。

①重婚。

重婚是指在婚姻关系尚未解除时，又与他人结婚或者明知他人有配偶而与之结婚的行为。我国的婚姻制度是一夫一妻制，重婚行为是对配偶权的严重侵害，同时违背了夫妻间的忠实义务。

重婚行为主要包括以下五种情形：一是有配偶者与他人举行结婚仪式，并对外以夫妻名义共同生活，使周围的人都认为二人是夫妻关系；二是有配偶者与他人在民政机关登记并领取结婚证；三是明知他人有配偶仍与其举行结婚仪式并以夫妻名义生活使周围人认为二人是夫妻关系；四是明知他人有配偶仍与其在民政机关进行结婚登记并领取结婚证；五是其他应当认定为重婚行为。

焦某和刘某于2021年6月1日登记结婚，后焦某与兰某相识，多次在宾馆开房，后又与多名异性多次通奸。其通奸行为具有隐秘性，一般不为人所知。

---

[1] 根据《民法典》第1091条规定，有下列情形之一，导致离婚的，无过错方有权请求损害赔偿：（1）重婚；（2）与他人同居；（3）实施家庭暴力；（4）虐待、遗弃家庭成员；（5）有其他重大过错。

焦某作为有配偶者并未与他人举行结婚仪式，也未与他人以夫妻名义共同生活或与他人在民政机关登记并领取结婚证，焦某于婚姻关系存续期间同他人通奸的行为并不构成重婚情形。

②与他人同居。

《民法典婚姻家庭编解释（一）》规定的与他人同居是指夫妻一方在婚姻关系存续期间又与婚外异性，不以夫妻名义，持续、稳定地共同居住在一起。[1]与他人同居属于配偶一方与婚外第三人长期持续稳定的共同居住，而本案中，焦某与兰某多次在宾馆开房，后又分别和赵某、钱某、孙某、李某多次通奸，焦某的行为属于偶尔、临时的通奸行为，不符合持续稳定地共同居住在一起的特点，故而焦某并不属于与他人同居的情形。

③实施家庭暴力。

根据《反家庭暴力法》第2条之规定，家庭暴力是指家庭成员之间殴打、捆绑、残害、限制人身自由以及经常性谩骂、恐吓等方式实施的身体、精神等侵害行为。[2]家庭暴力又分为身体暴力和精神暴力，身体暴力有殴打捆绑残害等行为，精神暴力有经常性的谩骂和恐吓。本案中，焦某多次与婚外异性通奸，并未殴打、捆绑、残害刘某或限制刘某的人身自由，案情中也并未提及焦某有谩骂恐吓等行为，故而焦某并无属于家庭暴力的行为。

④虐待、遗弃家庭成员。

虐待家庭成员是指对家庭成员实施身体上或精神上的歧视、折磨或摧残行为，使受害人遭受身体上或精神上的损害，其侵权行为方式既包括作为形式，也包括不作为形式，虐待在现实生活中通常表现为打骂、威胁恐吓、限制人身自由、侮辱诽谤、冻饿、患病拒绝给予治疗等情形，严重侵害受害人的人身权益。

遗弃家庭成员是指对需要抚养、扶养、赡养的对象，拒不履行抚养、扶养、赡养义务的违法行为。法律及相关司法解释并没有规定遗弃行为需造成严重后果，只要实施了遗弃家庭成员的行为，无论是否造成了严重后果，均应承担离婚损害赔偿责任。

---

〔1〕《民法典婚姻家庭编解释（一）》第2条规定："民法典第一千零四十二条、第一千零七十九条、第一千零九十一条规定的与'他人同居'的情形，是指有配偶者与婚外异性，不以夫妻名义，持续、稳定地共同居住。"

〔2〕《反家庭暴力法》第2条规定："本法所称家庭暴力，是指家庭成员之间以殴打、捆绑、残害、限制人身自由以及经常性谩骂、恐吓等方式实施的身体、精神等侵害行为。"

刘某虽然因焦某多次与他人通奸而倍感精神痛苦，但是焦某同他人通奸并不是以折磨刘某为目的。因此，焦某的行为并不是以虐待刘某为目的，不构成虐待刘某的情形。案情中也未提及，焦某有遗弃刘某的行为，因此焦某的行为不属于虐待、遗弃家庭成员。

⑤有其他重大过错。

本规定作为离婚损害赔偿法定事由的兜底条款，扩大了离婚损害赔偿的适用范围，更好的填补了无过错方的损害赔偿适用范围，解决了《民法典》颁布之前《婚姻法》中无法列举所有应当被规制的过错行为。[1]

本案中，焦某与刘某于 2021 年 6 月 1 日登记结婚，因此针对焦某于婚姻存续期间多次与他人通奸的行为应当适用我国《民法典》第 1091 条的规定。针对本案中焦某的行为是否属于"其他重大过错"，可从以下四个方面作一分析。

第一，判断该行为是否为第 1091 条所规定的前四项情形，上文结合《民法典》第 1091 条前四项明确列举的四项法定情形的过错行为已逐一分析排除可知，焦某的行为并不属于前四项所规定的情形。

第二，第 1091 条前四项法定过错行为均为违反婚姻家庭义务以及家庭伦理的过错行为。婚姻义务主要指互相忠实义务、互相尊重义务、互相关爱、互相抚养义务。而本案中焦某多次与他人通奸属于违反夫妻忠实义务，因此也应当属于违反家庭义务以及家庭伦理的过错行为。

第三，从行为的过错程度来看，焦某的行为是否属于"重大过错"也应当结合《民法典》第 1091 条前四项情形进行判断，该法条中四项法定行为均已经是达到相当严重的程度，因此对于是否为"重大过错"应当注意分析该行为的严重性程度。《民法典》第 1043 条[2]明确规定夫妻之间具有互相忠实、互相尊重、互相关爱的义务，该条虽然是倡导性规定，但对于处理司法实践中的案件具有重要的参考价值。焦某于婚姻存续期间多次同他人通奸，通奸是典型的违反夫妻之间忠诚义务的行为，会带给无过错方巨大的精神损害，破坏夫妻感情，偶尔一次或两次可能无法达到第 1091 条所规定的"重大过错"，但是多

---

〔1〕 渠梦园："《民法典》第 1091 条之'其他重大过错'认定研究"，河南大学 2023 年硕士学位论文。

〔2〕《民法典》第 1043 条规定："家庭应当树立优良家风，弘扬家庭美德，重视家庭文明建设。夫妻应当互相忠实，互相尊重，互相关爱；家庭成员应当敬老爱幼，互相帮助，维护平等、和睦、文明的婚姻家庭关系。"

次（三次及以上）的通奸行为应当被认定为"其他重大过错情形"之一。[1]

第四，焦某 2021 年 11 月与兰某相识，多次在宾馆开房，被刘某发现后表示会痛改前非。但是，2022 年 2 月、5 月、8 月、11 月，焦某又分别和赵某、钱某、孙某、李某多次发生通奸行为。后刘某心灰意冷，悲痛欲绝，执意与焦某离婚。由以上案情可知，焦某属于多次（三次及以上）与婚外异性通奸，虽被发现并承诺会痛改前非但仍继续与多个婚外异性多次通奸，其行为违反夫妻间忠诚义务，对刘某造成了严重的精神损害，焦某的多次通奸行为应当被认定为属于"其他重大过错"。

综上所述，符合焦某对离婚存在过错行为的构成要件。

（4）刘某无过错。

根据《民法典》第 1091 条规定"无过错方有权请求损害赔偿"，即夫妻双方只有不存在本条规定中导致离婚事实的过错一方才有权请求离婚损害赔偿，享有离婚损害赔偿请求权。若双方对离婚都存在过错，则均无权请求离婚损害赔偿。以下将对刘某是否有《民法典》第 1091 条所规定的过错情形进行逐一分析：

①重婚。

刘某与焦某为高中同学，2021 年 6 月 1 日二人就已登记结婚，双方存在合法有效的婚姻关系，刘某婚后并未再与他人登记结婚，也并未与他人举行结婚仪式以夫妻名义共同生活，刘某并无重婚情形。

②与他人同居。

本案中，刘某并未于婚姻存续期间与婚外异性共同居住，因此刘某无与他人同居的情形。

③实施家庭暴力。

本案中，刘某并未对焦某实施符合家庭暴力的侵害行为，因此刘某并未实施家庭暴力。

④虐待、遗弃家庭成员。

本案中，刘某于婚后并未虐待、遗弃焦某。

---

[1] 渠梦园："《民法典》第 1091 条之'其他重大过错'认定研究"，河南大学 2023 年硕士学位论文。

⑤有其他重大过错。

本案中，刘某同焦某结婚后，发现焦某多次与他人通奸，悲痛欲绝后与焦某离婚。而刘某在婚姻中并无其他过错行为，因此也不符合"有其他重大过错"的情形。

综上所述，符合刘某无过错的构成要件。

（5）焦某损害行为造成损害结果。

根据《民法典婚姻家庭编解释（一）》第 86 条规定："第一千零九十一条规定的'损害赔偿'，包括物质损害赔偿和精神损害赔偿。涉及精神损害赔偿的，适用《最高人民法院关于确定民事侵权精神损害赔偿责任若干问题的解释》的有关规定。"

物质损害赔偿主要是财产损害赔偿，是赔偿离婚过错方造成的实际财产损失，过错方对此应当全部赔偿。只有过错方的损害行为给无过错方造成实际损害结果的，无过错方才可要求赔偿。同时应提出证据证明对方的过错行为造成的损失有多少。本案中并未提及焦某的行为导致刘某受有实际财产损失，此处对刘某财产损失不做讨论。

精神损害赔偿是指自然人在人身权或者某些财产权受到不法侵害，致使其人身利益或者财产利益受到损害并遭到严重精神痛苦时，受害人本人、本人死亡后其近亲属有权要求侵权人给予的损害赔偿。无论过错方的过错行为给无过错方造成物质损害还是精神损害，无过错方都有权要求精神损害赔偿。

配偶间互相负有忠诚义务。而本案中焦某的行为已经违反了忠诚义务，严重侵害了刘某的配偶权，并使刘某因此悲痛欲绝，遭受严重精神痛苦。综上所述，焦某的通奸行为致使刘某遭受严重的精神损害，进而导致双方感情破裂而离婚，即焦某的损害行为造成损害结果。

（6）焦某的过错行为与损害结果之间存在因果关系。

损害结果必须是因过错方的损害行为导致的，此种情况下，无过错方才能享有对过错方的离婚损害赔偿请求权。虽有损害结果，但该结果并非过错方的损害行为导致的，无过错方不能以此为由要求过错方承担损害赔偿责任。

法律上的因果关系是指通过立法或者司法活动确认的、作为承担法律责任之基础的、存在于加害行为与损害结果之间的联系。判断过错行为与损害结果之间是否具有因果关系，应当分析该过错行为是否为损害结果发生的条件，二者之间是否存在事实上的因果关系，即是否符合"如果没有 A，B 就不会发生"的关系。

本案中，正是由于焦某不珍惜同刘某的感情，多次与他人通奸，才使刘某悲痛欲绝，遭受重大的精神痛苦，彻底对焦某失望而离婚。

（7）小结。

该项请求权符合《民法典》第 1091 条规定之构成要件，请求权产生。

2. 请求权未消灭

《民法典婚姻家庭编解释（一）》第 89 条规定："当事人在婚姻登记机关办理离婚登记手续后，以民法典第一千零九十一条规定为由向人民法院提出损害赔偿请求的，人民法院应当受理。但当事人在协议离婚时已经明确表示放弃该项请求的，人民法院不予支持。"本案中，刘某发现焦某多次与他人通奸，因此与焦某协议离婚。并于 2023 年 5 月 3 日办理了离婚登记。双方并未提起诉讼，也并未在协议离婚时明确表示放弃请求离婚损害赔偿，因此，刘某的赔偿请求应当被人民法院受理。

刘某已于 2023 年 8 月 10 日向法院提交了焦某于婚姻存续期间多次与他人通奸的证据，并提出要求焦某按照夫妻"忠诚协议"的约定补偿 5 万元。虽刘某与焦某已于 2023 年 5 月 3 日办理了离婚登记，但 2023 年 8 月 10 日刘某就提起诉讼。《民法典》第 188 条规定："向人民法院请求保护民事权利的诉讼时效期间为三年。法律另有规定的，依照其规定。诉讼时效期间自权利人知道或者应当知道权利受到损害以及义务人之日起计算。"刘某与焦某离婚至刘某提起诉讼时间并未超过法律规定的诉讼时效期间三年，诉讼时效期间并未经过，刘某的离婚损害赔偿请求权并未消灭。

3. 请求权可行使

本案中，不存在阻碍权利行使的抗辩权，请求权可行使。

## 二、结论

刘某可依据《民法典》第 1091 条第 5 项请求焦某支付 5 万元补偿费。